Os Reformadores Estrondosos

GENERAIS
DE DEUS

Ao escrever este novo volume da sua poderosa série Generais de Deus, Roberts fez um trabalho notável, estimulando nossa fé a crer que Deus faz o aparentemente impossível, usando para isso uma compilação de informações claras e autênticas sobre alguns dos líderes escolhidos por Ele. Esses homens criaram um fundamento a partir do qual somos habilitados a edificar.

O livro *Reformadores Estrondosos* tem um nome bem apropriado, pois fala de homens cuja descrição realmente se encaixa no título. Eram homens comuns que responderam ao chamado de Deus para fazer a diferença em sua geração. Ao ler isso, uma pergunta se coloca diante de nós: será que Deus espera menos de nós do que esperou deles?

É realmente importante ler a respeito dos avivamentos do passado e acerca daqueles a quem Deus usou para gerá-los? Você descobrirá que sim enquanto conhece os êxitos e fracassos — pontos fortes e fracos — desses ministros e da aceitação e negação das pessoas ao testemunharem a manifestação sobrenatural de Deus nas reuniões realizadas por eles. Sua fé irá crescer com a percepção de que Deus usa quem Ele quer. Você descobrirá novas chamas da paixão pelos perdidos e sentirá um desejo renovado de ser uma poderosa testemunha de Cristo.

— *Pastora Iverna Tompkins*

Roberts Liardon, o jovem pastor pioneiro que lutou contra os próprios demônios, escorregando às vezes, mas sempre voltando a lutar, soube em toda sua vida que um dia iria captar o espírito e a fé dos homens de Deus. Wycliffe, Hus, Lutero, Knox, Calvino e Fox desmantelaram o sistema religioso da idade das trevas, trazendo-nos o Evangelho de Jesus Cristo de Nazaré em sua forma mais pura: o homem é salvo pela graça, não pelas obras, para que ninguém se glorie.

Uma obra monumental para despertar a alma dos homens.

— *Dr. Oral Roberts*

Roberts Liardon é um excelente aluno e autor da história da Igreja. Seu livro sobre reformadores lançará mais luz sobre as pessoas que Deus usou e o preço que pagaram pela liberdade da qual desfrutamos sem restrições.

— *Pastor Rick Godwin*

ROBERTS LIARDON

Os Reformadores Estrondosos

GENERAIS DE DEUS

1ª Edição

Belo Horizonte

Diretor
Lester Bello

Autor
Roberts Liardon

Título Original
God's generals: the roaring reformers

Tradução
Maria Lucia Godde Cortez/Idiomas & Cia

Revisão
Ana Lacerda, Fernanda Silveira/
Daniele Ferreira, Francisca Poleto/Idiomas & Cia

Diagramação
Julio Fado

Design capa (adaptação)
Fernando Rezende

Impressão e acabamento
Promove Artes Gráficas

BELLO
PUBLICAÇÕES

Rua Vera Lúcia Pereira, 122
Goiania - CEP 31.950-060
Belo Horizonte/MG - Brasil
contato@bellopublicacoes.com
www.bellopublicacoes.com.br

Copyright desta edição
© 2011 by Roberts Liardon
Whitaker House
1030 Hunt Valley Circle
New Kensington, PA 15068

Publicado pela
Bello Comércio e Publicações Ltda-ME
com a devida autorização de
Whitaker House e todos
os direitos reservados.

Primeira edição — Março de 2016

Todos os direitos reservados. Nenhuma parte desta publicação poderá ser reproduzida, distribuída ou transmitida sob qualquer forma ou meio, ou armazenada em base de dados ou sistema de recuperação, sem a autorização prévia por escrito da editora.

Exceto em caso de indicação em contrário, todas as citações bíblicas foram extraídas da Bíblia Sagrada Nova Versão Internacional (NVI), 2000, Editora Vida. Outras versões utilizadas: ARA (Almeida Revista e Atualizada, SBB). As passagens bíblicas marcadas com (AMP) *The Amplified Bible* foram traduzidas livremente em virtude da inexistência dessa versão em língua portuguesa. Quando a versão da AMP correspondia com o texto da Almeida Revista e Atualizada, esse foi o texto utilizado nos versículos fora dos colchetes.

L693
Liardon, Roberts
    Generais de Deus: os reformadores estrondosos / Roberts Liardon; tradução de Maria Lúcia Godde Cortez / Idiomas & Cia. - Belo Horizonte: Bello Publicações, 2016.
    392p.
    Título original: God's generals: the roaring reformers

    ISBN: 978-85-8321-028-3

    1. *Palavra de Deus.* 2. *Evangelho de Jesus.* 3. *Igreja - Reforma.*
I. *Título.*

    CDD: 234.2   CDU: 230.112

DEDICATÓRIA

Quero dedicar este livro a quatro grupos de pessoas que têm me mostrado apoio e amor incondicional e que têm se doado a fim de cumprir a visão celestial.

Aos missionários da Operação 500 e aos universitários e formados da Spirit Life Bible College (Faculdade Bíblica Vida do Espírito): sou muito grato por deixarem o que o mundo poderia lhes oferecer para seguirem o coração de Deus. Lembrem-se de que os homens neste livro foram cruelmente perseguidos, e por vezes assassinados, simplesmente por descobrirem as simples verdades que vocês irão transmitir às nações.

À família do Embassy Christian Center (Centro da Embaixada Cristã): vocês não só têm amado e apoiado sua comunidade, mas também se tornaram um centro de atividade do ministério internacional. Agradeço por tal apoio avassalador às milhares de pessoas que ao longo dos anos têm sido abençoadas por Deus nesse lugar.

Às igrejas e aos ministros da Embassy Ministerial Association (Associação Ministerial da Embaixada): agradeço por amarem a verdade e por não se curvarem diante dos espíritos territoriais que tentaram manter as pessoas e as comunidades atadas. Que as histórias das vidas neste livro reafirmem que vocês estão no caminho certo em seu trabalho para o Reino.

Aos meus amigos e parceiros em todo o mundo: acredito que tenho os parceiros e amigos mais fiéis, verdadeiros, testados e aprovados do mundo do ministério internacional. Obrigado por sua fidelidade incrível à minha família e a mim. Sou eternamente grato por cada palavra de encorajamento, oração, e-mail, cartão, carta e doação.

Amigos, sou grato por cada um de vocês.

Agradecimentos

Quero agradecer pessoalmente à equipe, aos funcionários e aos voluntários do Roberts Liardon Ministries (Ministérios Roberts Liardon) que mantiveram a visão viva e são capazes de olhar por meio de uma estrada sinuosa e ver esse projeto concluído.

Quero agradecer especialmente à minha mãe, Carol, por sua incrível força de caráter e amor. Onde estaríamos sem você? Priscilla, minha irmã e uma mulher de Deus, eu lhe agradeço por sua resoluta fé e capacidade de se manter firme quando outros falharam. Além disso, agradeço à minha avó, "vovó" Gladolyene Moore, porque tudo isso, até mesmo este livro, são provenientes de suas orações. Vocês três são as mulheres mais corajosas que existem.

SUMÁRIO

Introdução 9

1. John Wycliffe 13
   "O Tradutor da Bíblia"

2. Jan Hus 51
   "O Pai da Reforma"

3. Martinho Lutero 111
   "O Machado de Guerra da Reforma"

4. João Calvino 185
   "O Apóstolo do Ensino"

5. John Knox 249
   "Aquele que Empunha a Espada"

6. George Fox 323
   "O Libertador do Espírito"

Sobre o Autor 389

Introdução

Quando eu tinha quase doze anos de idade, o Senhor apareceu para mim em uma visão e me disse para estudar a vida dos grandes pregadores para que eu pudesse aprender os motivos de seus êxitos e fracassos. Nessa busca, entendi a importância da História. A História é um modelo do nosso passado. Com todos os seus erros e triunfos, esse modelo conta uma história que sempre se repete em outro lugar no tempo, em algum lugar em cada geração, mas muitas vezes sob uma nova aparência ou um método diferente.

Intitulei apropriadamente meu segundo livro da série Generais de Deus de *Os Reformadores Estrondosos*. Acredito que é vital que venhamos a compreender a história passada da Reforma e o caráter daqueles que a conduziram. Cada geração precisa de uma reforma, porque quando nos esquecemos de nossa história ou da nossa razão de viver, então nossa dependência do Espírito Santo pode se tornar entorpecida e os céus podem se fechar e se tornarem de bronze.

Este segundo livro é mais detalhado do que o primeiro, porque o volume de estudo foi mais extenso. Inclui métodos de doutrinas e pensamentos que podem parecer estranhos para nós. Isso acontece principalmente porque estamos vivendo e desfrutando do que esses grandes homens tiveram de desbravar. Vivemos dos benefícios em função dos quais esses homens dedicaram a vida. Hoje, podemos ouvir em um culto o que eles levaram muitos anos para entender!

Além disso, escrevi este livro porque quero que você entenda o processo da Reforma e o espírito por trás dela. A Reforma traz uma reviravolta completa em uma situação sombria e cria, por meio de grande força física e espiritual, uma atmosfera de liberdade e relacionamento entre Deus e Seu povo. À medida que ler este livro, você verá como cada um desses homens construiu sobre o trabalho de seu antecessor para realizar uma reforma em sua geração.

Embora o período real da Reforma seja historicamente reconhecido no século XVI, as obras começaram gerações antes — e é por isso que incluí John Wycliffe e Jan Hus como figuras principais. Cada um dos seis homens que escolhi era diferente em personalidade e método, mas seus objetivos eram os mesmos. Cada um deles tinha uma missão do céu. Cada um deles entregou a vida na esperança de que ela se tornasse realidade, e alguns morreram como mártires. E cada um deles (exceto Fox) precisou vencer a hipocrisia e a blasfêmia da Igreja Católica medieval.

Os capítulos 1 a 5 têm o mesmo panorama religioso. Deixe-me resumir brevemente a situação. Antes do século XIV, se alguém fosse considerado cristão, então essa pessoa pertencia à Igreja Católica. As pessoas eram católicas ou então pagãs. A partir do início do século XIV, a Igreja Católica alcançou o ápice de seu poder, e os abusos começaram a aparecer na forma tanto de extrema hipocrisia quanto de blasfêmia. Ela havia definido a si mesma como a voz absoluta e o julgamento de Deus em todo o mundo conhecido. Controlava os governos seculares e a realeza, destituindo a quem desejasse, a qualquer momento que quisesse, especialmente se fosse uma ameaça à própria prosperidade e poder. Até mesmo os reis que tivessem herdado o direito ao trono eram obrigados a pagar um "aluguel" ao papa para manterem sua coroa — eles tinham de pagar ou sofrer as consequências.

A fim de manter essa ditadura, a Igreja Católica se certificou de que a Bíblia fosse traduzida somente para o latim. As pessoas comuns não conseguiam ler ou compreender latim, então eram vítimas de tudo o que a Igreja lhes ensinava. A pessoa comum era proibida de possuir uma Bíblia, pois se acreditava que só os sacerdotes podiam ter essa honra. O clero, porém, raramente lia a Bíblia — se é que alguma vez o fazia — e muitos sacerdotes não tinham nenhuma ideia do que ela continha. Inventavam histórias e fábulas, todas ofuscadas por uma aura de misticismo. O desconhecido os mantinha em uma posição de prestígio entre as pessoas. Ficou claro que os homens comuns nunca poderiam conhecer a Deus — muito menos agradá-lo. Dessa forma, as pessoas ficavam à mercê de qualquer sujeição caprichosa da hierarquia religiosa criada. Inventaram o purgatório e a infalibilidade do papa. Criaram indulgências e as vendiam como um meio para pagar a excessiva dívida que um papa havia contraído. As pessoas aprendiam que se gastassem dinheiro suficiente com uma indulgência, então o clero poderia lhes conceder a entrada no céu. Se uma criança morresse antes que seus pais pudessem pagar pelo batismo, a lenda dizia que a criança estava condenada a vagar pela terra como um vaga-lume ou algum outro inseto ou besta.

Uma vez que a política religiosa era o espírito dominante por trás de tudo, o clero católico buscava riquezas e proeminência mais do que o bem-estar das pessoas. A Igreja Católica e o clero estavam envoltos na riqueza enquanto o homem comum sofria. Toda doutrina que criavam, todo sistema de adoração que instituíam, por trás de tudo havia o desejo por riquezas. Criavam quaisquer leis que considerassem necessárias para garantir mais dinheiro, mais terra e mais poder para si mesmos. No século XV, o próprio papado esteve envolto no assassinato e nas "mortes repentinas" daqueles que tentaram ganhar o poder. A imoralidade reinava enquanto os sacerdotes tinham inúmeras amantes, bem como proliferavam o homossexualismo e o adultério.

Como os sacerdotes não conheciam a Bíblia, não tinham nenhuma revelação do seu conteúdo. O sangue de Jesus não era suficiente para eles, então inventaram o poder reconciliador de santos mortos como Ana (mãe de Maria), José, Maria e inúmeros outros. Por volta do século XVI, aqueles que desafiavam esse sistema eram levados a julgamento em meio a uma torrente de mentiras, sendo excomungados ou mortos.

Em meio a esses tempos sombrios, homens como John Wycliffe, Jan Hus, Martinho Lutero, John Knox e João Calvino surgiram. Por volta do século XVII, a Reforma estava em pleno andamento. George Fox desafiou a discriminação religiosa fria e letárgica de outra maneira: permaneceu na Igreja Católica e despertou a vida de volta à Igreja por meio do ministério do Espírito Santo. Cada um desses seis homens se levantou para obedecer à voz de Deus no seu interior. Com determinação e um espírito inabalável, defendiam a verdade e se tornaram reformadores de Deus. Cada um deles começou lentamente a penetrar a escuridão em torno deles com a verdade de Jesus Cristo e a garantia da Sua Palavra.

Agora é a nossa vez. A História ainda está sendo escrita e os olhos do céu estão sobre nós. Tome seu lugar. Assuma a posição dada à sua geração e às suas nações, enquanto continuamos a levar o mundo à luz e à verdade encontradas em Jesus Cristo. Recuse-se a permitir que qualquer medo ou qualquer tormento ofusque sua visão de Deus. Recuse-se a se esconder ou permitir que o mal silencie Sua voz através de você. Que a Reforma possa acontecer novamente em nossa geração — e que ela possa vir por seu intermédio.

CAPÍTULO UM

JOHN WYCLIFFE

1330-1384, APROX.

"O Tradutor da Bíblia"

"O Tradutor da Bíblia"

Declaro e afirmo que sou, pela graça de Deus, um cristão são [isto é, um verdadeiro e ortodoxo cristão], e enquanto houver fôlego em meu corpo falarei e defenderei esse direito. Estou pronto para defender minhas convicções até a morte.[1]

Gosto de me referir a John Wycliffe como um reformador anterior à Reforma. Historicamente, sua vida não se enquadra nos anos do real período da Reforma. Mas sua vida e sua teologia são quase idênticas as dos outros reformadores que se levantaram e lutaram. Wycliffe foi um precursor da grande revolução que estava prestes a impactar o mundo religioso conhecido. No entanto, curiosamente, nenhum dos outros Reformadores, exceto Jan Hus, deu crédito a Wycliffe pela altamente controversa estrada que abriu. Acredito que isso se deveu em grande parte ao fato de que a imprensa ainda não tinha sido inventada, tendo se desenvolvido somente após a morte de Wycliffe, e muitas de suas obras foram queimadas pela Igreja Católica Romana. Mesmo assim, eu o vejo como alguém que semeou plenamente a terra com as verdades da Reforma; os que vieram depois dele regaram e colheram seus frutos.

Wycliffe era uma figura de estabilidade — um homem fortemente associado aos ricos e poderosos — no entanto, lutou incansavelmente pelas pessoas comuns e se identificava com seu direito de conhecer a Deus de uma maneira pessoal e íntima. Durante a época de Wycliffe, o conceito de uma pessoa comum conhecer a Deus intimamente era inexistente e extremamente controverso. Não é à toa que ele é chamado de "A Estrela da Manhã da Reforma", pois transformou a concepção de ignorância espiritual e, a partir de seus esforços, um novo horizonte amanheceu para a Igreja.

Também foi chamado de o "homem mais culto de sua geração na Inglaterra",[2] embora pouco se saiba sobre ele, exceto que levou uma vida muito simples marcada por incansáveis estudos, palestras e obras. Acredito que sua vida incorporou o princípio de Deus de que um semeia e outro colhe (ver João 4:37).

Enquanto você lê a respeito da vida de Wycliffe, nunca subestime o papel que você pode ter em semear uma semente ou uma boa ação na vida de outra pessoa. Suas ações de hoje, quando feitas pela fé e inspiração de Deus, podem afetar intensamente o futuro. Muitos de nós nunca conheceremos os resultados poderosos das sementes que plantamos nas vidas de outros até chegarmos ao céu.

Os Anos Iniciais de Wycliffe

John Wycliffe nasceu em Yorkshire, Inglaterra, por volta de 1330. Pouco se sabe sobre sua infância e juventude até 1360, quando entrou na Faculdade de Balliol, em Oxford, Inglaterra. A vida de Wycliffe se torna realidade para nós à medida que ele atinge a idade de trinta anos e começa sua trajetória como um grande reformador antes da Reforma real.

Antes dessa época, só posso especular que o jovem Wycliffe foi criado por uma modesta família latifundiária em uma área isolada e foi ensinado na escola por um sacerdote da aldeia. Naqueles dias, o regime católico controlava o governo, bem como os assuntos da Igreja. Os sacerdotes eram designados a cada aldeia a fim de supervisionar se as questões cotidianas estavam sendo guiadas pelos preceitos da Igreja, desde dentro das escolas até nas questões civis.

É importante notar que João de Gante (o segundo filho do rei Eduardo III) era o senhor feudal da cidade natal de Wycliffe. Isso simplesmente significa que Gante possuía a terra e aqueles que lá viviam e trabalhavam recebiam a proteção e os favores de Gante. O fato de esse senhor feudal ser o protetor natural dos cidadãos dessa área se tornou um ponto importante mais tarde na vida de Wycliffe.

Wycliffe entrou para o sacerdócio, mas a data de sua ordenação não está registrada. Ele

> Wycliffe lutou pelas pessoas comuns e se identificava com seu direito de conhecer a Deus de uma maneira pessoal e íntima.

provavelmente deixou Oxford por volta de 1346, com dezesseis anos, a idade comum para entrar em uma universidade na época.

Tempos Trágicos o Conduziram à Palavra

A praga afundou suas garras mortais na Inglaterra em 1349. A peste negra tinha acabado com a nação em 1353, e a Inglaterra havia perdido quase metade de sua população. Como resultado do caos, as aulas na faculdade em que Wycliffe estudava tornaram-se esporádicas por um tempo, e seu desespero cresceu à medida que observava muitos de seus amigos e conhecidos morrerem.

Enquanto alguns no ministério se voltavam para as respostas dos homens, Wycliffe se voltou para a Bíblia a fim de encontrar consolo e respostas para combater o desânimo e o temor que sentia. Durante esse período de turbulência, sua dependência da Palavra de Deus escrita construiu uma base em seu interior que se provou inabalável — ninguém poderia anular o que Wycliffe sabia ser a verdade das Escrituras. Não importava quão alto alguém estivesse na escala política ou religiosa, para Wycliffe, Deus tinha a palavra final em todos os assuntos.

É importante lembrar que naquele tempo não havia Bíblias em inglês; todas as Bíblias estavam escritas em latim e só os homens altamente educados e qualificados da Igreja Católica Romana poderiam lê-la. As pessoas comuns estavam relegadas às perspectivas místicas e pagãs dos sacerdotes da aldeia — muitos dos quais nunca tinham lido a Bíblia por si mesmos!

As riquezas e os bens governavam o pensamento dos sacerdotes e consequentemente sua doutrina também era baseada em quanto dinheiro alguém tinha. Cobravam por cada serviço da Igreja, desde o batismo de bebês até o perdão dos pecados.

"Indulgências" foram criadas pela Igreja. Isso propiciava uma maneira de uma pessoa pagar pela remissão de seus pecados. O assassino e o ladrão comum acreditavam que poderiam fazer o que quisessem e depois se redimir comprando seu caminho para o céu. Se os pais eram pobres demais para que seu bebê fosse batizado antes de morrer, então a família era informada de que o bebê não poderia entrar no céu e provavelmente seria condenado a viver na terra como

> **Enquanto alguns se voltavam para as respostas de homens, Wycliffe se voltou para a Bíblia, na qual descobriu uma base inabalável.**

um animal ou um inseto! Por mais bizarro que possa parecer, ensinamentos como esses abundavam durante o tempo de Wycliffe, mas Deus estava preparando um homem que se atreveu a ficar contra o sistema e provocar uma mudança divina!

O Estudante Mais Brilhante de Oxford

Wycliffe amava as obras de Agostinho (aprox. 354 a 430), o padroeiro da Igreja Católica inicial. Ele usou o individualismo de Agostinho como uma plataforma para o próprio individualismo, buscando uma maior pesquisa e estudo, especialmente o estudo da Bíblia. Reconhecido por sua capacidade intelectual, Wycliffe foi capaz de entrar na Faculdade de Balliol e se tornar o mestre regente, ou o reitor, de 1360 a 1361.

Naquela época, não havia a opção de alojamento no *campus*, então os alunos tinham de encontrar residência em outro lugar, tornando a vida muito difícil para a maioria deles. Havia uma série de casas para onde monges e frades eram enviados enquanto recebiam formação universitária; mas os clérigos (ministros) eram muitos, e a lista era longa — a predileção tinha de ser grande para que um ministro fosse colocado em uma dessas casas.

Para Wycliffe, sem dúvida reconhecido como um estudante premiado, foi oferecida a melhor das acomodações de Oxford na aldeia de Fillingham, em Lincolnshire, onde ocupou o cargo de reitor e chefe da paróquia. Seu tempo lá foi ocupado com o governo da Igreja Católica e Wycliffe se tornou um excelente porta-voz diplomático. Suas habilidades administrativas foram despertadas, e quando se associaram à sua disciplina intelectual, Wycliffe logo se encontrou perto de receber as mais altas honras na Igreja. Dessa maneira, toda a vida de Wycliffe foi rapidamente envolvida pela escola.

Dos cinco dons mencionados em Efésios 4:11 (apóstolo, profeta, pastor, evangelista e mestre) Wycliffe foi dotado com o dom de mestre; então, além de seu trabalho no sacerdócio, ele se realizou

Wycliffe escrevendo
Arquivo de imagens de Northwind

extremamente em sua posição como instrutor na faculdade. Nessa ocasião, a Igreja Católica estava muito satisfeita por ter alguém como Wycliffe crescendo em tal posição de destaque.

Por volta de 1369, Wycliffe havia se formado bacharel em divindade. Em torno de 1371, foi reconhecido como o principal teólogo e filósofo da época em Oxford, uma escola que foi inigualável em toda a Europa. Nesse período, Oxford tinha ultrapassado a famosa universidade de Paris e era a maior instituição de ensino em todo o mundo conhecido. Em 1372, Wycliffe recebeu seu precioso doutorado, comemorando dezesseis anos de intenso estudo e pesquisa.[3]

Abrindo Seus Olhos para a Corrupção

Em 1374, a notoriedade e o individualismo de Wycliffe começaram a vir à tona. Até então, embora famoso por suas habilidades intelectuais e teológicas, tinha sido um sacerdote desconhecido, servindo às mais diversas paróquias. Mas os ventos da mudança tinham sido soprados sobre a Europa, e foram constantemente aquecidos por um debate entre a Igreja e o governo.

Os vários governos em toda a Europa queriam o controle total dos assuntos civis e sociais de seus países, e estavam lutando contra o papado para obter esse controle. Com a Inglaterra não foi diferente.

Durante esse ano específico, Wycliffe (concordando com teólogos antigos) começou a falar contra a posse do total controle político e social da Igreja. Ele acreditava que havia uma legítima necessidade de um poder secular para governar os assuntos de cada nação.

Por meio de vasta pesquisa, incluindo o estudo dos conceitos de Agostinho e os princípios da Bíblia, Wycliffe chegou à conclusão de que a Igreja deveria se limitar à própria alçada. Ele acreditava que a principal responsabilidade da Igreja era os assuntos espirituais, não os políticos. Foi então que Wycliffe desenvolveu seu polêmico conceito chamado "domínio pela graça".

A revolta de Wycliffe contra a busca de riquezas que dominava a Igreja Católica estava em constante crescimento. Em seu conceito de "domínio pela graça", Wycliffe disse que todas as coisas pertenciam a Deus, e os homens só tinham direito a elas se estivessem vivendo livres do pecado e da transgressão. Wycliffe acreditava que a Igreja Católica estava em profunda transgressão, de forma que se opôs à propriedade de terras inglesas do papado. Ele considerava que a verdadeira responsabilidade da Igreja era atender às necessidades espirituais da humanidade e cuidar do rebanho, se dirigindo ambos a Jesus Cristo. Wycliffe começou a proclamar que ao possuir terras e viver em riqueza excessiva à custa do povo, a Igreja se tornou secular e inútil.

O papado ficou indignado com a posição de Wycliffe, percebendo que tal mudança afetaria a riqueza, o controle e a propriedade de terras da Igreja. Nesse momento, o papado estava declarando um imposto sobre reis e nações a ser pago para a Igreja, e Wycliffe — um de seus eminentes teólogos — se levantou contra eles em suas atividades!

Wycliffe Posiciona-se contra o Governo Papal

A Inglaterra tinha uma longa história de instabilidade junto ao papado. É importante observar alguns dos conflitos básicos, a fim de compreender plenamente a posição de Wycliffe.

Por exemplo, o rei João (aprox. 1215) havia sido excomungado e então forçado a se submeter incondicionalmente ao papa. Também foi obrigado a pagar uma grande soma de dinheiro pelo direito de continuar com sua herança legítima como rei da Inglaterra. Mesmo após o rei João morrer, o papado continuou a exigir o pagamento de impostos pelo direito de governar a Inglaterra.

Os ingleses se opunham às taxações do papa por muitos motivos, mas principalmente porque parte da verba estava indo para os exércitos inimigos. O governo inglês também estava indignado porque a Igreja dominava o crescimento econômico do país. Por exemplo, se um inglês morria e não deixava algo para a Igreja em seu testamento, então ela assumia seus negócios!

Por mais de cem anos, essa humilhação continuou e agora a Inglaterra estava à procura de maneiras de romper o controle papal. O momento ideal veio quando o papado pediu para recolher os "aluguéis" anuais pelo trono do rei, e Wycliffe entrou na frente para intervir pelo governo inglês.

"Não pode haver dois soberanos temporais em um país; ou Eduardo é rei, ou... [o papa] é rei. Fazemos nossa escolha. Aceitamos Eduardo da Inglaterra e recusamos... Roma", escreveu Wycliffe.[4]

A posição política de Wycliffe para com o trono da Inglaterra ganhou o favor do rei Eduardo III, e ele nomeou Wycliffe como reitor de Lutterworth — uma posição que lhe trouxe uma vida confortável — e então o escolheu para representar a coroa nas negociações entre o rei e o papado.

As negociações nunca chegaram a uma conclusão satisfatória, mas o incidente marcou Wycliffe como um criador de problemas em potencial na Igreja. Ele agora estava alinhado ao partido anticlerical — aqueles que se aliaram ao direito de o governo ter o controle sobre o país — que, entre outros, concedeu a Wycliffe o favor de João de Gante, o segundo filho do rei.

O partido anticlerical se agarrou a Wycliffe, vendo nele a capacidade intelectual para atacar a Igreja Católica e ganhar a causa do governo inglês. Wycliffe provou ser um aliado útil para o governo durante esse tempo de distúrbio, e o rei o protegia mantendo-o livre de qualquer dano físico que os católicos descontentes poderiam infligir-lhe.

> A verdadeira responsabilidade da Igreja era atender às necessidades espirituais da humanidade e cuidar do rebanho, dirigindo ambos a Jesus Cristo.

Expondo o Engano Pouco a Pouco

Até agora, Wycliffe era o conselheiro clerical do rico João de Gante, que no fim do século XIV tinha se tornado a figura política mais poderosa — e a mais odiada — da Inglaterra. Wycliffe o admirava e respeitava, pois Gante era um diplomata sábio, sempre fiel ao que acreditava ser o melhor para a Inglaterra. Gante teve a capacidade de atrair o mais capaz dos homens, e Wycliffe atuou como seu clérigo pessoal durante dois anos.

A maior força de Wycliffe era a sua fidelidade à Palavra. A partir da leitura e do estudo da Bíblia, Wycliffe ganhou maior conhecimento e compreensão do que a Palavra de Deus estava dizendo, e ela se tornou uma revelação pessoal para ele.

Permita-me fazer uma simples observação aqui. *O diabo não se importa se você tem uma Bíblia.* Ele não tem medo de quão grande ela é, de quantas vezes você a carrega por aí ou onde você a guarda em sua casa. Ele não se importa se você dorme com ela ou persegue os outros com ela. O diabo tem medo apenas dos textos bíblicos que você planta em seu coração e aplica à sua vida, por meio da revelação divina. Ele fica aterrorizado pela vida que a revelação dessas passagens bíblicas faz nascer em seu interior. Somente o poder da Palavra de Deus aterroriza o diabo.

Por favor, deixe de exibir sua Bíblia e comece a lê-la! Faça dela uma revelação essencial em sua vida. Você irá encontrar todas as respostas que precisa no interior de suas páginas. Por quê? Porque ela é o único livro na

> As revelações da Bíblia Sagrada separaram o verdadeiro do falso e permitiram que Wycliffe enxergasse que a Igreja estava em oposição à Bíblia.

terra que está vivo! É impossível ler a Bíblia sem que a vida surja em seu interior!

Isso foi exatamente o que Wycliffe fez. Ele não pensava que a Bíblia era tão santa que não poderia ser tocada. Ao contrário, ele a abriu, leu e aplicou as passagens bíblicas à sua vida e às suas circunstâncias. A revelação daqueles textos sagrados separou o verdadeiro do falso e permitiu que Wycliffe enxergasse que todo o sistema da Igreja Católica estava em oposição à mensagem geral da Bíblia. Ele começou a perceber que muitos dos sacramentos e doutrinas da Igreja eram hipócritas e heréticos. O sistema religioso da época havia sido formulado inteiramente a partir da busca de dinheiro, poder e controle.

Wycliffe entendeu que estava em uma posição na qual poderia expor e atacar esse sistema. Tenho certeza de que ele ponderou sua abordagem e estratégia com grande resolução. Wycliffe sabia que suas palavras trariam em si uma grande autoridade. Como ele começaria? Como poderia comunicar eficazmente as falsidades da Igreja e trazer a verdade ao povo? O engano era tão grande que revelar tudo de uma vez seria avassalador. Então decidiu expor as falácias heréticas pouco a pouco.

Em 1376, Wycliffe começou a escrever panfletos anunciando sua posição contra a excessiva riqueza da Igreja. Ele escreveu *On Divine Dominion* (Sobre o Domínio Divino), *On Civil Dominion* (Sobre o Domínio Civil), *On the Duty of the King* (Sobre o Dever do Rei) e *On the Church* (Sobre a Igreja).

Nesses panfletos, Wycliffe afirmava que os assuntos civis e temporais da Igreja deviam ser sujeitos ao rei, e *não* ao clero, porque os clérigos da Igreja tinham um chamado maior. Em função de o clero ter sido chamado para servir no ensino e na orientação espiritual, deveria ficar sem todas as posses temporais, exceto comida, alojamento e vestuário necessários. Wycliffe também escreveu que nenhum clérigo deveria desejar possuir cargos civis e que o rei tinha o direito de remover qualquer clérigo indigno de sua posição.

A revelação das motivações políticas da Igreja foi o primeiro passo. Wycliffe atingiu o alvo com seu plano, e o eco pôde ser sentido milhas e milhas de distância — até mesmo na própria sede do Vaticano.

"Vou Arrastá-lo pelos Cabelos"

William Courtenay era o bispo popular e de prestígio de Londres — um homem que desde a juventude tinha os olhos postos no cobiçado cargo de arcebispo de Canterbury, posição que detinha todo o poder eclesiástico na Inglaterra.

O papa estivera em contato com Courtenay, ordenando-lhe que interviesse na situação entre a Igreja e o governo. Ansioso para subir a escala política e cair nas boas graças do papa, Courtenay trabalhou incansavelmente para minar o poder do então arcebispo de Canterbury, Simon Sudbury, obtendo os resultados que Roma queria e Sudbury não poderia fornecer.

Por causa da relação de Wycliffe com o anticlerical João de Gante, a vingança de Courtenay se concentrou em Wycliffe. Em fevereiro de 1377, Courtenay convocou Wycliffe a comparecer em Londres para responder às acusações de heresia.

Wycliffe apareceu na Catedral de St. Paul, em Londres, sob a escolta de João de Gante e quatro frades de Oxford. Aqueles que serviam a Gante podiam esperar sua proteção. Para Gante, era uma questão de honra, bem como uma questão de caráter, fazer com que a contenda de Wycliffe se tornasse sua.

Os bispos esperaram por Wycliffe em uma capela fora da catedral. Eles viram sua aparência impressionante à medida que ele se aproximava da capela. Wycliffe foi descrito como:

Wycliffe aparecendo diante dos prelados na Catedral de St. Paul para responder à acusação de heresia.
Biblioteca de Arte de Bridgeman, N.Y.

> [...] uma figura alta e magra, coberta com uma longa veste leve de cor preta, com uma faixa sobre o corpo; o rosto, adornado com uma barba cheia, natural, exibindo traços intensos e bem definidos; os olhos claros e penetrantes, os lábios firmemente fechados em sinal de resolução — o homem vestia por inteiro um aspecto de sublime seriedade e repleto de dignidade e caráter.[5]

O ar estava tenso e cheio de energia. Para que os bispos e a comitiva de Wycliffe chegassem à Catedral de St. Paul teriam de abrir o caminho através de uma grande multidão que viera assistir ao *show*. As tentativas de empurrar as pessoas causaram uma briga imediata, que foi tão tumultuada que Courtenay deixou a catedral e correu para o local onde Wycliffe estava. Quando Wycliffe conseguiu chegar ao tribunal, os ânimos estavam tão exaltados que as ameaças eram berradas por ambas as partes.

Wycliffe foi convidado por Gante a se sentar e ficar à vontade. Courtenay falou que o acusado deveria ficar diante do tribunal. Imediatamente, houve uma discussão entre Gante e Courtenay sobre se Wycliffe deveria ficar de pé ou sentado. A multidão de curiosos se tornou ainda mais irritada, ouvindo os repetitivos insultos entre Gante e Courtenay. Por fim, Gante "murmurou a ameaça de arrastar o bispo de sua catedral pelos cabelos".[6]

Os londrinos eram orgulhosos apoiadores de Courtenay; e a mera presença de Gante já os havia enfurecido. Quando a indisciplinada multidão ouviu aquela ameaça contra Courtenay, ficou revoltada. Linguagem abusiva e gritos irados enchiam o ar enquanto a multidão corria para frente — Gante foi forçado a fugir para salvar a vida. A cena era tão caótica que não havia nenhuma maneira de Courtenay poder conduzir um julgamento. Wycliffe, que permaneceu em silêncio o tempo todo, foi autorizado a sair intocado!

Após a cena do tribunal, os cidadãos ainda estavam tão indignados que os ataques e tumultos continuaram nas ruas conforme procuravam os aliados de Gante. Courtenay finalmente teve de intervir para que os cidadãos se acalmassem. Nesse meio tempo, Wycliffe estava longe do tumulto, silenciosamente fazendo seu caminho de volta para Oxford. O incidente não veio a perturbá-lo.

Wycliffe permaneceu popular entre os eruditos de Oxford, o governo, seus alunos e as pessoas de sua paróquia, apesar da censura da hierarquia católica.

A Verdade Dói

Ao ouvir dos monges beneditinos que o julgamento de heresia havia fracassado, e acreditando que seria imprudente atacar Wycliffe na Inglaterra, o papa Gregório XI resolveu tomar as rédeas da situação. De Roma, Gregório XI emitiu cinco mordazes bulas papais (documentos oficiais do papa) contra Wycliffe. Em maio de 1377, cópias dessas bulas foram enviadas ao arcebispo de Canterbury, a Oxford e ao rei.

As bulas citavam dezoito erros nos panfletos de Wycliffe *On Civil Dominion* (Sobre o Domínio Civil). Aos estudiosos de Oxford, o papa censurou sua liderança, afirmando que "... por negligência e preguiça de sua parte [os estudiosos] que o joio saltasse no meio do trigo puro no campo de sua gloriosa universidade... e (o que é pior) crescesse" (grifo nosso).[7] O papa passou a dizer que se eles não podiam silenciar Wycliffe, o resultado seria o perigo de suas almas, a mancha do nome de Oxford e a decadência de toda a fé ortodoxa. O papa arrogantemente declarou que se Oxford não se livrasse de Wycliffe, a universidade não receberia mais as graças e o apoio da Igreja Católica.

Apesar das ameaças, Oxford ficou do lado de Wycliffe. Um conselho de doutores declarou que as "proposições atribuídas a ele [Wycliffe], embora inconvenientes, não estavam equivocadas" (grifo nosso).[8] Em outras palavras, se usássemos o vernáculo de hoje, Oxford poderia ter dito algo como: "A verdade dói".

Oxford percebeu que o papa estava envergonhado e sendo ameaçado pelas acusações de Wycliffe. Acredito que os eruditos de Oxford estavam orgulhosos da percepção de Wycliffe e secretamente desejavam ter tido a ousadia pessoal para enfrentar a hipocrisia da Igreja Católica. Embora o apoiassem e lhe dessem a liberdade para continuar a ensinar, Wycliffe decidiu autoproclamar sua prisão domiciliar para poupar a universidade de novas medidas do papa.

As bulas também ordenavam que o governo entregasse Wycliffe a Courtenay que, por sua vez, estava prestes a examiná-lo no tocante aos seus erros. Mas o governo nunca prestou atenção às bulas — o rei Eduardo III morreu antes de recebê-las.

"Nego ao Papa Qualquer Direito"

Naturalmente, a ambição política e religiosa de Courtenay o incitava a se apressar para convocar Wycliffe perante um tribunal em Lambeth, a fim de abordar as acusações do papa. Wycliffe aceitou o desafio e respondeu à convocação.

Diante de uma grande multidão de sacerdotes, bispos e partidários, o arcebispo de Canterbury e o bispo de Courtenay começaram a abordar os "erros". Sereno, Wycliffe lhes respondeu e declarou sua posição:

Nego ao papa qualquer direito de domínio político: que ele tenha algum domínio público perpétuo — que ele possa qualificar ou desqualificar simplesmente por suas bulas.⁹

Wycliffe convocado perante o arcebispo de Canterbury.
Banco de Imagens NorthWind

A defesa de Wycliffe foi incrível — e ele deixou o tribunal quase sem dizer nada! Devemos entender que, até este ponto, *ninguém nunca* tinha desafiado abertamente a autoridade do papa! À medida que você lê este livro, irá ver que esse tipo de desafio se tornou uma ocorrência comum entre os reformadores.

Você pode imaginar as ondas de choque que percorreram todos eles? Pode sentir o nervosismo e a tensão? Como eles iriam responder a Wycliffe? Aquela era a primeira vez! Como eles iriam se justificar? Como poderiam defender a hipocrisia que Wycliffe havia revelado? A única coisa que podiam fazer era gritar contra Wycliffe e acusá-lo de ultraje — e assim o fizeram.

Mas os gritos e o ultraje nunca indiciaram Wycliffe — Joana de Kent, a rainha-mãe, enviou uma mensagem ao tribunal em Lambeth, proibindo-os de proferir sentença contra Wycliffe. A intervenção da rainha-mãe a favor de Wycliffe causou grande temor e preocupação entre os bispos e seus partidários. Milagrosamente, ninguém procurou exonerar ou excomungar Wycliffe e novamente ele foi autorizado a sair sem ser punido.

A Igreja Católica não tinha ideia do que fazer com ele. Impotentes, ordenaram que Wycliffe parasse de pregar. Wycliffe obedeceu, mas sua pena não ficou em silêncio nem os grupos de homens que ele orientava pessoalmente.

Os Homens Apostólicos

Parecia então que os inimigos religiosos de Wycliffe não podiam tocá-lo. Ficou claro para a Igreja Católica que Wycliffe, ainda um sacerdote ordenado, com o tempo se estabeleceu como "o líder de um partido".[10]

Presidindo várias paróquias, Wycliffe já havia formado o próprio grupo de evangelistas de rua, aos quais chamou de os "sacerdotes pobres". Esse grupo de clérigos tinha sido pessoalmente orientado por Wycliffe a viajar por toda a zona rural e pregar sempre que as pessoas quisessem ouvir. Os "sacerdotes pobres" viviam de forma simples, evitando riqueza e vestidos de forma humilde. Alguns eram ordenados; alguns eram leigos; mas nenhum ficou restrito a uma paróquia, permitindo-lhes a liberdade de estar onde a necessidade fosse maior.

Até este momento, os sacerdotes ignorantes da aldeia haviam simplesmente contado histórias para entreter as pessoas ou, quando lhes era feita uma pergunta teológica, respondiam o que parecia bom no momento. Os pregadores de Wycliffe faziam exatamente o oposto — pregavam a Bíblia, levando compreensão e conforto aos moradores.

Wycliffe defendia seu direito de pregar enquanto esses homens sentiam que foram chamados para fazê-lo. Ele os chamava de "homens evangélicos" ou "homens apostólicos".[11] Esses "homens apostólicos" andavam por toda a Inglaterra, denunciando os abusos da Igreja Católica e ensinando a confiável doutrina bíblica, não em latim, mas na linguagem comum das pessoas, a fim de que pudessem entender.

> Os "sacerdotes pobres" viviam de forma simples, evitando a riqueza. Pregavam a Bíblia, levando conhecimento e conforto.

Wycliffe escreveu panfletos para que esses homens distribuíssem, embora ele mesmo não pregasse, escreveu centenas de sermões para que os "homens apostólicos" meditassem e pregassem. Infelizmente, a maioria não existe mais para desfrutarmos hoje.

A Revelação mais Surpreendente

Quero ressaltar alguns fatos históricos acerca da confusão na Igreja Católica pelas quais Wycliffe foi considerado culpado. Enquanto a Igreja estava ocupada resolvendo o tumulto, Wycliffe ficou em paz para descobrir mais verdades. O Espírito Santo estava de fato a cargo da situação.

Em 1370, houve grande confusão nas fileiras católicas sobre onde o papa iria residir. Não vou dar todos os detalhes do fato. Em suma, houve uma disputa sobre onde deveria ser sede do Vaticano. Em 1309, a sede foi transferida de Roma para França, basicamente por causa da influência política do rei francês. Ele estava cansado de pagar impostos papais e sentiu que podia controlar a situação melhor se a sede da Igreja fosse localizada em sua nação. Os católicos chamaram isso de "O Cativeiro Babilônico".

Por fim, em 1376, o papa Gregório XI voltou para Roma. Dois anos depois, porém, as pessoas ainda estavam divididas e elegeram dois papas — um para Avignon, na França, e um para Roma. Ambos os papas afirmavam ser infalíveis, e um excomungou o outro. Isso foi chamado de "O Grande Cisma", e Wycliffe foi indicado como uma das principais causas.[12]

A Igreja Católica acreditava que as "heresias" de Wycliffe levaram à agitação do povo, porque ele envenenou a todos com suas doutrinas e confundiu suas mentes. Nos trinta e nove anos seguintes, a sede papal permaneceu dividida.

Em função da atenção voltada para esse cisma, o próprio Wycliffe foi quase ignorado, apesar do fato de que a culpa recaía sobre suas doutrinas. Enquanto esteve fora dos holofotes, Wycliffe usou seu tempo para revelar, passo a passo, as outras heresias que encontrou na Igreja. De 1378 a 1379, ele começou a formular sua revelação mais surpreendente, uma declaração inédita para o mundo naquela época. Qual era? *A Escritura (a Bíblia) era o único fundamento de toda a doutrina.*[13]

Em março de 1378, Wycliffe lançou um livreto intitulado *On the Truth of Holy Scripture* (Sobre a Verdade das Sagradas Escrituras) o qual enviou à hierarquia católica cuja raiva aumentava vertiginosamente. A partir desta base — de que somente a Bíblia contém a verdade sobre as doutrinas e o estilo de vida cristã — Wycliffe começou a dissecar habilmente as várias heresias e hipocrisias que floresceram na Igreja Católica. Esse livreto continha

> A revelação mais surpreendente de Wycliffe foi que a Bíblia era o único fundamento de toda a doutrina.

trinta e dois capítulos que defendiam a verdade das Escrituras contra as mentiras do papado.

Assim, Wycliffe havia atravessado uma nova fronteira.

A Visão Estava se Formando

Depois que o rei Eduardo III morreu, seu filho mais novo, Ricardo II, foi declarado rei. João de Gante se tornou o chefe da Inglaterra, governando como regente, até que o jovem rei Ricardo II tivesse idade suficiente para assumir o comando do trono em 1381.

Nos três anos seguintes, Wycliffe defendeu a validade das Escrituras. O governo ainda o apoiava, mas Wycliffe não era a sua maior preocupação; em vez disso, a tarefa de governar o país sem um rei oficial tomou o centro do palco. A Igreja foi pega com seus próprios problemas. Os rumores de heresia de Wycliffe começaram a voltar à tona, mas nada veio a partir daí. Wycliffe replicou, dizendo que os reais hereges eram aqueles que encontravam incoerências e obscuridades na Bíblia e achavam que precisavam da interpretação "oficial" da Igreja.

Wycliffe não acreditava que a interpretação "oficial" da Bíblia era necessária. Ele pensava que a Bíblia poderia ser colocada de forma segura nas mãos até do mais ignorante. Ao contrário da hierarquia católica, Wycliffe pregava que a verdadeira "igreja" era composta de *todas* as pessoas eleitas de Deus — não apenas a liderança. Por causa de sua crença, Wycliffe sentia que todo aquele que confiava no Senhor tinha o direito de conhecer Sua Palavra. Ele disse: "Todos os cristãos e especialmente os senhores leigos deveriam conhecer as escrituras sagradas e defendê-las",[14] e "nenhum homem é excessivamente erudito nem excessivamente ignorante a ponto de não aprender as palavras do evangelho de acordo com sua simplicidade".[15]

A partir das declarações de Wycliffe, é óbvio que Deus estava formando um plano e uma visão em seu coração. Nenhum inglês era capaz de ler a Bíblia — estava toda escrita em latim! A dificuldade da língua permitia que a Igreja Católica permanecesse no controle, porque só os eruditos — os sacerdotes — podiam lê-la.

Então, fica claro para mim que Wycliffe tinha um plano para sustentar suas declarações.

> Wycliffe pensava que a Bíblia poderia ser colocada de forma segura até na mãos das pessoas mais ignorantes.

De alguma forma, a Bíblia latina teria de ser traduzida para o inglês comum — mas quando? Outros, nos séculos XIII e XIV, já tinham desejado traduzir a Bíblia para o inglês, mas ninguém o tinha feito.[16] O senso do tempo exato era exclusivamente essencial e Wycliffe não era um homem que se apressava ou agia precipitadamente. Sabia que Deus iria propiciar a situação correta e o momento exato para tal façanha. Isso *tinha* de ser feito e seria feito — mais cedo ou mais tarde.

Os católicos se sentiam ultrajados pelos ensinamentos de Wycliffe de que a Bíblia era a *única* fonte de doutrina. Acreditavam que a Igreja (isto é, sacerdotes, monges, frades, bispos e papa) constituía a única fonte de toda a doutrina e que a Bíblia servia apenas como uma ajuda, cheia de histórias que serviam como ilustrações para viver uma vida boa. Mas a indignação deles não incomodou Wycliffe.

Usando a Bíblia como alicerce, Wycliffe começou a separar o homem — as ideias criadas pelo homem — da Igreja, dos princípios da Palavra inspirados por Deus. A seguir está uma lista resumida de várias heresias católicas que Wycliffe atacou. Ele acreditava que todas essas heresias eram inventadas e propagadas pelo homem. Lembre-se de que Wycliffe escreveu essas descobertas enquanto atuava como sacerdote católico. Ele amava o ministério e a obra de Deus, mas detestava os abusos encontrados dentro do sistema da Igreja Católica. Wycliffe acreditava que esses abusos eram contra Deus e contra o povo.

Em primeiro lugar, indicarei sucintamente no que os católicos acreditavam; em seguida, fornecerei uma citação de Wycliffe declarando o que ele denunciou.

1. Ele Atacou as Confissões

Os católicos instruíam as pessoas a confessarem seus pecados a um sacerdote antes que pudessem ser perdoados, ensinando-lhes que o sacerdote, bispo, etc., era o único que tinha o poder de purificá-los dos pecados. Depois que a confissão era feita, o sacerdote impunha vários atos de penitência que o pecador tinha de realizar a fim de receber o perdão completo.

Wycliffe escreveu:

> Não se confessa ao homem, mas a Deus, que é o verdadeiro Sacerdote das almas, que representa a grande necessidade do homem pecador. A confissão particular e todo o sistema de confissão medieval não foram ordenados por Cristo e não foi usado

pelos apóstolos, pois dos três mil que foram transformados com a Lei de Cristo no Dia de Pentecostes, nenhum deles se confessou a um sacerdote... É Deus quem perdoa.

Confie inteiramente em Cristo... tenha cuidado em procurar ser justificado por qualquer outra forma que não seja por Sua justiça. A fé em nosso Senhor Jesus Cristo é suficiente para a salvação.[17]

2. Absolvição

Os católicos ensinavam que somente um sacerdote, bispo ou líder religioso poderia libertar uma pessoa da culpa, simplesmente ao dizer isso à pessoa. Muitas vezes, a absolvição era paga com dinheiro ou algum outro tipo de posse.

Wycliffe escreveu:

> Não há maior heresia contra um homem do que acreditar que ele é absolvido do pecado se dá dinheiro ou porque um sacerdote impõe a mão em sua cabeça e diz: "Eu o absolvo", pois você deve estar arrependido em seu coração, de outra forma Deus não o absolve.[18]

3. Ele Atacou as Indulgências

As indulgências foram criadas como uma técnica de arrecadar dinheiro para manter o Vaticano sem dívidas ou para pagar as excessivas dívidas já acumuladas da Igreja. A Igreja ensinava que, com as indulgências, as pessoas poderiam comprar a saída do purgatório (um lugar de detenção depois da morte, onde as consequências das ações pecaminosas poderiam ser satisfeitas). As pessoas eram instruídas que, se comprassem indulgências, o papa iria ordenar os anjos a levarem uma alma que partiu direto para o céu (ignorando o purgatório) porque seus pecados foram pagos. Então, as pessoas faziam o que quisessem e agiam como desejassem, pensando que se comprassem uma indulgência, toda ação seria apagada.

Wycliffe escreveu:

> É claro para mim que nossos prelados na concessão de indulgências realmente blasfemam frequentemente a sabedoria de Deus, fingindo em sua avareza [ganância por dinheiro] e loucura que compreendem o que realmente não conhecem. Eles falam sobre a graça como se fosse uma coisa a ser comprada e vendida como

um jumento ou um boi; assim fazendo, aprendem a comercializar a venda de perdões; o diabo se aproveita de um erro nas escolas para depois introduzir na moral esse tipo de heresia.

Confesso que as indulgências do papa... constituem uma blasfêmia manifesta, na medida em que ele afirma ter poder quase sem limites de salvar os homens... Mas eu lhe digo com certeza, embora você tenha sacerdotes e frades para cantar para você, e embora você ouça todos os dias muitas missas, encontre altares e ensino ou saia em peregrinação durante toda a sua vida e dê todos os seus bens aos perdoadores — nada disso levará sua alma para o céu.[19]

Wycliffe condenou tais práticas em seu panfleto *On Indulgences* (Sobre as Indulgências) muito antes de Lutero lançar suas noventa e cinco teses. Wycliffe concluiu o panfleto com estas declarações:

Em contraposição à cauda desse dragão — isto é, as seitas dos frades que trabalham na causa dessa ilusão e em outras seduções luciferianas da Igreja, levantem-se, ó soldados de Cristo! Sejam sábios lançando fora essas coisas, juntamente com as outras ficções do príncipe das trevas e coloquem-se no Senhor Jesus Cristo... retirem da Igreja essas fraudes do anticristo e ensinem às pessoas que somente em Cristo, e em Sua Lei, e em Seus membros devem confiar... aprender todas as coisas honestamente para detectar os estratagemas do anticristo![20]

O sangue que Jesus Cristo derramou por nós foi suficiente — ainda que os católicos medievais minem esse incrível preço, criando adições e fazendo as pessoas pagarem para obterem o perdão. Que Deus tenha misericórdia daqueles que acreditam nessa doutrina e abra seus olhos para que possam ver a verdade!

Ele Exigiu a Pregação

Muitos na Igreja Católica consideravam o ministério como uma profissão a qual seriam sempre cuidados. Como resultado, muitos sacerdotes nunca perceberam a posição espiritual que poderiam ter e deveriam ter exercido. Então, eles eram frequentemente encontrados em situações mundanas —

por exemplo, nas tabernas, jogando — e viviam negligentemente. Com exceção, possivelmente, de monges isolados, a maioria dos sacerdotes nunca se dedicou à oração e ao aprendizado da Palavra de Deus. Muitos nunca leram uma Bíblia, consequentemente só podiam contar histórias e contos para manter o interesse das pessoas. Posso apenas imaginar o engano e os erros grosseiros que abundavam por causa disso.

Wycliffe escreveu:

> O trabalho mais elevado que o homem pode alcançar na terra é pregar a Lei de Deus. Esse dever recai particularmente sobre os sacerdotes, a fim de que possam gerar filhos de Deus... E por isso Jesus Cristo deixou as outras obras e se ocupou principalmente da pregação, e assim fizeram os apóstolos, e por causa disso Deus os amou... Acreditamos que há um caminho melhor — para evitar isso que dá prazer e, em vez disso, confiar em Deus e falar com segurança de Sua Lei e, especialmente, de Seu Evangelho. Uma vez que essas palavras são as Palavras de Deus, deveriam ser consideradas dignas de crédito, pois as Palavras de Deus darão aos homens uma vida nova mais do que as outras palavras que são para o prazer.
>
> O poder maravilhoso da Semente Divina que domina os homens fortes, abranda os corações endurecidos e renova e transforma homens divinos... Obviamente tal poder milagroso nunca poderia ser trabalhado pela palavra de um sacerdote, se o Espírito da Vida e a Palavra Eterna não operarem nele, antes de qualquer coisa.[21]

> **Wycliffe não podia trair o que sentia ser verdade nas Escrituras, ainda que isso significasse perda de apoio.**

Wycliffe Ataca a Eucaristia

Pouco a pouco, Wycliffe continuou a expor os erros e os enganos da Igreja Católica. Em 1379, Wycliffe tomou uma posição contra a Igreja que fez até mesmo seus amigos tremerem. João de Gante teve problemas com isso e lhe pediu para se retratar dessa posição. Mas Wycliffe não podia trair o que sentia ser verdade nas Escrituras, ainda que isso significasse perda de apoio. Como resultado, o governo inglês manteve Wycliffe livre, sem saber como reagir à sua mais recente revelação.

A mais famosa controvérsia de Wycliffe foi sobre a Eucaristia ou a Sagrada Comunhão. Os católicos acreditavam na *transubstanciação*, que simplesmente significa que quando um sacerdote realizava uma missa, o pão e o vinho da Comunhão são transformados literalmente no corpo e sangue de Jesus Cristo, embora mantenham a aparência do mero pão e vinho. Eles também se referem a isso como "O Santíssimo Sacramento".

Wycliffe constatou que a transubstanciação era totalmente antibíblica. Em seu panfleto intitulado *On the Eucharist* (Sobre a Eucaristia), ele apresenta suas convicções acerca de dois pontos básicos: primeiro, a transubstanciação não estava na Bíblia e, segundo, a crença era totalmente desconhecida até o século XII.[22] Não havia se tornado um dogma católico (verdade absoluta) até 1215, no Quarto Concílio de Latrão.

Wycliffe afirmou que a teologia doutrinária da transubstanciação era simplesmente uma invenção — ou má interpretação — do homem, tudo com a finalidade de manter a missa como algo místico e de que os sacerdotes fossem vistos como superiores. Para ele, a transubstanciação exagerava perigosamente a importância do ofício sacerdotal, expunha Cristo a uma indignidade passiva e incentivava as pessoas a se tornarem idólatras.

Em vez disso, Wycliffe acreditava na *presença espiritual* de Cristo e Seu sangue, e afirmava que Jesus Cristo devia ser lembrado na Comunhão por meio da fé pessoal no preço que Ele pagou. Ele exortava as pessoas a voltarem à fé e à prática dos primeiros cristãos.

Ele escreveu: "A hóstia consagrada que nós, sacerdotes, fazemos e abençoamos não é o corpo do Senhor, mas um sinal efetivo dele. Não deve ser entendido como se o corpo de Cristo descesse do céu para a hóstia consagrada em cada igreja".[23]

Wycliffe passou a explicar como interpretar a Palavra de Deus e usava a Comunhão como exemplo. "Algumas expressões da Bíblia devem ser entendidas claramente e sem símbolos, mas há outras que devem ser entendidas em sentido figurado. Assim como Cristo chama João Batista de Elias, e São Paulo diz que Cristo era uma pedra... Você irá encontrar esses modos de expressão constantemente na Bíblia e nessas expressões, sem dúvida, a apresentação é feita em sentido figurado."[24]

Wycliffe escreveu que o significado do discurso figurativo na Bíblia estava escondido daqueles que não conhecem Jesus Cristo.

> Wycliffe exortava as pessoas a voltarem à fé e à prática dos primeiros cristãos e rejeitarem a doutrina inventada do homem.

"Portanto, deixe que todo homem com sabedoria, com muita oração e grande estudo... leia as Palavras de Deus nas Sagradas Escrituras... Cristo disse: 'Eu sou a videira verdadeira [João 15:1]'. Por que você não adora a videira de Deus, como o faz com o pão?" (grifo nosso).[25]

Ele passou a afirmar que Cristo não era uma videira terrena, "portanto nem o pão material mudou de sua substância para carne e sangue de Cristo".[26]

Quando Wycliffe protestou contra a superstição e a idolatria que viu associadas à missa em seu panfleto *On Apostasy* (Sobre a Apostasia), foi rotulado de verdadeiro herege pela Igreja Católica. Embora nenhuma medida tenha sido tomada para excomungá-lo, Wycliffe era agora um homem a quem se queria evitar.

Cortando Sua Influência

O alarme na amada Oxford de Wycliffe finalmente soou em 1380. Por causa da pressão do papado, o chanceler havia começado a se opor às doutrinas de Wycliffe nas escolas e, por fim, decidiu que tinha chegado a hora de tomar uma medida contra ele.

Um grupo de doze doutores em divindade se reuniu em uma assembleia para discutir a doutrina acerca da Eucaristia de Wycliffe. No final da discussão, a maioria de sete propôs que seus ensinamentos eram errôneos. O chanceler ficou um pouco alarmado pelo fato de que os cinco restantes consideraram que Wycliffe não tinha feito nenhum mal. Em uma tentativa de silenciar qualquer apoio adicional a Wycliffe, o chanceler ameaçou-os com prisão, suspensão de todas as funções da universidade e excomunhão daqueles que ensinavam ou defendiam as doutrinas de Wycliffe.[27]

Wycliffe foi encontrado discutindo teologia na escola quando a sentença e o veredicto foram lidos publicamente para ele. Quando Wycliffe ouviu a condenação de sua obra ficou confuso, mas decidiu que as opiniões desses homens não iriam enfraquecer suas crenças.[28]

Wycliffe apelou ao rei para anular a decisão do chanceler, mas foi ignorado. João de Gante correu para Oxford e tentou persuadir Wycliffe a obedecer ao chanceler, mas Wycliffe optou por ignorar seus apelos.

Wycliffe permaneceu no ostracismo até maio de 1381, quando escreveu *Confession* (Confissão), um panfleto que defendia suas opiniões condenadas.

Na primavera, Wycliffe se retirou da vida pública e, finalmente, se separou de Oxford. Foi uma decisão difícil para ele, porque a maior parte de sua vida tinha estado interligada aos assuntos da universidade. Era incomum para uma pessoa mencionar o nome de Oxford sem pensar em Wycliffe.

Wycliffe agora tinha voltado para o isolamento e a obscuridade de Lutterworth. Mas foi diferente desta vez. Ele não tinha o luxo ou o escape de ser associado a Oxford.

Certamente, todos nós podemos entender como Wycliffe deve ter se sentido. Ele havia sido cortado do lugar onde sua identidade terrena tinha sido estabelecida. Oxford tinha sido seu local de segurança e, agora, tinha de encontrar seu caminho sem essa avenida.

A mudança provou ser o ponto mais alto de seu destino na terra.

Destino: A Porta que Nenhum Homem Poderia Fechar

Wycliffe se sentiu desligado de tudo. Foi durante essa época que ele se voltou ao Senhor para ter direção. Ele sabia que tinha um propósito na terra, mas tinha de ouvir isso de Deus. Creio que foi por meio de tais orações que Wycliffe veio a compreender a razão de sua vida.

De repente, inspirado, Wycliffe percebeu que Lutterworth não iria ser uma "prisão" obscura para ele, mas, em vez disso, seria o lugar do destino divino, um lugar em que o tempo do Senhor e a visão em seu coração iriam finalmente se encontrar.

Agora ele entendia. Na obscuridade e paz of Lutterworth, Wycliffe começaria o empreendimento pelo qual é mais conhecido hoje em dia: a tradução da Bíblia do latim para o inglês.

Vários de seus seguidores mais leais acompanharam Wycliffe a Lutterworth. Entre eles, João Purvey e Nicholas de Hereford.

Purvey foi um dos companheiros mais próximos de Wycliffe. Foi seu secretário pessoal e assistente constante até o fim da vida do teólogo.

> **Em Lutterworth, Wycliffe começaria o empreendimento pelo qual é mais conhecido hoje em dia: a tradução da Bíblia do latim para o inglês.**

Nesse momento, aos 51 anos de idade, Wycliffe ditou grande parte de sua prolífica obra a Purvey, porque estava claro para Wycliffe que sua unção e visão da obra seriam passadas a ele.

Hereford foi um dos mais instruídos colegas de Wycliffe em Oxford. Doutor em divindade, Hereford trabalhou incansavelmente junto com Purvey na tradução da Bíblia do latim para o inglês. Ao contrário de Purvey e Wycliffe, Hereford era conhecido por sua personalidade turbulenta, citado como "o mais violento" dos seguidores de Wycliffe.[29]

Durante os anos seguintes, o grupo trabalhou noite e dia. Wycliffe sentiu que a maior unção que ele já tinha experimentado estava sobre ele, dando-lhe força e energia para supervisionar o projeto. É geralmente aceito que o próprio Wycliffe tenha feito a tradução do Novo Testamento, enquanto Hereford e Purvey traduziram o Antigo Testamento sob a sua supervisão constante.

As Cinco Regras para o Estudo da Bíblia

Por que Wycliffe assumiu essa tremenda façanha? No reino natural, a tarefa era contra todas as probabilidades. Em toda a Europa, nunca houve uma Bíblia na língua comum. O latim era preservado porque era considerado sagrado e místico, reservado apenas para os instruídos. Além disso, a maioria das pessoas comuns na Inglaterra era analfabeta. Ademais, a impressa só seria amplamente fabricada no século seguinte, de modo que o fornecimento de Bíblias em inglês seria muito limitado. Era um esforço enorme, e somente aquele que tinha realmente ouvido de Deus o teria tentado; sem dúvida, Wycliffe tinha ouvido.

Como já disse, sua convicção inabalável era de que a Bíblia era a única autoridade para toda a vida. Wycliffe escreveu:

> Já que a Bíblia contém Cristo, isso é tudo o que é necessário para a salvação, é necessário para todos os homens, não apenas para os sacerdotes. Ela é por si só a Lei Suprema que existe para governar a igreja, o estado e a vida cristã, sem tradições humanas e estatutos.[30]

Wycliffe sabia que as pessoas comuns nunca conheceriam os verdadeiros fundamentos da fé a menos que soubessem o que a Bíblia diz. Ele também percebeu que as pessoas nunca conheceriam a Bíblia a menos que estivesse em sua língua natal. Ele declarou:

> Cristo e Seus apóstolos ensinaram o povo na língua mais conhecida por eles. É certo que a verdade da fé cristã se torna mais evidente à medida que a própria fé é mais conhecida. Portanto,

a doutrina não deveria estar apenas em latim, mas na língua vulgar [comum]... Os crentes deveriam ter a Bíblia em uma língua que entendam completamente. (grifo nosso)[31]

O coração de Wycliffe se preocupava com as pessoas comuns. Ele percebeu que se conseguisse produzir uma Bíblia em sua língua, e se elas pudessem lê-la, iriam precisar de instruções sobre como estudá-la. Então Wycliffe completou sua tarefa, destacando cinco regras básicas para a tradução e o estudo da Bíblia:

1. Obter um texto confiável.
2. Compreender a lógica da Bíblia.
3. Comparar as partes do texto sagrado umas com as outras.
4. Manter uma atitude de busca humilde.
5. Receber a instrução do Espírito.

Assim, Wycliffe e sua equipe começaram a traduzir a Bíblia inteira a partir da Vulgata Latina para o dialeto inglês local. Embora muitas traduções tenham se seguido desde essa incrível façanha, ainda podemos ver os efeitos de um pouco de sua terminologia. Alguns dos termos como "cisco", "feixe" e "porta estreita" vieram da tradução de Wycliffe.[32]

Combustível Medieval

Quero reservar algumas linhas para compartilhar parte da resposta que a Igreja Católica deu sobre a tradução de Wycliffe. É incrível o quanto o engano religioso pode cegar uma pessoa através da atitude de controle.

A tradução da Bíblia para a língua do povo comum era considerada uma heresia por parte da Igreja Católica medieval. Jerônimo, um pai da igreja primitiva muito famoso, já havia revisado sua edição latina por volta de 450 d.C. A revisão de Jerônimo foi chamada de Vulgata Latina, e era a única versão oficial e "sagrada" que os católicos reconheciam. Desviar da Vulgata estava na categoria de blasfêmia.

Um escritor católico no tempo de Wycliffe escreveu:

> A façanha de Wycliffe foi colocar a Bíblia à disposição das pessoas para que pudessem conhecer Deus de uma forma pessoal.

Cristo deu o Seu Evangelho para o clero e os doutores eruditos da Igreja para que pudessem passá-lo para os leigos e para as pessoas mais fracas... Mas esse mestre John Wyclif [fe] traduziu o Evangelho do latim para o inglês — o Ângulo [Anglo], não o anjo da língua. E Wyclif [fe], traduzindo deste modo a Bíblia, tornou-a propriedade das massas, comum a todos e mais aberta para os leigos, e até mesmo para as mulheres que sejam capazes de ler... E assim a pérola do Evangelho é atirada aos porcos... A joia do clero foi transformada no esporte dos leigos, de modo que o que costumava ser a dádiva mais alta do clero e membros eruditos da Igreja se tornou comum para os leigos.[33]

Não sei você, mas se eu fosse um membro da igreja, não gostaria de ser chamado de "porco". No entanto, o artigo ilustra perfeitamente a mentalidade da época: se você não fosse uma parte da elite do clero católico, sua vida não significava nada. As mulheres eram reduzidas a pó. Por que ele escreveu que a Bíblia era a "maior dádiva do clero" eu nunca vou entender. Eles raramente — *ou nunca* — a liam! E a Bíblia não diz nada sobre os anjos falando na língua latina como uma língua comum.

Anos mais tarde, Arundel, arcebispo de Canterbury, foi ainda mais venenoso com seu comentário perturbador. Acredito que esse arcebispo foi um dos piores e mais perversos homens de seu tempo.

Ele disse:

Esse pestilento e muitíssimo miserável John Wycliffe, de memória execrável, um filho do velho diabo e ele próprio um filho ou aluno do anticristo, que, enquanto viveu, andando na vaidade de sua mente — com alguns outros adjetivos, advérbios e verbos que não fornecerei —, coroou sua maldade ao traduzir as Escrituras para a língua materna.[34]

A única coisa que essas palavras duras produziram foi o combustível que as transportou para a História. O verdadeiro significado — a verdadeira façanha já realizada — foi que a Bíblia foi disponibilizada para as pessoas, de modo que pudessem conhecer Deus de uma forma pessoal. As ações de Wycliffe honraram o sangue que Jesus derramou por todos nós e, por isso, podemos ser eternamente gratos. A Igreja Católica tentou manter o preço que Jesus pagou em uma caixa secreta. Tentou se exaltar a uma posição de divindade criada pelo homem.

Eles Ainda o Odeiam

Tenho notado que, em muitas referências teológicas escritas ou editadas por católicos, o nome de Wycliffe ainda aparece na lista sob o título de "Os hereges". Alguns parecem sentir que Wycliffe minou a unidade da fé católica. Sim, ele fez isso, mas foi uma ação ordenada por Deus. Deus não pode ser encontrado na política dos religiosos; Ele não é encontrado nas táticas de controle ou engano. Deus não vive em estátuas; Ele vive no coração. Ele não é o chefe de um grupo exclusivo; Ele é o Cabeça da verdadeira Igreja.

> Deus não vive em estátuas; Ele vive no coração. Ele não é o chefe de um grupo exclusivo; Ele é o Cabeça da verdadeira Igreja.

João 3:16 afirma claramente que *"todo o que"* nele crer e confiar terá a vida eterna. Isso simplesmente significa que a oportunidade para a salvação está aberta para *qualquer um* que quiser ouvir.

Romanos 8:14 afirma que "todos os que são guiados pelo Espírito de Deus são filhos de Deus". Conhecer Deus no Espírito vem de um relacionamento pessoal com Ele. Não vem de uma mera religião.

Esses Barulhentos Lollardos

Os últimos três anos da vida de Wycliffe foram muito agitados. Em 1381, explodiu a famosa Revolta Camponesa, na qual os trabalhadores ingleses comuns se levantaram em uma luta pela liberdade civil. Estavam cansados de serem sobretaxados e oprimidos por leis injustas. No início do verão, milhares de camponeses furiosos invadiram Londres exigindo ver o jovem rei Ricardo II.[35]

O nome de Wycliffe foi ligado à revolta, embora todos soubessem e concordassem que ele não tinha nada a ver com isso. Ele estava ocupado traduzindo a Bíblia em Lutterworth. Mas a Igreja ainda mantinha a ideia de que era a doutrina e o ensino de Wycliffe que produziam esse tipo de agitação.

Os historiadores concordam que durante esse ano um grupo de pessoas se reuniu para formar os chamados Lollardos. Muitos erradamente chamaram de Lollardos exclusivamente os seguidores de Wycliffe, mas não foi assim. Essa identidade equivocada veio como resultado da proibição de Courtenay dos ensinamentos de Wycliffe e por ele silenciar os principais líderes Lollardos de Oxford, que se associaram com ele.

O nome *Lollardos* significava "murmuradores" e, eventualmente, ele simplesmente classificava *qualquer* grupo que se opunha à Igreja Católica. A Igreja também se referiu a esse grupo como hereges.[36]

Wycliffe envia os Lollardos para o mundo.

Alguns dos Lollardos instruídos *eram* seguidores de Wycliffe — para ser historicamente correto, eles eram os Wycliffites. Mas os camponeses Lollardos ignorantes não apoiavam um conjunto de doutrinas específico; eram somente ativistas políticos que detestavam os injustos encargos que a Igreja Católica impunha a eles.

Os centros de atividade dos Lollardos ficavam nas cidades de Oxford e Leicester.[37] Eram muito populares em Leicester; o ditado era que "de cada dois homens, um deles, era Lollardo".

É difícil identificar as crenças exatas desse grupo de pessoas, à medida que variavam de acordo com a circunstância pessoal. Mas, basicamente, os Lollardos eram paroquianos que se recusaram a pagar o dízimo, negavam a autoridade da Igreja Católica, menosprezavam a autoridade papal, atacavam a doutrina da transubstanciação e consideravam toda a liturgia e as doutrinas católicas como necromancia arrogante ou uma narração do futuro por meio da comunicação com os mortos.[38] A lista é interminável.

Mas, em 1382, os Lollardos encontraram sua primeira dificuldade oficial. O nome de Wycliffe estava implicado nela, embora ele estivesse longe da ação. Hereford, um dos mais leais seguidores de Wycliffe, decidiu realizar uma reunião lollardista no campus de Oxford. Ele deu um empolgante e turbulento sermão, exigindo lealdade e apoio a Wycliffe contra a hierarquia católica. Hereford e todos os seguidores de Wycliffe que tinham permanecido em Oxford foram excomungados como resultado dessa reunião.

A Terra Tremeu

O ano de 1382 foi ainda mais agitado que o anterior.

Sudbury, ex-arcebispo de Canterbury, tinha sido assassinado durante a Revolta Camponesa. Enfim, Courtenay havia realizado seu sonho — foi empossado como o novo arcebispo de Canterbury. Seu primeiro e principal objetivo como arcebispo era cuidar das doutrinas e dos seguidores de Wycliffe.

Courtenay convocou um conselho para se reunir em Blackfriars a fim de condenar as opiniões de Wycliffe oficial e formalmente. Ele convidou outros nove bispos e trinta e seis graduados em teologia para tomar uma decisão sobre as vinte e quatro obras de Wycliffe. Curiosamente, o nome de Wycliffe nunca foi mencionado no conselho — somente suas obras.

Os processos foram concluídos em 21 de maio 1382, após quatro dias de discussão. Dez das proposições foram consideradas heréticas e as demais, errôneas. Courtenay decretou que os oficiais do rei prendessem qualquer um dos "pregadores pobres" que fossem pegos pregando no campo. Também proferiu uma sentença de que todos os ensinamentos de Wycliffe e panfletos — qualquer coisa que ele houvesse escrito ou editado — deviam ser imediatamente apreendidos. Qualquer estudante em Oxford encontrado culpado de seguir a doutrina de Wycliffe seria expulso sem discussão.

Embora determinado a silenciar os seguidores de Wycliffe, Courtenay deixou Wycliffe em paz. Nunca foi descoberto o motivo.[39] Talvez João de Gante tenha feito um acordo secreto com Courtenay, provavelmente envolvendo dinheiro. Considerando seu ódio por Wycliffe e conhecendo seu amor por riqueza e influência, essa pode ser a única resposta lógica para o motivo de Courtenay nunca ter perseguido Wycliffe pessoalmente.

Wycliffe nunca foi convocado, e ele nunca interveio. Permaneceu isolado e tranquilo em Lutterworth, traduzindo a Bíblia.

No entanto, nesse dia em especial, o conselho de Courtenay foi interrompido por um terremoto misterioso e incomum. Ambos os lados — Courtenay e Wycliffe — atribuíram a ocorrência incomum ao julgamento de Deus um ao outro. Courtenay sentiu que Deus estava do seu lado; Wycliffe acreditava que Deus estava indignado com as conclusões do conselho. Essa famosa reunião do conselho é hoje conhecida como "O Conselho Terremoto".

As Influências Ocultas da Reforma

O ano de 1382 também trouxe outro evento muito importante: o casamento do jovem rei da Inglaterra Ricardo II com Ana da Boêmia. O matrimônio uniu os países separados e, por insistência da rainha Ana, abriu a porta para os alunos de Boêmia a fim de que estudassem em Oxford.

Uma vez em Oxford, os alunos da Boêmia começaram a estudar secretamente e concordar com as obras de Wycliffe. Um dos mais famosos estudantes boêmios que frequentou Oxford foi Jerônimo de Praga. Jerônimo, em última análise, levou de volta as obras de Wycliffe para a Boêmia, onde caíram nas mãos do famoso reformador Jan Hus. Embora Wycliffe tenha

O reformador religioso John Wycliffe pregando em sua cama.
Getty Imagens

sido silenciado na Inglaterra, dentro de poucos anos, seus ensinamentos explodiram na Boêmia, e o movimento hussita os levou para a Reforma.

Em 1382, Wycliffe encontrou tempo para escrever seu documento mais famoso até então, intitulado *Trialogue* (Triálogo). A obra toma a forma de uma discussão entre a Verdade, a Mentira e a Sabedoria, e abrange brevemente todos os assuntos que Wycliffe tinha anteriormente tratado. Foi sua primeira obra impressa, embora Wycliffe nunca tenha visto isso. Não foi impressa até 1525; mas, historicamente, é creditada por ser a obra original de Wycliffe que o ligava aos reformadores no XVI.[40]

Em meio à torrente que fluía da pena de Wycliffe, ele sofreu o primeiro de dois derrames em 1382. Esse primeiro derrame o deixou parcialmente paralisado. O papa tentou convocá-lo a Roma para responder a determinadas acusações, mas por causa de sua condição enfraquecida, Wycliffe foi incapaz de obedecer.

A Morte do "Clérigo"

O ano de 1383 foi um pouco monótono para Wycliffe. Em função da profusão de suas obras, é duvidoso que ele, pessoalmente, tenha pastoreado a igreja em Lutterworth. Embora fosse a figura principal do local, sem dúvida outros pastores tomavam conta do povo em seu lugar.

O segundo derrame de Wycliffe veio no final de dezembro em 1384 enquanto estava ouvindo a missa. Esse derrame causou paralisia aguda. Wycliffe não conseguia mais falar. Três dias mais tarde, em 31 de dezembro de 1384, Wycliffe morreu, deixando a terra para estar com o Senhor.

Apesar do ódio da Igreja Católica, Wycliffe nunca foi excomungado. Seu funeral foi simples, e o corpo foi enterrado no solo sagrado da igreja de Lutterworth.

Purvey, seu fiel companheiro, continuou a trabalhar na Bíblia em inglês. A primeira versão foi concluída antes de Wycliffe morrer, mas uma revisão foi colocada em prática por Purvey, que a denominou, apropriadamente, *The Wycliffe Bible* (A Bíblia de Wycliffe).

A influência de Wycliffe se estendeu muito além do clero. Ele não ficou isolado em uma "bolha" ministerial — Wycliffe, obviamente, tinha amigos em todas as áreas da vida. Sabemos que tinha bons amigos no governo e amigos fiéis entre os trabalhadores comuns. O famoso poeta inglês Geoffrey Chaucer viveu durante o tempo de Wycliffe e os dois foram amigos. Ambos escreviam no dialeto do inglês local e compartilhavam da mesma amizade com João de Gante. Diz-se que no famoso *Contos da Cantuária*, de Chaucer, a parte de "O Clérigo" foi escrita como um tributo a John Wycliffe. Diz:

> Um bondoso clérigo fez a jornada também.
> Ele era um erudito, instruído, sábio e verdadeiro.
> E rico em santidade embora pobre em ouro.
> Um sacerdote gentil; sempre que informado
> Que as pessoas pobres não poderiam dar seus dízimos daquele ano,
> Ele mesmo os pagava; para os sacerdotes, é claro que
> É possível se contentar com pouco, no caminho de Deus.
> Ele viveu o Evangelho de Cristo verdadeiramente todos os dias,
> E ensinou seu rebanho, e pregou o que Cristo havia dito.[41]

Os amigos de Wycliffe representam um tributo à maneira como ele viveu. Ele nunca comprometeu seus princípios ou valores, e influenciou cada pessoa que passou por seu caminho.

É triste ver ministros tão presos ao mundo da igreja que não conseguem se identificar com o homem comum ou com alguém que não esteja no seu campo específico ou chamado. Para ser verdadeiramente eficaz como crentes, devemos saber que nossa segurança não vem daqueles que creem como nós o fazemos. Jesus veio para tocar o mundo — não uma parte dele, mas ele todo.

Viva para Deus antes de todos os homens, independentemente do que eles acreditam ou como agem. Não se isole; em vez disso, permita que o Espírito Santo trabalhe por seu intermédio, e atreva-se a entrar em todas as áreas da vida, voltando os outros para Deus através de seu exemplo, seu testemunho e suas boas obras.

Eles Ainda Tentaram Vencer

Embora Wycliffe tivesse muitos bons e fiéis amigos que valorizaram sua memória, sua morte não pôde satisfazer o ódio e o desprezo que a Igreja Católica ainda tinha por ele. Em 1408, vinte e quatro anos após a morte de Wycliffe, Arundel, o arcebispo de Canterbury, convocou um grupo de clérigos e decretou que nenhuma outra tradução da Bíblia poderia ser emitida por meio de livro ou panfleto e que ninguém tinha permissão para ler tal tradução, em particular ou em público, já que foi "composta no tempo do referido John Wycliffe... sob pena de excomunhão maior".[42] Se uma pessoa fosse pega com uma das traduções de Wycliffe, perderia sua terra e todos os seus bens pessoais para a Igreja.

Vinte e nove anos depois da morte de Wycliffe, um decreto papal em 1413 ordenou que seus livros fossem queimados.

Em 1415, trinta e um anos após sua morte, o conselho geral da Igreja Ocidental se reuniu em Constance e condenou os ensinamentos de Wycliffe em trezentos relatos. Eles condenaram sua memória como "aquele que morreu um herege obstinado", e ordenaram que seus ossos fossem exumados do seu lugar de descanso e "lançados distantes da sepultura da igreja".[43]

A essa altura, um bispo de nome Philip Repton era o chefe da diocese de Lutterworth. Repton teve o mérito de deixar o túmulo de Wycliffe intocado.[44]

Foi somente em 1428, cerca de quarenta e quatro anos após a morte de Wycliffe, que o papa ordenou que os ossos de Wycliffe fossem exumados e queimados; o novo bispo de Lutterworth, Ricardo Fleming, realizou a tarefa. Depois de os ossos de Wycliffe serem exumados e queimados, as cinzas foram lançadas no rio Swift em uma tentativa de se livrarem de qualquer traço dele. Mas ele jamais foi esquecido. Sua memória ficou gravada nos fundamentos da liberdade cristã.

Thomas Fuller, descrevendo os eventos, gravou suas palavras para sempre na História. Ele tão bem escreveu: "Eles queimaram seus ossos até as cinzas e os lançaram em Swift, um riacho que corre na vizinhança. Desse modo, esse ribeiro levou suas cinzas para Avon, de Avon para Severn, de Severn para os mares estreitos e deles para o oceano principal. E, assim, as cinzas de Wycliffe representam o emblema de sua doutrina, que agora está espalhada em todo o mundo".[45]

Sua Visão Explodiu por Toda a Terra

Wycliffe não viveu para ver os efeitos de sua visão. Não chegou a viver para ver se a sua tradução da Bíblia se tornou popular junto ao povo; tudo o que ele teve foi a visão em seu coração e seu amor pelas pessoas comuns.

A queima dos livros de Wycliffe.

Tudo o que ele sabia fazer era plantar a semente e confiar em Deus para completar o que Ele começou — e Deus certamente o fez.

Após a imprensa ser inventada em 1450 e começar a ser amplamente utilizada, grandes volumes da Bíblia em inglês foram impressos em um ritmo acelerado. A Igreja Católica não podia mais conter as "heresias" dos reformadores. Nesse momento, as pessoas eram livres para examinar a Palavra de Deus e conhecê-la de uma forma pessoal. Estavam livres para examinar os frutos de suas ações através de Suas palavras — não as palavras de homens.

Os Reformadores seguintes iriam traduzir a Bíblia para trinta e quatro idiomas. Em um período de menos de trezentos anos, três quartos dessas traduções foram para os europeus. Por volta de 1818, a tradução da Bíblia foi realizada em todo o mundo à medida que os missionários transmitiam a Palavra para outras nações e traduziam a Bíblia para sua língua natal. Em torno de 1982, havia 574 projetos de tradução listados pelas Sociedades Bíblicas Unidas, envolvendo os membros de duzentas missões e denominações diferentes.

Wycliffe plantou uma semente e depois confiou em Deus para completar o que Ele começou. Hoje em dia, podemos examinar o fruto.

Nos últimos anos, uma elevada porcentagem de traduções da Bíblia tem sido feita pelos crentes em suas terras nativas. Por exemplo, nos Estados Unidos, tribos nativas norte-americanas estão traduzindo a Bíblia para seus idiomas. Eles perceberam que são capazes de estabelecer as próprias igrejas se a Bíblia estiver em sua língua nativa. O conceito é simples: primeiro uma Bíblia, em seguida um convertido, depois uma igreja!

Em 1942, a tradução da Bíblia se tornou uma profissão com a formação dos Tradutores da Bíblia de Wycliffe. Fundada por William Cameron Townsend, o único propósito da organização é cumprir a Grande Comissão (ver Mateus 28:19), através da tradução da Bíblia. Nessa organização, os tradutores, especialistas em alfabetização e também trabalhadores de apoio de trinta e quatro países se uniram para produzir mais de quinhentas traduções, e mais de mil estão em andamento. Eles estimam que existam ainda mais de três mil grupos de pessoas à espera de uma tradução da Bíblia para a própria língua.[46]

Hoje, a matéria "tradução da Bíblia" é oferecida em quatro universidades norte-americanas e na Inglaterra, Alemanha, França, Brasil, Japão e Austrália. As nações da Nigéria, Gana, Brasil, Filipinas, Camarões, Quênia, Coreia e Nova Guiné começaram as próprias organizações nacionais de tradução da Bíblia.

Acrescentarei que hoje, desde o Concílio Vaticano II, a Igreja Católica mudou um pouco sua atitude para com a tradução da Bíblia e o homem comum finalmente tem acesso às Escrituras. Dos 574 projetos listados pelas Sociedades Bíblicas Unidas em 1982, os católicos romanos estiveram ativamente envolvidos em 133 deles.[47] No entanto, eles ainda têm a própria tradução da Bíblia, bem como vários livros do Antigo Testamento que os protestantes não aceitam como a inspirada Palavra de Deus.

Se ao menos Wycliffe pudesse ter visto no que sua visão se transformou! Agora você pode compreender por que, no início deste capítulo, eu disse que *nunca se deve subestimar o poder de plantar uma semente*. Não fique desanimado se Deus o instruiu a fazer algo e nada parece estar acontecendo. Continue a ser obediente — continue a plantar a semente não importa o quão duro e frio o chão ou o trabalho pareça ser. Como as estações da terra sempre evoluem, assim será com os frutos de seu trabalho. Basta lembrar que por baixo do chão frio e duro do inverno estão os ingredientes de uma bela flor ou o fruto perfumado da primavera! O tempo está nas mãos do Senhor e a obediência deve estar em seu coração para fazer o que Ele lhe pediu para fazer.

Portanto, encerro este capítulo com as palavras de Jesus em João 4:34, 36-37, versículos apropriados à vida de Wycliffe.

Disse Jesus: "a minha comida é fazer a vontade daquele que me enviou e concluir a sua obra... Aquele que colhe já recebe o seu salário e colhe fruto para a vida eterna, de forma que se alegram juntos o que semeia e o que colhe. Assim é verdadeiro o ditado: 'um semeia, e outro colhe'".

Notas

1. "John Wycliffe and the 600th Anniversary of Translation of the Bible into English", *Christian History Magazine* 2, n. 2, issue 3 (Worcester, Pa: Christian History Institute, 1983): 18.
2. "Wycliffe, John", *The Encyclopedia of Religion* 15, (New York, N.Y.: MacMillan Publishing Co., 1987): 488.
3. *Christian History Magazine*, 11.
4. "John Wycliffe", EPC of Australia. <http://www.epc.org.au/literature/bb/wycliffe.html> (5 de junho de 2001).
5. *Christian History Magazine*, 12.
6. K. B. McFarlane, *John Wycliffe and the Beginnings of English Nonconformity* (London, England: English Universities Press, Ltd., 1952): 76.
7. *Christian History Magazine*, 18.
8. "John Wycliffe", *The Catholic Encyclopedia*. <http://www.newadvent.org/cathen/15722a.htm> (25 de maio de 2001).
9. *Christian History Magazine*, 18.
10. *Catholic Encyclopedia (Enciclopédia Católica)*.
11. *Christian History Magazine*, 17.
12. *Catholic Encyclopedia (Enciclopédia Católica)*.
13. "H371 — The Reformation before the Reformation: John Wycliffe." <http://www.theology.edu/h371.htm> (15 de maio de 2001).
14. McFarlane, 91.
15. Ibid.
16. Ibid.
17. *Christian History Magazine*, 25.
18. Ibid., 24.
19. Peters, Edwards, "Heresy and Authority in Medieval Europe". <http://topaz.kenyon.edu/projects/margin/indulge.htm> (4 de junho de 2001) [Essa informação foi movida para www2.kenyon.edu/projects/margin/ indulge.htm em agosto de 2003.]
20. *Christian History Magazine*, 24.
21. Ibid., 34.
22. Ibid.
23. Ibid., 24.
24. Ibid.
25. Ibid.
26. Ibid.
27. McFarlane, 98.
28. Ibid.
29. Ibid., 102.
30. *Christian History Magazine*, 26.

31. Ibid.
32. "History of the Christian Church". <http://www.ccel.org/s/schaff/ history/6_ch05.htm> (1 de junho de 2001).
33. *Christian History Magazine*, 26.
34. Ibid.
35. "Wat Tyler's Rebellion", *The World Book Encyclopedia* 21 (Chicago, Ill.: World Book, Inc., 2003): 113.
36. McFarlane, 100-104.
37. "Lollardos", *The Catholic Encyclopedia*. <http://www.newadvent.org/cathen/09333a.htm> (16 de maio de 2001).
38. "Lollard Conclusions, 1394." <http://topaz.kenyon.edu/projects/margin/conclu.htm> (1 de junho de 2001) [Essa informação foi movida para www2.kenyon.edu/projects/margin/conclu. htm em agosto de 2003.]
39. McFarlane, 115-116.
40. Ibid., 117.
41. "John Wycliffe, The Parson", *Word Alive*. Reimpresso com permissão de *Word Alive* magazine, Wycliffe Bible Translators of Canada. <http://www.wycliffe.ca/wbthist/john/parson.html> (9 de junho de 2001).
42. *Christian History Magazine*, 26.
43. "History of the Christian Church." Ver também <http://www.island-offreedom.com/wycliffe.html>.
44. McFarlane, 120.
45. "History of the Christian Church." Ver também <http://www.island-offreedom.com/wycliffe.html>.
46. "History of Wycliffe Bible Translators." <http://www.wycliffe.org/history/wbt.htm> (9 de junho 2001)
47. *Christian History Magazine*, 27-29.

CAPÍTULO DOIS

JAN HUS

1372-1415

"O Pai da Reforma"

"O Pai da Reforma"

Desejo ser como a jumenta de Balaão. Porque os prelados se sentam em mim, desejando me obrigar a ir contra o comando de Deus, parando de pregar; vou empacar nesse seu desejo e não vou lhes obedecer, pois um anjo do Senhor está diante de mim no meu caminho.1

Apertando os olhos côncavos profundos e apontando os longos dedos magros no ar, Jan Hus declarou solenemente em voz alta suas intenções contra a hierarquia da Igreja Católica.

O público que o ouvia no prédio da igreja estava sentado em silêncio, cheio de admiração e lealdade para com seu pastor. Era um herói diante de seus olhos, um verdadeiro líder que se atrevia a falar em alta voz e se rebelar contra os erros hipócritas. A atmosfera era como uma banana de dinamite — calma e sossegada, com poder explosivo pronto para entrar em ação. Todas as pessoas estavam cientes de que mesmo o menor movimento poderia acender uma revolta santa, mas o caráter resoluto de Hus as mantinha imóveis.

Hus não era um homem que lutava com espadas. Ele fazia guerra com palavras, e uma revolução violenta poderia ter começado apenas com seu discurso. Essa força espiritual interior levou seu nome aos salões da História.

Embora seu corpo magro lhe desse uma aparência frágil, Hus foi um guerreiro. Prometeu que sua vida iria valer para uma coisa: a reforma da Igreja Católica de dentro para fora. Não tinha nenhum desejo de liderar uma nova denominação. Em vez disso, ele sentiu que se pudesse abalar e expor as doutrinas hipócritas a partir de dentro, a Igreja Católica teria uma chance de voltar ao espírito e às crenças da Igreja Primitiva.

Hus foi um homem revolucionário, mas pouco se sabe sobre ele. Escrevo este capítulo para mudar isso. Há poucos livros sobre sua vida traduzidos para o inglês, mas essas referências são minuciosas e preciosas.

Diante da nossa grande dívida para com Hus, é surpreendente que saibamos tão pouco sobre ele. Por uma questão de perspectiva, permita-me listar os grandes "generais" que Hus influenciou: Martinho Lutero (que disse: "Somos todos hussitas"),[2] João Calvino (cuja reforma se concentrou em dedicar todos os aspectos da vida e da cultura ao senhorio de Jesus Cristo) e George Fox (que ensinou que somos guiados pelo testemunho interior do Espírito Santo). Por intermédio dos morávios (uma ramificação hussita), a influência de Hus se estendeu ao longo da História até alcançar John Wesley. Conforme este capítulo progride, você ainda verá algumas das crenças que o movimento moderno Word of Faith (Palavra de Fé) incorporou — muitos, provavelmente, não sabem que Hus foi um dos primeiros a reconhecer a confissão bíblica e o sacerdócio de todos os crentes!

> Hus foi um guerreiro. Ele prometeu que sua vida iria valer para uma coisa: a reforma da Igreja Católica de dentro para fora.

A história de Hus relata uma traição devastadora e uma fraude hipócrita. Ler a respeito do seu amor para com a defesa da verdade, testemunhar seu caráter impecável e depois reviver a traição que envolveu sua morte irá levá-lo às lágrimas. Continuaremos a acreditar e lutar pelas mesmas coisas que Hus defendia. Em meio a uma geração desiludida que apagou a divisão entre o certo e o errado, em meio a um mundo que morre em escravidão enquanto o pensamento é livre, ainda ensinamos e pregamos a verdade que Hus escreveu e nos mostrou.

Que o espírito da Reforma possa tragá-lo enquanto você lê este capítulo. Que a força de Deus consuma a sua vida e o encoraje a defender a verdade e se posicionar contra a corrupção e o mal de nossos dias.

Uma Mãe que Orou

Nascido em 1372 de pais camponeses pobres, Hus começou sua vida em uma aldeia chamada Husinec, localizada às margens do rio Blanice, na parte sul da Boêmia. A casa onde Hus nasceu ainda está de pé hoje, mas um incêndio destruiu boa parte dela em 1859; somente o quarto onde ele nasceu foi salvo.[3]

Pouco sabemos sobre seus pais. O pai se chamava Michael, fora isso, não sabemos nada sobre ele. Sabe-se que Hus era muito próximo de sua mãe; foi ela que lhe ensinou a orar e a confiar em Deus. Mais tarde em sua vida, Hus escreveu com gratidão que sua mãe foi quem lhe ensinou a dizer: "Amém, que Deus possa concedê-lo".[4] Também foi ela que deu a Hus o desejo inicial de se tornar um sacerdote.

> Em um mundo que morre em sua escravidão enquanto o pensamento é livre, precisamos da verdade que Hus nos ensinou.

Husinec, a cidade natal de Hus

Lugar de nascimento de Jan Hus

A Era de Ouro

Hus nasceu em uma geração que foi chamada de "A Era de Ouro", em grande parte devido ao imperador Carlos IV.[5] Quando chegou ao poder, o imperador ignorou Roma como sua residência real e voltou para sua terra natal, Boêmia, onde transformou Praga em uma das maiores cidades da Europa Central. O principal objetivo de Carlos IV era estabelecer um centro educacional dentro de Praga, de modo que fundou a Universidade de Praga (hoje, Charles University — Universidade Carlos). Em virtude de ter enriquecido sua universidade com todos os privilégios usufruídos pela famosa Universidade de Paris e pela Universidade de Oxford, Praga logo ultrapassou as outras escolas e se tornou a única universidade na Europa Central.

Foi esse ambiente que motivou a mãe de Hus a conseguir a melhor formação possível para seu filho, a fim de garantir seu futuro. Por causa da época em que viviam e de suas circunstâncias limitadas, ela sabia que o sacerdócio seria o melhor ofício para ele.

Para oferecer ao leitor um pouco do panorama histórico, em 1378, quando Hus tinha apenas cinco ou seis anos de idade, estava ocorrendo o Grande Cisma entre os dois papas (um em Avignon, França; um em Roma). Hus, naturalmente, prestou pouca atenção a isso com seus cinco ou seis anos de idade. Ele não percebeu que, nos anos vindouros, os efeitos dessa agitação iriam conduzir à própria morte.

Mas, por agora, Hus estava despreocupado; gostava de jogar e cuidar dos bandos de gansos que viviam na propriedade de seus pais.

Casa Longe de Casa

O primeiro passo para a carreira de Hus veio quando ele tinha treze anos. Determinada a ver o filho educado para o sacerdócio, a mãe de Hus o levou para a cidade comercial de Prachatice (região da Boêmia do Sul, República Tcheca), a uma hora de distância de sua casa, e matriculou Hus no Ensino Fundamental. As escolas de ensino fundamental da época eram totalmente diferentes dos nossos sistemas escolares atuais. Para se matricular, não se podia ter mais de doze anos de idade, e a maioria nunca se dava ao luxo de frequentar a escola afinal.

Segundo a tradição, a mãe de Hus levou um pedaço de pão como presente para o professor e ajoelhou-se sete vezes ao longo do caminho para orar por ele.[6] O pai ficou em segundo plano a partir desse ponto, e a mãe se tornou uma influência predominante no comando do futuro do menino.

Deixo aqui um comentário pessoal: admiro os sacrifícios que essa mulher deve ter feito, orando e buscando a Deus, porque eu também tinha uma mãe e uma avó que me ensinaram a orar e a buscar o Senhor desde a minha mocidade. Posso me relacionar com a dedicação e o amor que a mãe de Hus consagrou ao filho. O amor de uma mãe permanece o mesmo, não importa em qual geração ela viva.

No Ensino Fundamental de Prachatice, Hus aprendeu os fundamentos educacionais da época, sobretudo a base para aprender latim. Esse conhecimento seria um passo importante para o sacerdócio, uma vez que, como você viu no capítulo sobre Wycliffe, todas as Bíblias estavam escritas na versão Vulgata Latina.

De "Husinec" para "Hus"

Em 1386, Hus trocou Prachatice por Praga, onde se matriculou em uma escola preparatória. Já que Praga era agora um centro universal de negócios, havia estudantes de diversos países — alguns de tão longe como a Finlândia — vivendo na cidade. Além dos tchecos nativos, a área era fortemente povoada por alemães. Ali, Hus aprendeu alemão como segunda língua além de sua língua checa nativa.

Aos catorze anos, Hus era um menino que gostava de se divertir com os outros de sua idade. Hus contava a história de que no Natal ele e os outros rapazes do coro realizaram uma peça que era um verdadeiro sacrilégio: um deles, vestido como um bispo, montou em um burro e vindo em direção a uma igreja, juntou-se aos outros para a realização de uma missa cômica.[7] Evidentemente, essas brincadeiras tinham sido banidas pelo arcebispo de Praga, mas Hus e seus amigos ignoraram isso.

Em 1390, aos dezoito anos, Hus foi admitido na Universidade de Praga. Essa façanha foi excepcional, já que poucos de sua região chegavam ao nível universitário. Quando Hus se matriculou na universidade, decidiu mudar o nome. Em vez de ser conhecido como Jan de Husinec, abreviou seu nome para Jan Hus.[8]

Pobreza, Desilusão e um Relacionamento Verdadeiro

Como muitos estudantes de origem pobre, Hus ganhava seu salário cantando em uma igreja local. Apesar de ter sido um tempo de fome e aperto para sobreviver, Hus falava disso com humor. Ele disse:

> Quando eu era um jovem estudante faminto, costumava usar um pedaço de pão como se fosse uma colher para comer ervilhas... até que eu comesse a colher também... Quando era estudante e cantava nas vigílias com os outros, cantávamos rapidamente só para terminar o trabalho bem depressa. Então, os sacerdotes pegavam o dinheiro e trapaceavam com relação ao rendimento![9]

Enquanto lutava arduamente pela própria sobrevivência, Hus começou a observar como os sacerdotes eram bem nutridos e felizes. Ele associou o ministério com viver bem e ser respeitado. Vendo como sempre tinham muito dinheiro, Hus admitiu que, em um primeiro momento, ele buscou o sacerdócio com segundas intenções. Pensava que o ministério significava prosperidade instantânea. Escreveu: "Quando eu era um jovem estudante, confesso ter nutrido um desejo maligno, pois pensei em me tor-

> Hus estava sempre proclamando "Busque as Escrituras!". A Palavra transformou sua religião em um relacionamento com Jesus!

nar sacerdote rapidamente a fim de garantir um bom meio de vida, vestir-me bem e ser estimado pelos homens".[10]

Se tivesse sido rico, Hus não teria tido problema para alcançar a sua meta. O dinheiro dava poder e influência. Com as centenas de sacerdotes em Praga, a riqueza teria garantido a ele uma posição. Mas já que era pobre, tinha de trabalhar muito duro para provar que poderia ser um sacerdote e esperar que uma posição lhe fosse concedida.

A História não menciona especificamente quando Hus teve um encontro pessoal com o Senhor. Creio que foi em algum momento nesses anos como um estudante na universidade, quando Hus diligentemente buscou as Escrituras e descobriu no que acreditava ou não. Afirmou que, quando era mais jovem, pensava que o ministério consistia em simplesmente ascender até o topo da hierarquia eclesiástica. Foi quando, como recordou Hus, "o Senhor Deus me deu o conhecimento da Sua Palavra",[11] que ele se tornou um seguidor apaixonado de Cristo. Daquele ponto em diante, se alguém viesse com uma pergunta ou um problema, sempre ouvia Hus proclamar, "busque as Escrituras!".[12] A Palavra de Deus transformou sua *religião* em um *relacionamento* pessoal com Jesus Cristo!

O Personagem do "Ganso"

Vindo de um contexto tão pobre, Hus trabalhou extremamente duro em seus estudos. Desde a adolescência, estabeleceu uma característica que provou ser o fundamento de seu ministério. Ele disse: "Desde os anos iniciais de meus estudos, criei para mim mesmo a regra de que sempre que discernisse uma opinião mais sólida em qualquer assunto, de bom grado e humildemente abandonaria a anterior; pois sei que essas coisas que aprendi são o mínimo em comparação com o que eu não sei".[13] Não seria ótimo se todos estabelecessem a mesma regra para a vida e fossem ensináveis como Hus? Enquanto você lê, verá que cada posição que Hus tomou foi baseada unicamente na revelação que teve e no seu amor por Deus.

Por causa de seu zelo e diligência no aprendizado, recebeu o diploma em artes em 1393. O homem que apresentou Hus e lhe deu o "canudo" fez uma declaração interessante. O nome *Hus* veio de Husinec, que significa "cidade do ganso". Quando abreviou seu nome para Hus, foi apelidado de "ganso". O locutor tomou a liberdade de usar seu nome e transformá-lo em uma descrição engraçada de Hus. Ele observou que durante o exame final, Hus tinha preparado um bom banquete para todos eles — em outras palavras — "eles cozinharam o ganso".

O locutor, em seguida, fez uma declaração mais séria, observando que, como um pássaro, Hus possuía asas porque "elevava-se a esferas superiores".[14] Tenho certeza de que o homem não tinha ideia de quão alto Hus iria e o quanto sua reputação iria crescer!

A esta altura, Hus estava levando o sacerdócio mais a sério. Ele tinha até mesmo comprado sua primeira — e última — indulgência, em 1393.

Patriotas Espirituais!

Entre 1398 e 1402, Hus permaneceu na Faculdade do Rei Venceslau, uma pequena parte da universidade. Lá, estudou para receber seu mestrado e se tornou muito amigo de um homem chamado Stephen Palec. Hus e Palec estudaram juntos dia e noite, conversando regularmente com seu instrutor favorito, Stanislav de Znojmo. Obviamente inspirado por Stanislav, Hus afirmou que esse instrutor era "sem igual debaixo do sol".[15]

Hus também visitava frequentemente o presbitério de um amigo, o pastor da Igreja de St. Michael. Muitas das questões problemáticas em torno da vida de Wycliffe foram discutidas nesse círculo de homens. Sou capaz de visualizar os acalorados debates realizados à luz de velas enquanto os quatro homens falavam apaixonadamente sobre o Senhor até altas horas da manhã. Gostaria de ter estado no meio deles! Infelizmente, no julgamento pela sua morte, anos mais tarde, Hus foi traído por algumas das pessoas que estavam presentes nessas mesmas discussões.

Hus foi atraído por Stanislav por causa de seu amor aos ensinamentos do reformador inglês John Wycliffe. Stanislav estudou cada aspecto da teologia de Wycliffe — um de seus temas teológicos iria se tornar um ponto fraco na vida Hus.

Stanislav seguia todas as crenças de Wycliffe, até aceitando seus ensinamentos contra a transubstanciação, acreditando, em vez disso, na doutrina da remanência — a ideia de que o pão e o vinho permanecem como tal após consagração e não se transformam realmente no corpo e sangue de

Jesus. Stanislav fervorosamente ensinou essa doutrina, e embora Hus visse Stanislav como seu mentor, nunca o seguiu nessa crença.

Embora os ensinamentos de Wycliffe tivessem sido proibidos na Inglaterra, estavam vivos em Praga. O casamento de Ana, da Boêmia, com o rei Ricardo II, da Inglaterra, tinha aberto a porta para os cidadãos de Boêmia serem educados em Oxford, e os ensinamentos de Wycliffe foram transferidos para uma Praga espiritualmente faminta.

Não só Stanislav, mas a maioria dos mestres tchecos com quem Hus estudou era seguidora de Wycliffe até certo ponto. O espírito que Wycliffe transmitiu estava constantemente avivando a reforma que fermentava no coração dos tchecos.

Hus foi um patrono apaixonado do movimento de reforma de seu país. Acreditava que a língua tcheca deveria ser a língua principal da Boêmia, e que seus habitantes deveriam ter sua voz ouvida. Seus amigos Palec e Stanislav estavam ainda mais apaixonadamente envolvidos na causa. Os três se tornaram tão próximos que os outros estudantes universitários faziam piadas e rimas sobre sua estreita amizade patriótica e espiritual.

Em 1396, Hus venceu os rigores de seu mestrado, e Stanislav o condecorou com honra. No mesmo ano, Hus começou a ensinar na faculdade de artes, onde copiou algumas das obras de Wycliffe para uso próprio. O exército sueco levou um dos manuscritos para a Guerra dos Trinta Anos, o qual, hoje, está em exposição em Estocolmo. Nas margens de seu manuscrito, Hus fez anotações que ainda podem ser lidas, tais como: "Wycliffe, Wycliffe, você vai abalar muito a mente do homem", e "que Deus conceda a Wycliffe o Reino dos Céus".[16]

Grande Círculo de Amigos e Mentores

Hus estava agora ministrando palestras várias vezes ao dia, bem como treinando os alunos em como usar o que tinham aprendido e colocar isso em discursos. Depois de ensinar por dois anos, Hus foi escolhido para promover os alunos ao grau de bacharel. Ele gostava de se misturar com os estudantes e se tornar amigo e mentor deles. Era reconhecido por ser um amigo bom e fiel, visto que verdadeiramente cuidava do bem-estar de cada aluno. Os relacionamentos que desenvolveu nesse período duraram para sempre. Mas um se voltou contra ele mais tarde.

Em 1401, um velho amigo de Hus, Jerônimo de Praga, retornou da Universidade de Oxford onde estudava. Jerônimo trouxe um baú de tesouros de volta com ele — os manuscritos de Wycliffe! Ele tinha copiado cada uma das obras de Wycliffe antes de deixar a Inglaterra e voltar rapidamente para sua terra natal a fim de compartilhá-las com os reformadores tchecos.

Hus amava muito Jerônimo, apesar de suas personalidades serem totalmente opostas. Jerônimo era irascível, impetuoso e cheio de aventuras. Se alguém dissesse que algo não poderia ser feito, Jerônimo era o primeiro a lhe mostrar o contrário.

Enquanto Hus e os outros devoravam aqueles manuscritos, Jerônimo partiu para Jerusalém. Voltou dois anos depois apenas para partir novamente e viajar por toda a Itália, França e Alemanha, sempre se metendo em problemas relativos à doutrina, mal conseguindo escapar. Esse pregador turbulento ficaria longe de Praga até 1412, quando então reapareceu na vida Hus.

Como você pode ver, Hus se cercou de uma variedade de homens apaixonados por Deus e sua nação. Todo o debate envolvido iria formular as doutrinas pelas quais Hus seria conhecido nos anos vindouros.

O "Pai" diante de Hus

Em 1402, Hus foi nomeado pastor da Capela de Belém — a igreja que era o centro do movimento da Reforma tcheca. Embora a capela contasse com apenas onze anos quando Hus a assumiu, o lugar tinha uma história incrível.

No início do movimento da Reforma tcheca havia um líder chamado Milic. Hus tinha cerca de três anos de idade quando Milic morreu, mas o patriota havia dado início a grandes ondas de reforma em toda a nação. Condenar a hierarquia católica por seus muitos abusos e vícios de seu tempo não era suficiente para Milic — ele verdadeiramente trabalhou na Reforma em atividade. Ao encontrar o distrito da luz vermelha de Praga, converteu as prostitutas e fundou um abrigo para que elas vivessem, com base em uma visão que teve. Chamou o abrigo de "Nova Jerusalém".[17] Ali, Milic hospedava mais de duzentas ex-prostitutas que estavam determinadas a viver uma vida para Deus. Fora do abrigo, começou uma igreja apropriadamente chamada de Igreja Maria Madalena. Nas imediações, Milic também construiu uma casa onde pretendia instruir um "sacerdócio apostólico" — jovens que iriam continuar a obra da reforma no mesmo espírito.[18]

Evidentemente, a hierarquia católica empreendeu um ataque contra tudo isso e convocou Milic a Avignon para responder a acusações bizarras. Milic morreu enquanto defendia sua causa.[19] Ele é chamado de "Pai da Reforma Tcheca", mas nunca foi capaz de completar o que havia começado.[20]

Seus seguidores e partidários executaram seus planos e uniram seus recursos para começar a Capela de Belém, uma continuação do movimento da Reforma de Milic. A pregação na capela deveria ser totalmente em língua tcheca, a fim de que pudesse servir como um centro do movimento. Os mestres tchecos na universidade eram responsáveis por sustentar a capela. A nomeação de Hus como pastor mostrou sua excelente reputação entre eles como um reformador promissor. Como Milic, os mestres tchecos sabiam que Hus tinha caráter e sabedoria para viver na vanguarda e que ele iria separar corretamente a verdade do erro. Hus, um jovem patriota tcheco, lutaria pelo que era certo.

Quando Hus aceitou o pastorado dessa igreja famosa, entrou na fase mais importante de sua vida. Ele já vinha pregando regularmente, substituindo seus amigos pastores — precisaria de prática, pois seu novo posto traria uma necessidade premente. Em um ano, Hus iria pregar mais de duzentos e cinquenta sermões somente na Capela de Belém. Além disso, lecionava e orientava os alunos na universidade.[21]

Vivendo na Vanguarda: a Capela de Belém

A Capela de Belém abrigava até três mil pessoas e a população se aglomerava a cada culto. Somente em Praga, havia quarenta e quatro igrejas católicas, vinte e sete capelas, dezesseis mosteiros e sete conventos — mas a Capela de Belém era a única igreja que pregava na língua nacional![22]

Hus tinha um coração dedicado ao povo tcheco, e fez tudo o que podia para pastoreá-los eficazmente. A principal função da capela era alimentar o povo com a Palavra de Deus. Hus não só pregava sermões em tcheco poderosamente, mas também usava outros meios para ilustrar o verdadeiro Evangelho, como pinturas.

Nas paredes da capela, Hus certificou-se de que as pinturas contassem a verdadeira história, assim como seus sermões o faziam. Ele percebeu que as pessoas comuns não sabiam ler; portanto,

> Na Capela de Belém, Hus usava tudo que podia para difundir o Evangelho, desde pinturas religiosas até pregar na língua nacional.

não podiam estudar o que ele lhes pregava. Então, usava recursos visuais para ajudar a tornar a mensagem do Evangelho firmemente plantada na mente daquelas pessoas.[23]

Em uma das paredes havia a pintura de um papa sentado em um grande cavalo, com toda a pompa e bizarro esplendor; ao lado dele estava pendurada uma pintura de Cristo em toda a sua pobreza, carregando uma cruz. O conjunto de pinturas seguinte mostrava os governantes das nações fazendo doações à cidade de Roma, juntamente com um palácio em toda a glória e poder do papa. Havia uma coroa na cabeça do papa e um manto púrpura sobre seus ombros; a pintura oposta mostrava Cristo em pé diante de Pilatos como um homem acusado, com uma humilde coroa de espinhos sobre a cabeça. O terceiro conjunto de pinturas mostrava o papa arrogantemente sentado em um trono, tendo seus pés beijados; a pintura oposta mostrava Jesus ajoelhado, lavando os pés dos discípulos.[24]

Praça de Belém, local da Capela de Belém

O contraste dramático das pinturas tinha um efeito enorme. Hus compreendia que a mente captava melhor o significado das coisas que eram visualizadas em vez de ouvidas; os recursos visuais cumpriam seu objetivo. Admiro a criatividade de Hus ao capturar o coração das pessoas e voltá-lo para a verdade de Jesus Cristo.[25]

O Reformador Emergente

Hus colocou ainda mais em ação seu amor pelas pessoas comuns, estabelecendo uma residência para estudantes camponeses pobres atrás da capela. Chamou-a de "Nazaré". Hus não só supervisionou Nazaré, mas também pastoreou a capela, ensinou na universidade e mentoreou os alunos. Ele se identificava com

> Hus ensinava que a realização mais alta que um homem tinha capacidade de alcançar era amar a Deus absolutamente.

as necessidades dos pobres, e isso o fez conquistar a atenção nacional. As pessoas se identificavam com Hus porque ele tinha uma origem tcheca pobre, e provou que poderia se relacionar com as suas necessidades. Sabiam que Hus estava realmente com eles. Ele logo ganhou seus corações incondicionalmente.

Sua fama como pregador logo foi firmemente estabelecida, e Hus foi reconhecido como o líder incomparável do movimento popular tcheco. Além das pessoas comuns, mestres e estudantes universitários também assistiam aos seus cultos. Hus tinha tanto uma teologia acadêmica quanto um coração para o homem comum. Essa incomparável combinação iria educar a próxima geração de reformadores.

Hus ensinava que a realização mais alta que um homem tinha capacidade de alcançar era amar a Deus absolutamente. Em seu púlpito e em suas palestras, Hus denunciava o orgulho, a luxúria, a fornicação e o amor ao dinheiro.

Jan Hus

A vida de Hus esteve interligada com muitas pessoas diferentes, todas adotando seus corajosos posicionamentos. Sua vida era muito parecida com um tabuleiro de xadrez, com peões, cavaleiros e vários reis. Cada movimento dependia do outro. Conheça agora as pessoas que ocasionaram suas maiores dificuldades e também aqueles que o ajudaram.

Dois Reis e Alguém que Desejava Ser Bispo

Conforme mencionei no início, por causa do Grande Cisma dois papas governavam o mundo ocidental. Nenhum deles reconhecia a autoridade do outro, e a controvérsia opunha nação contra nação. Hus nunca se envolveu com o conflito, mas aqueles que tiveram direta influência sobre ele o fizeram.

Um deles era o rei Vaclav, o filho mais velho do imperador Carlos IV. Vaclav foi o rei da Boêmia, e ele era famoso por seus ataques de fúria e sua vontade fraca. Seu humor mudava em um estalar de dedos.[26] Cometia inúmeros erros administrativos e interferia nos assuntos da Igreja. Sua primeira esposa foi estraçalhada até a morte por cães que ele mantinha no quarto de dormir.[27] Esse era o homem cuja influência estaria dentro e fora da vida Hus.

A segunda esposa de Vaclav, a rainha Sofia, era amiga de Hus. Sofia entendia Vaclav e sabia como manter seu favor. Ela se tornou extremamente afetuosa para com Hus, participava de seus cultos na capela, e era a principal proponente da Reforma tcheca. Quando frequentava a Capela de Belém, seu guarda pessoal, Jan Zizka, a acompanhava. Depois da morte de Hus, ele se tornou um temido líder hussita.[28]

A segunda figura influente na vida de Hus foi o rei Sigismundo, da Hungria, meio-irmão mais novo de Vaclav. Sigismundo não tinha um reino até que se casou com uma princesa da Hungria. Quando o sogro morreu, Sigismundo passou a governar.

Os dois irmãos se odiavam de forma violenta. Um dia, Sigismundo foi sequestrado e aprisionado por Vaclav porque queria a Boêmia. No fim, ele comprou o título para se tornar o Imperador do Sacro Império Romano, e provou ser inimigo mortal de Hus.

A última figura foi o arcebispo de Praga, Zbynek. Quando o cargo de arcebispo ficou disponível, apenas Zbynek tinha dinheiro suficiente para pagar ao papa a taxa necessária para a nomeação, incluindo o dinheiro de volta que era devido pelo arcebispo anterior. Quando Zbynek apareceu com o dinheiro para pagar o elevado preço, foi imediatamente nomeado para o cargo. Em 1402, Zbynek tinha apenas vinte e cinco anos de idade, nenhuma formação em assuntos religiosos, pouca educação e maturidade insuficiente para lidar com o ofício. Embora despreparado, era um rico gênio militar com entusiasmo e desejo de fazer a obra de Deus.

No início, Zbynek e Hus se davam muitíssimo bem. Zbynek não tinha ideia de que a teologia de Wycliffe estava circulando em toda a universidade — nem sequer sabia do que se tratava. Não entendia os debates e, por um tempo, deu pouca importância a isso. Confiava em Hus, e pedia que ele avaliasse todas as suas decisões e as corrigisse se encontrasse qualquer erro.

> Em um mundo que está morrendo em escravidão enquanto o pensamento é livre, ainda pregamos a verdade que Hus nos ensinou.

A história por trás da rainha Sofia e esses homens é importante, pois cada um teve sua influência em algum momento da vida de Hus.

JAN HUS

Uma Demanda Urgente do Espírito

Jan Hus no púlpito da Capela de Belém, Praga (Ad. Liebscher)

O ministério de Hus floresceu na Capela de Belém. Ele estava não apenas cheio da Palavra de Deus, como tinha um objetivo: trazer os tchecos a um relacionamento mais profundo com Deus.

Ele percebeu que sua congregação tinha uma "demanda urgente" de transformação espiritual.[29] Dessa maneira, Hus sempre tratava a conduta moral, salientando os motivos, em vez de as ações externas. Ensinou à congregação a ser renovada no espírito de suas mentes e a se revestir da nova natureza. Advertiu que tudo o que os outros dissessem seria inútil se a Palavra de Deus não falasse antes dentro de seu coração e ensinasse sua alma.

De modo muito semelhante a Wycliffe e Milic, Hus pregou que a vida dos homens deve ser reformada antes que sua doutrina pudesse ser pura.[30]

Enquanto Hus crescia em proeminência, maturidade e caráter divino, a Igreja Católica continuava a operar em torno dele sem querer mudar o comportamento podre e doentio. Os sacerdotes inventavam fábulas e mentiam para as pessoas analfabetas a fim de obter dinheiro, prometendo-lhes perdão e vida eterna. O clero cheirava a fornicação e adultério; sacerdotes tinham várias amantes. Se determinado sacerdote estivesse ganhando um bom dinheiro para a Igreja Católica, o papa ignorava os pecados e muitas vezes até mesmo promovia o hipócrita! Doutrinas eram inventadas de acordo com o dinheiro que poderiam arrecadar, e o misticismo era incentivado porque exaltava o clero e mantinha as pessoas afastadas, com medo de tocar no ungido de Deus.

O dinheiro governava a Igreja Católica. Muitas pessoas se curvavam diante da busca de riquezas — mas não Hus.

Hus estava indignado com o que sabia e com o que viu. Ele via sua posição como um ofício santo e havia decidido usar sua boca como uma trombeta para que Deus falasse a verdade. Sua missão era reformar a Igreja Católica, e ele sabia disso. Então, Hus usou seu púlpito e suas palestras para falar contra a Igreja por duas razões: a esperança de reformá-la e a necessidade de levantar uma nova geração do clero que não caísse em pecado. Hus conhecia o Espírito da Verdade como um amigo; sabia que a verdade sempre iria prevalecer. A verdade que ele falava era tão revolucionária que ainda estamos escrevendo sobre ela quase seiscentos anos mais tarde!

Nas páginas seguintes, incluí trechos e resumos das verdades que Hus trouxe a terra. Elas podem ser de entendimento comum para nós hoje, mas essas verdades eram revolucionárias nos dias de uma Europa obscura, escondida da Luz pela enganada — e enganosa — Igreja Católica Romana. Essas verdades eram também uma ameaça mortal ao falso governo do catolicismo romano medieval.

Mensagem aos Sacerdotes

Embora Hus tenha permanecido como um católico dedicado, pregava que nada prejudicava mais a vida do espírito do que os pecados dos sacerdotes. Hus não queria uma mudança radical nos ensinamentos da Igreja; em vez disso, queria que ela se tornasse digna de seu chamado.[31] Ele sentia que se os ministros prestassem mais atenção à própria condição as doutrinas seriam mais puras. Hus constantemente demandava um retorno ao modelo da Igreja Primitiva e uma reavaliação completa do significado de ser sacerdote.

Hus demandava um retorno ao modelo da igreja primitiva e uma reavaliação do significado de ser sacerdote.

Um de seus ensinamentos fundamentais a respeito dos sacerdotes era este: Hus acreditava que a verdadeira autoridade de um sacerdote estava vinculada ao seu caráter, e não ao seu ofício.[32]

Naturalmente, isso enfureceu o regime católico, que acreditava que se o sacerdote estivesse em boa posição política com a hierarquia, a moralidade não importava. Hus dizia que o amor ao dinheiro tinha destruído a moralidade deles. Aqui está um resumo dos temas que ilustravam sua crença.

1. *Ele detestava a pompa e o prestígio dos quais o papa e muitos dos sacerdotes se cercavam.*

Ao pregar uma mensagem sobre a humilde entrada de Jesus em Jerusalém, Hus disse: "Não sei quão bem o papa ou o bispo poderiam ler... [a história], embora talvez pudessem. Muitos têm sido papas, arcebispos, cardeais, bispos, cânones e sacerdotes sem saber ler livros. Como poderiam ler, se tudo os contradiz?".[33]

2. *Denunciou as atitudes pomposas e a elite dos cardeais que acompanhavam o papa.*

Ele ficava impressionado com as pessoas e os clérigos que consideravam as atitudes dos cardeais corretas e adequadas. Hus, então, acrescentou:

> Embora eu também as tivesse considerado como corretas antes de conhecer as Escrituras e a vida do meu Salvador, agora Ele me permitiu saber que isso é uma verdadeira blasfêmia contra Cristo e um repúdio pela Sua Palavra e por Seus seguidores; como tal, isso é verdadeiramente anticristão".[34]

3. *Denunciou a hierarquia católica que promoveu a guerra.*

Ele acreditava que havia duas espadas: uma para a nobreza proteger a fé e a verdade cristã; outra, usada pelo clero para lutar contra um mal espiritual. Os católicos sabiam pouco ou nada sobre a guerra espiritual. Hus acreditava que os católicos travaram guerras exclusivamente pelo amor ao dinheiro. Ele disse:

> Cristo em uma alta cruz, eles em um grande cavalo-de-batalha; Cristo com uma coroa de espinhos na cabeça, eles com uma coroa coberta com pedras preciosas e pérolas; Cristo permitiu que Seu lado fosse perfurado por uma lança por nossa causa; eles querem matar seus semelhantes por causa do refugo [lixo] deste mundo.[35]

4. *Repreendeu firmemente os sacerdotes que não pastoreavam suas igrejas, mas as usavam apenas para ganho e prestígio pessoal.*

> Nós, pastores de hoje, não conhecemos nossas ovelhas, exceto aquelas que têm lã mais abundantemente. As ovelhas que trazem mais lã e oferecem o que consideramos superior e nós a conhecemos melhor; aquelas, no entanto, que trazem menos, conhecemos menos.[36]

Hus acreditava que era responsabilidade do pastor conhecer seu povo; não cabia às pessoas tomarem iniciativa e conhecerem o pastor por elas mesmas.

5. *Em todos os seus sermões, nunca deixou de incluir o castigo para a imoralidade, especialmente o adultério.*

Ele escreveu uma vez que se o apóstolo Paulo escrevesse uma epístola para Praga, certamente iria censurá-los por causa do adultério — especialmente do clero! Quando pregava contra os pecados, Hus dava um resumo de como as coisas realmente eram. Ele disse: "Quem quer que pregue que os sacerdotes não deveriam cometer adultério, roubar as pessoas por avareza [ganância por dinheiro] e praticar simonia [venda de alguma coisa espiritual]... eles imediatamente o chamam de caluniador do santo sacerdócio, destruidor da santa Igreja e um herege a quem não deve ser concedida permissão para pregar. Eles o levam [ao tribunal] e o condenam. E quando essa armadilha do diabo não é suficiente, eles suspendem os cultos".[37]

Em outras palavras, se não conseguissem impedir a pregação pela intimidação, intervinham e cancelavam os cultos!

Hus pregando o Evangelho a alguns de seus seguidores
Getty Images

6. *Repreendia rigidamente os sacerdotes pela realização de cultos místicos de adoração nos quais as pessoas se deixavam envolver mais pelo ambiente e vestuário do que por Deus.*

Hus criticou o clero por confiar em suas vestes e cultos elaborados para criar uma sensação mística em vez de ensinar as verdades da Palavra de Deus para que as pessoas pudessem ter substância espiritual. Ele disse: "Eles [os sacerdotes] ficam embasbacados com imagens, trajes, cálices e outras mobílias maravilhosas das igrejas. Seus ouvidos estão cheios do som de órgãos e sinos pequenos... Eles [sacerdotes] estão cobertos com mantos suntuosos, capuzes, gorros com pérolas, borlas de seda... Eles carregam bastões episcopais [a equipe do bispo], bordões e cruzes de prata... Assim, um homem simples desperdiça todo o seu tempo na igreja e volta para casa, fala sobre isso o dia inteiro, não obstante não diz uma palavra sobre Deus".[38]

As pessoas deveriam ser capazes de dizer que há algo diferente em você. Você não precisa de um sinal externo para demonstrar o trabalho interior de Deus.

Mesmo na Igreja dos momentos atuais temos de ter cuidado para não nos deixar envolver por um título, bispado ou outra formalidade, como uma túnica ou um colar. Só porque você tem determinado título ou veste um manto isso não o torna ungido. Não estou dizendo que você não está ungido se você tiver um título, manto ou colar. Mas esses sinais externos não têm nada a ver com a unção. Se as pessoas não o ouvem em um terno, um vestido ou até mesmo um *jeans*, o que o faz pensar que um colarinho e um manto mudarão alguma coisa? Se as pessoas não conseguem distingui-lo por saberem que há algo diferente em você por causa da obra que Deus fez em sua vida, você não precisa de um manto; você precisa deixar Deus fazer esse trabalho interior.

Nunca Ouvi Falar em Simonia!

Se você achou que as palavras de Hus aos sacerdotes foram duras até agora, esta parte é ainda mais dura! Você talvez esteja se perguntando o que é *simonia*. O termo teve origem na história bíblica de Simão, que ofereceu dinheiro aos apóstolos em troca do poder do Espírito Santo, e também no relato de Geazi, que recebeu dinheiro de Naamã em troca da cura da sua lepra. Você pode ler os relatos em Atos 8:17-24 e 2 Reis 5:20-27.

Quando Simão quis comprar o poder de Deus, Pedro disse a ele que o dinheiro pereceria com ele, porque Simão achava que podia comprar os dons de Deus. Pedro então disse a Simão que o coração dele não estava reto — ele estava cheio de ganância, inveja e ciúmes — e precisava orar pedindo perdão.

Nos dias de Hus, a Igreja estava infectada com a prática da simonia, principalmente através da venda de indulgências, absolvições e práticas semelhantes. Sacudimos a cabeça com desgosto quando pensamos nas práticas malignas daquele tempo, mas até hoje precisamos proteger nosso coração desse espírito maligno e enganoso. Nada mudou. Lembre, não há nada de novo sob o sol — as coisas apenas vêm em embalagens diferentes.

Creio na prosperidade do modo de Deus. O livro de Provérbios está cheio de advertências para o justo, dizendo que se focarmos nas riquezas ou as desejarmos mais do que a Deus, isso é uma abominação para Deus. Provérbios 28:20 diz: "O homem fiel transbordará de bênçãos, mas aquele que se apressa em ficar rico [a qualquer preço] não ficará sem castigo" (AMP). Se você tem alguma dúvida nessa área, leia o livro de Provérbios — está tudo delineado ali, e você verá a maneira correta de viver com saúde e prosperidade.

A razão para a pregação da prosperidade não é para melhorar seu mundo. A razão para a prosperidade não é para aperfeiçoar seu nível de conforto. A prosperidade é pregada porque precisamos ter dinheiro para adquirir as ferramentas necessárias para realizar a obra na terra. O dinheiro financia as ferramentas que trazem salvação, libertação, cura e discipulado. O dinheiro é uma ferramenta para realizar a obra nas áreas às quais Ele o chamou para ir.

Por que algumas pessoas não conseguem o dinheiro que querem? Porque a vontade de tê-lo não está na vontade de Deus. Ela está nos próprios desejos pessoais ou nos seus anseios de construir os próprios impérios pessoais no próprio nome, para o próprio legado. Muitos serão responsáveis perante Deus por isso.

Incluí as convicções de Hus sobre a simonia porque creio que elas são uma boa sacudidela para todos nós nesta geração — principalmente quando o dinheiro parece governar totalmente as nossas sociedades, as nossas culturas, e sim, às vezes, até nossos ministérios e nossas igrejas.

Declarações Fortes sobre a Simonia

Creio que Hus entendeu qual era a intenção de Deus com relação ao dinheiro. Se ele fosse usado de outra forma, Hus chamava isso de "traficar as coisas santas" e classificava o comportamento na mesma categoria da apostasia e da blasfêmia.[39]

1. *Afirmava que qualquer pessoa que estivesse no ministério por dinheiro, por bens mundanos ou para ter ascendência era culpada de simonia.*

Ele dizia a respeito desse tipo de pessoa: "Não existe na Cristandade uma classe que esteja mais propensa à queda [...] Portanto, qualquer pessoa que corra atrás e se esforce em busca dessa dignidade movida por lucro material ou eminência mundana é culpada de simonia".[40]

Se você está no ministério ou na igreja por qualquer outra razão a não ser Deus, você terá um tempo para se arrepender e mudar. Do contrário, sem dúvida, suas motivações erradas eventualmente serão reveladas e seu caráter será evidenciado. Ainda mais terrível e grave é a ideia de que você terá de comparecer perante Deus e prestar contas de suas motivações.

2. *Hus reprovava todo clérigo que recebia dinheiro em troca de serviços ministeriais "extracurriculares".*

Hus acreditava que o clero deveria ser sustentado financeiramente de acordo com suas necessidades básicas, repreendendo-o por cobrar por serviços extras, como ordenações. Segundo Hus, a ordenação era um ofício espiritual que não podia ser comprado. Ele até os repreendeu por cobrarem para realizar casamentos e funerais, porque os via como deveres espirituais do ofício pastoral. Chamava aqueles que cobravam para realizar confissões e absolvições de "antibíblicos", indicando que Jesus nunca recebeu dinheiro ou verificou os registros de dízimos daqueles que o procuravam em busca de ajuda.

Hus repreendeu monges notórios que pagavam para obter sua entrada na ordem. Quanto ao voto de pobreza deles e a sua recusa em amar o dinheiro, Hus comentou que mantinham esse voto "tão bem quanto uma prostituta mantém a castidade".[41]

3. *Hus insistia que ninguém deveria assistir a uma missa conduzida por um padre que estivesse envolvido em simonia ou imoralidade, e que a congregação deveria reter os dízimos de tal pessoa.*

Muitos dos padres pagavam uma taxa ao bispo para manter amantes. Alguns tinham filhos dessas amantes, por quem tinham de pagar uma taxa adicional, a "taxa do berço". Hus dizia: "Não sei como a santa Igreja pode se livrar deles, a não ser que a comunidade siga a ordem que Cristo e Paulo estabeleceram".[42]

4. *Hus acreditava que a melhor maneira de evitar a simonia era eleger homens bons como bispos e sacerdotes, aqueles cujo coração era voltado para Deus, e não consumido pelo dinheiro.*

Isso, é claro, provocaria uma reforma radical dentro do sistema papal. Entendendo que podia fazer muito pouco além de pregar contra esse mal, Hus concluía todos os seus sermões com a declaração sobre a qual sempre insistia e pela qual, até hoje, ele é mais famoso: "A verdade vence tudo".[43]

> Hus concluía todos os seus sermões com a declaração sobre a qual sempre insistia e pela qual, até hoje, ele é mais famoso: "A verdade vence tudo".

Ele acreditava firmemente que negar a verdade era traí-la. Ele sabia que a verdade sempre prevaleceria independentemente do que viesse contra ela, independentemente do quanto ela fosse inferior em número, e independentemente de quanto tempo levasse. E eu digo, amém!

Mensagem às Pessoas Leigas

Hus tinha o coração voltado para as pessoas comuns e cuidava da vida delas como um pastor amoroso faria com seu rebanho. O âmago das suas repreensões ao clero era resultado de as pessoas estarem decepcionadas, enganadas ou feridas pelos atos dos sacerdotes. Segundo ele, Deus não considerava coisa pequena o fato de o clero conduzir mal Seu rebanho.

Ao mesmo tempo, Hus procurava amadurecer o povo e levá-lo ao entendimento do que a Palavra de Deus diz, a fim de que ele pudesse agir de forma apropriada.

Além de suas exortações para que o povo fosse transformado de dentro para fora, Hus os instruía a tornarem-se sábios e a não perder o bom senso simplesmente porque eram cristãos.

1. *Ele ensinava o povo a simplesmente se arrepender de coração caso não houvesse um sacerdote presente.*

Ele censurava os crentes que haviam se tornado tão supersticiosos a ponto de acreditar que o perdão só poderia vir de um sacerdote. Hus explicava que o perdão vem somente de Deus, e que o sacerdote só pode verificar se o verdadeiro arrependimento está presente. Hus ensinava: "... os sacerdotes que pensam ou dizem que podem pela própria vontade ligar ou desligar sem a absolvição ou retenção prévia de Jesus Cristo, estão terrivelmente insanos".[44]

> O arrependimento vem do coração.
> O perdão vem somente de Deus.
> O sacerdote pode apenas verificar se o verdadeiro arrependimento está presente.

2. Ele ensinava as pessoas a obedecerem ao clero com base em sua ética, e não em sua posição.

Essa ainda é uma afirmação controversa hoje em dia! Hus acreditava que todas as pessoas precisam discernir a vida daqueles que exercem autoridade sobre elas, ou se tornarão escravas, acreditando que os sacerdotes nunca podem estar errados e que suas ordens devem ser cumpridas como se fossem mandatos de Deus. Hus ensinava ao povo que se um sacerdote ou um superior ordenasse alguma coisa que não estivesse contida na Bíblia, nenhum cristão fiel estava obrigado a executá-la.

Ele os instruía a nunca permitirem que um ministro os repreendesse perguntando: "Desde quando compete a você prestar atenção em nossa vida ou nossos atos?" Segundo ele, a vida dos ministros deveria sempre ser vista pelas pessoas. O povo tinha o direito de saber o que o ministro ensinava e como ele vivia de acordo com a Bíblia. E acrescentou: "Porque nenhum superior está acima de correção".[45]

> Hus ensinava que o povo tinha o direito de saber o que o ministro ensinava e comparar isso com a maneira como ele vivia de acordo com a Bíblia.

3. Ensinava o povo a circuncidar o coração para que a verdadeira vida de Deus pudesse fluir deles.

Hus não era um homem que vivesse de aparências. A fé em Deus vinha do seu coração; não era apenas uma aparência externa. Ele queria que as pessoas entendessem que a Igreja não se restringia aos papas, aos cardeais, aos bispos e ao clero, mas que a congregação também tinha um lugar importante no Reino de Deus.

Somente um homem que não tinha nada a esconder — alguém muito seguro de seu papel e sua posição — poderia ensinar essas coisas em um tempo em que o homem comum era reduzido a quase nada.

Ao olharmos para trás, para a história de Hus, não apenas o encontramos pregando a um povo faminto dessas verdades reformadoras, como também vemos uma porta se abrindo para o próprio coração da Igreja Católica Romana através de um arcebispo que o favoreceria.

Relíquias de Alto Nível

Zbynek era o jovem, arrojado e rico arcebispo de Praga. Ele apreciava a personalidade ousada de Hus e adotou-o como amigo e confidente. Em 1403 e novamente em 1404, Zbynek realizou duas conferências em estilo de sínodo, nas quais pediu a Hus para ser o palestrante. As conferências foram bem frequentadas por um clero primorosamente vestido e engomado, e quando Hus, alto e magro, assumiu a plataforma, ele usou a oportunidade para denunciar os vícios deles em seus sermões. A sala lotada ficava cada vez mais gelada à medida que Hus começava a pregar com base nas Escrituras. Algumas vezes os padres ficavam tão chocados com sua ousadia revolucionária que ficavam sentados com um olhar vazio. Mas Zbynek ficou extasiado com o que ouviu e ficou tão fascinado por Hus que chegou até a estabelecer diversas crenças dos reformadores tchecos nas igrejas católicas de Praga!

Durante os cinco anos seguintes, Zbynek seria um defensor ávido do movimento reformador tcheco. Infelizmente, seu amor pelo dinheiro e pelo poder mudou seu posicionamento. Mas durante um período, Hus foi um dos padres favoritos de Zbynek.

Por exemplo, em 1405, Zbynek recebeu relatórios da Itália e de partes da Boêmia sobre o suposto aparecimento do verdadeiro sangue de Cristo nos elementos consagrados.[46] Ele suspeitou desses relatos, então escolheu Hus, Stanislav e outro membro cujo nome não se sabe, para irem até essas regiões e investigar as afirmações.

Os três homens intimidadores interrogaram diversos tchecos que haviam retornado da região. Incapazes de continuar sustentando a fraude, confessaram a mentira: o milagre havia sido inventado por um padre que tentava ganhar dinheiro para compensar a perda de uma igreja que havia sofrido um incêndio. Hus ouviu atentamente enquanto os tchecos explicavam como o padre havia mergulhado a hóstia em sangue e depois exclamado histericamente que ela havia sido milagrosamente transformada. Durante algum tempo, isso havia funcionado; as pessoas vinham de perto e de longe, trazendo presentes em abundância para o padre e a igreja. Hus rapidamente perseguiu e prendeu o padre. Sob rigorosos exames e interrogatórios, o padre confessou que tudo não passava de um embuste.

Também houve um grande surto de pessoas adorando objetos em toda a Europa Central, e Hus quis pôr um fim nisso. Isto pode parecer grosseiro, mas quero que você entenda exatamente o que acontecia naquela época: a hierarquia católica em Roma disse que eles realmente tinham em sua posse o prepúcio de Jesus! Em Praga, disseram possuir o verdadeiro sangue e a barba de Jesus, e também o leite da Virgem Maria, em exposição!⁴⁷

Hus era o guerreiro lutando contra esses equívocos tão grosseiros. Ele procurava ardentemente proteger o coração do povo e ensinava a não acreditar em falsas relíquias ou adorá-las. Ele denunciou o engano e a hipocrisia da Igreja Católica e os sacerdotes que encorajavam essa adoração a ídolos: "Esses padres merecem ser pendurados no inferno, pois são fornicários, parasitas, avarentos por dinheiro e porcos gordos".⁴⁸ Embora os padres reivindicassem a sucessão apostólica, não tinham qualquer semelhança com os apóstolos. Hus afirmou solenemente que todas aquelas relíquias eram absolutamente falsas.

Mais uma vez, Hus estava privando a Igreja do dinheiro que eles teriam recebido de pessoas ingênuas adorando aquelas falsas relíquias.

A Voz Viva do Evangelho

A esta altura, Hus estava pastoreando havia quatro anos. Cuidando das pessoas, ele procurava todas as formas possíveis de abençoá-las e prosperá-las. Uma dessas maneiras era colocar em evidência o idioma tcheco. Hus aproveitou esse tempo para traduzir o alfabeto em latim para o idioma tcheco. Cada sílaba passou a ser expressa por uma letra, em vez de uma combinação de letras. Sua tradução do idioma tcheco para uma forma modernizada ainda é utilizada nos dias de hoje.⁴⁹

Em 1406, Hus revisou e aperfeiçoou o Novo Testamento em tcheco. Ele também revisou partes do Antigo Testamento. Próximo ao fim de sua vida, assumiu o projeto de revisar toda a Bíblia tcheca, tornando-a uma leitura mais fácil.

Lutou corajosamente pelo direito de o povo tcheco ler a Bíblia em seu idioma nativo. Quando Hus ouviu falar que alguns padres estavam proibindo os tchecos de lerem em seu idioma, ele os repreendeu, lembrando que João escreveu seu evangelho em grego, Simão pregou em persa e Bartolomeu, no idioma da Judeia. "Por que, então, vocês permitem que os padres proíbam as pessoas de ler a lei de Deus... no idioma tcheco?".⁵⁰

Quando os tchecos passaram a entender cada vez mais a Palavra à medida que a liam no seu idioma nativo, Hus ilustrou a importância de pregar o que eles haviam aprendido. Vivendo em uma época em que os livros impressos ainda não estavam disponíveis, Hus enfatizou a importância de se tornar "a voz viva do Evangelho".⁵¹

Para ele, a pregação pública era um sinal inquestionável da verdadeira Igreja. Ele acreditava que as Escrituras deviam ser proclamadas livremente, sem restrições ou censura. Pregar era um dom inspirado por Deus, e paralisá-lo seria paralisar Sua Palavra.

Hus dizia que pregar era algo inspirado divinamente por Deus, portanto ninguém tinha a autoridade de impedir a pregação. Pregar é uma questão de obrigação, não de escolha. Naturalmente, a hierarquia católica ficou furiosa com esse comentário, porque eles acreditavam que tinham o poder de determinar quem podia ministrar e quem não podia. Hus acreditava que se qualquer autoridade tentasse impedir um padre de pregar, o padre devia ignorá-la e continuar: "Os pregadores contam mais na igreja que os prelados [os bispos de alto escalão]".[52] Segundo ele, todos os ministros tinham o direito de proclamar a verdade na qual acreditavam. Wycliffe lutava pela mesma ideia.

> João escreveu em grego, Simão pregou em persa, Bartolomeu falou no idioma da Judeia. Hus achava que seu povo deveria ouvir o Evangelho na própria língua — o idioma tcheco.

Exortava constantemente o clero e os jovens estudantes em suas audiências a "pregar o Evangelho, não algum entretenimento, fábulas ou mentiras que visam saquear os homens, de modo que o povo com mente atenta aceite o Evangelho, e tanto o pregador quanto o ouvinte seja fundamentado pela fé no Evangelho".[53]

Entretanto, Hus não viveria para ver essa liberdade. Na verdade, muitas gerações depois dele também não. Foi somente em fins de 1600, quando o Ato de Tolerância foi aprovado (ver o Capítulo Seis, sobre George Fox) que a pregação da consciência individual foi permitida na Europa sem qualquer punição.

"Se Você Encontrar um Erro, Diga-Me!"

A essa altura, em 1408, Stanislav havia deparado com uma perseguição intensa devido aos seus ensinos com base em Wycliffe e seu afastamento foi notado pelos reformadores tchecos. Distanciando-se cada vez mais, ele finalmente abandonou a causa e juntou-se à oposição dos papistas extremos. Stanislav logo convenceu Palec a juntar-se a ele. Agora, em uma estranha reviravolta do destino, tanto Stanislav quanto Palec eram inimigos declarados de Hus e dos demais reformadores tchecos.

Pressentindo uma rebelião dentro do movimento, a hierarquia católica entrou em ação contra a condenação inflexível de seu estilo de vida imoral e de suas práticas heréticas. Realizaram um sínodo e denunciaram formalmente a pregação contra o estilo de vida deles em qualquer sermão tcheco. Também acusaram todo o partido reformista tcheco de apoiar a heresia de Wycliffe.

Zbynek queria ficar bem aos olhos da hierarquia, de modo que ordenou que todos os livros de Wycliffe fossem levados até ele para exame. Hus levou os livros pessoalmente à corte e os expôs diante de Zbynek. Então ele pediu a Zbynek que lhe dissesse se encontrasse algum erro.

A traição de Stanislav e Palec pouco lhes adiantou. Stanislav era perseguido por outros, o que havia colocado a ambos em apuros, e a alta hierarquia queria vê-los. Eles haviam recebido uma ordem para comparecer perante um tribunal do sínodo na Itália. Ao chegarem, foram presos e lançados na prisão.

Hus ainda não havia sido acusado de heresia, mas de causar divisões na Igreja porque denunciou pecados de diversos clérigos. Zbynek estava dando suporte às acusações, e ambos enviaram correspondências ao tribunal, com Hus sustentando suas convicções e debatendo sua teologia.

Todos esses debates que iam e vinham perturbaram o rei Vaclav. Ele temia que a reputação da Boêmia sofresse com isso, de modo que ordenou que Zbynek escrevesse uma confissão afirmando que, depois de ter investigado, não encontrou qualquer heresia ou hereges na Boêmia. Zbynek hesitou porque havia estado envolvido com a ida de Stanislav e Palec para a prisão. Ele começou a se ressentir com o rei e com os reformadores tchecos. Como isso o deixaria aos olhos do papa? Como ele seria promovido se parecesse tão inconstante?

Por volta de 1409, o rei Vaclav, favorecendo os reformadores tchecos e por estar cansado de toda aquela controvérsia, revogou o decreto, o que deixou os alemães furiosos. Eles deixaram Praga em massa. A posição de pároco agora estava vaga, e os reformadores tchecos votaram em massa em favor de Hus para ocupar a posição.

A Igreja com Três Cabeças

Em 1409, outra grande controvérsia estava começando a fermentar. Dois papas ainda governavam (Roma e Avignon), e nenhum deles cedia em favor do outro. Quando um papa morria, outro era imediatamente nomeado para ocupar a posição. Bento XIII era o papa de Avignon; Gregório XII era o papa de Roma.

Sem qualquer vislumbre do fim desse cisma, alguns cardeais foram a Pisa, na Itália, e convocaram um concílio geral. O concílio destinava-se a eleger um papa que fosse aceito em todo o mundo Ocidental, e os outros dois seriam descartados.

O Concílio de Pisa foi impressionante. Multidões de cardeais e bispos foram a Pisa, todos vestidos com suas melhores roupas e adornados da cabeça aos pés com joias elaboradas. Por causa do grande número de clérigos de alto escalão presentes, eles se declaravam a autoridade suprema. Elegeram um terceiro papa, Alexandre V, e o instruíram a realizar um segundo concílio antes de 1412. O Concílio de Pisa exigiu a demissão dos dois outros papas.

Os dois outros papas se recusaram a renunciar. Agora a Igreja tinha três papas e nenhum deles reconhecia os outros!

Hus havia concordado com a necessidade do Concílio de Pisa, esperando que ele colocasse um fim à controvérsia papal. Porém, quando nenhum dos papas renunciou e todos os três optaram por permanecer no cargo, Hus ficou desgostoso. Ele repreendeu duramente os três papas dizendo: "Muito bem, vigários apostólicos! Vejam se vocês têm o Espírito Santo, que é o espírito da unidade, da paz e da graça. Pois então vocês viveriam como os apóstolos viveram. Entretanto, por discutirem sobre dignidade por causa de bens, assassinarem pessoas e provocarem beligerância na cristandade, vocês demonstram que possuem um espírito maligno, o espírito da discórdia e da avareza [ganância] que tem sido assassino desde o princípio".[54]

É interessante que Hus os tenha chamado de assassinos. Dos oito papas que reinaram de 1378 a 1417, cinco morreram repentinamente. A natureza suspeita de suas mortes sugeria homicídio.[55]

"Um Papa Aqui, Um Papa Ali"[56]

O rei Vaclav viu a eleição de mais um papa como uma oportunidade de ouro. Ele tinha um plano. Esperava que se pudesse se alinhar com o novo papa, Alexandre V, e conseguir sua aprovação adotando um papel dominante no cisma, ele poderia recuperar seu direito de concorrer ao título de Santo Imperador Romano.

Assim, em 1409, Vaclav deixou de apoiar Gregório XII e passou a apoiar Alexandre V — e ordenou que Zbynek fizesse o mesmo. Zbynek então teve ordem de remover qualquer vestígio de heresia da Boêmia, abrindo o caminho para a eleição de Vaclav como imperador.

Zbynek ficou ainda mais amargurado com Vaclav por passar a apoiar Alexandre V. A princípio, ele se recusou a fazer isso. O rei ficou furioso. Quando Zbynek lembrou-se da personalidade assassina do rei, repensou sua decisão, passou a apoiar Alexandre V e buscou vingança contra todas as formas de heresia na Boêmia. Isso fez de Hus um dos principais alvos de Zbynek.

Alexandre V emitiu uma ordem condenando os livros de Wycliffe e proibindo que se pregasse em qualquer lugar exceto em uma catedral católica ou em um monastério. Essa ordem dirigia-se a Hus, porque sua capela era o único lugar não considerado uma catedral.

Parecia que o rei e Zbynek iam fazer algum progresso com o novo papa. Mas antes que Vaclav pudesse obter o favor do novo papa e Zbynek pudesse atacar Hus com força total, Alexandre V foi encontrado morto. Ele havia sido envenenado!

Mentes Pequenas Iniciam Incêndios

João XXIII foi instituído o novo papa no lugar de Alexandre V. Ele havia sido ignorado inicialmente, vencido por Alexandre V; há suspeitas de que foi João quem envenenou Alexandre V.[57]

Como você pode concluir, João XXIII era um homem mau. Quando foi bispo de Nápoles, seu secretário confirmou que ele seduziu virgens, matronas, viúvas e freiras. Taxava tudo, inclusive a prostituição.[58] E agora ele era o novo papa!

Zbynek ainda buscava fazer cumprir a ordem de Alexandre, mas Hus ignorou-a desde o princípio. Ele acreditava que o papa não tinha autoridade para determinar onde alguém poderia pregar e argumentou que a ordem era inválida porque o papa que a emitiu estava morto. Como Hus recusou-se a parar de pregar, Zbynek organizou um ataque para destruir a Capela de Belém. O ataque ocorreu no momento em que a capela estava lotada, enquanto Hus pregava. O exército entrou violentamente, mas não estava pronto para os reformadores tchecos! Os homens de Zbynek foram empurrados para a rua, saindo feridos após a batalha com os tchecos. Hus denunciava Zbynek do púlpito enquanto a batalha acontecia. Foi uma derrota infeliz para Zbynek.

Após esse dia, o fogo foi alimentado dentro das fileiras tchecas. O povo inflamou-se contra Zbynek, reunindo-se em uma unidade incrível. Em um culto sensacional na capela, cheio de cânticos patrióticos e camaradagem, Hus leu publicamente sua resposta a João XXIII com relação à ordem de Alexandre. Ele acrescentou também que, em 1409, houvera uma profecia afirmando que se levantaria um homem que perseguiria o Evangelho e a fé em Cristo.[59] Quando Hus perguntou dramaticamente à multidão se eles o apoiariam para impedir os esforços daquele homem, os gritos de "sim" foram ensurdecedores.

Hus não apenas apelou contra a ordem de Alexandre e Zbynek, como também escreveu um panfleto defendendo sua posição.

Zbynek ficou tão constrangido e indignado, que ordenou que todos os livros de Wycliffe fossem queimados em uma cerimônia pública. Em 16 de julho de 1410, completada por sinos que tocavam e padres sombrios que cantavam, cerca de duzentos exemplares dos manuscritos de Wycliffe foram queimados até às cinzas.

Hus respondeu com uma declaração pública: "Chamo isto de um empreendimento fraco. Essas fogueiras não removeram um único pecado do coração dos homens. O fogo não consome a verdade. É a marca de uma mente pequena descarregar sua ira sobre objetos inanimados".[60]

O discurso de Hus levou os cidadãos a uma revolta aberta. Eles começaram a ridicularizar Zbynek, fazendo observações sarcásticas a respeito dele. Por exemplo:

Bispo Zbynek,
Queimou livros
Mas sem saber o que estava escrito neles.[61]

Furioso e constrangido, Zbynek retaliou excomungando Hus; em seguida, fugiu de Praga, temendo por sua vida.

Espiões de Capuz

Na Igreja Católica há diversas fases em uma excomunhão. Destinada a ser uma punição, ela expulsa um membro proibindo-o de fazer parte de ritos e cultos. Em sua forma primitiva, ela geralmente permitia que o ofensor participasse de algumas partes do culto de adoração, mas apenas no nível dos não batizados.

Algumas vezes a excomunhão acontece por determinado período. Nesse caso, o ofensor não tem sequer permissão para entrar no prédio da igreja. A forma mais séria de excomunhão resultava no ofensor ser completamente expulso da Igreja. Ela afetava inclusive sua posição na sociedade.[62] Nesses casos, os superiores de alto escalão determinavam a ação a ser tomada. Muitas vezes, se o ofensor se aproximasse do prédio da igreja, os cultos não podiam ser realizados por até três dias.

Hus experimentou todos os níveis de excomunhão.

Ele ignorou a primeira excomunhão e continuou pregando e conduzindo seu ministério como se nada tivesse acontecido. Recebeu um apoio avassalador, até mesmo de locais distantes, como a Inglaterra. Os nobres ingleses escreveram ao rei Vaclav, encorajando-o a continuar apoiando os reformadores tchecos. Hus recebeu uma carta de um apoiador de Wycliffe na Inglaterra, que dizia:

> Portanto, tu, Hus, amado irmão em Cristo, embora desconhecido a mim em pessoa, mas não em fé e amor... trabalha como bom soldado de Jesus Cristo; prega, permanece firme em palavra e em exemplo, e chama ao caminho da verdade todos os que puderes.[63]

Hus leu a carta diante de sua congregação, que agora totalizava mais de dez mil pessoas!

Zbynek não podia suportar o fato de Hus estar no controle da situação, de modo que começou a enviar espiões à capela, esperando que Hus mencionasse alguma coisa que o condenasse.

Mas era difícil ser mais esperto que esse homem de Deus. Ele reconheceu todos os espiões, apontando vários deles e humilhando-os. Certa vez, no meio de um sermão, Hus parou e gritou com um espião ao reconhecê-lo: "Ei, você de capuz, tome nota disto, homem sorrateiro, e leve esta mensagem para seu chefe", apontando o local onde acreditava que Zbynek estava![64]

Nunca subestime um reformador cheio do Espírito Santo!

"Não Comparecimento"

No outono de 1410, Hus recebeu ordens de comparecer à Itália para explicar por que havia desobedecido às ordens papais. Zbynek tirou vantagem da situação e atacou Hus com outra excomunhão. Era a segunda, citada como "excomunhão exacerbada". Hus também ignorou a segunda excomunhão e continuou a pregar e a cumprir com seus deveres. Ele tinha muito mais apoio em Praga que Zbynek![65]

Hus escreveu uma carta humilde ao papa, pedindo que ele tivesse permissão de pregar na Capela de Belém e que não queimassem mais os manuscritos de Wycliffe. O rei Vaclav, um tanto irritado com toda a atenção negativa sobre a Boêmia, também escreveu ao papa dizendo: "Se alguém deseja acusá-lo (Hus) de alguma coisa, que faça isso no nosso reino, perante a Universidade de Praga ou outro juiz competente. Pois nosso reino não considera adequado expor um pregador tão útil à discriminação de seus inimigos e à perturbação de toda a população".[66]

A rainha Sofia também escreveu ao papa e aos cardeais, incentivando-os a não prestar queixas contra "o nosso capelão fielmente dedicado".[67]

Sem receber resposta, o rei e a rainha escreveram uma segunda vez, informando ao papa que estavam enviando dois emissários em lugar de Hus.

Quando Zbynek ouviu sobre a intervenção do rei e da rainha, enviou presentes caros e esmerados ao papa e aos cardeais, como cavalos, taças preciosas e anéis. Também foi enviado dinheiro aos servos do papa. Zbynek pediu que eles demonstrassem sua gratidão ordenando que Hus comparecesse.

Os presentes funcionaram. Em fevereiro de 1411, Hus foi excomungado pela terceira vez por um cardeal superior na Itália por não comparecer perante o papa.

Seria Justo Morrer

Entusiasmado com o recente poder que havia adquirido junto ao papado, Zbynek não parou mais. Ele tentou tomar uma atitude contra Vaclav, excomungando-o e também a toda corte real! Vaclav ficou enfurecido e ameaçou Zbynek.

Zbynek respondeu com ultraje: colocou toda a cidade em interdição! Isso significava que todas as atividades da igreja foram suspensas — funerais, casamentos e pregações.

Todos os magistrados da Boêmia ficaram ao lado do rei e se posicionaram valorosamente contra Zbynek, que a esta altura entendeu que estava em menor número. Mais uma vez, temendo por sua vida, ele se submeteu ao rei e foi forçado à obediência incondicional.

Esperando salvar a reputação de sua nação, a primeira coisa que o rei Vaclav ordenou a Zbynek foi declarar todos os seus procedimentos contra Hus nulos e revogados, especialmente as excomunhões. Zbynek recebeu ordens de enviar ao papa João XXIII uma carta explicando suas atitudes irracionais contra Hus, declarando que ele era inocente de todas as acusações de heresia. Zbynek teve até de declarar publicamente que ele e Hus concordavam totalmente no que se referia à doutrina![68]

Vaclav ordenou que Hus escrevesse uma carta de submissão ao papa e aos cardeais, professando humildemente sua fé e pedindo a suspensão de todas as acusações. Hus atendeu com satisfação e escreveu as cartas em dois dias.

Dentro de duas semanas, Hus estava de volta, fazendo o que havia sido chamado para fazer: defender publicamente Wycliffe e a maioria de suas doutrinas e reformar a Igreja Católica. Hus permaneceu em silêncio acerca das doutrinas com as quais não concordava. Argumentou que sempre que a verdade não é defendida, ela é negada. Por esse motivo, ele não podia permanecer em silêncio acerca do que ele acreditava.[69]

Enquanto isso, Zbynek estava fervendo de raiva e alimentando seu ego ferido. A exigência de Vaclav provou ser demais para ele. Deixando uma carta para o rei, Zbynek escreveu uma lista dos próprios desgostos, depois afirmou que não iria mudar sua posição contra Hus e que não escreveria ao papa. Zbynek escreveu ao rei que estava partindo para a Hungria a fim de asilar-se junto ao rei Sigismundo (irmão adotivo e inimigo de Vaclav).

Sigismundo havia combinado encontrar-se com Zbynek no dia seguinte, a caminho da Hungria, escoltando-o até a cidade. Mas algo estranho aconteceu antes do encontro. Zbynek foi encontrado morto, envenenado pelo próprio cozinheiro.[70]

O Reformador Apostólico

Não eram poucos os candidatos que desejavam ocupar a posição de Zbynek. Vinte e quatro homens se candidataram, mas Vaclav escolheu o seu médico pessoal e professor universitário, Dr. Albik de Unicov.

Albik era o mais alto pretendente para o cargo de arcebispo, e não estava mais preparado para ele que Zbynek. No início de seu ofício, Albik, assim como Zbynek, estava contente em não causar agitação; ele não estava interessado em fazer de Hus um inimigo.

Mas havia aqueles que queriam continuar o ataque contra Hus. Dois deles eram Stanislav e Palec, agora fora da prisão e de volta a Praga.

Palec abordou Albik e obrigou-o a chamar Hus para questioná-lo com relação às suas doutrinas errôneas. Albik ordenou que Hus comparecesse ao palácio arcebispal.

Correspondências foram trocadas entre Hus e o concílio. Finalmente, Hus concordou em comparecer.

Entrando na assembleia, Hus se viu face a face com a hipocrisia contra a qual havia passado a maior parte de sua vida pregando. Encobertos com todo o seu esplendor, completado por joias, pérolas e batas exuberantes, o conselho do arcebispo perguntou a Hus se ele estava disposto a obedecer ao mandato apostólico.

Hus respondeu prontamente que pretendia de todo o coração cumprir os mandatos apostólicos.

Os membros do concílio olharam uns para os outros com um prazer óbvio, sorrindo e balançando as cabeças, dando mostras de que haviam vencido a discussão.

Foi então que Hus tirou vantagem da terminologia. Na mente deles, a palavra *apostólico* significava papado. Ele afirmou: "Senhores, entendam. Eu disse que aspiro de todo o coração cumprir os mandatos apostólicos e obedecer a eles em tudo, mas chamo de mandatos apostólicos os ensinamentos dos apóstolos de Cristo. Desde que os mandatos do pontífice romano estejam em harmonia com os mandatos e ensinamentos apostólicos... até esse ponto estou totalmente disposto a obedecer. Mas caso eu verifique que algum deles se opõe a esses ensinos, a esses não obedecerei, ainda que o fogo que venha a queimar meu corpo seja colocado diante dos meus olhos".[71]

O concílio emudeceu. Hus deixou o silêncio cair entre eles. Sem saber o que fazer, rapidamente dispensaram Hus, depois escreveram ao rei e explicaram como Hus era uma pessoa problemática para o rei, para a Igreja e para toda a Boêmia.

Pulgas, Moscas e Encrenqueiros

Enquanto isso, o rei Vaclav ainda estava procurando maneiras de perseguir as próprias aspirações. Em 1412, o papa João XXIII declarou guerra contra o rei de Nápoles, que havia tomado o controle de Roma. A fim de levantar fundos para o esforço de guerra, o papa instituiu a venda de indulgências em grande escala. Vaclav foi autorizado a receber uma parte do dinheiro arrecadado com todas as indulgências vendidas na Boêmia. Percebendo o potencial de lucro, o rei fez campanha em favor da ampla distribuição e venda dessas indulgências. Três das principais igrejas de Praga se tornaram centros importantes da compra de indulgências.

Hus ficou furioso com o rei, com a guerra e com a venda de indulgências, que constituía uma simonia descarada. Repreendendo o rei e os padres que as vendiam, Hus escreveu: "Que coisa estranha! Eles não podem se livrar das pulgas e moscas; no entanto, querem livrar os outros dos tormentos do inferno".[72]

A repreensão de Hus contra as indulgências foi demais para o rei. Afinal, isso poderia prejudicar seu lucro. A partir daí, Vaclav nunca mais apoiou Hus. No fim, o rei se aliou à ganância pelo dinheiro.

Enquanto isso, o velho amigo de Hus, Jerônimo de Praga, havia retornado à cidade de suas viagens. Ouvindo falar de todos os problemas que Hus enfrentara, da traição de Stanislav e Palec, e agora sobre as indulgências, o valente Jerônimo estava pronto para lutar.

Badernas irromperam por toda a cidade em protesto contra a venda de indulgências. Jerônimo era o principal organizador dessas ações. Muitas vezes os protestantes interrompiam os sermões, chamando as pessoas para despertarem e saírem daquele engano. As caixas de dinheiro para as indulgências eram maculadas com coisas imundas, e os próprios vendedores sofriam abusos e perturbações.

Nessas manifestações, Jerônimo costumava ser visto declarando em voz alta que as indulgências eram inúteis. Uma vez, um frade franciscano gritou impropérios para Jerônimo, e ele esmurrou seus ouvidos![73] Conta-se que ele puxou uma faca para outro padre e teria matado outro se não tivesse sido impedido. Em um incidente, Jerônimo atirou um frade que pregava sobre as indulgências em um pequeno barco e levou-o remando até o meio de um rio. Então ele mergulhou o monge aterrorizado nas águas turbulentas e deu-lhe apenas uma fina corda como possibilidade de salvamento![74]

"Hus! Eu Mesmo o Levarei à Fogueira!"

Hus estava abertamente desgostoso com o papa João XXIII pela venda de indulgências e pelos rumores sobre seu estilo de vida imoral. Ele disse a respeito dele: "Em uma palavra, a instituição papal está cheia de veneno, o próprio anticristo, o homem do pecado, o líder do exército do diabo, um membro de Lúcifer, o vigário-chefe do demônio, um simples idiota que poderia ser um demônio condenado no inferno, e um ídolo mais terrível que um pedaço de madeira pintado".[75]

Vários dos que protestavam se juntaram a ele declarando que o papa era o anticristo. Os protestos tornaram-se sangrentos.

Nas três principais igrejas onde as indulgências eram vendidas, três homens ficavam do lado de fora, protestando contra as vendas. Imediatamente, os três foram lançados à prisão.

Ouvindo falar do incidente, Hus foi à prisão e intercedeu em favor deles. Ele até pediu para ser preso no lugar daqueles homens, sentindo que haviam agido por impulso com base nas suas afirmações sobre João XXIII.

Os membros do concílio prometeram que nenhuma punição grave seria infligida a eles. Depois que Hus partiu, eles deram prosseguimento à ordem do rei — a decapitação dos jovens.

A execução criou uma tremenda comoção. O povo ficou chocado e assombrado. Os corpos foram carregados reverentemente até a Capela de Belém, onde Hus celebrou a Missa dos Mártires por eles.

As multidões se agitaram na prefeitura, querendo o sangue dos membros do concílio, os quais, aterrorizados, correram para o rei em busca de ajuda. Furioso, Vaclav gritou que ainda que houvesse mil agitadores, todos sofreriam o mesmo destino; se não houvesse membros do concílio suficientes em Praga, ele faria com que os trouxessem de outras áreas.

Com sua renda real agora ameaçada, a fúria de Vaclav se voltou para Hus. Em uma crise de ódio violenta, Vaclav via Hus como o único obstáculo entre ele e a riqueza. Ele gritou: "Hus, você está sempre criando problemas para mim. Se aqueles a quem compete não cuidarem de você, eu mesmo o levarei à fogueira".[76]

Até mesmo a rainha Sofia estava impotente para ajudá-lo a esta altura.

"Esqueça! Vou Apelar para Deus!"

Uma vez que Hus, agora abandonado por seus amigos e sem o favor do rei, continuava a defender Wycliffe e a se opor à venda de indulgências, os superiores católicos renovaram seu julgamento junto ao papa. Eles sabiam que por causa dos comentários duros de Hus contra o papa e da sua oposição às indulgências, as coisas agora se voltariam em favor deles.

Durante o Concílio Romano de 1412 a 1413, os documentos foram apresentados ao cardeal, que imediatamente declarou a excomunhão de

Hus pela quarta vez. O cardeal declarou ainda que se Hus não comparecesse perante o concílio dentro de vinte dias, toda a cidade de Praga — ou outra cidade onde Hus optasse por residir — seria interditada.

A interdição significava que os fiéis estavam proibidos de se comunicar ou ajudar Hus com comida, bebida, saudações, conversas, compras e vendas, abrigo ou por qualquer outro meio. Em qualquer lugar onde ele buscasse abrigo, todos os serviços eclesiásticos deveriam ser paralisados e permanecer suspensos por três dias após sua partida. Caso ele morresse, não deveria ser enterrado; se fosse enterrado, seu corpo deveria ser exumado.[77]

Hus não compareceu perante o concílio.

Portanto, a sentença foi pronunciada em Praga, completada com o toque de sinos, o apagar de velas e o lançamento de pedras na direção da casa de Hus. Essas cerimônias quase provocaram outra revolta enquanto a multidão protestava em alta voz contra os atos dos padres, que deixaram o local rapidamente para encontrar um abrigo seguro.

Hus deu um passo totalmente desconhecido das leis católicas até o momento — uma vez que outro apelo ao papa obviamente seria inútil, Hus apelou a Deus e a Cristo, "o justo Juiz que conhece, protege, julga, declara e recompensa sem falta a causa justa de todo homem".[78] Foi a ruptura final com o papado. Eles sem dúvida lembrariam isso a ele nos dias que estavam por vir.

Um Pastor que Cuidava como um Pai

Apesar da excomunhão, Hus continuou a pregar. Quando ouviu isso, o papa expediu uma ordem para que a Capela de Belém fosse derrubada.

A ordem chegou a Praga no final do outono. Os paroquianos alemães remanescentes viram isso como uma oportunidade de atacar a capela odiada. Então o fizeram durante um culto de adoração, mas muitos estavam na expectativa de que o grupo germânico fosse expulso e ameaçado.

Incapazes de encontrar uma maneira de destruir a capela, os padres recorreram a outros meios. Se achassem que alguém era patrocinador de Hus, a pessoa era arrastada levada para um santuário católico e espancada; então era arrastada até a residência dele e açoitada.[79]

Quando a interdição foi imposta em Praga, Hus enfrentou uma decisão dolorosa. Sendo um pastor tão dedicado, ele sentia que seria um mercenário se deixasse as ovelhas durante um tempo difícil: um bom pastor sempre ficava com seu rebanho.

Generais de Deus Os Reformadores Estrondosos

Por outro lado, Hus entendia que se ele ficasse, seus membros seriam duramente perseguidos, talvez até a morte. Posso imaginar os momentos de agonia que deve ter passado, perguntando-se o que fazer. Finalmente tomou a decisão dolorosa de que, para o bem de seus membros, da Capela de Belém e da cidade de Praga, precisava partir. Quando os nobres do sul da Boêmia lhe ofereceram refúgio, Hus soube que Deus favorecia o exílio.

> Hus era pastor. Ele nunca estava tão envolvido na sua causa a favor da Reforma a ponto de negligenciar as "ovelhas" que estavam sob seus cuidados.

Não obstante, Hus pretendia visitar secretamente a capela para "fortalecer o rebanho" sempre que a oportunidade se apresentasse.[80]

Uma das características notáveis de Hus era que ele nunca estava tão envolvido na sua causa em favor da Reforma a ponto de negligenciar os deveres do cuidado pastoral. Ele era verdadeiramente um pai espiritual.

O Pregador do Campo

Em 15 de outubro de 1412, Hus deixou Praga. Ele permaneceu em algum lugar nos arredores, mas ninguém sabia onde. Sabemos que de janeiro de 1413 até a Páscoa, Hus visitou secretamente a cidade de tempos em tempos. Quando fazia isso, os oficiais logo ouviam falar que ele estava de volta, mas não impunham a interdição a não ser que ele pregasse. Ele escreveu: "Mas quando preguei uma vez, eles imediatamente interromperam o culto, pois era difícil para eles ouvir a Palavra de Deus".[81]

Também sabemos que ele continuou a pregar em diversos lugares fora de Praga, e estou certo de que muitos viajavam para ouvi-lo. Ele escreveu: "Preguei em cidades e mercados; agora prego atrás de cercas, em aldeias, castelos, campos, florestas. Se fosse possível, eu pregaria na praia ou dentro de um barco, como meu Salvador fez".[82]

Durante o exílio, também escreveu muitas cartas aos seus membros, para os mestres da universidade e para os amigos. Em vez de ficar deprimido e se render à autocomiseração, Hus usava as cartas para encorajar a fé daqueles que ficaram para trás. Ele não havia perdido o ânimo: ainda acreditava que a verdade venceria tudo.

Hus usou seu tempo no exílio para escrever vários manuscritos, por meio dos quais continuou a fazer soar o alarme contra os abusos da igreja, tais como a simonia e as indulgências. Hus não escrevia essas coisas de forma irreverente — ele tinha um objetivo. Disse uma vez que pregava contra os pecados do clero a fim de "obter a reforma deles, e não para difamar sua reputação".[83] Que grande citação! E ela retratava verdadeiramente o coração de Hus — por mais duras que suas palavras parecessem.

Sua obra mais importante, *De Ecclesia* (Da Igreja), foi escrita em 1413. Nessa obra, Hus repetiu suas crenças sobre o que é realmente a verdadeira Igreja e sobre o senhorio espiritual de Jesus Cristo. Ele escreveu sobre a posição do homem leigo na Igreja e sobre o importante papel dos ministros. Novamente, Hus amaldiçoou os abusos de ministros cheios de ganância e de amor ao dinheiro, usando suas posições para conseguir o que queriam. Ele escreveu: "Que os discípulos do anticristo corem de vergonha, os quais, vivendo contrariamente a Cristo, falam de si mesmos como os maiores e mais orgulhosos da santa Igreja de Deus. Eles, poluídos pela avareza [ganância] e arrogância do mundo, são chamados publicamente 'os cabeças' do corpo da santa Igreja. De acordo com o Evangelho de Cristo, porém, eles são chamados 'os menores'".[84]

Essa afirmação, e muitas outras semelhantes, condenaram Hus. A obra pela qual Hus é mais celebrado é exatamente o manuscrito que o Concílio de Constança usou para condená-lo.

O Convite da Morte

Sigismundo não era apenas o rei da Hungria e agora Alemanha, mas também era considerado o Santo Imperador Romano. Vaclav permitiu que seu irmão adotivo fosse coroado imperador com a condição de que ele pusesse um fim ao caso Hus na Boêmia.[85] Os dois irmãos executaram uma trama cuidadosamente planejada para pôr fim à vida de um dos maiores Reformadores de Deus.

Sigismundo havia incentivado o papa João XXIII a convocar outro concílio para acabar com o cisma entre os três papas. João XXIII havia adiado a questão tanto quanto pôde, mas como precisava do apoio de Sigismundo, decidiu agir e convocou o concílio para se reunir em novembro de 1414. Sigismundo designou que o concílio ocorreria dentro de sua jurisdição, na Alemanha, na cidade de Constance.

Dois cavaleiros tchecos haviam servido no exército de Sigismundo e estavam voltando para casa, na Boêmia, na primavera de 1414. Como parte do plano, Sigismundo aproveitou a oportunidade para fazer com que eles enviassem uma mensagem a Hus. Os cavaleiros deviam convidá-lo para participar do Concílio de Constance mais tarde, naquele outono, em nome do rei e sob seu salvo-conduto. O concílio daria a Hus a oportunidade de limpar seu nome e o da nação da Boêmia das persistentes acusações de heresia que os ofuscavam. Apesar da natureza maligna de Sigismundo, os dois cavaleiros acreditavam que Hus estaria seguro.

Quando o convite foi apresentado a Hus, ele conversou com seus amigos e, a princípio, decidiu não ir. Mas quando o papa começou a pressionar intensamente o rei Vaclav para expurgar a Boêmia de todo Wyclifeismo, Hus mudou de ideia.

Antes de aceitar, Hus pediu mais esclarecimentos sobre os termos do salvo-conduto. Sigismundo enviou um de seus homens para responder, satisfazendo as dúvidas de Hus. Ele teve a promessa de que lhe seria permitido retornar à Boêmia.

Totalmente Preparado

O amigo de Hus, Jerônimo, foi contra sua ida a Constante. "Mestre", Jerônimo advertiu, "o senhor pode ter certeza de que será condenado".[86] Hus provavelmente percebeu que sua causa estava definitivamente perdida, mas ainda estava determinado a ir a Constance para que todo o mundo cristão conhecesse sua defesa.

Confiando na promessa de Sigismundo e na própria causa e ávido para declarar as razões da fé que possuía, Hus planejou sua viagem a Constance. Ele estava pronto para se submeter ao concílio e abandonar quaisquer erros que porventura tivesse abraçado — desde que esses erros fossem provados pela Bíblia.

Antes de deixar a Boêmia, Hus se preparou cuidadosamente para reagir diante de todas as exigências que lhe fossem feitas. Ele garantiu ter por escrito e protegidas todas as devidas apresentações de seus pontos de vista. Previra quais seriam seus inimigos, juntamente com as acusações e os testemunhos deles, e tomou cuidado para coletar todas as evidências que tinha para provar que estavam errados. Hus até guardou um certificado de ortodoxia do inquisidor de Praga, o bispo Nicholas de Nezero.[87]

Ele também dedicou tempo para escrever um sermão, o qual planejava apresentar ao concílio. Pretendia pedir a eles para ouvi-lo primeiro, e depois julgá-lo com base em sua declaração de fé.

Em 11 de outubro de 1414, na companhia de dois cavaleiros designados para sua proteção, Hus deixou o castelo onde havia estado exilado e dirigiu-se a Constance.
Essa era a última vez que ele via a Boêmia.

Paz Antes da Tempestade

A viagem de Hus pela Alemanha foi quase uma celebração. Ele viajou com o rosto descoberto; em lugar algum foi desafiado. Não foi tratado como um condenado, como um herege excomungado, nem nenhum culto de igreja foi interrompido por causa dele. Teve conversas amigáveis com padres e oficiais ao longo do caminho. Entre as pessoas comuns que encontrava, sem exceção, seus pontos de vista eram aceitos como totalmente ortodoxos.[88]

Em 3 de novembro, Hus e os cavaleiros chegaram a Constance e alojaram-se na casa de uma viúva (a casa ainda existe hoje). O papa havia chegado uma semana antes e suspendera a interdição para permitir que a cidade continuasse com os cultos religiosos mesmo com a presença de Hus. Assim, Hus estava livre para se movimentar como quisesse. Entretanto, ele nunca colocou os pés fora da casa da viúva até ser intimado.

Enquanto Hus estava abrigado na casa da viúva, o Concílio de Constance iniciou oficialmente sua sessão. Os objetivos eram pôr fim ao Grande Cisma estabelecendo um único papa e fazer cessar aos atos heréticos que estavam dividindo a Igreja.

Estava programado que Sigismundo e seu séquito chegariam somente em dezembro. Juntamente com os representantes da Igreja Católica, os inimigos de Hus também haviam descido para a cidade. Stanislav havia morrido, mas Palec estava ali, apresentando ao papa a primeira lista de acusações contra Hus. As acusações afirmavam que Hus acreditava que todos os artigos de Wycliffe eram ortodoxos, o que não era totalmente verdade.

Mais Sábio que os Mais Sábios

Menos de um mês depois de sua chegada, Hus recebeu em seu alojamento dois bispos acompanhados do prefeito de Constance e de um cavaleiro. Eles declararam que haviam ido por ordem do papa e do cardeal, e que o cardeal desejava falar com ele.

Embora um dos cavaleiros de Hus tivesse sentido o perigo imediato, Hus acalmou-o e concordou em ir.

Quando chegaram à residência do papa, os cardeais dirigiram algumas palavras a Hus e depois saíram da sala. Imediatamente um teólogo franciscano entrou na sala e, fingindo ser um simples monge, perguntou a Hus se ele acreditava na consubstanciação. Hus respondeu que não. O teólogo disfarçado então falava sobre outra coisa, parava e perguntava de repente a Hus se ele acreditava na consubstanciação. Isso aconteceu por diversas vezes, e em cada vez, Hus disse que não acreditava.

Alojamento de Hus em Constance, na Rua Hus, antes de ser lançado na masmorra

O teólogo disfarçado fez várias outras perguntas doutrinárias. Hus discerniu que o homem não era um simples frade, mas não deu a perceber que o havia notado. Em vez disso, ele simplesmente respondeu às perguntas do frade. O homem finalmente saiu da sala, obviamente decepcionado. Depois de partir, o guarda armado disse a Hus que o homem disfarçado era na verdade um dos teólogos mais perspicazes de toda a Itália.[89]

Na Masmorra Mais Profunda

Quando a noite caiu, disseram aos cavaleiros que eles podiam voltar para casa, mas Hus teria de ficar. Furioso com o engano, um dos cavaleiros foi à presença do papa e dos cardeais, confrontando-os e denunciando sua traição.

O papa respondeu calmamente que não havia ordenado a prisão. Eles falaram com o jovem cavaleiro, dizendo a ele para se acalmar e encarar a situação de forma madura. Eles lhe garantiram que Hus seria bem cuidado. Afinal, eles haviam permitido que Hus viesse a Constance para defender sua causa. Impotente, o cavaleiro não pôde fazer nada a não ser ir para casa. Mais tarde, em uma carta à Universidade de Paris, o papa admitiu que havia ordenado a prisão.

A notícia de que Hus havia sido preso se espalhou rapidamente. Quando Palec ouviu isso, ele e outro homem dançaram pela sala de tanta

Hus pregando aos seus carcereiros na prisão
Getty Images

empolgação, declarando que desta vez Hus não escaparia. É difícil acreditar que, um dia, Hus e Palec haviam tido uma amizade tão próxima.

Oito dias depois, Hus foi levado a uma masmorra no Monastério Dominicano localizado em uma ilha longe da costa do lago Constance. Ali ele foi mantido em uma cela escura e úmida próxima ao esgoto. Hus caiu extremamente enfermo com a doença que se alastrava na cela e quase morreu. Somente uma visita do médico do papa e a mudança para uma cela melhor salvaram sua vida.[90] Entretanto, Hus foi mantido nessa prisão por três anos e meio.

Séculos depois, empreendedores transformaram o monastério em um luxuoso hotel, o Steinberger Insel Hotel. O guia turístico de Frommer o chama de "o único e melhor lugar para ficar no lado alemão do lago".[91]

Escondido

Durante a prisão de Hus, os quarenta e cinco artigos de Wycliffe foram levados à sua cela, onde os representantes, cheios de fúria, esfregaram os documentos em seu rosto. Os representantes do concílio exigiram saber se Hus apoiava tudo o que estava descrito ali. Olhando seus rostos que se contorciam em caretas, Hus orou silenciosamente pedindo a sabedoria de Deus. A princípio ele se recusou a responder especificamente, dando a resposta geral de que ele não desejava aderir a qualquer erro. Insatisfeitos, os homens o trataram com sarcasmo e ameaçaram condená-lo imediatamente. Acalmando-os, Hus respondeu que ele escreveria o que acreditava acerca dos artigos e submeteria ao concílio.

Percebendo que precisava de ajuda, Hus solicitou um advogado, mas o pedido foi negado sem rodeios. Então ele escreveu sua resposta, afirmando que não apoiava trinta e dois dos artigos de Wycliffe, mas que ele acreditava em treze deles, alguns com ajustes menores.

Compreensivelmente, Hus estava muito desanimado porque havia ido a Constance para defender seus pontos de vista, e não os de Wycliffe. O que estava acontecendo? Por que as coisas haviam tomado um caminho tão estranho? Ele havia esperado pela oportunidade de se defender perante todo o concílio, e não estar em uma cela úmida e escura. Hus decidiu ser agressivo. Suas respostas deviam ser em forma de protesto, não apenas por sua prisão ilegal, mas também por não lhe ser permitido um julgamento.

Quando seus amigos em Praga souberam da prisão ficaram muito perturbados. Todos temiam que Hus fosse condenado sem julgamento.

Em 4 de janeiro de 1415, Hus foi novamente interrogado sobre cada um dos quarenta e cinco artigos. Ele tratou com as mesmas respostas que já havia escrito.

Mais tarde naquele mês, Hus recebeu uma carta de um nobre da Boêmia anunciando que havia falado com Sigismundo e que seria concedida a Hus uma audiência pública.

Hus esperou indefinidamente. O sol nasceu e se pôs. Nenhuma palavra chegou à sua cela. Sua saúde estava quase esgotada, e ele tinha de se esforçar para manter o ânimo elevado. Hus fazia piadas sobre ser conhecido como "o ganso", afirmando a todos que o ganso ainda não estava cozido.[92] Sem planos evidentes de uma audiência pública, ele estava completamente à mercê daqueles que lhe traziam notícias sobre o que estava acontecendo.

No início da primavera, Sigismundo revogou e anulou todos os salvo-condutos emitidos para qualquer um que estivesse em Constance. Seu ato de traição tornava-se agora muito claro.

O Vigilante Palec

Decepcionado em sua primeira tentativa em 6 de dezembro, o concílio designou Palec para preparar uma lista de erros dos próprios escritos de Hus.

Quando ouviu isso, Hus escreveu a amigos: "[Palec] trabalha diretamente para a minha condenação. Que Deus possa perdoá-lo e fortalecer-me!".[93] Dia após dia, Hus ficava sentado sozinho em sua cela, tentando manter sua mente longe dos temores acerca do que Palec poderia estar inventando contra ele.

Palec escreveu uma tese de vinte páginas, expondo os "erros" que encontrara nos escritos de Hus. Quando Hus recebeu a cópia, respondeu cada acusação em apenas uma noite! Ele respondeu à pergunta: "O senhor disse que o papa é o anticristo?" repetidamente. Hus escreveu de volta que se o estilo de vida do papa não estivesse agradando a Deus, então, sim, ele era o anticristo.[94]

Concluindo que as teses de Palec estavam cheias de mentiras, Hus solicitou humildemente que se algumas de suas respostas fossem consideradas erradas, alguém mostrasse isso a ele nas Escrituras, e ele se retrataria. Isso era tudo o que ele queria! Se alguém pudesse apenas mostrar a Hus na Palavra de Deus em que ponto ele estava errado, ele se arrependeria! Ninguém dedicou tempo a isso; ninguém no concílio se importou. Ainda que isso acontecesse, ninguém teria sido capaz de atacar as respostas de Hus usando a Bíblia.

> Se alguém tivesse mostrado a Hus que ele estava errado com base nas Escrituras, ele estava preparado para se retratar. Mas ninguém pôde fazer isso.

Quando as respostas foram lidas, o próprio concílio percebeu que boa parte das acusações de Palec era falsa. Não obstante, Palec estava irredutível. Ele queria outra chance de provar o erro de Hus, então escreveu mais treze erros que ele se lembrava de debates à luz de velas entre amigos — as conversas entre Hus, Stanislav e ele próprio de anos atrás!

O Sacerdócio dos Crentes: Dê o Cálice a Eles!

Para esquentar ainda mais as coisas, os reformadores tchecos faziam algo radical na Capela de Belém — os membros estavam tendo permissão para participar realmente do cálice e da hóstia da Comunhão. O clero tcheco havia tirado a Comunhão do seu trono místico e agora permitia que os crentes participassem com eles. Essa prática finalmente se tornaria o ponto central de uma guerra sangrenta entre os hussitas (adeptos de Hus) e os católicos.

Por volta do início do verão, a prática havia criado tamanho alvoroço que o concílio expediu uma ordem proibindo que o cálice fosse passado aos leigos, sob penas severas. Se algum padre desobedecesse, seria declarado um herege. Se ele ainda persistisse, seria punido — se necessário, pelo braço secular do governo.

Mesmo em seu estado vulnerável, Hus denunciou o decreto do concílio como loucura. Ele acreditava que estavam condenando uma prática que o próprio Cristo ordenou. Ele estava particularmente desgostoso pelo fato de que os costumes e as doutrinas da Igreja Católica estavam sendo colocados acima da Palavra de Deus, como permitir que apenas o padre bebesse do cálice da Comunhão.[95]

De sua cela, Hus escreveu aos reformadores tchecos orientando-os a ignorarem a ordem papal e continuarem compartilhando o cálice da Comunhão com os crentes. Na condenação de Hus a essa ordem papal, ele apoiava abertamente a prática da Eucaristia — uma crença que todos os protestantes ainda compartilham. Hoje, quando você toma a Santa Ceia em uma igreja, pode agradecer a Hus e aos seus seguidores por exigirem esse direito.

Os amigos de Hus ainda estavam indignados por ele estar sendo mantido em uma prisão sem julgamento. Uma vez que Vaclav não queria ter nada a ver com a situação, os nobres tchecos que eram amigos de Hus assinaram seus nomes e colocaram seus selos em inúmeros protestos formais acerca do tratamento dado a ele. Quando o Concílio de Constance recebeu os protestos, eles ordenaram que os 452 nobres comparecessem perante o concílio. Nenhum deles obedeceu.[96]

Os Abutres Comerão A Si Mesmos

Enquanto Hus se deteriorava na prisão e lutava para manter a mente funcionando, os membros do concílio se divertiam tremendamente. Constance era uma cidade pequena, mas devido aquele evento, ela havia se expandido em um campo armado uma vez que cerca de cinco mil pessoas participavam da reunião. Depois da reunião do concílio, todos os dias, mil e quinhentas prostitutas ofereciam seus serviços após o trabalho.[97]

Nessa atmosfera de fraude e hipocrisia, o papa João XXIII viu-se traído. Ele ficou chocado ao saber que alguns de seus inimigos estavam se preparando para apresentar um registro de seus crimes imorais, inclusive assassinato e sodomia, ao concílio.[98]

Um comitê de cardeais advertiu-o a evitar o conflito e renunciar. João aceitou o conselho, leu uma renúncia formal, e depois fugiu, disfarçado de trabalhador. Mas o concílio voltou-se contra ele e enviou um comitê para trazê-lo de volta como prisioneiro.

Cinquenta e quatro acusações foram apresentadas contra ele, a menor delas o denunciava João XXIII como mentiroso e ladrão. Outras dezesseis acusações foram suprimidas por serem graves demais. Em 29 de maio de 1415, o concílio o depôs, e João XXIII foi aprisionado por três anos.[99]

O concílio comemorou seu triunfo sobre João XXIII com um grande desfile pela cidade de Constance. O papa Gregório de Roma e o papa Benedito de Avignon receberam ordens de renunciar. Gregório estava disposto a atender com a condição de não ser banido. O concílio concordou, declarou-o um papa válido apenas em espírito, e nomeou-o governador de Ancona, na Itália. Benedito recusou-se a renunciar.[100]

Acorrentado em um Castelo

Quando João XXIII fugiu, seus carcereiros deixaram a chave da cela de Hus com Sigismundo. Naquele momento, Sigismundo poderia ter libertado Hus. Mas em vez disso, ele o transferiu à noite, sob forte guarda, para um castelo em Gottlieben (Suíça). Ali, Hus foi mantido em isolamento estrito, tendo os pés algemados durante o dia e uma das mãos acorrentada ao muro do castelo à noite.[101]

Uma vez que todos os homens do ex-papa João XXIII haviam fugido, um novo conselho de juízes foi designado para o caso de Hus. Naturalmente, o concílio era injusto. Cada novo membro odiava Hus tanto quanto no primeiro concílio; e ele percebeu que não teria justiça por parte deles. Hus teve de passar pelas mesmas perguntas vez após vez, assim como o primeiro concílio o havia interrogado.

Finalmente, nobres tchecos e poloneses intervieram em favor de Hus. Os apelos dos nobres de que somente um julgamento público provaria se Hus era culpado ou não finalmente convenceram os membros do concílio. Eles prometeram ouvi-lo em uma reunião pública em 5 de junho de 1415. Depois de cinco meses na prisão, Hus finalmente poderia defender sua causa publicamente!

Mas quando chegou a manhã de 5 de junho, há tanto tempo desejada e tão batalhada, o concílio se reuniu, como de praxe, sem Hus. Eles procederam à discussão das questões heréticas de que Hus era acusado — tudo na ausência dele!

Um servo de um dos nobres tchecos por acaso ouviu isso. Ele correu para contar aos outros, que imediatamente informaram Sigismundo. O rei emitiu uma ordem para a interrupção da reunião, proibindo que qualquer coisa fosse decidida na ausência de Hus.

Castelo Gottlieben, no Reno, onde Hus foi acorrentado ao muro em isolamento

Só então Hus — fraco, sujo e cheirando mal pela umidade da masmorra — foi levado ao refeitório do monastério para uma audiência. Entretanto, nenhum de seus amigos teve permissão de entrar; eles tiveram de permanecer do lado de fora, ouvindo enquanto Hus tentava se defender do concílio.

Sempre que Hus tentava se explicar, os membros do concílio ordenavam que ele respondesse apenas sim ou não. Quando Hus ficava em silêncio, afirmavam que o silêncio era admissão de culpa. Finalmente, o concílio decidiu que havia muita ira e comoção para permitir que a reunião continuasse, de modo que a adiaram até a sexta-feira seguinte.

Em Nome da Consciência

Antes da reunião seguinte, os nobres tchecos incentivaram Hus a se retratar e salvar sua vida. Mas Hus não queria ouvir falar nisso. Eles finalmente disseram-lhe para seguir sua consciência e, sob nenhuma circunstância, fazer nada que a violasse. Hus seguiu esse conselho.[102]

Na sexta-feira seguinte, um Hus cansado foi levado novamente ao refeitório do monastério. Desta vez, Sigismundo estava presente. Vez após vez Hus foi questionado sobre os sermões que havia pregado e lhe perguntaram se ele acreditava nas doutrinas contrárias à Igreja Católica. Vez após vez, Hus tentou dar suas respostas, mas eles sempre o impediam.

Quando Hus era questionado sobre suas crenças e respondia que uma acusação não era verdadeira, um membro do concílio sorria e indicava que havia vinte testemunhas contra ele. Qualquer palavra de uma testemunha era "verdade" e qualquer resposta de Hus era "mentira".

Então perguntaram se ele afirmou alguma vez que queria estar onde Wycliffe estava. Ele respondeu: "Desejo com esperança que minha alma esteja onde a alma de John Wycliffe está!".[103] Os membros do concílio riram da resposta de Hus — todos eles acreditavam que Wycliffe estava no inferno.

Não posso evitar sacudir a cabeça em negação diante desses homens. Se a História não tivesse registrado esses fatos com precisão, seria difícil convencer o mundo de que eles eram tão endemoninhados. Mal posso imaginar a desesperança que ameaçava engolir Jan Hus.

Mesmo em seu estado enfraquecido, Hus se recusava a se retratar. Aqueles homens levantaram-se diversas vezes com os punhos no ar, gritando contra ele. Até Sigismundo tomou parte na disputa e disse a Hus que ele deveria estar disposto a se retratar por todo e qualquer erro, quer fosse culpado ou não. Mas em nome da verdade, e em nome da consciência, Hus não podia se retratar por algo de que não era culpado. A verdade para ele significava muito mais que isso. Hus então foi levado de volta à cela.

Rei Sigismundo, o Limo

Depois que todos os outros haviam partido, só os cardeais e Sigismundo permaneceram. Os nobres tchecos sentiam que alguma coisa estava acontecendo, de modo que permaneceram do lado de fora e ouviram. Um horror silencioso em seus rostos cresceu em medidas distorcidas enquanto eles ouviam Sigismundo incentivar o grupo de dignitários do concílio a levarem Hus à fogueira se ele não se retratasse. Um dos cardeais perguntou: "E se Hus se retratasse?". Sigismundo respondeu: "Ainda que Hus se retrate, não creiam nele, nem eu acreditaria nele".[104] Ele advertiu-lhes de que não permitissem que Hus voltasse à Boêmia porque ele continuaria a encorajar as heresias e o propósito deles estaria derrotado. Ele lembrou aos cardeais que seu objetivo era exterminar todas as heresias e os hereges conhecidos, e isso incluía especificamente Hus. Sigismundo chegou a dizer-lhes para levarem também Jerônimo de Praga à fogueira.

Os nobres ficaram gélidos de incredulidade. Finalmente, haviam constatado o verdadeiro caráter de Sigismundo. Eles correram para contar aos outros o que haviam ouvido. A História relata que aquelas palavras logo foram transmitidas por toda a Boêmia. Sigismundo havia se tornado um homem odiado, e durante dezessete anos após a morte de Vaclav, Sigismundo foi incapaz de garantir a coroa da Boêmia por causa do intenso ódio do povo contra ele.[105]

Quando Hus ouviu as notícias, ficou profundamente magoado e ferido emocionalmente. Ele percebeu que Sigismundo o havia condenado ainda mais rapidamente que seus inimigos iniciais. Lentamente, ele começou a perceber que nunca voltaria à Boêmia. Ele sabia que havia chegado ao fim de sua vida; a esta altura, todos os seus esforços para manter seu ministério haviam sido infrutíferos. Estranhamente, de todas as coisas que ele tinha para pensar, Hus estava mais preocupado em pagar de volta o dinheiro que havia tomado emprestado de um amigo para fazer a viagem até Constance. Ele estava perturbado por não poder pagar a dívida.

"Não Posso Renunciar ao que Não Fiz!"

No dia seguinte, Hus foi levado perante o concílio novamente e passou por outro interrogatório. Ele suportou pacientemente os falsos testemunhos, apenas dizendo diante das acusações: "Não é verdade".[106]

O concílio ordenou que os escritos de Hus fossem condenados. Desse ponto em diante, Hus soube que seu destino estava selado. Ele mencionou isso em suas cartas, escrevendo em uma delas: "Esta é a minha intenção final em nome de Jesus Cristo: que eu recuse confessar como errôneos os artigos que foram verdadeiramente abstraídos e abjurar [renunciar] aos artigos que foram atribuídos a mim por falsas testemunhas... Pois Deus sabe que nunca preguei aqueles erros que eles forjaram...".[107]

Mas o concílio ainda não tinha um veredicto, e devolveu Hus à cela outra vez. Muitas pessoas foram visitá-lo Hus, pedindo-lhe para se retratar, alguns afirmando que era honroso se submeter à Igreja, ainda que ele não fosse culpado do crime do qual era acusado. Um inglês o visitou e leu para ele algumas das retratações que os seguidores de Wycliffe fizeram. Um médico argumentou com Hus que se o concílio dissesse que ele tinha um olho embora ele tivesse dois, ele deveria consentir com a opinião deles.[108]

Toda aquela situação foi um processo longo e arrastado com muitos altos e baixos — desde as palavras falsas, as prisões, o concílio, os atrasos, até as muitas perguntas que eram feitas a Hus.

Um Caráter Impressionante

Hus podia discernir que a sentença estava próxima. Com toda a instabilidade emocional criada pelo concílio, Hus provavelmente desejava que a sentença chegasse.

Mesmo com tudo o que Palec lhe havia feito, Hus queria ter mais uma chance de se reconciliar com seu velho amigo. Então pediu que Palec fosse o sacerdote que ouviria a sua confissão.

Certamente foi uma cena muito comovente. Palec foi à cela de Hus e tentou arrogantemente fazer com que ele se retratasse. Hus olhou-o nos olhos e lhe perguntou o que ele faria se lhe pedissem para se retratar por algo no qual nunca havia acreditado. Palec hesitou, e então desviou o olhar enquanto sussurrava, "isto é difícil",[109] e então começou a chorar.

Em seguida, Hus tocou-o no ombro e pediu que o perdoasse por chamá-lo de enganador. Quando isso foi resolvido, Hus mencionou as muitas mentiras que Palec havia gritado contra ele, a maioria das quais Palec negou. Os dois homens choravam enquanto falavam.[110]

Quantos de nós teríamos pedido aos nossos inimigos para nos perdoar por chamá-los de algo que eles de fato eram? A situação mostrou novamente o caráter impecável de Jan Hus.

A Sentença: "Deus, Perdoa-lhes"

Na manhã de 6 de julho de 1415, Hus compareceu perante o concílio pela última vez. Sua aparência agora era muito diferente do homem que havia pastoreado e pregado na Capela de Belém. Seu corpo frágil estava tão enfraquecido que ele mal podia ficar de pé; suas mãos emaciadas pareciam pequenas penduradas sob as pesadas algemas de ferro.

Trinta artigos foram lidos contra ele. Quando tentava protestar certas afirmações, era-lhe dito que deveria ficar em silêncio e que poderia falar ao final. Mas quando o final chegou, Hus não teve permissão para falar. O cardeal lhe disse que já haviam ouvido o suficiente dele.

Então um bispo levantou-se para ler a sentença. Hus foi declarado um discípulo obstinado de Wycliffe, seguidamente desobediente às autoridades da Igreja, que ilegalmente apelou a sua causa a Jesus Cristo. Como um herege incorrigível, Hus deveria ser destituído de seu ofício sacerdotal e, em seguida, entregue às autoridades seculares e levado à fogueira. Seus escritos também deveriam ser queimados publicamente ao mesmo tempo que sua sentença era executada. Quando perguntou calmamente se os escritos foram alguma vez lidos, ordenaram-lhe que se calasse.

Enquanto os gritos ecoavam pelos corredores, Hus virou-se para olhar para Sigismundo pela última vez. Com o rosto vermelho, Sigismundo virou a cabeça e desviou olhar. Talvez a inocência e a pureza de Hus fossem demais para que ele o contemplasse.

Condenação de Hus

Percebendo que sua hora havia chegado, Hus caiu de joelhos e orou em voz alta: "Senhor Jesus Cristo, eu Te imploro, perdoa a todos os meus inimigos por amor da Tua grande misericórdia".[111]

Toda a vida de Hus havia sido uma preparação para esse momento final.

Confissões Verdadeiras

Os sete bispos arrogantes despiram Hus de seu ofício sacerdotal. Foi ordenado que ele subisse em uma plataforma e colocasse as vestes sacerdotais, como se estivesse dirigindo uma missa.

Então, com altivez, um bispo tirou o cálice das mãos de Hus e pronunciou uma maldição sobre ele. Hus respondeu em voz alta: "Mas eu confio no Senhor, Deus Todo-Poderoso... que Ele não tirará de mim o cálice da Sua salvação. Tenho a firme esperança de que hoje beberei dele no Seu Reino".[112] Eles retiraram suas vestes, pronunciando outra maldição a cada peça retirada. A cada maldição, Hus respondia que sofreria somente por amor a Cristo. Cortaram seus cabelos em quatro partes diferentes, privando-o de todos os direitos ministeriais. Finalmente, colocaram uma coroa de papel em sua cabeça, que estava pintada com três demônios vermelhos que lutavam por sua alma. Estava escrito nela: "Este é o fundador de uma seita herética".[113] Eles recuaram, estenderam as mãos para ele e entregaram a alma de Hus ao diabo. Hus respondeu que ele estava se entregando a Jesus Cristo.

> Na hora de sua morte, Hus implorou ao Senhor: "Perdoa a todos os meus inimigos por amor da Tua grande misericórdia".

"De Boa Vontade Estou Disposto a Morrer"

Uma triste procissão acompanhou Hus até o campo onde ele seria levado à fogueira; quase toda a cidade o acompanhou. Quando ele passou pelo cemitério da igreja onde seus livros estavam sendo queimados, Hus sorriu.

Uma vez no campo, Hus caiu novamente de joelhos para orar. Ele foi despido de todas as suas roupas, exceto por uma camisa fina e, depois, amarrado a uma estaca com uma corda e uma velha corrente enferrujada. Foram empilhados feixes de madeira misturada com palha até à altura do seu queixo.

Antes que o fogo fosse aceso, amigos aproximaram-se de Hus, pela última vez, pedindo que ele se retratasse. Enquanto um silêncio caía sobre a multidão, Hus ergueu a voz e falou em alemão:[114] "Deus é minha testemunha de que... a intenção principal da minha pregação e de todos os meus demais atos ou escritos foi unicamente afastar os homens do pecado. E por essa verdade do Evangelho, que escrevi, ensinei e preguei de acordo com os dizeres e as exposições dos santos doutores, de boa vontade estou disposto a morrer hoje".[115]

Murmúrios e suspiros percorreram a enorme multidão. Então tudo ficou em silêncio. Os executores receberam a ordem para acender o fogo.

À medida que as chamas começaram a aumentar, podia-se ouvir Hus cantando em alta voz: "Cristo, Filho do Deus vivo, tem misericórdia de mim".[116] Ele só conseguiu cantar isso por três vezes antes que o vento soprasse as chamas sobre seu rosto. Hus baixou a voz e orou silenciosamente até que as chamas o consumiram. Enquanto o fogo ainda arrebatava seu corpo, o espírito de Hus já estava no céu com o Senhor.

Os executores encontraram o coração de Hus. Perfurando-o com uma vara, observaram enquanto ele era incinerado. O corpo continuou a queimar até que nada mais restasse além de cinzas. Quando tudo foi consumido, carregaram as cinzas em uma carroça e lançaram-nas no rio Reno.[117]

A execução de Hus: ele foi queimado até a morte como herege em 6 de julho de 1415.

A Morte de Hus Desencadeia a Ação dos Guerreiros de Deus

A execução de Hus irradiou como ondas de choque por toda a Boêmia. Aproximadamente quinhentos nobres tchecos se reuniram em Praga e protestaram contra seu julgamento e morte. Eles entraram em uma aliança solene, prometendo defender os ensinamentos de Hus e a Reforma tcheca contra toda e qualquer ameaça.

Eles mantiveram a palavra.

Por volta de 1419, quatro anos após a morte de Hus, esse grupo havia ganhado notoriedade e respeito. Ficaram conhecidos como os *hussitas*, um dos grupos mais temidos da Europa central. E Jan Zizka, que frequentava os cultos de Hus como guarda-costas da rainha Sofia, se tornou seu renomado e temido líder!

Diferentemente de Hus, os hussitas se recusaram a resolver diplomaticamente suas disputas com a Igreja Católica. A morte de Hus só provou a eles que não se podia convencer o sistema papal com argumentos lógicos, de modo que eles não tentaram fazer concessões. Expunham corajosamente seus pedidos; se fossem negados, eles respondiam à Igreja Católica com uma força sanguinária.

> Após a morte de Hus, sua causa continuou viva através do grupo hussitas, liderados por Jan Zizka — o guarda-costas da rainha que havia frequentado a igreja de Hus.

Por exemplo, se os católicos tomassem uma de suas igrejas reformadas, os hussitas arrombavam a porta, a reivindicavam e celebravam a Comunhão — onde todos participavam do cálice. Se os membros do concílio católico prendessem os reformadores e não os soltassem, os hussitas os matavam lançando-os pela janela. Radical? Sim. Mas tratava-se de uma revolução!

Sob a liderança destemida de Zizka, seus assentamentos foram fortificados e uma milícia foi habilmente treinada. Na falta de armas convencionais, seus homens transformaram ferramentas agrícolas em utensílios de guerra. Zizka chamou sua milícia treinada de "Guerreiros de Deus".[118]

Sigismundo, a quem eles chamavam o "Dragão do Apocalipse", era o inimigo mortal. Quando Vaclav morreu, Sigismundo tinha o direito legítimo ao trono da Boêmia — mas os hussitas não queriam permitir que ele permanecesse no país! Quando Sigismundo declarou guerra à Boêmia, os hussitas aceitaram prontamente.

O grupo criou uma bandeira com a imagem do *chalice* (o cálice da Comunhão) que logo se tornou o símbolo de todo o movimento. A bandeira dizia: "A verdade vence", uma das famosas citações de Hus.[119] Dizia-se que os hussitas e sua maneira de guerrear geravam tamanho medo que, certa vez, um exército fugiu apenas ao ver sua bandeira.

Os hussitas também inventaram o primeiro carro de guerra blindado, carregado com arqueiros e atiradores. Os carros protegiam os atiradores enquanto recarregavam as armas. Antes dos hussitas, as pistolas nunca haviam sido usadas em batalhas em campo aberto. Eles receberam o crédito por ter o primeiro uso documentado de poder de fogo móvel na Europa! Certa vez, os hussitas encheram os carros de guerra com pedras e as fizeram rolar por uma montanha. Aquilo causou tanto pânico no exército inimigo que mil e quatrocentos soldados foram esmagados ou mortos enquanto tentavam recuar![120]

Embora eles estivessem em número muito menor, sua tenacidade absoluta em lutar pela verdade independentemente das circunstâncias lhes permitiu derrotar seis exércitos de cruzados liderados por Sigismundo contra eles.

Durante vinte e um anos, os hussitas continuaram sendo uma força a ser temida, principalmente por Sigismundo. Somente após ter entrado em acordo com os hussitas, Sigismundo pôde garantir a coroa da Boêmia. Ele havia esperado dezessete anos pelo momento de ser coroado — e morreu depois de usar a coroa por apenas um ano.[121]

A Verdade Vence: A Admissão do Papa João Paulo II

Afirmei no início deste capítulo que a vida de Hus afetou a maioria dos reformadores que viriam depois. Suas doutrinas são muitas; porém, o que mais me impactou foi sua posição em favor da verdade.

Em 17 de dezembro de 1999, o papa João Paulo II disse em um simpósio internacional: "Hoje, na véspera do Grande Jubileu, sinto a necessidade de lamentar a morte cruel infligida a Jan Hus".[122] Ele elogiou a coragem moral que Hus demonstrou diante da morte e da adversidade, e até mesmo anunciou que os estudiosos católicos agora estavam fazendo dele tema de debate.

O anúncio do papa foi feito com 584 anos de atraso, tarde demais para salvar Hus, mas as verdades em que Hus acreditava vieram à tona. A partir dessa declaração, vemos que a verdade venceu e prevaleceu.

A verdade realmente vence tudo. A verdade absoluta — a verdade que se aplica a todas as pessoas, a todos os tempos e a todos os lugares — sempre vencerá. Ela sempre virá à tona, por mais que seja encoberta por mentiras ou por mais disfarçada que seja pelo engano. Não importa quanto tempo leve; a verdade sempre prevalecerá. As mentiras e o engano cairão e a verdade permanecerá.

Os tempos e os costumes mudarão. As diretrizes mudarão com circunstâncias divergentes. Mas saiba: a verdade não é uma questão de gosto pessoal; ela não se baseia em preferências ou dissabores individuais. A verdade não é relativa — a verdade é absoluta.

Hoje, nossa geração acredita que tudo na vida é negociável e que não há certo nem errado. Eles pensam que se alguém acredita que algo é verdadeiro ou tem a sensação de que alguma coisa é certa, então essa deve ser a verdade. Ou dizem: "Só porque isso é errado para você não significa que seja errado para mim". Isso é um equívoco. Só existe um Deus verdadeiro, e Suas regras devem ser seguidas.

Jesus disse em João 8:32 que a verdade conhecida manterá nossa vida livre. A verdade conhecida vem somente da Palavra de Deus. Desafio você a conhecer a verdade, porque nossa geração está clamando por ela. Não pare na letra da lei. Não se considere superior aos demais ou dono da verdade. Cave mais fundo e descubra por que Deus instituiu essa verdade absoluta; descubra Suas leis e princípios espirituais. Há muito mais escrito na Palavra de Deus do que jamais descobriremos no nosso tempo de vida na terra.

Então encerro este capítulo com as palavras incríveis de um homem incrível, Jan Hus. Estas palavras fizeram com que ele se esforçasse até o fim, e elas ainda vivem, quase seiscentos anos depois de sua morte.

Portanto, cristão fiel, busque a verdade, ouça a verdade, aprenda a verdade, ame a verdade, fale a verdade, apegue-se à verdade, defenda a verdade até a morte; pois a verdade o tornará livre do pecado, do diabo, da morte da alma e, finalmente, da morte eterna.[123]

Notas

A gravura de Hus na página de título é cortesia do Billy Graham Center Museum, Wheaton, Ill.
1. Matthew Spinka, *John Hus' Concept of the Church* (Princeton, New Jersey: Princeton University Press, 1966): 102.
2. Timothy George, "The Reformation Connection", *Christian History Magazine* 19; n. 4, edição 68: 36.
3. Matthew Spinka, *John Hus: A Biography* (Princeton, New Jersey: Princeton University Press, 1968): 22.
4. Ibid.
5. Ibid., 4.
6. Ibid., 23-24.
7. Ibid., 24-25.
8. Ibid., 28-29.
9. Ibid.
10. Ibid.
11. Spinka, *John Hus' Concept of the Church*, 41.
12. Spinka, *John Hus: A Biography*, 46.
13. Ibid., 29.
14. Ibid., 32.
15. Ibid., 34.
16. Ibid., 38.
17. George, 36.
18. Spinka, *John Hus: A Biography*, 14.
19. Ibid., 15.
20. Spinka, *John Hus' Concept of the Church*, 14.
21. Ibid., 43.
22. Ibid., 56.
23. Spinka, *John Hus: A Biography*, 49.
24. Ibid., 48.
25. Ibid., 49.
26. Maartje M. Abbenhuis, "Foes in High Places", *Christian History Magazine* 19, n. 4, edição 68: 20.
27. Thomas A. Fudge, "To Build a Fire", *Christian History Magazine* 19, n. 4, edição 68: 12.
28. Abbenhuis, 21.
29. Spinka, *John Hus' Concept of the Church*, 45.
30. Ibid
31. Bruce L. Shelley, "A Pastor's Heart", *Christian History Magazine*, 19, n. 4, edição 68: 30.
32. Ibid.
33. Spinka, *John Hus' Concept of the Church*, 296-297.
34. Ibid., 297.
35. Ibid., 298-299, grifo nosso.
36. Ibid., 303.
37. Ibid., 304-305, grifo nosso.
38. Ibid., 306, grifo nosso.
39. Ibid., 308.
40. Ibid., 309.

41. Ibid., 312.
42. Ibid., 313.
43. Ibid., 393.
44. Ibid., 269.
45. Ibid., 283.
46. Spinka, *John Hus: A Biography*, 67.
47. Ibid., 68.
48. Fudge, 12.
49. Spinka, *John Hus: A Biography*, 75-76.
50. Ibid., 77-78.
51. George, 37.
52. Shelley, 31, grifo nosso.
53. Ibid.
54. Spinka, *John Hus' Concept of the Church*, 296, grifo nosso.
55. Peter E. Prosser, "A Plethora of Pontiffs", *Christian History Magazine* 19, n. 4, edição 68: 23.
56. Fudge, 12.
57. Prosser, 24.
58. Ibid., 24-25.
59. Spinka, *John Hus' Concept of the Church*, 96.
60. Fudge, 13-14.
61. Ibid., 13.
62. Spinka, *John Hus' Concept of the Church*, 137.
63. Ibid., 99.
64. Fudge, 13.
65. Spinka, *John Hus: A Biography*, 116.
66. Ibid.
67. Ibid.
68. Ibid., 126-127.
69. Ibid., 127-128.
70. Abbenhuis, 19.
71. Spinka, *John Hus: A Biography*, 140.
72. Ibid., 138.
73. Ibid., 151.
74. Frieda Looser, "The Wanderer", *Christian History Magazine* 19, n. 4, edição 68: 29.
75. Fudge, 15.
76. Ibid.
77. Spinka, *John Hus: A Biography*, 161.
78. Ibid., 162.
79. Ibid., 163.
80. Ibid., 164.
81. Ibid., 165.
82. Shelley, 32.
83. Spinka, *John Hus, A Biography*, 101.
84. Spinka, *John Hus' Concept of the Church*, 261, grifo nosso.
85. Abbenhuis, 21.
86. Spinka, *John Hus' Concept of the Church*, 331.
87. Ibid., 353.
88. Ibid., 337.
89. Ibid., 340.

90. Fudge, "To Build a Fire", 15-16.
91. Elesha Coffman, "Did You Know?" *Christian History Magazine* 19, n. 4, edição 68: 2.
92. Fudge, 15.
93. Spinka, *John Hus' Concept of the Church*, 346.
94. Ibid., 234.
95. Ibid., 354.
96. Fudge, 16.
97. Ibid., 25.
98. Spinka, *John Hus' Concept of the Church*, 377-378.
99. Prosser, 25.
100. Ibid.
101. Spinka, *John Hus' Concept of the Church*, 356.
102. Fudge, 16.
103. Spinka, *John Hus' Concept of the Church*, 363.
104. Ibid., 369.
105. Abbenhuis, 21.
106. Spinka, *John Hus' Concept of the Church*, 374.
107. Ibid., 374-375, grifo nosso.
108. Ibid., 376.
109. Ibid., 377.
110. Ibid.
111. Ibid., 381.
112. Paul Roubiczek & Joseph Kalmer, *Warrior of God* (Londres: Nicholson and Watson, 1947): 241.
113. Spinka, *John Hus' Concept of the Church*, 381.
114. Spinka, *John Hus: A Biography*, 25.
115. Fudge, 18.
116. Spinka, *John Hus' Concept of the Church*, 382.
117. Ibid.
118. Elesha Coffman, "Rebels to be Reckoned With", *Christian History Magazine* 19, n. 4, edição 68, 40-41.
119. Ibid., 41.
120. Coffman, "Did You Know?" 2.
121. Abbenhuis, 21.
122. Elesha Coffman, "Accidental Radical", *Christian History Magazine* 19, n. 4, edição 68, 8.
123. Spinka, *John Hus' Concept of the Church*, 320.

Capítulo Três

Martinho Lutero

1483-1546

"O Machado de Guerra da Reforma"

"O Machado de Guerra da Reforma"

Nasci para guerrear contra fanáticos e demônios. Assim, meus livros são muito tempestuosos e belicosos [combativos e beligerantes]. Preciso desarraigar os tocos e as toras, cortar os espinhos e arbustos, preencher os charcos. Eu sou o lenhador rude que precisa desbravar e abrir caminho.[1]

Essas são as palavras de um homem que acidentalmente reformaria o mundo que a Europa do século XIV conheceu. Digo acidentalmente porque a antiga vida de Martinho Lutero, como um jovem monge submisso, não mostrava sinais de que, dentro dele, havia o potencial para liderar uma revolução espiritual que faria ir pelos ares as antigas doutrinas da Igreja Católica Romana. Lutero era um homem em uma missão que não se tratava de expor os erros da religião. Sua missão era simplesmente ter paz com Deus. Não lhe foi ensinado o que a maioria de nós sabe: que Jesus veio para nos reconciliar com Deus, e que crer nele era o que aplacava Deus.

Ele só sabia o que havia sido passado ao longo de gerações por meio da tradição do Catolicismo Romano e dos mitos do paganismo germânico: Deus estava irado e Jesus era um Juiz duro e impossível de ser agradado, que tinha prazer em mandar homens, mulheres e crianças para o inferno. Lutero, quando menino, passou muitas noites tremendo com medo de duendes e demônios que a religião ensinava que viviam nas florestas.

A Era das Trevas foi o que foi porque não havia a luz da verdade do Evangelho penetrando no coração das pessoas. Era ilegal para o homem comum possuir uma Bíblia. As únicas Bíblias disponíveis estavam em latim, para uso exclusivo dos sacerdotes, muitos dos quais nunca a leram. As trevas espirituais sempre terminam tomando territórios, nações e, nesse caso, continentes inteiros, que estavam completamente dominados pela escuridão. E para o sensível Lutero, esses ensinamentos equivocados sobre Deus trouxeram um tormento infindável. Convencido de que a única resposta para agradar a Deus era tornar-se um monge, ele procurou o sacerdócio. Para horror do diabo, Lutero entrou em contato com a Bíblia. Educado em latim quando menino, ele mergulhou em suas páginas com facilidade, e até aprendeu grego para examinar melhor os textos.

> Lutero era um homem em uma missão. Sua missão não era expor os erros da religião, mas simplesmente selar a paz com Deus.

A história de Lutero mostra o poder do que pode acontecer com alguém que mergulha na Palavra de Deus e não a deixa jamais. A luz da revelação começou a brilhar na mente de Lutero, até então envolta em trevas, não deixando sombras pelas quais o diabo pudesse atormentá-lo.

Ele não enfrentou problemas até decidir compartilhar as Boas-Novas com seu mentor e outros líderes. Lutero teve problemas por fazer perguntas que, se não fosse pela providência divina, poderiam tê-lo feito arder em uma fogueira. As noventa e cinco perguntas, conhecidas como as Noventa e Cinco Teses, estão impressas no fim deste capítulo. As revelações da maioria das verdades bíblicas que consideramos comuns hoje têm sua origem nelas.

A exibição dessas Noventa e Cinco Teses na porta da Igreja de Wittenburg, na Alemanha, é um dos eventos mais famosos da história da Igreja, e exerceu um impacto tão divino sobre a terra que ainda estamos experimentando suas repercussões hoje. Embora muitos grandes homens e mulheres tenham tido um papel crucial no que passou a ser conhecido como A Reforma, sempre que se escreve ou se fala sobre ela, o nome de Lutero está no topo da lista das pessoas que a lideraram. Por causa da maneira como Deus o usava, Lutero geralmente estava sozinho. Ele perdeu amigos e familiares, fomentou o conflito internacional, irou líderes de nações e gerou o caos na Igreja Católica Romana.

Minha oração é que, ao ler a história de Lutero, você perceba que seu passado ou as circunstâncias ao seu redor não têm influência sobre o que um toque do céu, uma revelação da Palavra de Deus e um senso de missão e chamado podem fazer por você. Lutero não tinha como prever onde a estrada da obediência o levaria. Deus usou-o para influenciar o mundo inteiro, mas estou certo de que, quando era um garotinho assustado, essa era a última coisa que ele tinha em mente.

Retenha a Vara, Por Favor

Lutero nasceu em 10 de novembro de 1483, em Eisleben, Alemanha, filho de Hans e Margaretha Luder (Martinho mudaria seu último nome para Lutero na faculdade). Seis meses após seu nascimento, a família mudou-se para Mansfeld, outra cidade alemã, e seu pai foi trabalhar nas minas de cobre.

Martinho aprendeu as recompensas do trabalho árduo com a diligência de seus pais. Ele observava enquanto seu pai enfrentava o mais severo dos trabalhos e fazia sua família melhorar de vida. Começando como trabalhador nas minas, o pai de Lutero conseguiu abrir duas fornalhas de fundição próprias, e passou a ser respeitado na comunidade. Isso introduziu a família Lutero em uma classe de pessoas completamente nova. Logo, Martinho estava sentado à mesa do jantar com pessoas de *status* na comunidade, oficiais dos territórios vizinhos, diretores de escolas e o clero.

Embora os Lutero tivessem saído da classe camponesa, havia uma característica dessa classe que eles não deixaram para trás: a maioria das pessoas do campo era extremamente temente a Deus. Não apenas a mãe de Lutero era uma mulher de oração, como Lutero se lembrava de que, todas as noites, seu pai o colocava na cama e se ajoelhava ao seu lado para orar.

Para aquela família, oração e disciplina andavam de mãos dadas. Martinho não se lembrava de seus pais terem poupado a vara, embora ele tenha escrito mais tarde que gostaria que tivessem feito isso. Embora nunca questionasse as boas intenções deles, Martinho era crítico quanto às surras de seus pais. Sua mãe certa vez tirou sangue dele enquanto o castigava com uma vara por roubar uma noz. Em outra ocasião, a disciplina de seu pai foi tão intensa que Martinho precisou de um bom tempo, mancando, e de inúmeras desculpas para perdoar seu pai.

Pelos padrões de hoje, essas punições seriam consideradas abuso infantil, mas naquele

> Não apenas a mãe de Lutero era uma mulher de oração, como seu pai, todas as noites, o colocava na cama e se ajoelhava ao seu lado para orar.

tempo elas eram comuns, e o sistema escolar fazia uso do mesmo tipo de disciplina. Um aluno podia receber até quinze castigos por semana! O principal objetivo da escola era ensinar latim. O latim era o idioma da Igreja, do Direito, da diplomacia, das relações internacionais, dos estudos e das viagens. Para ensinar latim, os instrutores usavam exercícios de repetição. Fracassar nesses exercícios significava apanhar.[2]

Durante a manhã, um aluno — um espião designado — era o ouvinte que verificava se algum dos outros cometeria um erro e acidentalmente falaria em alemão. Se um aluno falasse alemão em vez de latim, ele tinha de usar uma máscara de burro até que outro aluno cometesse o mesmo erro. Naquela época, a máscara era passada de um para o outro. Os erros ao longo da semana eram acumulados, e a disciplina era administrada no fim de cada semana. A maioria dos garotos não se ressentia da técnica. Na verdade, eles se colocavam à altura do desafio, e Martinho se distinguia tanto nessa técnica de aprendizado que foi apelidado de "O Filósofo".

O treinamento e a disciplina intensos eram parte do condicionamento de Martinho, que o prepararam para ser um homem de influência e posição. Ele sabia que o poder era seu destino, mas não sabia como alcançaria esse destino. Havia observado seu pai prosperar em meio a condições adversas e tirar sua família da classe camponesa.

=====
A educação na infância de Lutero já o estava preparando para ser um homem de influência. Deus havia determinado seu destino.
=====

Na jovem mente de Lutero seu pai era um herói, e ele pensava que devia ser exatamente como o pai — bem-sucedido, rico e bem casado o bastante para cuidar de seus pais na velhice.

Depois de concluir o bacharelado e o mestrado na Universidade de Erfurt em tempo recorde, Lutero continuou na universidade para estudar Direito, que era a ambição de seu pai para ele.

Martinho Lutero parecia contente com sua vida e com as expectativas de seu pai. Em 2 de julho de 1501, quando tinha vinte anos, ele estava a caminho de alcançar esses objetivos quando tudo foi interrompido por uma tempestade.

"Ajude-me, Santa Ana. Vou me Tornar Monge!"

Amo tempestades com trovões! Lembro-me das enormes tempestades que açoitavam as planícies de Oklahoma, onde fui criado. Elas eram revigorantes para mim. Hoje vivo no sul da Califórnia e sinto muita falta dos relâmpagos, do som dos trovões e das chuvas torrenciais.

Mas as pessoas da Idade Média não compartilhavam do meu prazer pelas tempestades. Uma tempestade não é nada em si mesma, mas para os homens e mulheres da época de Lutero, era um sinal do juízo de Deus.

Até esta altura, a vida de Lutero estava nos trilhos e caminhando em direção à carreira da advocacia. Ele tinha uma vida boa à sua frente. Sua família estava feliz. Entretanto, tudo isso estava prestes a mudar. Ele foi para casa visitar sua família quando, no caminho de volta para a escola, uma tempestade fatídica se desencadeou.

Lutero estava passando pela floresta, prevendo uma clareira logo adiante. Ele estava certamente consumido pelo medo, imaginando todo tipo de coisa. Ele havia sido bem ensinado, de modo que sabia que à sua direita e à sua esquerda, na sua frente e atrás dele, elfos, gnomos, fadas, duendes e bruxas estavam à espreita. Ele os havia visto retratados nas tapeçarias penduradas nas paredes das casas. Lutero acreditava que regiões geográficas inteiras eram habitadas por demônios e sabia sobre um lago que tinha demônios capturados em suas águas. Dizia a lenda que atirar uma pedra no lago podia despertar os demônios e que eles provocariam tempestades.[3]

Os demônios eram culpados por tudo naquele tempo; até mesmo a mãe de Lutero culpava os espíritos malignos quando os ovos, o leite ou a manteiga eram roubados. Mas pior que os demônios atiçando a tempestade era a ideia de que Deus poderia ter feito isso. Era uma ideia comum naquele tempo a de que Deus usava as tempestades para julgar as pessoas. A mais famosa gravação do mundo em madeira da Cristandade retratava Jesus e os demônios trabalhando em colaboração uns com os outros para enviar os homens maus para a condenação. Abaixo de Jesus, os demônios arrastavam homens e mulheres para o fogo do inferno. Lutero havia visto imagens como essa quando era apenas um menino, e elas construíram fortalezas impenetráveis em sua mente.

Andar pela floresta naquela noite foi provavelmente a experiência mais assustadora da vida de Lutero. Você pode imaginar a cena: ele estava aterrorizado e seu coração devia bater tão forte que parecia querer saltar do peito. Quando se aproximou da clareira, ele se lembrou da morte de um amigo que caiu em um juízo semelhante quando um raio o atingiu, matando-o. A cena era muito familiar. Ele pensou que sua hora havia chegado. Começou a atravessar a clareira quando um raio caiu tão perto de onde ele estava que Lutero foi lançado ao chão. Em uma súplica desesperada por sua vida, ele clamou o único pedido de socorro que conhecia: "Santa Ana, ajude-me! Eu me tornarei monge".[4]

Com essas duas frases curtas, elevadas em um grito desesperado, Lutero teve certeza de que estava clamando a todo o poder que lhe estava disponível. Ele clamou a Santa Ana porque ela era a avó misericordiosa de Jesus, ou pelo menos assim dizia a lenda.

Por que alguém mudaria seu objetivo de vida e se tornaria um monge em vez de um advogado por causa da queda de um raio? Nesse caso, sua decisão não foi motivada por um senso de chamado, como alguns historiadores afirmaram. Todas as pessoas nos dias de Lutero sabiam que a melhor garantia de salvação do inferno era tornar-se monge. Simplesmente porque temia por sua vida, Lutero decepcionou sua família e entrou para o monastério.

O Poder de Santa Ana

Pelo fato de que poucos na Igreja Católica Romana tinham um relacionamento pessoal com Jesus, era difícil para a cultura alemã pagã compreender por que as pessoas adoravam a um Deus invisível. O problema da datava de 300 d.C. Então, a resposta para o problema foi a criação de estátuas: estátuas de Paulo, estátuas de Jesus e, por último, mas sem dúvida não menos importante para os católicos romanos, estátuas de Maria. Desse ponto em diante, tornou-se prática comum tanto nas igrejas católicas romanas quanto nas igrejas gregas ortodoxas honrar e rezar aos santos mortos. Isso, é claro, não é admissível de acordo com a Bíblia.

Para a família Lutero, a santa favorita era Ana. Ela era conhecida como a santa padroeira das minas. Hans Lutero, um mineiro, havia clamado por sua ajuda durante a vida do jovem Lutero, e sua família deu a ela o devido crédito pelo sucesso que haviam alcançado. Acrescida às suas experiências nas quais ela concedeu favor à família, estava a ideia de que ela era a mãe de Maria.

O espírito da religião que habitava na igreja havia torcido completamente a imagem da divindade na mente das pessoas. Por causa do terrível medo que sentiam de Deus e de Jesus, as pessoas rezavam a Maria, a mãe de Jesus. Para o povo, Maria era a única acessível do grupo. Só ela podia exercer influência sobre Jesus, o juiz impossível de ser agradado. Acreditava-se até que ela, sendo mulher, era capaz de enganar tanto Deus quanto o diabo em favor da pessoa que estava orando a ela. Uma vez recebendo o pedido de Sua mãe, Jesus poderia então intervir sobre a ira de Deus e levá-lo a ter misericórdia.[5]

Mas eis outra mudança. O povo sabia que, com as exigências do mundo todo colocadas sobre Maria, ela poderia estar ocupada demais para ajudá-lo. Então era ensinado clamar por Santa Ana, a mãe de Maria, que iria até Maria, que então iria até Jesus, que, por sua vez, iria até Deus, que poderia reverter o juízo vindouro.[6]

Essa era uma maneira muito indireta de se aproximar de Deus. Embora possam parecer trabalhosas e talvez engraçadas, essas eram, e ainda são, as práticas diárias comuns de um povo que é sincero diante de Deus. Você não está feliz porque temos um Advogado junto ao Pai e porque podemos entrar diante do trono de Deus com ousadia, sem vergonha, para obter ajuda no momento da necessidade? Provavelmente, as únicas pessoas que sabiam disso nos dias de Lutero tenham sido decapitadas ou queimadas na fogueira por tentar dizer isso a outra pessoa.

As pessoas que desafiavam os princípios da Igreja Católica Romana na Idade Média com a verdade bíblica real enfrentavam, em geral, a execução. Talvez você nunca tenha se dado conta do preço pago para que você tenha uma Bíblia que pode estar juntando poeira na sua estante. Vamos lembrar e voltar para a Palavra de Deus com respeito e fome renovados.

> **Não precisamos encontrar uma maneira indireta para nos aproximar de Deus. Temos um Advogado junto ao Pai e podemos entrar com ousadia na Sua presença.**

O Poder de se Tornar um Monge

O outro componente do clamor de Lutero na noite em que ele foi lançado ao chão foi seu voto de se tornar monge. Lembrando que isso não ocorreu por um senso de chamado, embora eu pense que sua obsessão por Deus e pelo sobrenatural fosse uma evidência desse chamado. Por que tornar-se monge então? A resposta está no que tornar-se um monge faria por ele. Era a única coisa que ele não havia feito para alcançar a certeza da salvação. Um de seus biógrafos disse: "Para o monastério, ele foi como outros, e ainda mais que outros, para selar a paz com Deus".[7]

Tornar-se um monge era a maneira mais segura de receber um tratamento preferencial da parte de Deus. As pessoas acreditavam que o voto do monge era o segundo batismo, que restaurava o homem a um estado de inocência. Dizia a lenda que um monge havia morrido sem o seu hábito e chegou aos portões do paraíso, onde lhe foi negada a entrada. Somente depois que ele voltou a terra para pegar seu hábito e retornou aos portões do céu vestido adequadamente é que lhe foi permitido entrar.[8]

Estou certo de que você consegue entender porque a Idade das Trevas era tão repleta de trevas. Ninguém reconhecia publicamente a verdade e a luz de Jesus Cristo. Até aqueles que podiam ler latim não podiam ou não queriam discernir o verdadeiro do falso.

Não havia pregadores protestantes ainda — foi o próprio Lutero que abriu o caminho para eles. Uma pessoa ou era católica ou herege, não havia meio-termo. A única possibilidade para Lutero era se render e se tornar monge. E Deus trabalhou com aquele clamor e com o que, creio eu, era um coração sincero que buscava a Deus. No canto escuro do monastério de Lutero, Deus o orientou e o guiou à verdade. Não demoraria muito para que ele surgisse com uma verdade que libertaria toda a cristandade do seu cativeiro.

Fazendo o Juramento

Apesar da fúria de seu pai com sua decisão de se tornar monge, Martinho escolheu o monastério mais rígido, a Ordem dos Eremitas Agostinianos, em Erfurt. Ele sabia onde estava se metendo quando se deitou diante do prior, o chefe do monastério, prostrado nos degraus. Ele estava se comprometendo com pelo menos um ano probatório de dieta escassa, roupas grosseiras, vigíl as à noite, trabalhos de dia, mortificação da carne, o opróbrio da pobreza e a vergonha da mendicância. Ele concordou com tudo isso. Foi aceito para esse ano de iniciação com um beijo do prior no rosto e com a advertência de que o homem só era salvo se suportasse até o fim.

Martinho só conseguia pensar em um monge que havia suportado até o fim: William de Anhalt. William havia aberto mão da nobreza para se tornar um frade mendicante. Todos na cidade o conheciam. Lutero escreveu certa vez:

> Eu o vi com meus próprios olhos... eu tinha quatorze anos e estava em Magdeburg. Vi-o carregando o saco como um burro.

Ele estava tão exaurido devido aos jejuns e às vigílias que parecia a face da morte, apenas pele e ossos. Ninguém podia olhar para ele sem sentir vergonha da própria vida.[9]

Observando esse monge à distância há tantos anos, Lutero havia decidido que aquele era o caminho para a salvação. E durante aquele ano probatório, se convenceu de que havia finalmente chegado a um lugar de paz. Ele viveu um ano inteiro sem os tormentos e pesadelos que vinham sobre ele como um calafrio quando pensava em Deus e em sua alma.

Mas, como manda o figurino, o espírito religioso sempre volta para dizer: "Ainda não é o bastante. Você precisa fazer mais. Você precisa ser melhor". Depois do período de experiência, Lutero deu o passo seguinte e fez o compromisso de seguir a Deus por toda a vida. Com esse voto de compromisso, o tormento retornou. Espíritos religiosos torturadores vinham sobre ele, trazendo momentos de opressão, depressão e desesperança. Lutero parecia bem em um minuto, e então, de repente, era dominado pelo desânimo. Na tentativa de fazer a angústia parar, ele começou a pesquisar novas maneiras de se torar aceito por Deus.

Se juntar-se ao monastério não era suficiente, então ele pensou que a resposta devia estar em abraçar cada regra e seguir cada diretriz. Ele bombardeou o céu com obras na tentativa de alcançar a santidade. Lutero tomou a decisão de ser o mais dedicado de todos os monges. Ele dormia menos, jejuava mais e passava mais tempo em confissão que qualquer outro. Na verdade, ele cansava seus sacerdotes com suas confissões. Uma vez ele passou seis horas confessando-se com um padre. Tudo isso trazia apenas breves momentos de alívio. O tormento logo retornava, e ele procurava descobrir novas maneiras de castigar a carne e se tornar aceitável a Deus.

A Bíblia do monastério ficava presa à parede por uma corrente, e Lutero constantemente a lia, esperando encontrar a paz que necessitava desesperadamente. Mas, em vez disso, ela lhe falava somente de uma santidade que ele não podia alcançar. Sem encontrar alívio, o monge se fechou em seu quarto, repetindo palavras em latim sem parar. Durante sete semanas ele mal dormiu, e por quatro dias Lutero não comeu ou bebeu. Ele se recusava a atender às batidas em sua porta. Quando os colegas arrombaram a porta, encontraram Lutero deitado no chão, aparentemente morto. Esgotado pelo jejum, pela falta de sono e pelo desespero, ele finalmente voltou à consciência quando ouviu os ecos do coral de meninos cantando hinos pelo corredor.

"Eu era realmente um monge piedoso", ele relembrou anos depois. "Se um monge pudesse alcançar o céu por suas obras monásticas, eu sem dúvida teria tido direito a ele. Se tivesse continuado por muito mais tempo, teria levado minhas mortificações até o fim da vida, através das minhas vigílias, orações, leituras e outros trabalhos".[10]

A Celebração da Primeira Missa Termina em Derrota e Dúvida

Em 1507, Lutero finalmente foi ordenado, com a idade de vinte e cinco anos. Ele agora estava qualificado para celebrar sua primeira missa. O dia da missa havia sido adiado por um mês porque seu pai não podia comparecer nessa data. Quando o pai de Lutero chegou, entrou na cidade grandiosamente com trinta cavaleiros e fez uma doação considerável para o monastério.

> Em sua busca por santidade, as obras de Lutero eram mais intensas que as dos outros monges. Ele se voltava constantemente para a Bíblia, em busca de paz.

Lutero estava muito empolgado por ver seu pai e por seu pai poder vê-lo nesse novo momento de vida. Por mais maravilhoso que o dia deveria ter sido para Lutero, ele acabaria em tormento. Ele ficou tão apavorado durante a cerimônia da transubstanciação (que é a parte da missa católica em que se acredita que o pão e o vinho realmente se transformam no corpo e no sangue de Jesus) que tremia e quase queria fugir do altar. Mas seu total pavor do Deus Todo-Poderoso e a ideia de que a presença palpável de Deus estava diante dele no cálice o mantiveram grudados ao altar. A missa foi uma experiência muito exasperante. Essa era a experiência mais elevada de que um homem podia participar, e sua execução era exaltada em toda a sociedade. Por suas ações, o sacerdote estava simbolicamente reencenando o Calvário.

Inseguro acerca do seu desempenho, Lutero buscou a aprovação de seu pai após a missa. Perguntou a ele por que não aprovava o fato de se tornar um sacerdote. Seu pai respondeu que Lutero não havia seguido o mandamento de honrar seu pai e sua mãe, e agora eles teriam de cuidar de si mesmos na velhice.

Mas Lutero sabia qual era a resposta certa. Ele sabia que uma pessoa tinha de seguir a direção de Deus, apesar do que os outros pensassem. Ele sentia que, se seguisse a Deus, seus pais seriam cuidados. Se Lutero não seguisse ao Senhor, todos eles sofreriam.

Com o tempo, seu pai superou a ira, mas somente depois que perdeu dois filhos para a praga e ouviu rumores de que Lutero também estava morto. Quando ele descobriu que o filho estava vivo, o perdoou e esqueceu todas as divergências entre eles.

Mas antes de se reconciliar com o filho, o pai de Lutero plantou fortes sementes de dúvida e confusão em sua mente. No dia da primeira missa de Lutero, Hans fez uma afirmação que deixou o filho com uma inquietação interior.

Lutero sentia que precisava justificar seu chamado e lembrou a seu pai o que aconteceu a ele durante a tempestade. Sem prestar atenção a nenhum dos padres que estavam ouvindo, Hans soltou: "Mas e se ela [a tempestade] tiver sido apenas um fantasma?".[11]

Em outras palavras, Hans perguntou como ele podia provar que a tempestade não era uma armadilha do diabo destinada a desviar o rumo de toda a família. A pergunta de seu pai ficou ecoando em seus ouvidos. Como ele podia saber ao certo? Afinal, todos sabiam que até o diabo podia se disfarçar de anjo de luz.

Isso foi como um míssil direto no coração de todas as inseguranças de Lutero. Agora, mais do que nunca, ele seguiria em sua busca pela santidade. Por fim, ele poderia apenas ser consolado por algum tipo de autopunição ou mortificação da carne. À noite, Lutero retirava de sobre si os cobertores escassos entregues a cada monge e tremia, na tentativa de castigar a carne. Somente jejuando ele estava contente. E mesmo com todo o jejum, ele ainda se perguntava: "Jejuei o bastante?". Ele preferia a Quaresma à Páscoa, porque ela envolvia sacrifício.

Ele oscilava entre ter orgulho das suas obras e do número delas, e estar completamente sobrecarregado pela dúvida e pelo desespero.

Os Espíritos Religiosos Vão Matar Você

Você nunca conseguirá agradar um espírito religioso. Eu disse isso centenas de vezes, e vou dizer novamente. Em todas as minhas viagens pelo mundo, encontrei todo tipo de espíritos malignos e enganadores. Mas nunca vi um espírito mais maligno e mais cruel que o espírito da religião. Ele se disfarça para que você pense estar servindo a Deus. Sua natureza é má, ciumenta e maliciosa. Ele é um espírito assassino com uma "bela" camuflagem. Exige obras terríveis que eventualmente levam as pessoas ao pecado, ao erro ou ao túmulo. Ele era um dos espíritos por trás da traição a Jesus. Você nunca o apaziguará, nem jamais agradará a Deus através dele.

Hoje, em nossa sociedade, os espíritos religiosos não queimam as pessoas abertamente na fogueira nem as martirizam como a Igreja Católica fez um dia. Entretanto, alguns atos de terrorismo têm um espírito religioso por trás. Uma maneira comum de um espírito religioso tentar matar alguém é assassinando a reputação dessa pessoa por meio da fofoca. Precisamos reconhecer as estratégias de um espírito religioso. Frequentemente fugimos de pastores a respeito de quem ouvimos uma fofoca. Quando ouvimos difamações, precisamos reconhecer a possibilidade de a motivação por trás delas ser a perseguição, e perguntar: "O que esta pessoa fez de certo para ser tão atacada?". Nossa mente tem se tornado menos vigilante por causa do espírito religioso, fazendo com que desejemos fugir da pessoa que está sendo difamada em vez de descobrirmos a verdade e nos unirmos a ela para gerar mudança divina na terra. Nossa mente precisa ser despertada e transformada!

> Lutero estava se esforçando para agradar a Deus, mas Deus já estava satisfeito com o sangue do Seu Filho. Era o espírito religioso que exigia obras.

Lutero estava passando pelo processo de mudar sua maneira de pensar. Ele estava se esforçando para agradar a Deus, mas Deus já estava satisfeito com o sangue do Seu Filho. Na verdade, era o espírito religioso que não podia ser satisfeito, e ele estava trabalhando para mandar Lutero para o túmulo. Tudo o que Lutero realmente queria era a aceitação de Deus. Todo o seu objetivo era saber como ser amigo de Deus. Lutero pensava que receber o perdão de Deus era a única maneira de alcançá-lo, então ele se arrependia e se arrependia de novo, fazendo uma confissão depois da outra. Mas ele não encontrava alívio.

Obras, Obras, Obras?

Em Oseias 4:6, a Bíblia diz que o povo de Deus perece por falta de conhecimento. Por meio de um sacerdócio ignorante e em sua maior parte corrupto, a liderança católica romana estava inventando e estabelecendo a própria religião. Quando as tradições deixavam de alcançar o fim desejado, a Igreja mudava as regras ou acrescentava novas.

A culpa e o medo eram duas das principais emoções que a Igreja provocava nas pessoas para que elas continuassem frequentando os templos. Para lidar com a questão da morte, do inferno, do paraíso e do purgatório (um ponto intermediário para as pessoas que não eram boas o suficiente para entrar no céu nem más o suficiente para ir para o inferno), o papa e sua hierarquia criaram um sistema que funcionava para estabilizar a economia da Igreja e aliviar a culpa das pessoas.

Os padres ensinavam que havia um sistema bancário no céu, que mantinha nas suas abóbadas a bondade que faltava às pessoas em sua vida pessoal. Eles ensinavam às pessoas como transferir essa bondade para suas contas, a fim de que não deixassem a desejar quando comparecessem diante de Deus.

A Igreja ensinava que Jesus, Maria e os santos se comportaram muito melhor na terra do que o necessário a fim de entrarem no céu. Os créditos a mais pela bondade deles estavam armazenados no sistema bancário celestial, que o papa acompanhava. Esse crédito, mencionado como "reservatório de bondade" ou "tesouros de bondade", estava disponível às pessoas comuns através de atividades designadas pelos padres. Essas atividades dependiam dos pecados que as pessoas confessavam. Elas eram chamadas de "obras". A evidência das obras era emitida em uma espécie de recibo ou prova de compra, conhecida naquele tempo como indulgência. Somente o papa podia determinar quantos anos podiam ser eliminados da sua sentença no purgatório, e a indulgência seria a prova escrita desse ajuste em seu débito. Afinal, o papa era o sucessor de São Pedro e o único possuidor das chaves do Reino — ou pelo menos assim ensinava o catolicismo romano.[12]

Hoje, se observar atentamente, você poderá perceber a ideia das obras entre os crentes. As pessoas que estão aprisionadas pelo espírito religioso se esforçam para receber o perdão de Deus enquanto tentam pagar pelos próprios pecados através de boas obras. Nos círculos carismáticos, isso pode ser percebido com frequência em pessoas que se oferecem excessivamente para atividades na igreja devido à necessidade de serem aceitas pela liderança. Essas pessoas estão em busca de tapinhas nas costas e da sensação de serem aprovadas pelos homens. Quando conseguem alcançar isso, elas sentem que Deus as aprova. Na Igreja Católica, esse sentimento de apaziguamento é encontrado ao se frequentar a missa, haja o que houver. Um católico romano tradicional não permitirá que nada interfira no seu comparecimento à missa. Mas a razão para isso não tem a ver com ter comunhão com outros crentes e adorar a Deus, como deveria ser; tem a ver com ganhar a aceitação de Deus. Até hoje, alguns católicos confessam seus pecados a um padre e depois rezam certo número de "Ave-Marias" ou acendem velas em um altar. Isso parece inofensivo, mas, na verdade, está enraizado no mesmo espírito que levava as pessoas na Idade Média a praticarem boas obras em troca da salvação.

> **A mentalidade das obras faz com que as pessoas tentem pagar pelos seus pecados com as boas obras. Elas estão aprisionadas em vez de serem libertas.**

Nos dias de Lutero, porém, as obras exigiam um pouco mais de disposição. A Igreja estava tentando criar um interesse nas coisas de Deus e manter a frequência em alta, por isso começou a perdoar pecados por meio da visita a certos lugares sagrados, especificamente em Roma, e da observação de certos artefatos do passado. Esses artefatos, ou relíquias, incluíam o que se dizia serem as moedas de prata que Judas recebeu por trair Jesus e uma amostra do leite do seio da Virgem Maria.

Quando um local sagrado era visitado ou uma relíquia era observada, o papa emitia uma indulgência, que era a evidência do crédito da bondade que havia ido para a conta de uma pessoa com base na relíquia que ela havia visto. Por exemplo, ver as moedas de Judas podia tirar quatrocentos anos do tempo de uma pessoa no purgatório. Roma era o lugar para se visitar se alguém quisesse de fato acumular bondade em sua conta.

Alguns lugares valiam mais que outros, e Roma estava cheia de todo tipo de relíquias que foram retiradas de Jerusalém em 70 d.C., quando o império romano saqueou e incendiou a cidade. Roma se tornou o novo lar da escadaria de Pôncio Pilatos e tinha a *Scala Sancta* (Escada Santa) onde Jesus ficou de pé para ser julgado pela multidão antes da crucificação. Por Jesus um dia ter ficado de pé sobre aquela escada, ela tinha maior valor em se tratando de acumular bondade. Mas uma pessoa não podia apenas olhar para ela, tinha de subir fazendo uma oração específica para cada um dos vinte e oito degraus. Subir as escadas tinha poder suficiente para libertar um parente morto do purgatório.

Roma também era o suposto terreno onde os corpos de Paulo e Pedro haviam sido enterrados. Os oficiais da Igreja os cortaram ao meio e os dividiram entre quatro igrejas para que mais locais pudessem se beneficiar da visitação das pessoas. Quarenta papas e setenta e seis mil mártires estavam enterrados em Roma, e visitar cada um desses locais acrescentava mais méritos. Uma igreja afirmava ter a trave de três metros e meio onde Judas havia se enforcado.

Roma era o lugar a ser visitado para apaziguar Deus. Assim, em 1510, quando Lutero foi escolhido para ir até lá com outro representante de seu claustro em Erfurt, a fim de resolver uma disputa local com o papa, ele mal podia esperar para aproveitar a chance de estar tão perto de tantas relíquias. Quando chegou ali, ficou com a ordem Agostiniana local, participando da rotina diária, da oração, da adoração e das confissões. Em cada momento livre do dia, ele visitava aqueles locais. E não apenas pelo valor que tinham para reduzir uma sentença ao purgatório, mas também pelo seu interesse muito verdadeiro pelas coisas de Deus.

Para se ter uma ideia da importância que isso tinha para Lutero, Michelangelo estava em Roma nesse período, trabalhando no teto da Capela Sistina, mas isso não tinha qualquer interesse para ele. Em vez disso, Lutero ansiava por ver a pintura da Virgem Maria, que se pensava ter sido pintada pelo apóstolo Paulo.

Roma, porém, o decepcionou. Ele achou os padres dali descuidados e petulantes. Eles celebravam a missa correndo, fazendo sete missas em um dia enquanto ele celebrava apenas uma. Lutero ficou chocado um dia quando ouviu por alto uma conversa entre os padres que estavam preparando uma Comunhão. Um resmungava: "Pão tu és e pão permanecerás, e vinho tu és e vinho permanecerás". Era muito desanimador para ele ver tamanha irreverência. Mas ele nunca perdeu a fé nos sacramentos, na cerimônia ou nos padres fiéis de sua terra. Ele conseguia dissociar essa irreverência de suas crenças e convicções. Então, seguiu em frente com as suas boas obras em Roma.[13]

Mas mesmo em meio a essa ocasião monumental, a dúvida se alojou, e Lutero questionou a validade de toda aquela experiência. Na verdade, ele estava na Sancta Scala, a escadaria de Pilatos, quando alguns dos questionamentos surgiram. Ele estava ajoelhado, beijando cada degrau enquanto fazia suas orações, mas se deu conta de que desejava que seus pais já estivessem mortos. Ele não desejava que estivessem mortos porque não queria vê-los de novo, mas para que pudesse libertá-los do purgatório enquanto estava em Roma. Ele percebeu que tudo havia se tornado um jogo — onde estava a verdadeira autoridade e quem realmente a detinha? Lutero agora estava questionando a validade de todo o acontecimento. Como ele poderia saber

> Onde estava a verdadeira autoridade e quem a detinha? Como uma viagem a Roma podia agradar a Deus? Como Lutero poderia ser amigo de Deus?

se até mesmo essa viagem a Roma agradava a Deus? Como ele poderia ser amigo de Deus?[14]

Encontro com um Místico

Lutero voltou a Erfurt e foi transferido para Wittenburg, Alemanha, para o Claustro Agostiniano daquela cidade. Ele estava indo ensinar na universidade. Wittenburg era uma cidade pequena se comparada a Erfurt. Mas o príncipe daquela região, Frederico, O Sábio, queria promover o desenvolvimento da universidade local a fim de que ela pudesse competir com a melhor do país.

Em Wittenburg, Lutero encontrou um mentor cuja fidelidade a ele permaneceu até o fim, um padre chamado Johann von Staupitz.

Lutero chateava os padres de Wittenburg assim como havia feito em Erfurt. Ele sabia que não poderia haver remissão de pecados sem confissão e arrependimento perante um sacerdote, o perdão de um padre e alguns atos de penitência para pagar pelos pecados. Mas para confessar todos os seus pecados, ele primeiro tinha de se lembrar deles. Ele sabia que a "alma deve ser sondada... a memória saqueada... os motivos provados",[15] para que se possa trazer todo pecado à luz. E mesmo assim, Lutero conhecia a natureza autoprotetora do próprio ego e o fato de que ele talvez nunca seria capaz de se lembrar de alguns pecados. Portanto, até o sistema penitencial o decepcionou.

Quando nenhum ato de bondade, local de relíquias ou nenhuma confissão pareciam ser capazes de ajudá-lo, e Lutero já havia esgotado todos os caminhos da Igreja para a salvação, ele caiu em total desânimo. Entrou em pânico, e sua consciência o incomodava tanto que ele tremia diante da mínima coisa. Ele também tinha pesadelos e mais tarde disse que sua condição mental na época era pior do que qualquer doença física imaginável.[16]

Staupitz tentou aliviar a consciência de Lutero por meio de um método que o monge nunca havia considerado ou pensado que existisse. Staupitz era um místico, que não deve ser confundido com feiticeiros ou com os místicos da Nova Era. Na verdade, os místicos eram um grupo de monges que realmente haviam encontrado a presença palpável de Deus. No ano 300 d.C., quando a Igreja se tornou secularizada e pagã, havia um grupo de pessoas que iam para o deserto e viviam sozinhas em busca de Deus. Eles eram chamados de eremitas, e aqueles que experimentavam Deus operavam com grandes sinais e maravilhas. O nome *místico* se tornou o rótulo usado para nomear exclusivamente os eremitas, mais tarde chamados de monges, que haviam tido uma experiência dramática com a presença de Deus. Na presença dele, eles descobriram que podiam ser transformados. Também aceitaram o fato de que a natureza humana é maligna e mergulharam na presença de Deus para serem absorvidos pela Sua bondade.

Staupitz conhecia essa experiência em primeira mão, o que era inusitado para as pessoas de sua época. Ele tentou apresentar Lutero a Deus desse modo, explicando que lidar com a natureza humana por meio de obras era como lidar com a catapora, tratando uma ferida por vez. Os místicos faziam todas as obras que os outros monges faziam, exceto pelo fato de que não as faziam para ser perdoados, mas para que lhes fosse concedida apenas uma visitação de Deus. Eles jejuavam, adoravam, oravam, se confessavam e cumpriam penitências também. Mas, para eles, tudo isso era para atrair a presença e a natureza de Deus em sua vida. Eles estavam verdadeiramente buscando a Deus.

> Os místicos descobriram que na presença de Deus, eles eram transformados. A natureza maligna desaparecia à medida que eles eram absorvidos pela Sua bondade.

"Amar a Deus? Eu O Odeio"

Staupitz tentava apaziguar Lutero, encorajando-o a simplesmente amar a Deus. Lutero ridicularizou a ideia de simplesmente amar a Deus. Sua imagem de Deus e de Jesus era distorcida. Para Lutero, eles eram irados e justos — e, com Sua justiça, iriam julgar o homem.

Mais tarde, ele falou acerca do desespero que sentiu naquele momento:

> Não é contra toda razão natural que Deus, por puro capricho, abandone os homens, os endureça, os condene, como se Ele tivesse prazer em pecados e em atormentar os miseráveis por toda eternidade? Ele, que dizem ser tão grande em misericórdia e bondade? Isso parece iníquo, cruel e intolerável em Deus, motivo pelo qual muitos ficaram ofendidos em todas as gerações. E quem não ficaria? Eu mesmo por mais de uma vez fui impelido ao próprio abismo do desespero a ponto de desejar nunca ter sido criado. Amar a Deus? Eu o odiava![17]

Por fim, Lutero percebeu o maior de todos os seus pecados. Ele odiava Deus. Ele odiava o fato de Deus julgar o homem. Ele odiava o fato de nunca poder atingir o padrão dele. Ele odiava o fato de Deus entregar os homens aos demônios para serem arrastados ao inferno quando eles haviam se esforçado tanto para agradá-lo. Para Lutero, parecia impossível amar a Deus.

A Estrada para a Revelação

Parecia não haver esperança. O que poderia ser feito por esse frade atormentado? Staupitz teve uma ideia. Ele abriu mão da própria posição na Universidade de Wittenburg e entregou-a a Lutero. Obviamente, considerando seu estado mental, isso parecia ridículo para Lutero. Aos seus olhos, ele era inapto, despreparado e, acima de tudo, indigno. Não obstante, Lutero tornou-se doutor em Teologia em 1512, aos vinte e nove anos.

Para ensinar a Bíblia, Lutero teve de estudá-la. Staupitz pensou que talvez Lutero pudesse encontrar respostas para suas perguntas em seus estudos. A Bíblia era algo bastante novo para ele. Ela não era inacessível para ele ou para qualquer dos outros clérigos, mas sua leitura não era enfatizada. Na verdade, outros materiais da época faziam mais parte da matéria teológica durante sua educação como monge, frade e padre.

Deixar Lutero ler a Bíblia sem restrições foi o grande erro da Igreja Católica. *Saiba disto: são aqueles que leem a Bíblia que causam o problema para a religião morta.* Por quê? A religião opera na esfera da ignorância e na esfera da alma. Ela baseia seus fatos em pensamentos, lendas e no que as denominações criam, em vez de no que as verdadeiras Escrituras afirmam.

Em 1513, Lutero começou a estudar o livro de Salmos e a trilhar o caminho da revelação que o libertaria. O Salmo 22 abriu uma fresta na porta e começou a deixar a luz entrar.

> Meu Deus! Meu Deus! Por que me abandonaste? Por que estás tão longe de salvar-me, tão longe dos meus gritos de angústia? Meu Deus! Eu clamo de dia, mas não respondes; de noite, e não recebo alívio!
>
> — Salmos 22:1-2

Lutero ficou impressionado com o que leu. Jesus sentiu-se abandonado e alienado por Deus também. A imagem que Lutero tinha de um Jesus sem misericórdia, sentado sobre a humanidade condenando-a ao inferno, estava sendo transformada. Em vez de vê-lo no trono do julgamento, Lutero podia ver Jesus na cruz. Agora ele podia quase ver o coração de Deus. Ele podia ver um vislumbre da compaixão por trás do fato de Deus ter colocado Jesus na cruz.

Mas ele não conseguia se livrar da imagem de um Deus justo julgando os homens injustos quando era impossível para eles ser qualquer outra coisa. Ele sabia que Deus queria justiça, mas mesmo com esse entendimento crescente do amor de Deus, a ideia de justiça o fazia tremer.

Somente a Fé

Foi somente quando estudou as epístolas paulinas que Lutero começou a entender o verdadeiro significado da retidão e da justiça de Deus. Ele lutou com as cartas de Paulo, tentando captar o conceito ali presente. Martinho Lutero usava a Bíblia para investigar todas as suas áreas de tormento pessoal. Ele levou suas perguntas às cartas de Paulo, aos Romanos e aos Gálatas. Entre os anos 1515 e 1517, enquanto pregava sobre esses dois livros da Bíblia, Lutero começou a ver o que a justiça de Deus realmente significava.

Quando leu em Romanos 5:1 que os justos eram justificados pela fé, Lutero ficou furioso! Ele não conseguia compreender isso! Tomado pela convicção de que precisava entender aquele princípio, ele se voltou para o grego a fim de encontrar o significado da palavra justiça. *Justiça* era definida como um cumprimento rígido da lei e uma sentença pronunciada, exatamente como ele sempre havia pensado. Até então, ainda parecia que o homem estava condenado.

Mas foi a definição grega de *justificação* que o libertou. Justificação era diferente de justiça. Justificação falava de um processo que ocorre quando a sentença é suspensa. A justificação é um processo por meio do qual o homem pode ser recuperado para Deus e ser regenerado.

Agora ele conseguia entender! Deus não buscava condenar, mas regenerar a humanidade e dar aos homens uma nova chance na vida.

Mais do que qualquer coisa, Lutero viu que até mesmo esse processo de regeneração, ou de expectativa de regeneração, não era o que tornava o homem *aceitável* diante de Deus. Era a fé. A fé era um dom e, pela fé do homem, ele era justificado. Simplesmente *crer na* obra redentora de Jesus tornava a justiça dele disponível às pessoas. O homem, através de

Jesus, era reto diante de Deus. A fé na obra de Jesus na cruz era suficiente! Deus era Amigo de toda a humanidade!

Fazer a conexão entre essas ideias acerca da justiça de Deus e o versículo "o justo viverá pela fé" (Romanos 1:17) criou uma nova teologia, mas isso não aconteceu da noite para o dia. A meditação e o estudo durante um período de quatro anos desenvolveram a força dessa revelação.

Lutero disse:

> **A fé é um dom, e o homem é justificado pela sua fé. A obra de Jesus na cruz é suficiente! Deus é Amigo de toda a humanidade!**

> Finalmente, meditando dia e noite e pela misericórdia de Deus, eu... comecei a entender que o justo vive por um dom de Deus, a saber, a fé... Eu me sentia como se tivesse nascido de novo completamente e tivesse entrado no próprio paraíso por portões que haviam sido escancarados.[18]

No Vaso Sanitário?

Em algum momento entre 1518 e 1521, Lutero alcançou sua revelação final. E ela deflagraria uma revolução.

À medida que estudamos os líderes cristãos fiéis e as verdades que eles trouxeram à luz, bem como o poder milagroso no qual começaram a operar, creio que seria encorajador para você saber que momentos de revelação ou poder muitas vezes são antecedidos por um grande desespero. Veja Lutero, por exemplo, ou algumas das histórias de vida dos evangelistas que exerceram o dom da cura. Muitos deles estavam em seus leitos de morte antes de exercerem um ministério de cura grandioso. Não estou dizendo que é assim que tem de ser. Entretanto, é encorajador, se você está passando por um momento difícil, saber que o diabo costuma atacar muito intensamente logo antes da superação de um obstáculo ou de um despertamento.

Lutero escreveu sobre os dias imediatamente anteriores ao seu despertamento como um tempo em que ele estava deprimido. Em suas palavras ele estava "in cloaca". "In cloaca" significa *no vaso sanitário*. Embora alguns historiadores o tenham interpretado literalmente, ele estava tentando expressar como estavam suas emoções.[19]

Os historiadores se refeririam a essa transformação que o levou da depressão à liberdade como o seu "despertar evangélico" ou a sua "experiência elevada".[20] Agora, a expressão "justiça de Deus" trazia prazer à sua mente em vez de ódio.

Podemos quase sentir a paz de Deus no coração de Lutero enquanto ele escreve sobre a sua revelação:

> Se você tem uma fé verdadeira de que Cristo é seu Salvador, então você passa a ter imediatamente um Deus cheio de graça, pois a fé o conduz e descortina o coração e a vontade de Deus, a fim de que você veja a pura graça e o amor transbordante. Isso é contemplar Deus na fé de que você deve fixar os olhos no Seu coração paternal e amigável, no qual não há ira nem ausência de graça. Aquele que vê Deus como alguém irado não o vê corretamente, mas olha apenas através de uma cortina, como se uma nuvem escura tivesse sido colocada sobre Seu rosto.[21]

A nova revelação de Lutero sobre a Bíblia resolveu todas as preocupações sobre demônios que haviam sido incutidas nele desde a infância. Todas as suas batalhas pararam na cruz. Na cruz, ele viu a misericórdia de Deus. E na cruz, ele viu a vitória de Cristo sobre satanás e seus demônios.

Um hino que ele escreveu fala de suas convicções:

> Assim disse o Filho: "Apegai-vos a Mim,
> De agora em diante basta isto aqui.
> Por vós a Minha vida dei
> E por vós a crucificarei.
> Pois Sou vosso e vós sois Meus,
> E nossas vidas se entrelaçam onde estou Eu,
> O velho inimigo não pode abalar o que lhes dei.[22]

Pregando Sua Revelação na Porta da Igreja

Quando Lutero começou a enxergar a revelação e a verdade da redenção de Deus, ele imediatamente percebeu o erro da Igreja Católica. Oprimido pela hipocrisia, ele procurou levar a Igreja para a luz, prometendo falar e desviar as pessoas do caminho que elas estavam seguindo.

Anteriormente, fiz um paralelo entre as indulgências e uma prova de compra ou recibo de venda. Ter uma indulgência era ter um documento escrito que mostrava ter-se atingido certo grau de perdão, dependendo do que era feito para consegui-la. Em tempos de necessidade, porém, como quando era preciso levantar dinheiro para as Cruzadas, as indulgências eram vendidas às pessoas diretamente, sem a exigência de qualquer atividade, como visitar Roma. Eventualmente, o papa Leão X levaria esse abuso a um novo nível em sua tentativa de concluir a maior catedral de todos os tempos, a Basílica de São Pedro. Leão X salivava diante da ideia de ser o papa que receberia o crédito por concluí-la. As contas relacionadas à construção eram enormes, e elas sem dúvida deixariam o Vaticano mais endividado do que nunca. Para ajudar no pagamento, o papa concedeu ao novo arcebispo de Brandemburgo o direito de vender indulgências.

Para acelerar o procedimento e garantir o sucesso das vendas, o arcebispo contratou para si um padre que tinha o dom para a venda de indulgências. Seu nome era John Tetzel. Ele cavalgava com grande pompa até os limites da cidade, encontrava-se ali com os oficiais, e depois cavalgava cerimoniosamente até a praça, atraindo uma multidão ao passar. Ele plantava uma grande cruz sustentando as armas papais e começava pregando que, com um pagamento, as pessoas podiam libertar seus parentes do purgatório. Tetzel manipulava fervorosamente o povo:

Tetzel vendendo indulgências

Deus e São Pedro os chamam. Considerem a salvação de suas almas e das dos seus entes queridos. Vocês estão preocupados, considerando as tentações, etc., se conseguirão chegar ao céu? Considerem suas confissões aqui e suas contribuições como uma remissão total — ouçam seus parentes mortos: "Tenham piedade, tenham piedade... Nós os trouxemos à vida, os alimentamos, os criamos, lhes deixamos fortunas, e vocês são tão cruéis e duros que agora não estão dispostos a nos libertar".[23]

Por toda a Alemanha, a frase ritmada de Tetzel ecoava: "Assim que a moeda no cofre tilintar, a alma do purgatório irá saltar". Tantas moedas eram lançadas no cofre que novas moedas tinham de ser cunhadas no local.[24]

Quando Lutero descobriu isso, ficou extremamente perturbado. A farsa da indulgência o angustiava. Ele ainda não conhecia a verdade o suficiente a ponto de descartar completamente a ideia de vender indulgências, mas ele não concordava com esse tipo de abuso.

Assim, fiel à Ordem Agostiniana e às suas crenças e convicções originais, Lutero tinha estampado sobre seu coração que o fundamento de qualquer penitência, indulgência ou confissão tinha de ser a contrição. Uma pessoa tinha de realmente lamentar muito pelo que havia feito. Com a nova bula papal (ordem do papa) permitindo que Tetzel vendesse indulgências sem penitência, o povo pulava uma parte importante no processo da reconciliação — o arrependimento.

Partindo desse ponto de vista, estimulado pela manipulação de Tetzel e pelo abuso de poder do papa, Lutero começou a trabalhar em uma lista de preocupações, perguntas e desafios com relação ao uso de indulgências. Havia noventa e cinco itens na lista quando ele terminou. Sem nem mesmo ter certeza da exatidão bíblica de alguns de seus comentários, ele seguiu em frente e pregou-os na porta da igreja do castelo em Wittenburg.

Nesse ato, por si só, não havia nada de extraordinário. Era o que todos faziam se quisessem reunir um grupo de pessoas para debater e discutir algo. Lutero sentia-se confortável com o fato de não estar sequer seguro de algumas das afirmações contidas no documento, porque discutir a validade delas era a sua motivação ao pendurá-las na porta da igreja. Ele sabia que tudo seria resolvido em uma mesa redonda.

Enquanto esperava por uma resposta, Lutero foi cuidar dos seus assuntos, sem saber que o que ele havia casualmente pregado na porta da igreja ficaria na História como a maior e mais desafiadora questão que o mundo cristão havia conhecido desde Jesus e os apóstolos.

Lutero prega suas Noventa e Cinco Teses na porta da igreja em Wittenburg

Qual Era a Controvérsia?

Os pontos principais das teses de Lutero eram: (1) a objeção ao dinheiro das indulgências para construir a Basílica de São Pedro; (2) a negação do poder do papa sobre o purgatório; e (3) a consideração sobre o bem-estar do pecador.

Lutero atacou a ideia de que o papa podia reduzir as penalidades do purgatório. Ele também questionava se os santos tinham um tesouro de méritos. Sem dúvida, somente Jesus tinha isso. E o que quer que Jesus possuísse, fora dado liberalmente, *sem* o uso das chaves do papa para liberar e reter. Lutero reclamou sobre a venda de indulgências. Ele acreditava que elas substituíam o verdadeiro arrependimento e os atos de caridade sinceros. Além disso, ele achava que a venda de indulgências era dar às pessoas uma falsa sensação de segurança e levá-las a um estado de complacência.

Lutero cavou ainda mais fundo na base da Igreja quando questionou a existência do purgatório. E se o purgatório não fosse nada mais que a mera miséria da vida no planeta Terra? Ele escreveu:

> As indulgências são mais perniciosas porque elas induzem à complacência e, assim, colocam a salvação em perigo. Essas pessoas que pensam que cartas de indulgência garantem a salvação estão condenadas. Deus trabalha por meio de contrários, de modo que um homem se sente perdido no exato momento em que está a ponto de ser salvo. Quando Deus está prestes a justificar um homem, Ele o condena. Aquele a quem Ele quer fazer viver, Ele precisa primeiro matar. O favor de Deus é assim transmitido na forma de ira que parece mais distante quando está à mão. O homem precisa primeiro clamar que não há saúde nele. Ele precisa ser consumido pelo terror. Essa é a dor do purgatório. Não sei onde ele fica, mas sei que ele pode ser experimentado nesta vida. Conheço um homem que passou por tamanhas dores, que se elas tivessem durado um décimo de uma hora ele teria sido reduzido a cinzas. Nessa perturbação a salvação tem início. Quando um homem acredita estar totalmente perdido... embora tenha sido absolvido um milhão de vezes pelo papa, e aquele que de fato tenha, talvez não deseje ser liberto do purgatório, pois a verdadeira contrição busca a penalidade. Os cristãos deveriam

ser encorajados a levar a cruz. Aquele que é batizado em Cristo deve ser como uma ovelha indo para o matadouro. Os méritos de Cristo são muito mais potentes quando trazem cruzes do que quando trazem remissões.[25]

Enquanto prosseguia com seus estudos, sem que ele soubesse, as Noventa e Cinco Teses que ele havia pendurado na porta da igreja foram traduzidas do latim para o alemão e estavam circulando entre as pessoas comuns, assim como entre os oficiais da Igreja. Elas estavam operando na esfera espiritual. À medida que enfureciam os líderes da Igreja, elas abriam os olhos do povo. Isso gerou uma enorme ameaça para o inimigo que governava o povo fazendo uso de sua ignorância.

Lutero ficava sentado em seu estúdio, alheio ao fato de que, do outro lado de sua porta, um evento explosivo estava prestes a acontecer. Na verdade, estava se formando há centenas de anos. Começara com John Wycliffe e suas traduções da Bíblia para o homem comum. Passou para Jan Hus, que começou a lançar clareza sobre as trevas da Idade Média com algumas das mesmas revelações que Lutero traria à luz. Ambos morreram sem ver o fruto do seu trabalho, mas Lutero veria isso. Mais que isso, ele impactaria o mundo inteiro. Diz a lenda que Hus, enquanto queimava na fogueira pelo que a Igreja chamava de heresia, profetizou a vinda de Lutero. Dizem que ele clamou aos líderes da Igreja de dentro das chamas e lhes disse que um homem estaria vindo dentro de cem anos, o qual eles não seriam capazes de matar.

Hus não chamou Lutero pelo nome, mas só poderia haver um homem sobre o qual ele falara. Lutero entrou em cena aproximadamente cem anos depois da morte de Hus, e embora tenham tentado de todas as maneiras tirar a vida de Lutero, o inimigo jamais conseguiria matá-lo.

Alguns historiadores gostam de discutir se Lutero pregou as teses na porta de igreja ou se ele meramente distribuiu cópias delas. Eles dizem que se foram distribuídas cópias, então o início da Reforma não foi tão forte.[26] Esse argumento é ridículo e não leva em consideração o que estava contido nas teses. Uma tentativa de diluir o impacto dessas Noventa e Cinco Teses, quer tenham sido pregadas à porta da igreja ou distribuídas, revela ignorância. Obviamente, todos nós somos afetados pela obra que Lutero realizou há quinhentos anos. Independentemente da maneira exata como ele fez sua declaração, o impacto da Reforma permanece imutável.

Sim, Lutero *pregou* suas crenças e preocupações na porta da igreja, convidando quem quer que estivesse inclinado a participar da discussão. Ele também enviou cópias àqueles que não as leram na porta da igreja. Deixe-me enfatizar que o envio das teses era outra posição ousada em favor da verdade. Certamente, o arcebispo que ajudou Leão X a instigar a venda de indulgências em troca de lucro foi uma das pessoas que recebeu uma cópia. E isso é muita coisa!

As Noventa e Cinco Teses de Lutero se espalharam pela Alemanha em questão de semanas, o que, por si só, foi notável. Quase todos os que as leram elogiaram a ousadia do escritor. Lutero ficou um pouco aborrecido com tudo isso, mas o povo estava muito satisfeito por, pela primeira vez, vislumbrar a luz de um movimento em início. Roma ficou alarmada, e foi aberto um processo contra Lutero para investigações.

O processo passaria os quatro anos seguintes no limbo, tempo suficiente para Lutero transformar as perguntas que tinha em seu coração em uma revelação estabelecida em seu espírito. Agora, ele não precisava de uma discussão. Como o próprio Lutero diria mais tarde em um julgamento acerca de suas teses, "minha consciência está cativa da Palavra de Deus".[27]

Como já afirmei, deixar Lutero a sós com a Bíblia foi o maior erro da Igreja Católica. Lutero estava ficando cada vez mais forte e questionando cada vez mais as práticas costumeiras da Igreja.

Não demorou muito até que ele declarasse que somente a Bíblia era a autoridade definitiva, e não o papa, porque o papa e os concílios podiam cometer erros. Ele negou o poder do papa sobre o purgatório, e depois eliminou completamente a ideia de purgatório.

Lutero foi ameaçado de excomunhão, mas isso não o fez parar. Finalmente seguro na Palavra de Deus e em seu relacionamento com o Senhor, ele sabia que mesmo se a sua comunhão com a Igreja fosse quebrada, nada poderia afastá-lo do amor de Deus. Nem mesmo a ideia da execução o assustava. Lutero estava pronto para morrer pelo que acreditava. Em resultado, ele declarou com ousadia que os bispos que excomungavam os paroquianos por causa de dinheiro deviam ser desobedecidos.[28] Lutero estava começando a perceber que o vinho novo dentro dele não podia ser colocado em odres velhos. Seus dias como católico romano estavam contados.

A Bíblia era a autoridade definitiva — e não o papa. Ameaçado de excomunhão, Lutero sabia que nada poderia afastá-lo do amor de Deus.

O Caminho para a Excomunhão

A princípio, Lutero não queria deixar a Igreja; ele só queria corrigir seus erros. Sua tentativa de fazê-lo ocasionou inúmeros ataques dos líderes da Igreja contra ele. A excomunhão estava reservada aos hereges, e Lutero ainda não era considerado um herege porque ele não havia ido contra nenhuma ordem papal. Uma ordem papal, ou bula papal, era um documento do papa para a igreja definindo certa posição sobre uma questão. Como nenhuma posição ou direção escrita com relação às indulgências havia sido expedida pelo papa, Lutero, na verdade, não havia feito nada de errado ao questionar sua venda.

Uma vez que Lutero não podia ser excomungado, o papa preparou uma armadilha para ele em 1517. Ele atraiu Lutero a Augsburgo no outono daquele ano para um debate. Esse fórum para discussão era o que Lutero havia desejado desde o começo, de modo que ele foi até lá. Ele pensou que seria o primeiro passo rumo ao objetivo de libertar a Igreja do erro. Entretanto, o que ele experimentou ali foi seu primeiro confronto com os líderes religiosos da época. O inimigo primeiro se levantou contra Lutero por meio do cardeal Caetano, o Tommaso de Vio.

Lutero inclinou-se perante o cardeal, depois ficou prostrado diante dele. Caetano ordenou que ele se levantasse. Lutero ficou de joelhos, e o cardeal, novamente, ordenou que ele se levantasse. Com uma palavra da boca do cardeal, Lutero soube qual era sua intenção. "Retrate-se", Caetano ordenou. Era óbvio que não haveria nenhum debate. O cardeal deixou isso claro. Lutero precisava se arrepender, se retratar, prometer não ensinar suas Noventa e Cinco Teses e abster-se de qualquer atividade que perturbasse a paz da Igreja.

Lutero havia mexido tanto a panela da cristandade que até o papa se referiu a ele como um javali selvagem que havia invadido a vinha do Senhor. Caetano foi instruído a não permitir qualquer debate no encontro em Augsburgo. A intenção da Igreja era que Lutero se retratasse naquela reunião ou fosse preso e levado a Roma. Lutero não foi capaz de iniciar uma discussão. Entretanto, conseguiu dizer o impensável: é a fé que justifica, não o sacramento. Caetano não era páreo para Lutero, e ele sabia disso. Sem nenhum fundamento bíblico sobre o qual trabalhar, Caetano expôs sua insegurança explodindo: "Disto você precisa se retratar hoje, quer queira quer não. Do contrário, por conta desta única passagem, devo condenar tudo o mais que você vier a dizer!"[29] Lutero declarou com ousadia que não o faria, afirmando que um homem comum armado com a Bíblia tinha mais autoridade que o papa e todos os seus concílios. Caetano retrucou que o papa tinha mais autoridade até mesmo que a Bíblia.

Em seguida, Lutero foi acusado de ser pretensioso por achar que podia interpretar a Bíblia, algo que somente o papa tinha permissão para fazer. A esta altura, Lutero questionou o próprio fundamento da autoridade do papa. Ele perguntou por que a Igreja achava que o papa era o sucessor de Pedro e, além do mais, por que a Igreja pensava que o fundamento do Catolicismo estava sobre Pedro, já que Paulo disse: "Não tenho outro fundamento senão o de Cristo" (1 Coríntios 3:11). A discussão terminou com Caetano ordenando a Lutero que saísse do prédio.

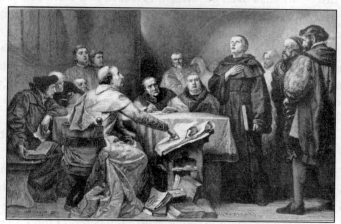

Lutero diante do Bispo Caetano
Arquivos da North Wind Picture

Lutero deixou a corte e escreveu a um amigo dizendo: "O cardeal pode ser um tomista* competente, mas não é um pensador cristão iluminado, portanto está tão apto a lidar com isto quanto um asno está apto a tocar uma harpa". Lutero provou seu ponto de vista dizendo que o cardeal estava tão apto a lidar com a situação quanto um burro está apto a tocar uma harpa.[30]

O insulto se espalhou e logo havia gravuras em madeira e tapeçarias penduradas nas paredes de toda a comunidade retratando um burro tocando uma harpa com a cabeça, não na figura de Caetano, mas do próprio papa!

---

*Nome dado aos seguidores de São Tomás de Aquino. (N. do T.)

Frustrado por não ser capaz de tirar vantagem de Lutero, Caetano apelou para Staupitz, figura paterna e mentor espiritual de Lutero. Ele lhe pediu ajuda para trazer Lutero a razão e fazê-lo retratar-se. Mas até Staupitz sentiu que não era páreo para o entendimento que Lutero tinha da Bíblia, e recusou. Staupitz sabia que a estrada à frente de Lutero era uma estrada cheia de dificuldades e decisões que o alienariam de seus compromissos com a Ordem Agostiniana. Prevendo isso, ele liberou Lutero de seus votos Agostinianos. Lutero mais tarde chamaria isso de uma de suas três excomunhões.

Lutero esperou em Augsburgo para ser convocado à corte novamente para discussão, mas nada aconteceu. Percebendo a condição vulnerável em que estava permanecendo ali por mais tempo, ele fugiu durante a noite a cavalo, usando apenas calças e meias.

Uma vez de volta a Wittenburg, ele estaria seguro por causa do favor que encontrava junto ao povo dali. Para cada pessoa no território da Saxônia que era a favor do papa, havia três que eram a favor de Lutero.[31] Outra vantagem era que o príncipe do território, Frederico, amava Lutero e realmente se esforçava para mantê-lo em segurança. Ele havia dado a Lutero um salvo-conduto, permitindo que ele escapasse de Augsburgo e chegasse em casa em segurança.

Frederico ficou em uma posição constrangedora. Depois do incidente em Augsburgo, o papa pediu-lhe para prender Lutero e levá-lo a Roma, ou bani-lo do território. Sob esse banimento, se Frederico permanecesse fiel a Lutero, ele poderia ser acusado de dar asilo a um herege. Embora Frederico tenha feito os oficiais do papa acreditarem que ele não era tão próximo de Lutero, ele não o prenderia nem o levaria a Roma. Frederico apelou para os oficiais seculares e solicitou que o caso fosse levado a uma audiência secular de juízes passíveis de serem contestados na Alemanha. Frederico lembrou a Caetano que Lutero nunca havia sido legalmente acusado de heresia e que não havia base para sua captura.

Um Decreto do Anticristo

Após ouvir o que Frederico tinha a dizer, Caetano tratou de agir. Ele e outros oponentes de Lutero começaram a trabalhar em uma bula papal que delineasse a posição oficial do papa acerca das indulgências. A partir do momento que a ordem fosse assinada pelo papa, Lutero estaria um passo mais perto de ser acusado de heresia, porque suas teses questionavam a validade das indulgências. A bula era essencialmente uma acusação formal contra as Noventa e Cinco Teses.

A bula papal recebeu o título oficial de Bula Exsurge Domine. Lutero recebeu a bula em outubro de 1520. Ele a chamou de "a bula execrável do anticristo".[32] Por causa dela, os livros de Lutero estavam sendo queimados em Roma, em Colônia e em outras cidades. Lutero tinha sessenta dias para se retratar.

Mas Lutero condenou aqueles que emitiram a bula, dizendo:

> Tu, Leão X, e vós, cardeais, e todos os demais que representam alguma coisa na cúria: eu vos desafio e digo nas vossas faces, se esta bula realmente saiu em vosso nome e com o vosso conhecimento, eu vos advirto, em virtude do poder que eu, como todos os cristãos, recebi através do batismo, que vos arrependais e deixai de lado essas blasfêmias satânicas, e isso muito depressa. A não ser que façais isto, sabei que eu, com todos os que adoram a Cristo, considero que o trono de Roma está ocupado por satanás e é o trono do anticristo, e que não lhe obedecerei mais nem continuarei unido a ele, o principal e mortal inimigo de Cristo. Se vós persistirdes na vossa fúria, eu vos condeno a satanás, juntamente com esta bula e os vossos decretos para a destruição da vossa carne, para que o vosso espírito possa ser salvo conosco no Dia do Senhor. Em nome daquele a quem vós perseguis, Jesus Cristo, nosso Senhor.[33]

Lutero garantiu que a comunidade de Wittenburg soubesse que ele não foi afetado pelas acusações. Embora enfrentando a crítica e o ódio religioso, ele foi infundido com uma ousadia que lhe permitia dizer:

> Saibam todos que ninguém me faz um favor por desprezar esta bula vergonhosa, herética, mentirosa, nem pode alguém me agastar por estimá-la. Pela graça de Deus sou livre, e esta coisa não me consola nem me assusta. Sei bem onde está o meu consolo e a minha coragem, e quem me torna seguro diante dos homens assim como dos demônios. Farei o que acredito ser certo. Todos terão de se levantar e responder por si em sua morte, no último Dia; então, talvez, a minha advertência fiel seja lembrada.[34]

Uma Fogueira Santa

Os sessenta dias se passaram, e Lutero não se retratou. Em vez disso, ele queimou a bula juntamente com toda a lei canônica, que era a lei que governava toda a Igreja, desde o princípio da história católica romana! Alguns historiadores dizem que essa fogueira, mais do que a reafirmação das Noventa e Cinco Teses, foi o início da Reforma.[35]

A queima da bula estava programada para a manhã de 10 de dezembro. Lutero até pregou um convite público. A notícia dizia: "Todos os adeptos à verdade do Evangelho estejam presentes às nove horas do lado de fora da Capela da Santa Cruz, onde os livros ímpios da lei papal e da teologia escolástica serão queimados de acordo com o antigo costume apostólico".[36]

Pessoas de toda a universidade compareceram, professores e alunos. Primeiro os volumes da lei canônica foram lançados às chamas. Isso era sério, uma vez que a lei canônica era para o mundo ocidental o que o Talmude é para o Judaísmo ou o Corão para o Islã. Era o livro da lei da cristandade latina, investido de autoridade religiosa. De acordo com as crenças da época, a lei canônica se equivalia aos mandamentos de Deus.[37]

Depois que a lei canônica foi consumida pelas chamas, Lutero foi em direção ao fogo e lançou nele a bula, proferindo estas palavras: "Porque diminuíste a verdade de Deus, que o Senhor hoje te abata neste fogo!"[38] Mais tarde, Lutero comentou: "Já que eles queimaram os meus livros, também queimei os deles".[39] Depois disso, ele voltou à cidade com os outros professores. Os alunos, porém, permaneceram, cheios de vida e energia, eletrizados pelos eventos da noite. Embora naquele tempo lhes faltasse a revelação para entender o que realmente acontecera ali, Lutero lhes daria uma definição ousada do que significara a cerimônia de dez minutos e de que posição eles teriam de tomar, agora que conheciam a verdade.

Força Espiritual

Os alunos, jovens e inocentes, talvez estivessem como qualquer outro grupo de estudantes universitários, empolgados com o protesto mais recente, carregando bandeiras e cantando.

Embora a atmosfera estivesse cheia de energia, e as pessoas em um ambiente assim possam ser envolvidas pela rebelião, a queima desses documentos não foi um ato de rebelião; foi um ato revolucionário. Lutero havia olhado o espírito da religião direto nos olhos e se recusado a se acovardar ou a recuar. Essa é a força espiritual de um reformador. É a força de alguém que conhece seu lugar em Cristo, que sabe o que a Palavra diz com relação à verdade, e que estabelece um limite entre ela e o engano. Esse tipo de força deve voltar à Igreja mais uma vez.

Lutero queimando a bula papal e toda a lei canônica

Esse tipo de força não é apenas um dom de Deus. Precisa ser desenvolvida e exercitada, assim como alguém desenvolve e exercita a fé. Como se desenvolve essa força espiritual? Devorando a Palavra. E não estou falando das passagens bíblicas "de estimação", aquelas favoritas. Você precisa devorar tanto as passagens bíblicas que falam sobre bênção quanto as que falam sobre juízo — e se firmar fortemente nelas! A partir do momento que conhecer a Palavra, você precisará libertar sua mente de qualquer pensamento contrário a ela. Quando um pensamento adverso vier à sua mente, não dê ouvidos a ele, não concorde com ele e não seja gentil com relação a ele! Grite: "Não! Essa não é a verdade de acordo com Deus!". Faça sua mente se curvar diante da Palavra e do plano de Deus. Ore em línguas e edifique seu homem espiritual.

Ao fazer isso, pouco a pouco você se fortalecerá espiritualmente no seu interior. É como o exercício físico. Ele impede que os músculos fiquem frouxos e ajuda a proteger o corpo das doenças. O mesmo acontece no espírito. O exercício espiritual mantém seu homem espiritual forte; ele mantém seu equipamento espiritual funcionando, permitindo que você discirna entre o verdadeiro e o falso. Os cristãos muitas vezes são fracos e infiéis porque deixaram de construir sua força espiritual. Suas igrejas são fracas porque seus líderes são fracos. Eles se agarram a qualquer vento de doutrina, procurando alguma coisa nova, porque deixaram de construir a verdadeira força interior que sustenta, preenche e os impulsiona adiante.

> Lutero tomou uma posição. Ele sabia o que a Palavra lutava por essa verdade. Essa força espiritual vem de se conhecer verdadeiramente a Bíblia.

Se construir um estilo de vida que exercite sua força espiritual, um dia você poderá permanecer forte sem se acovardar ou recuar diante da perseguição, do desastre, da calamidade, do engano e de qualquer espírito hipócrita ou maligno. Você permanecerá firme, assim como Lutero. Os princípios para se desenvolver força espiritual funcionam para todos os que os aplicam, porque "Deus não faz acepção de pessoas" (Atos 10:34).

O Inferno ou o Martírio!

No dia seguinte, colocando-se de pé para pregar à sua turma de cerca de quatrocentos alunos, Lutero deu uma explicação sobre o evento do dia anterior. Os alunos lotaram a sala para ouvir o que o reformador tinha a dizer. A diversão e as brincadeiras da noite anterior se tornaram sérias diante desse sermão.

Lutero disse aos alunos que eles tinham de escolher entre o inferno e o martírio. Ele os advertiu de que corriam o risco de irem para o inferno se não tomassem uma decisão em seus corações de empreenderem, até o fim, a luta contra o "anticristianismo da igreja papal".[40] Com esse comentário, Lutero deixou claro que essa luta contra a Igreja poderia levar ao martírio.

A ideia do martírio pode ter abalado alguns dos alunos, mas não assustava Lutero. Ele agora sabia o que viera fazer na terra. Ele não tinha alternativa; precisava romper com o catolicismo romano e assumir a luta interminável contra o anticristo. Ele era impelido por um dever para com Deus, por um chamado divino para gerar a Reforma. Ele era puramente motivado em seu coração por salvar tantas pessoas quantas pudesse do engano da Igreja Católica.

Com uma seriedade que reverberava, Lutero disse aos alunos:

A Igreja precisa de uma reforma. Essa reforma, entretanto, não envolve o papa somente, nem os cardeais... Ela envolve todo o mundo [cristão], ou muito mais, Deus. Quando ela virá somente Ele sabe. Enquanto isso, nossa tarefa é expor as condições malignas notórias...

Não desejo batalhar pelo Evangelho pela força e pela matança. O mundo é vencido pela Palavra; a Igreja tem sido preservada até agora e também será reformada pela Palavra... Não é a nossa obra que está acontecendo agora no mundo, pois o homem sozinho não poderia começar a executar algo assim. É outro que está à frente, alguém a quem os papistas não veem; portanto, eles colocam a culpa em nós.[41]

Lutero estava falando de Deus em sua referência a "outro que está à frente". E embora a culpa tenha recaído sobre Lutero, ele estava pronto para começar a Reforma para Deus.

Escritos sobre Libertação

Por mais que queimar a bula tenha sido um ato atemorizante e sério, isso deu a Lutero uma liberdade que ele jamais havia conhecido. Mais tarde ele relataria que estava "mais satisfeito com esse feito do que com qualquer outro feito na vida".[42]

Essa liberdade o levou a um ano de grande produtividade.

Lutero estava amadurecendo, sua popularidade estava crescendo e ele estava ficando mais estabelecido em sua doutrina. Mais do que nunca, ele se entregou aos seus deveres pastorais, pregando, ensinando e escrevendo obras que começaram a definir a condição em que estava a Igreja e a humanidade.

Lutero escreveu uma série inteira de pequenos livretos devocionais, outra sobre as sete petições da Oração do Pai Nosso além de diversos sermões sobre a preparação para a morte, o arrependimento, o batismo e a Ceia do Senhor. Ele fez estudos sobre o livro de Salmos, e um comentário sobre Gálatas.[43]

A escrita era algo fácil para Lutero. "Tenho a mão ágil e a memória rápida. Quando escrevo, simplesmente flui; não tenho de espremer e apertar". Ele ficava especialmente inspirado em seus escritos quando era atiçado por um oponente. Ele dizia de si mesmo que escrever fluía melhor quando "uma boa e forte ira se agitava no sangue".[44]

Muitos dos escritos ao longo da história da Igreja foram redigidos em resposta ao erro ou à crítica direta. Até os escritos de Paulo na Bíblia em sua maioria eram cartas a determinada igreja, geralmente apontando um problema ali. O mesmo acontecia com Lutero. Seus escritos ou se dirigiam a um erro ou era uma reação a desafios diretos de seus oponentes, principalmente da autoridade papal. Eles descreviam repreensões pungentes, de um lado e de outro. Esses escritos eram publicados e distribuídos por todo o país.

Deixe-me comentar um pouco mais acerca da disposição que crescia em Lutero naquela época. Ele estava ficando mais ousado, mais áspero, mais forte, mais certo e seguro. Ele pode ter começado no monastério tímido e derrotado, mas ele agora tomava fortalezas com uma força que lhe havia sido dada pela verdade. O que o deixava assim era a sua sempre crescente revelação da verdade. À medida que descobria a liberdade, ele começava a provocar aquela que mantinha as pessoas cativas — a Igreja.

Lutero pregando
Roger Viollet/Getty Images

Lutero buscava a Palavra de Deus acima de tudo. E quanto mais fazia isso, mais claramente ele enxergava as situações. Com base em uma indignação que vinha do céu, Lutero atacava verbalmente o espírito religioso que havia levado toda a Europa cativa.

Juntamente com a pregação e as palestras, Lutero atacava os demônios religiosos com seus escritos. Encorajado por seus oponentes, ele desafiava as doutrinas centrais que haviam sido estabelecidas há séculos.

Uma Mensagem à Classe Alta da Alemanha

Quatro mil cópias da obra de Lutero *Address to the Christian Nobility of the German Nation* (Discurso à Nobreza Cristã da Nação Alemã) foram vendidas em dezoito dias após sua impressão, e diversas reimpressões foram feitas. Quase toda a classe alta da Alemanha a leu. Lutero declarava ali que: (1) qualquer pessoa que foi batizada é um sacerdote perante Deus; (2) não existe um plano espiritual especial que prefira uma pessoa a outra; (3) não existe mediador humano, a saber, um padre, no relacionamento de uma pessoa com Deus; e (4) todo e qualquer cristão pode proclamar a Palavra de Deus.[45]

Os líderes tentaram suprimir a difusão desse documento. Um líder descreveu que o que inicialmente era ofensivo para ele no documento começou a soar como verdadeiro à medida que ele refletia sobre o assunto. Eventualmente, ele também se convenceu da verdade e escreveu a Roma: "O que está escrito aqui não é completamente inverídico, nem é desnecessário que seja trazido à luz. Se ninguém se aventurar a falar sobre os males da Igreja e se todos ficarem em silêncio, as pedras finalmente clamarão"[46] (ver Lucas 19:40).

Lutero escreveu:

> O papa ou o bispo unge, raspa cabeças, ordena, consagra e prescreve vestimentas diferentes das dos leigos, mas ele jamais pode transformar um homem em um cristão ou em um homem espiritual ao fazer isso. Ele pode muito bem transformar um homem em um hipócrita, em um trapaceiro ou em um estúpido, mas nunca em um cristão ou em um homem espiritual. Até certo ponto, somos todos sacerdotes consagrados através do batismo, como diz São Pedro em 1 Pedro 2:9.[47]

Lutero atacou a lei católica romana que só permitia que o papa interpretasse a Bíblia. Ele não encontrou evidências bíblicas para dar suporte a isso, nem qualquer fundamento para a ideia de que Jesus deu apenas a São Pedro as chaves do Reino.[48]

Em seu segundo escrito, intitulado *On the Babylonian Captivity of the Church* (Sobre o Cativeiro Babilônico da Igreja), Lutero desafiou a idolatria católica romana dos sacramentos. "A fé no sacramento o torna eficaz", ele escreveu, acrescentando que não há poder no sacramento em si; só a fé lhe outorgava poder. Lutero declarou com ousadia que ninguém podia ser salvo sem fé, mas que era possível ser salvo sem o sacramento.

Essa era uma afirmação altamente ofensiva para Roma. Os sacramentos e o dever do padre de transformar a Comunhão no verdadeiro corpo de Jesus eram os principais dogmas da fé. E Lutero o havia derrubado dizendo ao povo que os sacramentos pertenciam a todos os homens, e não apenas aos padres.

> As obras que parecem maravilhosas exteriormente podem ser o maior pecado aos olhos de Deus. Deus não julga o ato, mas o coração da pessoa.

Lutero também atacou a missa, como um todo, e as motivações das pessoas para as assistirem. No espírito das indulgências e de acumular boas obras, as pessoas haviam reduzido o que deveria ser um culto de adoração a um sacrifício que acrescentava mérito à vida delas.

No terceiro livro, *On the Freedom of a Christian* (Sobre a Liberdade do Cristão), Lutero discutiu o que pareceria um paradoxo para o mundo católico romano. As pessoas estavam tão acostumadas a realizar boas obras com determinada motivação, que pouco era feito vindo do coração do homem. Lutero atacou isso verbalmente declarando que, a não ser que as boas obras de uma pessoa viessem de uma disposição criada em resultado da fé, essas aparentes boas obras eram malignas aos olhos de Deus.[49]

Lutero escreveu:

> A fé não é uma obra do homem. Ela é uma disposição produzida por Deus, ou, mais corretamente, a consciência da nova vida que cria raízes na alma quando ela adquiriu a certeza do favor de Deus por meio das boas novas do amor de Deus em Cristo. O que o homem faz em resposta a essa disposição ou consciência é bom, embora possa parecer insignificante exteriormente — seja andar, ficar de pé, comer, beber, dormir ou trabalhar. Por outro lado, o que ele não faz, ou não pode fazer, em resposta a essa disposição não é bom, por mais magnífico e santo que possa parecer exteriormente.[50]

Lutero usou esse escrito para atacar a ideia das obras. As obras que parecem maravilhosas exteriormente podem, em si mesmas — devido ao estado do coração da pessoa — ser o maior pecado aos olhos de Deus.

Lutero escreveu: "Qualquer pessoa que não está em concordância com Deus começa a procurar e a se preocupar com como ela pode compensar e sensibilizar Deus com muitas obras". Mas a alguém que está firmado na fé, Lutero acrescentou, "serve a Deus sem procurar retorno, satisfeito porque isso agrada a Ele".[51]

Enfrentando o Inimigo em Worms

Todos esses escritos soaram como toques de trombeta aos ouvidos de Roma, e com essa declaração retumbante, Lutero deu início ao processo de desarraigar séculos de fortalezas, costumes e mentalidades demoníacas.

Embora o livro escrito para a nobreza alemã tenha alcançado apenas a Alemanha, o livro sobre o cativeiro babilônico chegou a toda a Europa. Com ele, Lutero atraiu a hostilidade do rei Henrique VIII da Inglaterra, que escreveria uma refutação mordaz e se posicionaria contra Lutero pelo restante de sua vida.[52]

Enquanto os líderes das nações tinham de decidir o que fazer acerca da influência de Lutero, seus amigos pessoais escolhiam que lado tomariam na guerra que se seguiria. Alguns permaneceram leais, ao passo que outros recuaram. Alguns permaneceram indecisos, enquanto tentavam formular os próprios sistemas de crenças. Um seguidor devoto de Lutero teve dificuldades com os escritos e jogou um dos livros no chão com raiva, mas depois o apanhou e continuou lendo. No fim, ele se convenceu e ficou ao lado de Lutero, como tantos outros haviam feito. Registra-se que ele disse: "O mundo inteiro esteve cego até agora".[53]

Em resposta a esses escritos, foi feita uma segunda tentativa de silenciar Lutero na reunião anual de uma corte secular de juízes, chamada Assembleia de Worms, realizada na cidade de mesmo nome. O ano era 1521, e Lutero foi convocado para responder pelo que havia escrito. O imperador presidiu a reunião. Frederico esperava que a corte concedesse favor a Lutero, porque o imperador que a presidia considerava ilegal acusar um homem de heresia sem antes ouvi-lo. Lutero ficou satisfeito com a chance de explicar sua posição, mas logo descobriu que as intenções eram as mesmas que as de Caetano.

O imperador Carlos V da Espanha não estava de fato interessado em gastar suas energias com Lutero, de modo que a reunião foi curta e direta. Referindo-se a uma pilha de livros sobre uma mesa, foi perguntado a Lutero se ele era o autor deles e se gostaria de se retratar por algum trecho ali contido.[54]

Martinho Lutero enfrenta o Imperador Carlos V e a Assembleia de Worms em 1521
Arquivo Hulton

A corte esperou a resposta de Lutero, na expectativa de que ele respondesse imediatamente a fim de que eles pudessem seguir em frente e tratar de outros assuntos. Lutero, porém, não querendo que aquele fosse o fim da questão, pediu mais tempo: "Isto diz respeito a Deus e à Sua Palavra. É algo que afeta a salvação de almas... Eu lhes imploro, deem-me tempo".[55]

Foi-lhe dado mais um dia para refletir. Lutero passou a noite meditando sobre a pergunta, embora já tivesse se decidido há tempos. No dia seguinte, ele compareceu perante a corte. Um membro tomou a palavra: "É preciso dar uma resposta simples, clara e adequada... Você irá se retratar ou não?".[56]

Diante disso, Lutero declarou:

A não ser que eu possa ser instruído e convencido com evidências das Sagradas Escrituras ou com fundamentos abertos, claros e distintos da razão... então não posso e não me retratarei, porque não é seguro nem sábio agir contra a consciência. Aqui estou. Não posso fazer outra coisa. Deus me ajude! Amém.[57]

O Edito de Worms

Lutero foi condenado, mas lhe foram concedidos vinte e um dias de salvo-conduto para voltar a Wittenburg. Logo após a Assembleia de Worms, veio o Edito de Worms, em maio de 1521. O edito era a decisão que o papa e todos os seus associados esperavam. Finalmente, Lutero foi legalmente condenado como herege, o que fazia dele um alvo que poderia ser assassinado por qualquer pessoa sem que houvesse consequências. Se Roma tivesse encontrado uma maneira de fazê-lo, Lutero teria sido queimado na estaca como Jan Hus.

Lutero perante o concílio

Com o edito, ficou declarado que Lutero e sua doutrina eram um poço de velhas e novas heresias, e ele foi banido do império. O edito proibia que qualquer pessoa imprimisse, vendesse ou lesse seus livros. Também tornava ilegal qualquer tipo de ajuda a Lutero. Mas mesmo com esse edito, Frederico, O Sábio, príncipe-eleitor e amigo de Lutero, interveio em seu favor.

Frederico providenciou uma encenação, na qual Lutero foi falsamente preso quando retornava a Wittenburg. Ele fez com que Lutero fosse capturado e levado para um de seus castelos, em Wartburg. Lutero esconde-se em um quarto do local, atrás de uma escada retrátil, por dez meses. Ele deixou a barba e os cabelos crescerem, e referiam-se a ele como "Cavaleiro George". Seu disfarce era tão eficiente que, mais tarde, quando deixou o castelo, um amigo e pintor para quem Lutero havia posado anteriormente não foi capaz de reconhecê-lo.

Lutero odiou o tempo que passou em Wartburg, sobre o qual escreveu:

> Eu estava em minha prisão, na minha própria Patmos, no alto do castelo, no reino dos pássaros, mas frequentemente atormentado pelo diabo. Resisti a ele na fé, e respondi-lhe com estas palavras: o meu Deus é Aquele que criou os seres humanos, e Ele colocou todas as coisas debaixo dos pés deles (Salmos 8:6). Tente e veja se você tem algum poder sobre Ele![58]

Embora tenha passado esses dias em tormento, Lutero fez pleno uso de seu tempo. Ele pôde dar continuidade a alguns de seus escritos e, provavelmente, seu maior feito tenha sido a tradução completa do Novo Testamento do latim para o alemão. O homem comum nunca havia tido uma Bíblia. As poucas passagens bíblicas que eram declamadas para o povo durante a missa eram lidas em latim. Agora, toda a cristandade mudaria. O homem comum teria acesso à luz!

Destruição, Caos e Revolta em Wittenburg

Mas antes mesmo que o povo tivesse acesso à Palavra de Deus, as Noventa e Cinco Teses, por si só, haviam se transformado em um movimento. O que anteriormente era a guerra de um único homem, Lutero, agora se transformava em algo chamado de Luteranismo. Um de seus associados, Carlstadt, assumiu a liderança do movimento enquanto Lutero estava em Wartburg. No entanto, Carlstadt deu-lhe uma direção que irritou Lutero, fazendo-o deixar seu esconderijo para corrigir o caos que se instalara em Wittenburg.

Sob a direção de Carlstadt, as freiras estavam deixando o convento e os monges o monastério. Isso não contrariou Lutero, pois ele escrevia e pregava contra os votos monásticos.

A captura de Lutero
Arquivos da North Wind Picture

Mas ele era contra a destruição de pinturas e altares e, naquele momento, os padres estavam sendo apedrejados e o altar do Monastério Franciscano fora destruído. Os padres que celebravam as missas estavam sendo expulsos à força da igreja da cidade. Revoltas irromperam quando os seguidores do movimento foram presos. Missas eram interrompidas, uma paróquia em Eilenberg foi saqueada e os monges agostinianos queimaram solenemente todas as imagens das paredes do monastério.

Lutero ficou furioso e voltou à cidade, repreendendo Carlstadt e lembrando-lhe que é através do amor que as pessoas são ganhas. Ele perguntou aos que haviam sido envolvidos pelo calor do movimento porque eles derrubaram as estátuas ou imagens que poderiam ter significado algo para a devoção de outros ao Senhor. Ele os encorajou a considerar os mais fra-

Lutero traduzindo o Novo Testamento do latim para o alemão
Roger Viollet/Getty Images

cos, que precisavam de seus votos monásticos, de suas imagens e de suas estátuas.

Seus sentimentos acerca da natureza que a Reforma deveria ter são mais bem expressos em suas palavras.

Deem tempo aos homens. Levei três anos de estudo, reflexão e discussão constante para chegar onde estou agora, então como se pode esperar que o homem comum, que não foi orientado nessas questões, percorra a mesma distância em três meses? Não suponham que o mau uso é eliminado destruindo-se o objeto que é mal utilizado. Os homens podem cometer erros em se tratando do vinho e das mulheres. Devemos então proibir o vinho e abolir as mulheres? O sol, a lua e as estrelas foram adorados. Devemos então arrancá-los do céu? Tamanha afobação e violência revelam falta de confiança em Deus. Vejam o quanto Ele foi capaz de realizar através de mim, embora eu não tenha feito mais do que orar e pregar. A Palavra fez tudo. Se eu tivesse desejado poderia ter iniciado uma conflagração (um fogo devastador) em Worms. Mas enquanto eu me sentava em silêncio e tomava cerveja com Philip e Amsdorf, Deus dava um golpe poderoso no papado.[59]

Lutero era um reformador, portanto realizou uma reforma. E embora tenha corrigido um espírito errado, ele manteve muitas das reformas de Carlstadt, e começou a fazer muitas outras por conta própria. Ele retomou o púlpito e pregava todos os dias. Reestruturou a adoração, escrevendo muitos hinos e imprimindo sua primeira missa em alemão.

Lutero iniciou suas reformas em Wittenburg. Ele estava seguro ali — o povo o amava, o estimava e o protegia. Mas ele não ousava sair do território da Saxônia. Frederico, o príncipe daquela região, não precisava levantar um dedo para protegê-lo porque o favor do povo era suficiente. Levantar-se contra Lutero era levantar-se contra o povo. E nenhum oficial secular ou da Igreja no país estava disposto a atrair esse tipo de reação contra si.

As reformas de Lutero incluíram os cuidados públicos com os pobres. Naquela época, era proibido mendigar. O dinheiro que anteriormente era usado para abastecer os monastérios passou a ser usado para socorrer os órfãos, para ajudar os alunos das universidades e para os dotes das moças pobres.

A missa foi reelaborada. A pregação do Evangelho substituiu a velha rotina monótona. Carlstadt iniciou um ataque ao celibato, algo com o qual Lutero concordava definitivamente. Lutero tornou-se pessoalmente responsável pela fuga de freiras dos conventos. Quando as freiras estavam sob sua custódia, ele procurava casá-las com padres que haviam deixado os monastérios.

Sua Resoluta Esposa de Cabelos Vermelhos

O próprio Lutero casou-se com uma das freiras, embora tenha tentado diligentemente casá-la com outra pessoa. Tudo começou depois que ele a resgatou de um convento, algo que ele sentia ser seu dever diante de Deus, embora fosse um crime passível de execução. Seu nome era Katherina von Bora, e ela era uma de muitas que haviam tido acesso aos escritos de Lutero dentro do convento. Descontente antes mesmo de ler suas obras, ela escreveu a Lutero em seu nome e em nome de outras onze freiras que queriam deixar o convento.[60] Lutero arquitetou um plano usando o pai delas, que entregava arenque defumado semanalmente dentro dos muros do convento. Ele tinha a confiança da autoridade da igreja local, de modo que seu caminhão não foi parado nem investigado no dia em que ele esvaziou doze barris de peixe e partiu com os mesmos barris, cheios com doze freiras. Katherina era uma delas.[61]

Katherina estava no convento contra sua vontade, assim como muitas das freiras. Por essa razão, Lutero escrevia aos pais das freiras pedindo-lhes que libertassem suas filhas. No caso de Katherina, porém, ela foi colocada no convento por ordem de sua madrasta. Katherina nasceu com uma personalidade forte e um pensamento perspicaz, algo que era desconfortável para a nova mulher de seu pai, de modo que ela foi mandada embora aos nove ou dez anos.[62]

Quando as doze freiras estavam seguras fora dos muros do convento, três foram para as casas de suas famílias e as outras nove foram mandadas para a porta da casa de Lutero. Ele encontrou maridos para oito delas. Agora, todas elas estavam casadas, menos Katherina, que começou a realizar trabalhos domésticos na casa de um vizinho.

A jovem tinha vinte e seis anos, cabelos vermelhos, testa alta, nariz longo e queixo forte. Um biógrafo disse que ela era "uma saxã inteligente cuja língua estava sempre afiada".[63] Embora a sociedade dissesse que ela havia passado da idade para se casar, Katherina se apaixonou por um homem, que sentia o mesmo por ela. Mas os pais dele recusaram o casamento por ela ser uma freira fugitiva. O relacionamento terminou, e ele ficou com o coração partido.

Lutero, que a esta altura nutrira uma forte amizade por Katherina, recomendou mais alguns homens como possíveis cônjuges para ela. Ainda abrigando a dor de seu rompimento, ela os recusou. Lutero tinha dúvidas se, àquela altura da vida, Katherina tinha o direito de ser tão exigente. Ainda assim, ela os recusou, mas recomendou dois homens da própria escolha — um dos quais era o próprio Lutero![64]

Lutero ficou perplexo com a sugestão! Era impossível! Ele não podia se casar — ou pelo menos, assim ele pensava. Ele podia ser enforcado a qualquer momento como herege. Era uma ideia ridícula.

Esse era o sentimento que havia em Lutero quando ele foi visitar sua família, mas o fato de seu pai o ter encorajado a casar fez com que ele mudasse de ideia. Feliz por Lutero ter deixado o monastério, seu pai queria que ele se casasse, tivesse filhos e levasse adiante o nome da família.

Lutero estava começando a ver os benefícios do casamento. Ele poderia agradar a seu pai, enfurecer ainda mais o papa e talvez ter um filho para levar seu nome caso fosse martirizado, o que era sua expectativa diariamente. Não houve romance para Lutero ou Katherina. Ele casou-se por dever, ela como uma forma de superar um trauma. Mas eles tinham uma forte admiração e respeito mútuo.[65]

"Não estou loucamente apaixonado, mas gosto dela", disse Lutero. Em 10 de junho, ele escreveu: "Os presentes de Deus devem ser tomados depressa". Em 13 de junho de 1525, ele casou-se com Katherina.[66]

Tranças no Meu Travesseiro

O casamento repentino gerou uma série de rumores. O boato de que Lutero estava vivendo com Katherina já circulava, quando, na verdade, ele estava apenas visitando-a diariamente. Para Lutero, essa era a única maneira de prosseguir com o casamento. Ele escreveu sobre isso mais tarde: "Se eu não tivesse casado depressa e secretamente, confidenciando-o apenas a alguns poucos, todos teriam feito o possível para me impedir; pois todos os meus amigos diziam: 'Não esta, mas outra'". Os amigos de Lutero queriam que ele se casasse com alguém mais ilustre.[67]

O casamento aos quarenta e um anos representou um ajuste para Lutero. Reconhecendo ter velhos hábitos, ele disse: "Há muito a se acostumar no primeiro ano de casamento... A pessoa acorda de manhã e encontra um par de tranças no travesseiro que não estavam ali antes".[68]

Kate entrou no casamento sem restrições. Sua personalidade vigorosa e sua determinação trouxeram ordem à vida de Lutero. Por exemplo, ela trocou a palha antiga e mofada de seu colchão por um enchimento novo. Em sua busca irredutível pela Reforma, ele costumava cair exausto na cama todas as noites, sem perceber o odor que exalava dele.

Ela também trouxe ordem às finanças de seu marido. A conta bancária do reformador estava frequentemente descoberta porque ele era muito generoso. Ele dizia que Deus deu dedos ao homem para que o dinheiro pudesse passar facilmente por eles. Kate assumiu o controle dos recursos e conseguiu economizar dinheiro suficiente para a compra de mais propriedades.[69]

Com o casamento, Kate descobriu novas habilidades que não conhecera nem aprendera no convento. Ela aprendeu que tinha habilidade para ser supervisora, proprietária e administradora, trazendo crescimento em todas as áreas e determinando-se a tornar o lar deles autossuficiente. Os Lutero viviam no monastério agostiniano, cuja propriedade lhes fora repassada pelo governo. Era um prédio de quarenta quartos, e às vezes todos os quartos estavam cheios de pessoas. Os Lutero tiveram seis filhos de sangue, trouxeram meia dúzia de sobrinhos e sobrinhas para morar com eles, além de algumas crianças que Lutero adotou depois que ficaram órfãs. Os parentes de Kate se mudaram para lá para ajudar, inclusive sua tia Magdalena, que se tornou a "babá" das crianças. Tutores e alunos internos também moravam ali. Lutero e Kate tinham uma grande parceria — ele convidava os alunos internos, e ela lhes cobrava o aluguel![70]

Levou algum tempo para Lutero se acostumar a viver cercado de tantas pessoas, mas logo ele começou a lidar muito bem com a situação. Falando acerca de seu filho Hans, ele escreveu certa vez: "Enquanto eu sento e escrevo, ele me canta uma canção, e se ele canta alto demais, eu o repreendo um pouco, mas ele continua cantando mesmo assim".[71]

O casamento de Lutero

Conversas à Mesa

Nessa casa, sempre tão cheia de atividades, começou a nascer um relacionamento no qual Lutero passou a ser o mentor dos alunos que ali viviam. O tempo deles juntos se tornou conhecido como as famosas "conversas à mesa". Os alunos se achegavam a ele ao redor da mesa de jantar, fazendo perguntas e anotando as respostas em seus cadernos. Kate queria cobrar pelas revelações que eles anotavam, mas Lutero não permitia. No fim, muitos desses alunos publicaram as informações que colhiam nesses momentos.[72]

Lutero sentava-se em uma extremidade da mesa de jantar com os alunos e Kate na outra com as crianças. Ela começou a cansar-se das perguntas dos alunos e do fato de Lutero não conseguir comer sua refeição porque não parava de falar. Durante uma conversa à mesa, Kate comentou: "Doutor, por que o senhor não para de falar e come?". Lutero respondeu: "As mulheres deveriam fazer a oração do Pai Nosso antes de abrir a boca".[73]

Embora Kate não fosse fácil, Lutero cedia em seus pontos fracos aos pontos fortes dela, entregando-lhe os assuntos da casa. Ele a chamava de "minha costela", "meu elo" e "meu senhor", referindo-se à maneira como ela administrava a casa.[74]

Entretanto, ela fazia mais do que administrar a casa. Kate fez a casa prosperar. Ela se tornou a administradora de duas casas — o ministério agostiniano e outra, que herdou posteriormente em Zulsdorf, a dois dias de viagem de Wittenberg. Ela possuía fazendas, jardins, gado, porcos, pombos, gansos, um cachorro (que Lutero amava tanto que esperava poder vê-lo no céu), pomares, um lago com peixes e uma fábrica de cerveja.[75]

Uma pequena observação: não permita que o fato de Kate possuir uma fábrica de cerveja o incomode. Naquele tempo, possuir uma cervejaria era um luxo, e tomar cerveja era alimentar o corpo. A cerveja era para eles o que as nossas bebidas proteicas e suplementos são para nós hoje. Ainda nos dias de hoje, na Alemanha, há pessoas cujo relacionamento com o álcool é muito diferente do nosso. A moderação era a chave para eles. Além disso, a cerveja era particularmente benéfica para aquela família, porque Lutero estava frequentemente doente.

Kate preferia sua terra em Zulsdorf a Wittenberg, mas devido a suas frequentes enfermidades, Lutero não gostava quando ela se ausentava. Ela chegou a pensar em aumentar sua propriedade comprando outra fazenda, mas Lutero a fez adiar o negócio, até que outra pessoa a comprou. "Oh, Katie", disse ele, "você tem um marido que a ama. Deixe que outra pessoa seja uma imperatriz".[76]

Esforçando-se para agradar o marido, ela servia a Lutero buscando atender todas as suas necessidades. Kate tornou-se uma excelente médica por conta própria. Lutero sofria de muitos males: gota, insônia, catarro, hemorroidas, constipação, caroços, vertigens e zumbido nos ouvidos. Ela tornou-se muito hábil nos procedimentos da medicina natural, tais como cataplasmas e massagens. E a cerveja que ela fabricava, da qual Lutero se gabava, era um excelente remédio para sua insônia e seus caroços.

Em uma carta, Lutero escreveu à esposa com relação ao seu cuidado vigilante com tudo e com todos:

> À santa e preocupada senhora Katherina Lutero, médica em Zulsdorf e Wittenberg, minha graciosa e querida esposa. Agradecemos de coração a você por ser tão preocupada a ponto de não poder dormir, pois desde que você começou a se preocupar conosco, um incêndio teve início perto da minha porta, e ontem, sem dúvida devido à sua preocupação, uma grande pedra, salva pelos queridos anjos, teria caído e nos esmagado como um rato em uma ratoeira. Se você não parar de se preocupar, temo que

a terra nos engula. Ore e deixe Deus se preocupar. Lance o seu fardo sobre o Senhor.[77]

Pouco a pouco, o casamento se tornava cada vez mais agradável para Lutero, assim como aumentava seu amor por Kate. Antes de se casar, Lutero ensinava que o casamento era uma necessidade da carne. Mas, depois, ele afirmou que era uma oportunidade para o espírito. "O primeiro amor é estar embriagado", disse Lutero ao falar a respeito do casamento. "Quando a embriaguez passa, então vem o verdadeiro amor do casal".[78] E era isso que ele e Kate tinham.

Lutero passou a amá-la tão profundamente, que deu um novo nome à sua mais amada epístola paulina: "Minha Katherina Von Bora". Ele disse dela certa vez: "Nos assuntos domésticos, eu me submeto a Katie. No mais, sou guiado pelo Espírito Santo".[79]

Lutero falava e escrevia muito sobre casamento. A seguir estão alguns de seus dizeres que merecem ser citados:

É claro que o cristão deve amar sua esposa. Ele deve amar o próximo, e como sua esposa é o próximo mais chegado, ela deve ser seu amor mais profundo. E deve ser também sua amiga mais querida.

Casamento não é brincadeira, ele precisa ser trabalhado, e é preciso orar por ele... Conseguir uma esposa é bastante fácil, mas amá-la com constância é difícil... pois a mera união da carne não é suficiente; deve haver uma compatibilidade de gostos e de caráter. E essa compatibilidade não vem da noite para o dia.

Ter paz e amor no casamento é um dom que está ao lado do conhecimento do Evangelho.

Alguns casamentos foram motivados por mera luxúria, mas a mera luxúria é sentida até por moscas e piolhos. O amor começa quando desejamos servir ao outro.

Não tirarei do casamento seus tormentos. Posso até aumentá-los, mas ele acabará por ser maravilhoso, como só sabem aqueles que o provaram.

Nada é mais doce que a harmonia no casamento, e nada é mais doloroso que a dissensão... Próximo a isso está a perda de um filho. Sei o quanto isso dói.[80]

Amando e Perdendo os Filhos

Os Lutero conheceram a dor da perda de um filho. Juntos eles tiveram seis filhos, dos quais perderam dois. A perda desses filhos foi provavelmente a experiência mais dolorosa na vida de Lutero. Seus filhos o completavam tanto que a perda deles foi torturante para sua alma; ele às vezes tinha a sensação de que jamais se recuperaria daquelas perdas. Lutero era tão apaixonado e bem humorado com relação à paternidade quanto era em relação ao casamento. Ele disse certa vez: "O pai aprende sempre com a experiência de pendurar fraldas para a diversão de seus vizinhos. Deixe-os rir, Deus e os anjos sorriem no céu".[81] Ele via o papel de pai como uma de suas responsabilidades mais poderosas, dizendo que não havia poder maior dado por Deus do que o que foi dado aos pais.

A Revolta dos Camponeses

À medida que Lutero buscava apaixonadamente a Reforma, ela parecia persegui-lo. Tão depressa quanto ele trouxe a mudança à Igreja, Lutero era transformado em seu próprio coração e em sua vida diária, primeiro por sua esposa e depois por seu amor incrível por seus filhos. Essas emoções estavam abrindo-o para uma abundância que ele não sabia que Deus tinha para ele.

A busca da classe camponesa por essa mesma abundância gerou uma agitação que, com o tempo, criaria problemas para Lutero. Apoiando-se em Lutero, a classe camponesa usou a Reforma como sua plataforma para se levantar contra a classe nobre, que possuía terras, controlava os empregos no governo e tirava vantagem da classe camponesa. Sem qualquer convicção acerca do Evangelho, os camponeses pegaram emprestado o poder da Reforma para levar adiante suas exigências. Eles queriam escolher os próprios ministros e colocar um fim à servidão, um sistema no qual o camponês estava preso a terra e sujeito em certo grau ao proprietário dela. Eles também queriam uma taxa de lucro justa pelo trabalho que realizavam nos campos.

Lutero simpatizava com os camponeses, mais tarde, porém, ele daria conselhos à classe mais alta que fariam com que ele fosse culpado por parte da violência contra os camponeses.

Lutero entendia as razões que os camponeses tinham para se revoltar, mas os advertiu a não usarem a violência e a agitação. Eles não deram ouvidos ao conselho. Os camponeses seguiram em frente, dando início à rebelião com força total. Eles se recusaram a pagar qualquer taxa; depois, saquearam castelos e monastérios. Os nobres usaram sua força e tomaram medidas severas contra eles — seis mil camponeses morreram. Lutero tentou acalmar a todos e levá-los a refletir sobre a cruz, mas como a motivação principal deles não era essa, eles sem dúvida não queriam mudar o foco a essa altura do conflito. Lutero reagiu à situação escrevendo uma mensagem aos nobres.

Ele escreveu o discurso "Contra as Hordas de Camponeses Ladrões e Assassinos". Nesse documento, ele dizia à classe nobre para admitir a própria culpa, orar pela ajuda de Deus e oferecer um acordo aos camponeses. Somente se esse acordo fosse recusado é que Lutero defendia a punição severa dos camponeses. Ele escreveu:

> Golpeiem, estrangulem e apunhalem [os camponeses] secreta ou abertamente, pois nada pode ser mais venenoso, doloroso ou demoníaco do que um rebelde. É exatamente o que acontece quando é preciso matar um cão raivoso; se você não o atacar, ele o atacará e a toda a terra também.[82]

Os lordes reagiram violentamente e puseram um fim à rebelião.

Lutero percebeu que os lordes entenderam mal sua intenção e escreveu-lhes uma segunda mensagem intitulada "Carta Aberta sobre o Discurso contra os Camponeses". Ele queria se assegurar de que os lordes sabiam que sua responsabilidade como cristãos era não apenas pôr fim à rebelião, mas também voltarem-se com misericórdia para os camponeses com uma intenção de restauração após a vitória.

Os camponeses culparam Lutero pela vitória dura dos lordes, e os lordes culparam Lutero e a Reforma por atiçar o levante dos camponeses. Como muitas pessoas apostólicas, Lutero acostumou-se a receber a culpa. Alguns o consideravam frágil, mas descobri que a constituição de um reformador lhe dá força para lidar com esse tipo de pressão. Os Reformadores eram moldados pelo seu chamado e pela causa que defendiam. Isso os capacitava a avançar enquanto eram mal compreendidos ou, no caso de Lutero, odiados e culpados — aqui pelos camponeses e nobres, e em outros casos, pela própria família e por outros reformadores protestantes.

O ódio do papado por Lutero continuou a crescer, e o imperador Carlos V passou a desgostar imensamente dele depois da Assembleia de

Worms, embora não o fizesse por qualquer convicção particular. Simplesmente incomodava-o o fato de que um homem causasse tantos problemas para tantas pessoas. Carlos esforçou-se para colocar em vigor o Edito de Worms, mas o luteranismo era popular demais e se livrou das tentativas de extinção. Os ministros luteranos eram removidos de seus púlpitos, mas eles iam às ruas, pregando dos parapeitos das estalagens locais diante de multidões de pessoas. Cidades alemãs inteiras, como Strasbourg, Augsburg, Ulm e Nuremberg, estavam se transformando em fortalezas luteranas.

Foram convocados sucessivos congressos para lidar com essa heresia que desafiava a unidade do catolicismo romano. Tudo isso culminou em 1530, com a Assembleia de Augsburg. Lutero não teve permissão para ir e foi mantido novamente em outro castelo durante os três meses de deliberação. Todos os príncipes dos territórios da Alemanha estavam presentes. Esses homens eram a autoridade secular da nação sob o imperador. Eles tinham o mesmo *status* de Frederico, O Sábio, que governava o território de Lutero e Worms. Esses príncipes apresentaram a Confissão de Augsburg, que era uma declaração de fé luterana. O imperador não a recebeu, exigiu a erradicação do luteranismo e ordenou que os príncipes alemães levassem o país de volta à união com a Igreja Católica. Eles se recusaram; um príncipe ajoelhou-se diante do imperador e disse que preferia ser decapitado a tirar a Palavra de Deus do povo. A bravura dos príncipes igualou-se à de Lutero, e a convicção do movimento não foi diluída mesmo com sua ausência. O imperador não quis lhes dar a aceitação que eles procuravam, mas pôde fazer pouco para parar o movimento que já estava dominado a Alemanha — o Luteranismo.

Reorganizando a Igreja

Felizmente, o imperador foi chamado aos campos de batalha, e Lutero nunca mais sentiria o peso de sua oposição novamente. Lutero continuou a avançar e logo iniciou suas reformas na Igreja, começando com uma inspeção de como os cultos eram feitos. Não demorou muito para que ele sentisse que era necessária uma missa em alemão.

Lutero prosseguiu lentamente com essas reformas devido à preocupação de que a mudança brusca do latim para o alemão pudesse alienar as pessoas mais fracas na fé. Ele percebia que as pessoas conheciam muito pouco sobre os princípios fundamentais do Reino de Deus e escreveu, com a ajuda de seus assistentes, dois catecismos em alemão a fim de que o povo estudasse — um para os adultos e outro para as crianças. Depois de sua tradução da Bíblia, Lutero considerava o catecismo para as crianças sua obra mais importante.[83]

Lutero garantiu que os seguidores do movimento chegassem ao conhecimento do Evangelho e do Reino, reforçando o estudo dos catecismos. Tanto os adultos como as crianças deveriam memorizá-los. A falha em cumprir essa orientação significava a abstenção de comida e bebida pelos empregadores ou pelos pais dos culpados.[84]

Reformando a Música

Em suas reformas, Lutero trouxe a música para o primeiro plano da missa, dizendo que "ao lado da Palavra de Deus, a música merece o mais alto louvor".[85] Esse é outro exemplo de como Lutero divergia de outros reformadores da época.

Ulrich Zwingli, um reformador da Igreja da Suíça, era um músico experimentado, porém baniu toda a música de órgão. Alguns de seus seguidores levaram isso mais longe e destruíram os órgãos para reforçar seu ponto de vista. Outro reformador, João Calvino, permitia o canto, mas apenas em uníssono. Todas as harmonias foram declaradas inadequadas. Calvino acreditava que, embora a música fosse um dom de Deus, ela só devia ser usada no mundo, e não na missa.

Mas Lutero achava que a música era divina. Ele era um músico incrível, tinha uma boa voz para o canto e era hábil no alaúde, do qual ele havia desistido quando entrou para o monastério quando jovem.

Lutero fazia parte de um grupo de reformadores que achava que a música fazia o Evangelho avançar. Ele acreditava que Deus criara todas as coisas para serem usadas no culto e para adorá-lo, e que era função das pessoas descobrirem a criatividade dentro de si mesmas e permitir que ela fluísse para todas as áreas da vida, usando-a para Deus. Lutero disse:

> Não sou da opinião de que todas as artes devam ser eliminadas e destruídas por causa do Evangelho, como alguns fanáticos protestam; ao contrário, gostaria de ver todas as artes, principalmente a música, a serviço Daquele que as deu e as criou.[86]

Lutero em casa, tocando seu violão, cercado por sua família

Lutero realizava inclusive ensaios de música durante a semana. Esperava-se que a congregação comparecesse e aprendesse novas canções, para que a adoração pudesse fluir melhor aos domingos de manhã. Hoje, em geral, a equipe de louvor e adoração tem um ensaio no meio da semana para se preparar para o domingo. Mas essa não era a tradição que Lutero seguia. Ele esperava que toda a congregação estivesse no ensaio. Ele era definitivamente um diretor e um líder — Lutero apontava o caminho e esperava que os cristãos o seguissem!

Para dar suporte a seus argumentos sobre a música, ele usava como exemplo Moisés e Davi. Ele mostrava às pessoas como Moisés louvou a Deus depois de passar pelo mar Vermelho e como Davi escreveu muitos salmos.

Lutero tinha sentimentos tão fortes acerca do lugar da música no ministério que não queria ordenar um novo ministro que não conhecesse a importância espiritual da música. Um homem em busca de ordenação tinha de ser habilidoso na música ou sensível ao louvor e à adoração. Além disso, ele pensava que um professor que não fosse capaz de instruir em música não devia ser contratado.

Lutero queria que as pessoas experimentassem o poder da música. Por esse motivo, ele quis substituir os hinos latinos por outros em alemão, a fim de que o povo pudesse entender o que estava ouvindo e fosse edificado pela Palavra de Deus enquanto cantava. Desse modo, Lutero emitiu um aviso convocando poetas e músicos para produzirem hinos em alemão. Ele os instruiu a serem fiéis à Bíblia a fim de preservar o ensino puro da Palavra. Ele não queria misturas ou ideias seculares. Ele queria que toda ideia criada pelo homem fosse removida da missa, e não tinha medo de insistir nisso! Lutero se referia à lei canônica, ao código escrito do papado para todo o catolicismo, como "aquela abominável invenção extraída do esgoto e dos detritos de cada um".[87]

O próprio Lutero logo começou a escrever hinos. A princípio, não era muito habilidoso, mas depois de muitas tentativas, ele desenvolveu o dom da música. Lutero escreveu mais de vinte hinos no período de um ano. Por volta de 1526, havia material suficiente em liturgia e hinos para que se realizasse a primeira missa em alemão.

O hino clássico pelo qual ele é mais conhecido é *Castelo Forte é Nosso Deus*. Lutero escreveu o hino em 1527, seu pior ano, um ano de grandes testes e provações. Duas situações de sofrimento levaram-no a escrever essa canção.

Primeiro foram as disputas com outros reformadores da época. As discussões o deixaram irado, perturbado e deprimido. Seus ouvidos começaram e zunir por causa de todo o estresse e de toda a pressão da dissensão. Ele ia se deitar pensando que aquela era a sua última noite com vida. Mas, em meio a tudo isso, Lutero se entregou a Deus novamente. Falando do estado em que estava quando o hino foi escrito, Lutero disse:

> Passei mais de uma semana nos braços da morte e do inferno. Todo o meu corpo doía, e ainda tremo. Completamente abandonado por Cristo, sentia-me esgotado sob as alterações e as tempestades do desespero e da blasfêmia contra Deus. Mas por meio das orações dos santos [seus amigos], Deus começou a ter misericórdia de mim e tirou a minha alma do inferno profundo.[88]

Lutero queria que as pessoas experimentassem o poder da música em alemão, a fim de que fossem edificadas pela Palavra de Deus enquanto cantavam.

Ele sobreviveu. Mas naquele mesmo ano, surgiu a segunda inspiração para a música: a praga. Enquanto todos que estavam saudáveis deixavam Wittenberg, os Lutero permaneceram para cuidar dos enfermos. Lutero viu seus amigos morrerem enquanto transformava o monastério em um hospital. O monastério estava tão abarrotado de enfermos que o lugar ficou em quarentena. Em meio a essa situação de dor e sofrimento, Lutero escreveu as palavras extremamente poderosas de "Castelo Forte é Nosso Deus". Eis algumas linhas de uma das versões que são cantadas mundialmente todos os domingos de manhã, até o dia de hoje:

> Se nos quisessem devorar
> Demônios não contados,
> Não nos iriam derrotar
> Nem ver-nos assustados.
> O príncipe do mal,
> Com seu plano infernal,
> Já condenado está!
> Vencido cairá
> Por uma só palavra.

Sua Maior Obra: A Bíblia em Alemão

Juntamente com os hinos de Lutero, a obra mais duradoura que ainda temos hoje é sua tradução da Bíblia para o alemão. Ele já havia traduzido o Novo Testamento do latim para o alemão durante os dez meses de sua estada no Castelo de Wartburg, enquanto se escondia após a Assembleia e o Edito de Worms. Em 1534, veio a grande coroação sobre todo o trabalho da Reforma, a publicação do Antigo Testamento traduzido do hebraico

Lutero em casa, em seu escritório
Arquivo da North Wind Pictures

para o alemão. Lutero era a pessoa adequada para esse empreendimento. Ele reuniu seus melhores eruditos, uma equipe de homens como nunca antes havia sido reunida.

O objetivo de Lutero era publicar uma Bíblia que fosse entendida por todos os alemães, de modo que ele passou períodos em diferentes regiões falando com as gerações mais velhas, ouvindo como eles falavam, e depois trazendo isso de volta à mesa de tradução. Ele queria que a Bíblia soasse corretamente aos ouvidos de todos. Falando sobre os profetas do Antigo Testamento, Lutero disse:

> Ó Deus, que dura e difícil tarefa é forçar esses escritores, com grande relutância por parte deles, a falarem alemão. Eles não têm o desejo de abrir mão de seu hebraico nativo para imitar o nosso alemão bárbaro.
> Ao traduzir Moisés, eu o torno tão alemão que ninguém suspeitaria que ele era um judeu.[89]

Lutero era perfeccionista e, não fosse pela ajuda de seus eruditos, talvez nunca tivesse terminado. Ele era conhecido por passar um mês remoendo uma única palavra em sua mente para chegar à tradução certa.

A Bíblia em alemão foi um grande sucesso. Em alguns círculos, ela é considerada superior à versão King James, que a seguiu. Tornou-se símbolo de prestígio possuir essa Bíblia, o que fez com que aqueles que originalmente não tinham qualquer fome pela Palavra a comprassem e realmente a lessem. Era o livro da moda que todo alemão deveria ter em sua casa. Mais tarde, a tradução de Lutero foi usada na linguística para a formação do idioma alemão moderno, e ainda hoje continua sendo uma tradução popular usada pelos cristãos na Alemanha.

Antissemita e Anticatólico

Lutero estava convencido de que vivia nos últimos dias, por isso se posicionava violentamente contra qualquer coisa que não fosse cristã. Isso incluía a religião judaica.

Quando era mais jovem, Lutero era solidário com a condição dos judeus e culpava o papado pela falta de judeus convertidos.

Se eu fosse judeu, sofreria tortura dez vezes antes de ir ao papa. Os papistas se rebaixaram tanto que um bom cristão preferiria ser judeu a ser um deles, e um judeu preferiria ser uma porca a ser um cristão.⁹⁰

A postura da Igreja Católica Romana ensinava o ódio pelos judeus. Eles se referiam a eles como cães e negavam-lhes trabalho. Lutero achava que, no geral, os judeus eram um povo de dura cerviz, mas ele tinha esperanças na conversão deles se lhes fosse mostrado o amor de Cristo.

Lutero esperava que a reforma do papado garantisse a conversão dos judeus. Primeiro, ele tentou converter os rabinos. Ao fazer isso, descobriu que os rabinos estavam tentando convertê-lo. Ele também ouviu rumores de que, em alguns países, os judeus estavam ganhando os convertidos para o lado deles. Isso fez a solidariedade de Lutero se esfriar. Agora ele queria apenas que todos os judeus fossem enviados para a Palestina. Em seu modo pouco refinado e bastante direto, Lutero descartou as interpretações bíblicas deles e as chamou de lixo judaico.⁹¹

Lutero acusava os judeus de matarem bebês cristãos, envenenarem poços e matarem a Cristo novamente assassinando os que recebiam a eucaristia. Ele eventualmente adotou a opinião católica de que os judeus eram cães e declarou em sua morte: "Estamos em falta por não matá-los!"⁹²

Lutero, um Nazista?

Embora Lutero tenha dito que sua visão acerca dos judeus era estritamente teológica, ele ficou conhecido como racista e pai da igreja antissemita. O próprio Adolf Hitler citaria Lutero, e os socialistas da nação chamavam-no de "um alemão genuíno que odiava as raças não nórdicas".⁹³

Creio que Lutero estava errado em suas ideias acerca dos judeus. Paulo nos advertiu em sua carta aos romanos que deveríamos considerar a nós mesmos, os crentes gentios, como o galho selvagem que foi enxertado na raiz judaica. O extremismo de Lutero estava errado, mas ele não se fundamentava na raça. Lutero desprezava os judeus por não aceitarem a revelação de Deus em Jesus. Seu ódio é indesculpável, mas eu gostaria de fazer essa distinção. A teoria que discutia que os judeus eram biologicamente inferiores, um argumento no qual Hitler se firmou, só surgiu no século

XIX. O rótulo distorcido que envolveu o nome e as crenças de Lutero teve mais a ver com a necessidade de promover o Holocausto do que com o que Lutero realmente defendia.

Um aluno de Lutero pode dizer, ao ler suas muitas declarações com relação aos judeus, que seu incômodo estava relacionado às crenças espirituais deles, e não à raça. Por exemplo, quando confrontado por aqueles que achavam que ele abusava dos judeus, Lutero não respondeu com perguntas sobre raça. Ele respondeu: "O que vocês pensam acerca de Cristo? Ele se enganou quando chamou os judeus de geração adúltera e perversa, uma descendência de víboras, de hipócritas e de filhos do diabo?"[94]

Lutero entendia que a condenação de Cristo não se dirigia unicamente à religião judaica. Assim como ele estava consternado com os judeus, ele estava igualmente desgostoso com o papado.

Lutero, Um Antipapista!

Lutero era prisioneiro do próprio território. Como um herege condenado, ele não ousava deixar a segurança de sua região natal. Isso lhe deixou poucas opções além de lutar usando a pena de seu tinteiro. Então ele escrevia comentários mordazes, e muitas vezes com linguagem grosseira, acerca do papado. Esses comentários eram publicados amplamente ao redor do mundo.[95] Os escritos de Lutero abalavam seus inimigos e eletrizavam seus seguidores quando ele dizia coisas do tipo: "Deveríamos pegá-lo — o papa, os cardeais e todo o rebotalho pertencente à sua santidade idólatra e papal — e (como blasfemadores) arrancar suas línguas a fundo e pregá-las às forcas".[96] Frequentemente, caricaturas acompanhavam seus escritos. Às vezes uma caricatura podia dizer mais — e dizer melhor — do que palavras. Lutero era totalmente irrestrito nessas caricaturas. Pelo fato de Lutero achar que o papa era o anticristo, ele achava que a linguagem grosseira era uma arma apropriada.

Lutero levantou-se violentamente contra qualquer um que se opusesse às suas reformas. Como um profeta do Antigo Testamento, ele caminhava na linha tênue que separa a habilidade de atacar e a profecia. Ele repreendia constantemente seus inimigos católicos: "Quantas vezes preciso gritar com vocês, estúpidos papistas, para que citem as Escrituras? Escrituras! Escrituras! Escrituras!".[97]

Antes que você julgue Lutero e o considere grosseiro, áspero ou bruto demais, lembre-se de que ele era um simples homem atacando o chefe de uma religião obscura, enganosa e hipócrita. Essa mentalidade estava na Igreja havia séculos, e seria preciso uma explosão para abalá-la. Lutero dedicou sua vida *inteira* à reforma do mundo eclesiástico.

A que você está dedicando a sua?

Seus Últimos Dias

Lutero talvez tenha sido o alemão mais influente que já viveu. Embora estivesse doente durante grande parte dos seus últimos anos, nunca abandonou seus esforços com relação à Reforma. Ele iniciou uma revolução, mas o trabalho estava apenas começando. E Lutero trabalhou de verdade. Sua vida foi cheia de realizações, quer ele estivesse mortalmente doente ou sentindo-se bem. Independentemente de como ele se sentisse, Lutero pregava. Certa vez ele pregou 195 sermões em apenas 145 dias.[98] Se não pudesse pregar, ele escrevia cartas e panfletos. Parecia não haver fim à quantidade de trabalho que ele podia realizar.

Embora tenha sofrido uma grande perseguição, Lutero tinha um senso de humor ainda maior, que é a marca de um apóstolo verdadeiramente amadurecido. Ele tinha as próprias batalhas pessoais, mas, no fim, Lutero era sempre capaz de rir de si mesmo. Ele geralmente era relaxado, alegre e extremamente perspicaz em momentos nos quais todas as outras pessoas ao seu redor estavam em estado de desespero.

Sua vida influenciou o mundo inteiro, e aquilo que na Inglaterra precisou de vários homens para ser feito, Lutero fez sozinho — por toda a Europa e, finalmente, por todo o mundo. Ele deixou um impacto eterno na nação alemã. Lutero se intitulava um profeta alemão, principalmente para irar ainda mais o papa. Sua tradução da Bíblia foi usada para moldar o idioma alemão falado hoje, e sua vida doméstica influenciou todos os lares da Alemanha.

Lutero influenciou a Igreja mundialmente. O luteranismo foi levado à Escandinávia, e se prolifera nos Estados Unidos hoje. Até os católicos devem muitas de suas reformas a Lutero.

Ele também mudou a face da religião. Lutero desprezava a ideia de um Deus grego. O seu Deus era hebreu. Era o Deus a quem Moisés servia, que habitava nas nuvens de tempestade, cavalgava as asas do vento e fazia a terra tremer com um aceno. O Deus de Lutero era majestoso, aterrorizante, devastador e consumidor. Ele o tornava ousado. Embora um dia tivesse tremido em um campo, com medo do trovão e dos relâmpagos, temendo o Deus a quem ele não conseguia entender, agora Lutero estava cheio de reverência, admiração e amor.[99] Com força espiritual e uma lealdade interminável, ele assumiu a missão de sacudir toda a cristandade.

Seus últimos dias foram vividos com força igual à demonstrada no início de sua vida.

Em 23 de janeiro de 1546, Lutero partiu em uma jornada para resolver uma disputa entre vários duques e seus súditos. Ele estava tão enfermo e fraco que teve de parar e descansar ao longo do caminho. Quando chegou ao seu destino, o estado de Lutero havia piorado — mas ele pregou quatro vezes, celebrou a Ceia do Senhor duas vezes e ordenou dois ministros. Ele comentou acerca de sua jornada: "Se eu não puder fazer nada a não ser ter êxito em restaurar a harmonia entre os meus queridos príncipes e seus súditos, voltarei para casa alegremente e deitar-me-ei neste túmulo".[100]

> O Deus de Lutero era hebreu. Era o Deus a quem Moisés servia. Ele habitava nas nuvens de tempestade e cavalgava o vento. O Deus de Lutero o tornou ousado.

Em 17 de fevereiro, sua enfermidade piorou tanto que Lutero ficou confinado em uma cama. Um médico foi visitá-lo e ofereceu esperança de cura, mas Lutero não queria ouvir falar nisso. Durante anos, ele havia sentido que estava próximo do túmulo, principalmente por causa de suas constantes aflições físicas. Certa vez escreveu de forma bem-humorada a Katie: "Estou farto deste mundo, e ele está farto de mim".[101]

Durante a noite de 17 de fevereiro, Lutero orou continuamente e falou sobre a eternidade aos que o cercavam. Mais tarde naquela noite, enquanto sentia uma grande constrição em seu peito, ele orou dizendo: "Eu Te suplico, meu Senhor Jesus Cristo, recebe a minha alma. Ó Pai celestial, embora eu seja arrancado desta vida, sei com certeza que habitarei contigo para sempre".[102]

Entre as duas e três da manhã de 18 de fevereiro de 1546, Lutero fechou os olhos e deixou a terra para estar com o Senhor. Seu corpo foi transportado em um caixão de chumbo, e ele foi enterrado em Wittenberg com as maiores honras. Seu corpo ainda repousa aos pés do púlpito da Igreja de Todos os Santos, em Wittenberg (também conhecida como Castle Church), em cuja porta ele pregara as Noventa e Cinco Teses.

A Castle Church tornou-se a Abadia de Westminster da Igreja Luterana. Em 1760, as portas de madeira originais foram queimadas na Guerra dos Sete Anos. Em 1812, portas de bronze foram erguidas em seu lugar e as Noventa e Cinco Teses de Lutero foram fundidas nelas.[103]

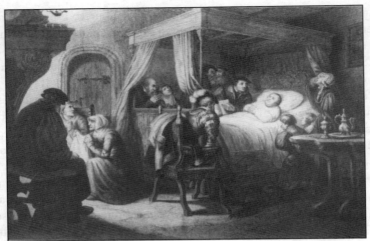
Lutero em seu leito de morte

Uma "Igreja em Crescimento"

Hoje, honramos Martinho Lutero como um dos maiores reformadores que já viveram. Entretanto, em todas as suas façanhas dramáticas, em todos os seus encontros confrontadores, sua grande força espiritual pode ser atribuída à simplicidade da Palavra de Deus. A revelação da Palavra de Deus escrita fez nascer o ministério de Lutero em um fogo reformador, que queimou a hipocrisia da Igreja e acendeu seu verdadeiro espírito.

A partir da Palavra, Lutero entendeu que havia perdão por meio de Jesus Cristo e que ele era amigo de Deus. Lutero concentrou-se totalmente no perdão e, com base nessa premissa, continuou a construir um arsenal de revelação. Com essas armas, ele perseverou em dissipar as trevas, as quais eventualmente se abriram para você e para mim. Por isso, hoje podemos aprender em um culto o que os crentes da Idade das Trevas podem ter levado setenta e cinco anos para aprender.

Lutero acreditava que o poder sustentador da Palavra manteria a Igreja viva e bem, que ela seria capaz de julgar os enganos e as doutrinas hipócritas e encontrar a verdade. Sua visão para a Igreja não terminou com sua morte.

Encerro este capítulo com a visão de Lutero para a Igreja que permanece viva. Ele sabia que os céus carregados de nuvens negras haviam começado a se abrir e que eles continuariam a se abrir à medida que as pessoas buscassem a verdade de Deus. Que suas palavras lhe tragam encorajamento, porque, hoje, você é o fruto de Lutero na terra. Ele disse: "Não guardo uma imagem triste de nossa Igreja, mas sim a de uma Igreja que floresce pelo ensino puro e incorrupto, crescendo com ministros excelentes a cada dia".[104]

Edifique a sua força espiritual. Conheça a Palavra e mantenha a verdade plantada firmemente em seu coração para que você possa dar frutos em sua nação, manter os céus abertos e trazer uma reforma ao século XXI!

GENERAIS DE DEUS ✯ OS REFORMADORES ESTRONDOSOS

As Noventa e Cinco Teses de Martinho Lutero

Por amor e preocupação com a verdade, e com o objetivo de elucidá-la, os seguintes entendimentos serão tema de discussão pública em Wittenberg, sob a presidência do reverendo padre Martinho Lutero, agostiniano, mestre de artes e da teologia sagrada, e devidamente indicado professor catedrático dessas matérias naquela localidade. Ele solicita que os que não puderem estar presentes pessoalmente para debater a questão oralmente o façam por escrito, ainda que ausentes.

1. Quando nosso Senhor e Mestre, Jesus Cristo, disse "arrependei-vos", Ele exigiu que a vida inteira dos crentes fosse uma vida de penitência.
2. Essa palavra não pode ser entendida adequadamente como se referindo ao sacramento da penitência (isto é, confissão e satisfação) na forma administrada pelo clero.
3. Entretanto, seu significado não está restrito à penitência no coração da pessoa; pois tal penitência é nula a não ser que ela gere sinais externos em toda sorte de mortificações da carne.
4. Enquanto persiste o ódio do eu (isto é, a verdadeira penitência interior) a penalidade do pecado permanece, a saber, até que entremos no Reino dos Céus.
5. O papa não tem a vontade nem o poder para redimir quaisquer penalidades além daquelas impostas quer por seu próprio critério ou pela lei canônica.
6. O próprio papa não pode redimir a culpa, mas apenas declarar e confirmar que ela foi redimida por Deus; ou, no máximo, ele pode redimi-la nos casos reservados ao seu critério. Exceto nesses casos, a culpa permanece intocada.
7. Deus nunca redime a culpa de ninguém sem, ao mesmo tempo, torná-lo humildemente submisso ao sacerdote, Seu representante.
8. Os cânones penitenciais se aplicam somente aos homens que ainda estão vivos, e de acordo com os próprios cânones, nenhum deles se aplica aos mortos.
9. Por esse motivo, o Espírito Santo, atuando na pessoa do papa, manifesta graça a nós, pelo fato de que o regulamento papal sempre exclui a circunstância da morte ou de qualquer necessidade.
10. É um ato errado, devido à ignorância, quando os padres reservam aos moribundos penitências canônicas para o purgatório.

11. Quando as penalidades canônicas foram transformadas e foi feito que elas se aplicassem ao purgatório, sem dúvida parece que essa erva daninha foi semeada enquanto os bispos dormiam.
12. Antigamente, se impunham as penas canônicas não depois, mas antes da absolvição ser pronunciada, e destinavam-se a ser testes para verificar a verdadeira contrição.
13. Através da morte, os moribundos pagam tudo e já estão mortos para as leis canônicas, tendo, por direito, sua isenção.
14. A piedade ou o amor imperfeito em um moribundo necessariamente traz consigo grande temor, e tanto mais, quanto menor for a piedade ou o amor.
15. Esse temor ou horror por si só já basta (para não falar de outras coisas) para produzir a pena do purgatório, uma vez que está muito próximo do horror do desespero.
16. Inferno, purgatório e céu parecem diferir da mesma forma que o desespero, a incerteza e a segurança.
17. É verdade que a dor das almas no purgatório deveria ser aplacada, e o amor deveria ser proporcionalmente aumentado.
18. Além do mais, parece não ter sido provado, nem por meio de argumentos racionais nem pela Bíblia, que essas almas estão fora do estado de mérito ou incapazes de crescer na graça.
19. Também parece não ter sido provado que as almas no purgatório estejam certas e seguras da salvação, mesmo que nós, de nossa parte, tenhamos plena certeza.
20. Portanto, o papa, falando da remissão plena de todas as penas, não se refere a "todas" no sentido estrito, mas apenas àquelas impostas por ele próprio.
21. Portanto, aqueles que pregam as indulgências erram quando dizem que um homem é absolvido e salvo de todas as penalidades pelas indulgências do papa.
22. Com efeito, ele não pode remir uma alma no purgatório de qualquer penalidade que a lei canônica declare que deva ser sofrida na vida presente.
23. Se a remissão plena pudesse ser concedida a alguém, seria somente nos casos dos mais perfeitos (isto é, pouquíssimos).
24. Por isso, a maior parte do povo está sendo enganada por essa promessa indiscriminada e extravagante de absolvição da pena.
25. O mesmo poder que o papa exerce sobre o purgatório de modo geral, é exercido em particular por qualquer bispo em seu bispado e por qualquer padre em sua paróquia.

26. O papa age de forma excelente quando concede remissão às almas no purgatório por meio das intercessões feitas em favor delas, e não pelo poder das chaves (o qual ele não pode exercer por elas).
27. Não há autoridade divina para se pregar que a alma sai voando do purgatório imediatamente quando a moeda tilinta no fundo do cofre.
28. Certamente é possível que, ao tilintar a moeda no fundo do cofre, a avareza e a ganância aumentem; mas quando a Igreja intercede, tudo depende da vontade de Deus.
29. Quem sabe se todas as almas no purgatório querem ser resgatadas em vista do que é dito sobre São Severino e São Pascoal?
30. Ninguém tem certeza da veracidade de sua contrição, muito menos de haver conseguido pleno perdão.
31. Alguém que compra indulgências de boa fé é tão raro como um homem penitente de boa fé (ou seja, é raríssimo).
32. Todos aqueles que acreditam estar certos da própria salvação através de cartas de indulgência, serão eternamente condenados, juntamente com seus mestres.
33. Deve-se ter muita cautela com aqueles que dizem ser as indulgências do papa um dom divino inestimável, e que o homem é reconciliado com Deus através delas.
34. Pois a graça transmitida por essas indulgências se refere simplesmente às penalidades de "satisfação" sacramental, determinadas por seres meramente humanos.
35. Não está de acordo com as doutrinas cristãs pregar e ensinar que aqueles que compram almas, ou adquirem licenças confessionais, não têm necessidade de se arrepender dos próprios pecados.
36. Qualquer cristão que esteja verdadeiramente arrependido tem direito à remissão plena da penalidade e da culpa, e isso é dado a ele sem cartas de indulgência.
37. Qualquer cristão verdadeiro, vivo ou morto, tem participação em todos os benefícios de Cristo e da Igreja, e essa participação lhe é concedida por Deus sem cartas de indulgência.
38. Mesmo assim, a remissão e dispensa do papa de forma alguma devem ser desprezadas, porque, como já foi dito, elas constituem declaração do perdão divino.
39. É muito difícil, até mesmo para os mais doutos teólogos, exaltar perante o povo a grande generosidade contida nas indulgências enquanto, ao mesmo tempo, se louva a contrição como uma virtude.

40. Um pecador verdadeiramente contrito procura e ama pagar as penas por seus pecados; ao passo que a multidão das indulgências entorpece a consciência dos homens e tende a fazê-los detestar as penas.
41. As indulgências papais deveriam ser pregadas apenas com cautela, para que o povo não tenha um entendimento errado e pense que elas são preferíveis a outras boas obras: as obras do amor.
42. Deve-se ensinar aos cristãos que o papa não pretende de modo algum que a compra de indulgências deva ser entendida como comparável às obras de misericórdia.
43. Deve-se ensinar aos cristãos que, aquele que dá ao pobre ou empresta ao necessitado, procede melhor que aquele que compra indulgências.
44. Porque, pelas obras de amor, o amor cresce e o homem se torna melhor, ao passo que, pelas indulgências, ele não se torna um homem melhor, mas apenas escapa de certas penalidades.
45. Deve-se ensinar aos cristãos que aquele que vê uma pessoa necessitada, mas que a negligencia embora gaste dinheiro com indulgências, não obtém qualquer benefício com o perdão do papa, mas apenas incorre na ira de Deus.
46. Deve-se ensinar aos cristãos que, a não ser que tenham mais do que necessitam, eles devem conservar o que é necessário para manter a sua casa, e de forma alguma devem desperdiçar dinheiro com indulgências.
47. Deve-se ensinar aos cristãos que a compra de indulgências é voluntária e que eles não são obrigados a fazê-lo.
48. Deve-se ensinar aos cristãos que, ao conceder indulgências, o papa tem mais necessidade e mais desejo de uma oração devota a seu favor do que do dinheiro que se está pronto a pagar.
49. Deve-se ensinar aos cristãos que as indulgências do papa são úteis somente se a pessoa não deposita nelas a sua confiança, porém, são extremamente prejudiciais se a pessoa perde o temor de Deus por causa delas.
50. Deve-se ensinar aos cristãos que, se o papa soubesse das extorsões dos pregadores de indulgências, ele preferiria que a Basílica de São Pedro fosse reduzida a cinzas a ser construída com a pele, a carne e os ossos de suas ovelhas.
51. Deve-se ensinar aos cristãos que o papa estaria disposto — como deveria ser se a necessidade surgisse — a vender a Basílica de São Pedro, e a dar também o próprio dinheiro, a muitos daqueles a quem os mercadores do perdão imploram por dinheiro.

52. Vã é a confiança na salvação por meio de cartas de indulgências, mesmo que o comissário ou até mesmo o próprio papa prometessem a sua alma como garantia da sua validade.
53. São inimigos de Cristo e do papa aqueles que proíbem que a Palavra de Deus seja pregada em algumas igrejas, para que as indulgências possam ser pregadas em outras.
54. A Palavra de Deus sofre injúria se, no mesmo sermão, dedica-se um tempo igual ou mais longo às indulgências que à Palavra.
55. O papa não pode evitar adotar a opinião de que se as indulgências (que são o menos importante) são celebradas com um toque de sino, uma procissão ou uma cerimônia, o Evangelho (que é o mais importante) deve ser anunciado com uma centena de sinos, uma centena de procissões e uma centena de cerimônias.
56. Os tesouros da Igreja, dos quais o papa concede as indulgências, não são suficientemente mencionados nem conhecidos entre o povo de Cristo.
57. É evidente que esses tesouros não são de natureza temporal, visto que muitos dos mercadores não os concedem liberalmente, mas apenas os ajuntam.
58. Eles tampouco são os méritos de Cristo e dos santos, pois mesmo sem o papa, esses méritos estão sempre operando a graça no homem interior, e operando a cruz, a morte e o inferno no homem exterior.
59. São Lourenço disse que os pobres eram os tesouros da Igreja, mas ele usou o termo de acordo com o costume da própria época.
60. Não falamos imprudentemente ao dizer que os tesouros da Igreja são as chaves da Igreja, e são concedidos pelos méritos de Cristo.
61. Pois está claro que o poder do papa é suficiente, por si só, para a remissão das penalidades e dos casos reservados.
62. O verdadeiro tesouro da Igreja é o Santíssimo Evangelho da glória e da graça de Deus.
63. Esse tesouro, entretanto, é o mais odioso, e com razão, porque faz com que os primeiros sejam os últimos.
64. Em contrapartida, o tesouro das indulgências é o mais aceitável, pois faz dos últimos os primeiros.
65. Por essa razão, os tesouros do Evangelho são as redes com que outrora se pescavam homens possuidores de riquezas.
66. Os tesouros das indulgências, por sua vez, são as redes com que hoje se pesca homens possuidores de riquezas.

67. As indulgências, que os mercadores exaltam como o maior dos favores, são vistas como sendo, de fato, o meio favorito para se conseguir dinheiro.
68. Entretanto, elas não devem ser comparadas com a graça de Deus e a compaixão mostrada na cruz.
69. Os bispos e curas têm a obrigação de receber com toda a reverência os comissários das indulgências papais.
70. Eles têm, porém, a obrigação ainda maior de observar atentamente e cuidar zelosamente para que esses homens não alcancem as próprias fantasias em lugar do que lhes foi designado pelo papa.
71. Seja excomungado e maldito quem falar contra o caráter apostólico das indulgências.
72. Por outro lado, seja bendito quem ficar alerta contra a devassidão e licenciosidade das palavras de um mercador do perdão.
73. Do mesmo modo, o papa, com razão, excomunga aqueles que, de qualquer forma, planejam agir em detrimento do comércio de indulgências.
74. Está muito mais de acordo com o seu ponto de vista excomungar aqueles que usam o pretexto das indulgências para planejar qualquer coisa em detrimento do santo amor e da verdade.
75. É tolice pensar que as indulgências papais possuem tanto poder que poderiam absolver um homem, ainda que ele tivesse feito o impossível e violentado a mãe de Deus.
76. Afirmamos, ao contrário, que as indulgências papais não podem anular sequer o menor dos pecados venais no que se refere à sua culpa.
77. A afirmação de que nem mesmo São Pedro, caso fosse o papa atualmente, poderia conceder maiores graças é blasfêmia contra São Pedro e o papa.
78. Afirmamos o contrário, e dizemos que ele, e qualquer papa, possui graças maiores, a saber, o Evangelho, os poderes espirituais, os dons de cura, etc., conforme está escrito em 1 Coríntios 12 [:28].
79. É blasfêmia dizer que a insígnia da cruz com as armas do papa têm igual valor que a cruz em que Cristo morreu.
80. Os bispos, curas e teólogos que permitem que afirmações desse tipo sejam feitas às pessoas sem obstáculo ou impedimento terão de responder por isso.
81. Essa pregação de indulgências desenfreada faz com que não seja fácil, nem para os homens doutos, guardar o respeito devido ao

GENERAIS DE DEUS OS REFORMADORES ESTRONDOSOS

papa contra as falsas acusações, ou pelos menos contra as críticas aguçadas dos leigos.

82. Eles perguntam, por exemplo: "Por que o papa não liberta todos do purgatório em nome do amor (algo santíssimo) e por causa da suprema necessidade de suas almas?". Esse seria, do ponto de vista moral, o melhor de todos os motivos. Enquanto isso, ele redime incontáveis almas por dinheiro, algo extremamente perecível, para construir com ele a Basílica de São Pedro, um propósito extremamente menor.

83. E ainda: por que as missas de funerais e de aniversários para os mortos continuam a ser celebradas? E por que o papa não restitui, ou permite que sejam restituídos, os valores pagos com esse fim, uma vez que é errado orar por essas almas que agora estão redimidas?

84. E ainda: sem dúvida essa é uma nova espécie de compaixão por parte de Deus e do papa, quando um homem ímpio, um inimigo de Deus, tem permissão para pagar dinheiro para redimir uma alma devota, uma amigo de Deus; ao passo que aquela alma devota e amada não tem permissão para ser redimida sem pagamento, em nome do amor, e apenas por causa da sua necessidade de redenção.

85. E ainda: por que as leis canônicas penitenciais que, na verdade, se não estão em prática, já estão há muito obsoletas e mortas em si mesmas — por que elas são usadas ainda hoje para se impor multas em dinheiro, através da concessão de indulgências, como se todos os cânones penitenciais estivessem em pleno vigor?

86. E ainda: uma vez que a renda do papa hoje é maior que a dos homens mais ricos, por que ele não constrói esta Basílica de São Pedro com o próprio dinheiro, em vez de fazê-lo com o dinheiro dos pobres fiéis?

87. E ainda: o que o papa perdoa e concede àqueles que, pela penitência perfeita, têm direito à plena remissão ou dispensação?

88. E ainda: sem dúvida um bem maior poderia ser feito à Igreja se o papa concedesse essas remissões e dispensações, não uma vez, mas cem vezes por dia, em benefício de qualquer dos fiéis.

89. O que o papa busca com as indulgências não é o dinheiro, mas sim a salvação das almas; por que então ele não suspende as cartas e indulgências concedidas anteriormente e ainda tão eficazes como sempre?

90. Essas questões são assuntos sérios de consciência para os leigos. Suprimi-los apenas pela força, e não refutá-los oferecendo os mo-

tivos, é expor a Igreja e o papa ao ridículo de seus inimigos, e tornar o povo cristão infeliz.

91. Se, portanto, as indulgências fossem pregadas em conformidade com o espírito e a mente do papa, todas essas objeções poderiam ser facilmente vencidas e, na verdade, teriam deixado de existir.
92. Fora, pois, com todos esses profetas que dizem ao povo de Cristo: "Paz, paz!", sem que haja paz!
93. Aclamem, aclamem todos os profetas que dizem ao povo de Cristo: "A cruz! A cruz!", onde não há cruz.
94. Deve-se exortar os cristãos a serem zelosos ao seguir a Cristo, seu Cabeça, através das penas, da morte e do inferno.
95. E que estejam eles assim mais confiantes de que entrarão no céu por meio de muitas tribulações, e não de uma falsa certeza de paz.

Notas

1. "Martin Luther, The Later Years and Legacy", *Christian HistoryMagazine* 12, n. 3, exemplar 39 (Carol Stream, Ill.: Christianity Today, Inc.): 10. (grifo nosso)
2. Roland H. Bainton, *Here I Stand — A Life of Martin Luther* (Nashville, Tenn.: Abingdon Press, 1978), 18.
3. Ibid., 19.
4. Ibid., 25.
5. Ibid., 21.
6. Ibid.
7. Ibid., 27.
8. Ibid., 24
9. Ibid., 25.
10. J. H. Merle D'Aubigne, *The Life and the Times of Martin Luther* (Chicago, Ill.: Moody Press): 31.
11. Heinrich Boehmer, *Martin Luther: Road to Reformation* (Londres, England: Meridian Books, Muhlenberg Press, 1957): 43.
12. Bainton, 35.
13. Ibid., 37.
14. Ibid., 36, 38.
15. Ibid., 41.
16. Ibid., 41-42.
17. Ibid., 44.
18. "Martin Luther, The EarlyYears", *Christian History Magazine* 11, n.2, exemplar 34 (Carol Stream, Ill.: Christianity Today, Inc.): 15.
19. Ibid.
20. Ibid.
21. Bainton, 50.
22. Ibid., 51.
23. Ibid., 59.
24. Ibid., 58, 60.
25. Ibid., 63.
26. "The Early Years", 49.
27. Mike Fearon, *Martin Luther* (Minneapolis, Minn.: Bethany House Publishers, 1986): 128.
28. Bainton, 67.
29. Boehmer, 236.
30. Ibid., 235-240.
31. Bainton, 80.
32. "The Early Years", 14.
33. Boehmer, 361-362.
34. Ibid., 362-363.
35. "The Early Years", 14.
36. Boehmer, 369.
37. Ibid., 373.
38. Ibid., 370.
39. "The Early Years", 14.
40. Boehmer, 371.
41. Ibid., 196, 378-379. (grifo nosso)

42. Ibid., 372.
43. Ibid., 299.
44. Ibid., 299-300.
45. Ibid., 332-333.
46. Ibid., 321.
47. "The Early Years", 24.
48. Ibid., 23-25.
49. Ibid., 25.
50. Boehmer, 307.
51. Ibid., 308.
52. Ibid., 323-325.
53. Ibid., 324.
54. "The Early Years", 16.
55. Ibid.
56. Ibid.
57. Ibid.
58. German Luther Society, 18.
59. Bainton, 165-166.
60. William J. Peterson, *Martin Luther Had a Wife* (Chepstow, Gwent: England, Bridge Publishing, 1984): 20.
61. Ibid., 20-21.
62. Ibid., 20.
63. Ibid., 14.
64. Ibid., 22.
65. Ibid., 22-24.
66. Ibid., 24.
67. Ibid.
68. Ibid., 14.
69. Ibid., 26.
70. Ibid., 26, 29.
71. Ibid., 31.
72. Ibid., 30.
73. Ibid., 30-31.
74. Ibid., 31.
75. Ibid., 31-32.
76. Ibid., 32.
77. Ibid., 33.
78. Ibid., 34.
79. Ibid., 14, 35.
80. Ibid., 34-35.
81. Ibid., 34, 36.
82. "The Later Years", 11. (grifo nosso)
83. Henry Eyster Jacobs, *Martin Luther — Heroes of the Reformation* (Stationers Hall: Londres, England, G. P. Putnam's Sons, 1899): 274.
84. Ibid.
85. "The Later Years", 16.
86. Ibid.
87. Ibid., 17.
88. Ibid., 19. (grifo nosso)
89. "The Early Years", 36.
90. Bainton, 297.

91. "The Early Years", 35.
92. Ibid., 39.
93. Ibid.
94. Ibid., 36.
95. Bainton, 298.
96. "The Early Years", 35.
97. Ibid., 37.
98. Ibid., 28.
99. Ibid., 302.
100. Back to the Bible Publisher, *Martin Luther, The Reformer* (Lincoln, Nebr.: Moody Press): 125.
101. "The Early Years", 35.
102. *Martin Luther, The Reformer*, 125.
103. Jacobs, 408-409.
104. Bainton, 286.

CAPÍTULO QUATRO

JOÃO CALVINO

1509-1564

"O Apóstolo do Ensino"

"O Apóstolo do Ensino"

Porque sei que não sou meu próprio mestre, ofereço meu coração como um verdadeiro sacrifício ao Senhor... entrego minha alma acorrentada e presa em obediência a Deus.[1]

Essa foi uma citação de João Calvino no fim de sua vida e de seu ministério, e sinto que ela retrata muito bem a personalidade explosiva, porém profundamente comprometida, desse grande reformador. Ela ilustra o coração que estava por trás do grande drama que se desenrolará nas páginas seguintes.

Um Apóstolo Reformador

Embora tenha cometido erros e várias de suas posições teológicas ainda sejam questionadas, João Calvino verdadeiramente retratou o espírito de um reformador. Ele é conhecido como um dos maiores protestantes que já viveu — alguns acreditam que ele foi além de Lutero. Calvino tomou as verdades que Lutero revelou e, impelido pela direção divina, as usou para inflamar novas revelações da Palavra.

Embora cada "general" deste livro tenha seu posto específico ordenado por Deus, nenhum deles, a não ser Calvino, teve um papel tão essencial e monumental na Reforma da Igreja. Ele não era um pregador de fazer a terra tremer, tampouco era um evangelista ardente. Alguns disseram que, em nossa geração, ele teria sido um profeta mundialmente famoso. Mas eu discordo.

Posso dizer que ele era um mestre apostólico, um pensador e escritor reformado, que desvendava as verdades ocultas encobertas pela ignorância, pela superstição, pela perseguição e pela religião. Na verdade, Calvino nos ensinou a permanecer firmes na Palavra, a desvendar os tesouros ocultos dentro de nós mesmos e a apoiar a verdade de Deus em todos os tempos e em qualquer situação. Ele carregou uma tocha divina que precisamos redescobrir dentro de nós mesmos, e depois conduzi-la à nossa geração.

Um Prisioneiro da Verdade

Mil penas escreveram sobre a vida de Calvino. Uma figura extremamente controversa, Calvino foi amado de maneira apaixonada ou odiado com veemência por aqueles que o conheciam e, mais tarde, por aqueles que estudaram sua vida. O segundo sentimento ainda prevalece entre as pessoas que não entendem essa personalidade apostólica. Antes de explorarmos a vida de Calvino, é importante termos um entendimento básico da razão pela qual ele agia da maneira como agia.

Calvino era uma pessoa de personalidade intrincada e complexa. A maioria das pessoas apostólicas é considerada complicada pelos demais por não se encaixar no sistema. Elas não "seguem o fluxo" se ele estiver indo na direção errada. Elas não se conformam nem ficam caladas em nome da paz. As pessoas apostólicas não são pessoas *que mantêm a paz*, como aqueles que abandonam os princípios e a verdade para manter todo mundo feliz. Em vez disso, elas são pacificadoras, *pessoas que trazem a paz*, prontas e dispostas a tomar as atitudes necessárias para que a verdade prevaleça. Para elas, não existe paz se o erro estiver presente. Calvino acreditava que ignorar o erro era algo extremamente carnal. Para ele, aqueles que se esquivavam da controvérsia ou da confusão eram bárbaros.

> Conhecido como um dos maiores protestantes que já viveu, ninguém a não ser Calvino teve um papel tão essencial na Reforma da Igreja.

Um apóstolo pensa assim: se você não tem entendimento, adquira-o, e adquira-o com a verdade. Ao adquiri-lo, viva-o e declare-o. Se o erro estiver presente, corrija-o; depois faça o que for preciso para mudá-lo, e viva como for preciso a fim de tornar essa mudança completa.

Pessoas apostólicas são apaixonadas pela verdade; elas são firmemente leais a Deus. Por causas de suas paixões inerentes, elas são vistas pelos não instruídos como excêntricas ou cruéis quando se posicionam contra aqueles que violam as verdades de Deus. Para apóstolos como Calvino, a maior tragédia do mundo é uma vida que não segue o plano de Deus. Por causa dessa lealdade irredutível a Deus e ao Seu Reino, os apóstolos são às vezes rotulados como tendo pouco entendimento, pouca gentileza e pouco humor.

Na realidade, é justamente o oposto. Apesar das aparências, os apóstolos genuínos são nossos maiores defensores. Precisamos agradecer a Deus pelos apóstolos que têm pouca simpatia pelo erro enganador e pouca gentileza pelo pecado que destrói a frutificação de nossa vida. Precisamos entender que os apóstolos não acham graça nenhuma no fato de o Reino de Deus ser impedido pelas fraquezas e males da humanidade.

> Calvino pensava assim: se você não tem entendimento, adquira-o, e adquira-o com a verdade. Ao adquiri-lo, viva-o e declare-o.

Eu lhe pergunto: onde estaríamos hoje se os líderes apostólicos tivessem simpatizado com o erro, com o mal e com a fraqueza? Como eles teriam alcançado uma Reforma monumental se tivessem apoiado o conformismo e a ignorância?

Um Capítulo Não Pode Contar Tudo

Centenas de livros foram escritos para retratar todos os aspectos da vida de Calvino; este é apenas um capítulo. Em um capítulo, posso enfatizar apenas certos detalhes específicos. Meu objetivo é apresentar grandes homens como seres humanos que abriram mão de sua vida em obediência ao chamado de Deus. A simplicidade do chamado de Calvino é evidente quando estudamos as paixões de seu coração.

Mais adiante neste capítulo, enfatizarei algumas das posições teológicas de Calvino. Meu objetivo não é apresentar uma exposição teológica ou um debate sobre as convicções desse reformador, mas apresentar o espírito pelo qual ele reformou o Corpo de Cristo. Se você deseja estudar a vida de Calvino a partir de um viés teológico, há uma variedade de livros que foram escritos ao longo dos séculos que podem instrui-lo amplamente nessa área.

Nascido na Alta Sociedade

Noyon era uma cidade pequena, porém influente, que ficava a aproximadamente 104 quilômetros a nordeste de Paris, França. Foi ali, na manhã de verão de 10 de julho de 1509, que o ilustre tabelião Gerard Calvino e sua esposa, Jeanne, deram à luz o seu quarto filho, um menino a quem chamaram João.

No ano em que Calvino nasceu, os sussurros e movimentos ligados a uma nova Reforma já circulavam por toda a França. O líder dessa Reforma, um alemão chamado Martinho Lutero, havia se formado bacharel em Teologia e dava palestras sobre como obter a salvação por intermédio de um relacionamento com Deus.

João Calvino desfrutou de uma infância de proeminência e influência. Embora ele não tivesse nascido rico, sua mãe era filha de um estalajadeiro muito bem-sucedido, e seu pai tinha uma posição de destaque como tabelião a serviço de clérigos e magistrados. Por ter um conhecimento prático dos assuntos legais, seu pai também atuava como advogado para a comunidade catedrática e era secretário do bispo, supervisionando seus registros financeiros e suas contas.

Existe pouca informação sobre a mãe de Calvino. Ela era conhecida por sua beleza e seu compromisso com a Igreja, e levava o pequeno João para visitar os santuários quando ele ainda era um bebê. Em uma dessas visitas, o pequeno João beijou a cabeça de uma estátua.

Depois de dar à luz os cinco filhos (dos quais dois morreram jovens), a mãe de João morreu quando ele tinha apenas três anos. Gerard casou-se novamente, mas nada se sabe sobre a madrasta de João, exceto o fato de que ela deu à luz duas filhas, uma das quais passou a viver mais tarde com seu meio-irmão famoso.

Por causa da posição influente de seu pai, o pequeno João fez amizade com membros da alta sociedade. Seus companheiros de infância eram pessoas ricas, e ele foi educado por tutores particulares. Teve o privilégio de frequentar uma escola particular para meninos em Noyon.

João desenvolveu um afeto caloroso pela aristocracia. Ele se referia a si mesmo como uma pessoa comum a quem foi concedido o luxo de ter bons amigos e uma excelente educação.

Devido à influência de seu pai, João tinha apenas doze anos quando foi indicado como capelão da catedral. Durante esse tempo, ele recebia um salário modesto sem ter de realizar qualquer trabalho. Gerard Calvino estava criando seu filho para ser alguém proeminente.

Não é de se admirar que estudar na universidade em Paris estivesse em seus planos. Gerard arranjou para que a Igreja fornecesse os fundos para seu filho frequentar a universidade, prometendo que João estudaria para entrar para o sacerdócio.

Quando João tinha apenas quatorze anos, ele partiu de Noyon para morar com seu tio em Paris, e matriculou-se no College de la Marche, uma faculdade de artes e teologia da Universidade de Paris. Nos registros de ingresso da universidade, consta que o nome "Cauvin" havia sido latinizado como "Calvinus", e deslatinizado novamente; o nome aparece como o conhecemos "Jean (João) Calvino".[2]

Calvino matriculou-se em 1523, apenas três anos após Martinho Lutero ter queimado o cânone e os documentos papais que o colocaram em risco de excomunhão. A essa altura, a Reforma na Alemanha havia atingido o auge após as ideias e os atos de Martinho Lutero. A Reforma estava explodindo por toda a Europa.

Um Universitário de Quatorze Anos

Com apenas quatorze anos de idade, Calvino estudava em uma das melhores universidades, localizada no coração de uma das maiores nações conhecidas da época. As ideologias superficiais de Noyon haviam sido deixadas para trás, e Calvino agora estava no meio da agitação intelectual, política e religiosa de seu tempo.

Governo e religião estavam fortemente interligados. Na verdade, raramente existia algum conceito ou ocorria algum evento no qual ambos não estivessem profundamente envolvidos. A França, porém, era uma monarquia, o que significava que, oficialmente, o rei governava, mesmo diante do protesto da Igreja.

A Igreja Católica Romana estava em um estado deplorável. A imoralidade crescia desenfreadamente e a qualidade da educação teológica era muito baixa. A Igreja não tinha desejo de buscar a verdade. Por causa da proeminência crescente da Reforma, todo tipo de visões e teorias inusitadas circulava pela universidade. A Igreja não estava interessada em examinar esses pontos de vista para encontrar a verdade, preferindo, em vez disso, defender as tradições e doutrinas vigentes.

Calvino era extraordinariamente brilhante e ávido por aprender. Por isso, ele se destacou aos olhos de um padre e professor de latim muito ilustre, Mathurin Cordier. Cordier passava muitas horas com Calvino, instruindo-o no latim e nos sistemas de governo e da Igreja. Embora houvesse entre os dois uma diferença de idade de trinta e três anos, eles se tornaram amigos para toda a vida. Cordier seguiu Calvino mais tarde na Reforma e conviveu com ele até a morte. A influência de Cordier sobre Calvino ajudou a formar o senso de estilo e brilhantismo que estaria presente em seus futuros escritos.

Moldado para um Propósito

Logo Calvino deixou o College de la Marche e matriculou-se no College de Montaigu.

Creio que Calvino fez essa mudança por causa de sua fome por pureza. A universidade era conhecida pela rigidez moral, e uma pessoa só frequentava essa escola se desejasse uma vida de disciplina. Creio que Calvino estava desiludido com a fraqueza moral que via entre o clero e estava em busca do melhor que pudesse encontrar dentro das próprias convicções. Àquela altura de sua educação, Calvino "comia e dormia pouco, mas devorava livros".[3]

Embora fosse jovem, Calvino tinha a mente de um homem velho. Ele era muito maduro para a idade, e um ar de diligência nos estudos o cercava. Calvino amava os livros; ele gostava de dissecar um assunto até compreendê-lo de forma plena.

Embora passasse muitas horas estudando, ele não era um eremita que criticava e recriminava a todos, como muitos de seus contemporâneos afirmaram. Muitos desses escritores não entendiam sua personalidade, e os rumores começaram porque alguns tinham ciúmes por ele atrair tantos amigos seletos, mesmo com tão pouca idade.

Calvino permaneceu próximo daqueles que eram seus amigos de infância em Noyon, e esses mesmos amigos mais tarde se uniram a ele na Reforma. Ele também fez novos amigos, muitos dos quais eram vários anos mais velhos do que ele. O fato de manter amigos leais ao longo dos anos demonstra seu caráter e sua personalidade.

Calvino frequentava regularmente a casa de dois dos maiores eruditos da universidade — um dos quais era o médico do rei. Ele se tornou muito próximo dos filhos desses homens, e ambas as famílias foram recebidas por Calvino como refugiados durante os anos da Reforma.

Os relacionamentos eram muito importantes para Calvino. Onde quer que o caminho do destino o levasse, ele nunca se esquecia de seus amigos nem das pessoas que o tratavam com bondade. Somada à sua distinta maneira de pensar, havia um coração de ouro. Calvino tinha um coração compassivo, sempre disposto a ajudar os necessitados, permitindo até mesmo que eles morassem em sua casa se surgisse a necessidade.

Enquanto estudava no College de Montaigu, Calvino ampliou seus estudos de latim e aprendeu a arte do debate, chamada na época de "argumentação oral". É fácil imaginar o rapaz magro de dezessete anos, brilhante na oratória, interrompendo um debate e silenciando os participantes com sua percepção e seu conhecimento superior. O debate era uma arte que Calvino apreciava, e estou certo de que isso alimentava o temperamento ardente pelo qual ele se tornou conhecido.

Naquele tempo, Calvino também entrou em contato com um escocês muito famoso chamado John Major. Hipnotizado com a filosofia acadêmica desse escocês, ele passava cada hora livre que podia com o instrutor. Calvino debatia com Major as matérias que havia aprendido em aula, mas o conhecimento articulado de Major fazia com que o jovem ansiasse por aprender mais. Major havia escrito anteriormente um comentário sobre os Evangelhos, influenciado por Wycliffe, Hus e Lutero. Calvino ouviu os detalhes sem distorções acerca da vida e da teologia de Lutero nas palestras de Major. Ele abraçou as informações e escondeu-as no fundo de seu coração.

Uma Guinada Repentina na Estrada do Destino

Em 1528, quando Calvino tinha apenas dezoito anos, ele concluiu o Mestrado em Artes. Agora era fluente em latim e versado em filosofia e humanismo. Exatamente quando parecia que tudo levava Calvino na direção do sacerdócio, os acontecimentos sofreram uma guinada inesperada.

O emprego de Gerard Calvino estava ameaçado. O pai de Calvino havia se tornado cada vez menos popular junto ao clero da catedral de Noyon. Eles o questionaram sobre suas habilidades como contador e pediram para rever seus livros. Gerard ficou altamente ofendido pelo fato de sua integridade ser colocada à prova e recusou-se a entregar os livros. Sua resistência resultou em excomunhão.

Possivelmente temendo que os fundos para a educação de seu filho fossem cortados ou, talvez, simplesmente aborrecido por causa da decisão da Igreja, Gerard foi inspirado a fazer uma mudança repentina na educação de Calvino. Agora ele queria que o filho se tornasse advogado. Ele mesmo havia sido advogado e desfrutado da riqueza e dos bônus sociais que acompanhavam a carreira. Tendo sido excomungado, ele sabia que o sacerdócio de seu filho não beneficiaria a família financeiramente. Gerard decidiu que João devia seguir a profissão jurídica e enviou-lhe um recado, ordenando que ele mudasse para a faculdade em Orleans.

A notícia foi chocante para Calvino. Ele não tinha um relacionamento próximo com seu pai, mas sentia-se obrigado pelo dever de filho a obedecer-lhe. Aos dezenove anos, Calvino migrou para Orleans e se matriculou na Faculdade de Direito.

Calvino Abraça a Renascença

Embora não estivesse genuinamente interessado em Direito, sendo um aluno dedicado, Calvino achou seus estudos fascinantes.

Durante um ano e meio de estudos em Orleans, ele se tornou aluno de Pierre de l'Étoile, um dos principais instrutores de jurisprudência de toda a França. Calvino tinha grande respeito por Étoile, em parte porque ele era um conservador devoto que havia se tornado padre após a morte de sua esposa.

Calvino passou a ser o primeiro aluno da classe. Seu avanço não foi devido ao amor pelo Direito, mas a uma paixão pelo estudo dos idiomas, da literatura e das culturas. Ele mantinha uma rotina de estudos tão disciplinada que era visto como um "erudito jurídico em ascensão".[4] Calvino desenvolveu ali os ideais da Renascença e começou também a se aprofundar nos assuntos relacionados à fé evangélica.

Durante essa época, falava-se por toda a Europa sobre os efeitos de se aprender o grego do mesmo modo que se aprendia o latim. O idioma grego era um campo de estudos não mapeado e ainda estava ligado à heresia. Os tímidos evitavam-no e se curvavam ao julgamento da Igreja. Foi publicada a seguinte advertência em relação ao grego: "Está sendo descoberto um novo idioma chamado *grège*. Precisamos evitá-lo a todo custo, pois esse idioma faz nascer heresias. Tenham cuidado especialmente com o Novo Testamento em grego; é um livro cheio de espinhos e ferrões".[5] Mas Calvino era um livre pensador. Se alguma coisa estimulasse ou desse substância ao seu raciocínio e aos seus pensamentos, ele a abraçava. Ele se importava pouco com a opinião dos outros, a não ser que ela validasse uma ideia que ele estava processando. Durante seus estudos em Orleans, ele agradeceu abertamente aos instrutores que ousavam inserir o idioma grego no ensino do Direito.

Era o auge do intelectualismo. Essa foi uma era que produziu uma revolução das artes. Por exemplo, a prensa móvel foi inventada durante o século XV, e seu uso estava se tornando comum em todo o mundo. As pessoas viam a prensa como uma maneira vital de espalhar suas mensagens. O fenômeno provocado por essa invenção pode ser comparado ao computador nos nossos dias. A palavra *prensa* logo teria grande valor, porque os autores perceberam que um livro alcançaria muito mais lugares do que eles poderiam fazer viajando. Edições baratas de clássicos em grego e latim eram impressas rapidamente, e as pessoas corriam para comprá-las. Martinho Lutero já havia se beneficiado com a distribuição de seus livros anos antes. Calvino também se beneficiaria dessa grande expansão.

João Calvino, reformador protestante francês
Arquivos Hulton/Imagens Getty

Calvino comprava os clássicos e lia as obras de Platão e Aristóteles em todos os momentos de seu tempo livre. Sua fome de filosofia era tão grande que ele nunca estava satisfeito com o que aprendia acerca dos escritos políticos e humanistas.

Ele estava sempre em busca de alguma coisa para satisfazer sua fome por conhecimento e seu descontentamento com a condição do mundo ao seu redor. Muitos dos alunos de Direito decidiram se transferir para a faculdade de Bourges. A irmã do rei havia indicado um instrutor italiano radical para ensinar Direito Romano na faculdade, e os colegas de turma de Calvino estavam empolgadíssimos com a ideia de aprender com ele. Depois de ouvir seus motivos e perceber que seus melhores colegas de turma iriam se transferir, Calvino logo se juntou a eles. No final de 1529, Calvino foi estudar em Bourges.

A Ameaça do Luteranismo

Embora Calvino estivesse absorto nos próprios estudos, o Luteranismo se agigantava em torno dele. Se um proponente dessa teologia fosse apanhado, ele seria julgado pela Igreja e, se considerado culpado, seria queimado na estaca, linchado ou decapitado com a aprovação do governo. Isso acontecia com muita frequência em Paris, e embora parecesse que a vida de Calvino estava cheia de outras distrações, ele tinha consciência de cada veredicto proferido. Ele também tinha consciência do rápido crescimento experimentado pelo movimento protestante — tanto em se tratando dos reformadores quanto dos luteranos.

Antes de continuar, é importante explicar as diferenças entre luteranos e reformadores, dois ramos diferentes do Protestantismo.

A teologia reformada (isto é, Novo Testamento, graça, fé, etc.) já circulava por anos antes de Martinho Lutero entrar em cena, mas sua obra a alavancou. Com suas Noventa e Cinco Teses, Lutero separou a teologia reformada da teologia católico-romana; a Igreja Católica Romana, por sua vez, rotulou todos os que estavam associados a essas verdades de "protestantes".

Por haverem sutis diferenças naquilo que Lutero acreditava em relação ao que criam os reformadores, principalmente no que diz respeito à Comunhão, o Luteranismo tornou-se um segmento da teologia protestante reformada. Havia muitos protestantes que não queriam ser chamados de luteranos porque não tinham as mesmas crenças de Lutero. Na verdade, Ulrich Zwingli, o grande reformador suíço, afirmou ter pregado o verdadeiro Evangelho reformado muito antes de Lutero entrar em cena, e ele se ressentia por ser chamado de luterano, como se esse fosse o único ramo do Protestantismo. Naquela época, havia muitos segmentos diferentes de crenças que reivindicavam o nome de protestantes, tal como existem hoje. Neste capítulo, me refiro tanto a luteranos quanto a reformadores como protestantes, a não ser que seja necessário algum esclarecimento.

Devido ao seu gosto pela razão, Calvino costumava discutir com seus colegas a paixão e as ideias desses luteranos e reformadores. Uma das mais famosas mortes na fogueira por heresia ocorreu em Bourges, logo após a chegada de Calvino. Um dos seguidores de Lutero, que havia sido fundamental para a penetração de seus livros, ideias e opiniões na França, havia finalmente sido preso pela Igreja logo após a chegada de Calvino. Eles o queimaram na estaca, mas a morte desse homem não teve qualquer efeito no sentido de parar a difusão do Luteranismo no país.

A faculdade em Bourges foi uma experiência decepcionante para Calvino. Ele era um admirador do conservador Étoile, mas o novo instrutor italiano trazido pela irmã do rei o condenava abertamente. Calvino já havia chegado à conclusão de que o instrutor italiano era pomposo, vaidoso e irreverente. Na verdade, Calvino desdenhava tanto a personalidade orgulhosa do homem quanto detestava a ideia de estar sob sua tutela.

O primeiro prefácio que Calvino escreveu para um livro nasceu do desgosto por esse homem. Um de seus colegas de turma havia escrito um livro em defesa de Étoile, e Calvino sentia-se honrado por prefaciar a obra. Como um tapa na face do famoso instrutor italiano, Calvino escreveu em seu prefácio que Étoile "por sua perspicácia, competência e destreza em Direito, é o inigualável príncipe de nossa era".[6]

Ainda jovem, Calvino demonstrava que nunca se acovardaria diante da controvérsia se isso significasse defender o que ele acreditava ser verdade.

Uma Marca que Não Podia Ser Apagada

Pouco depois de seu primeiro prefácio ser publicado em 1531, Calvino foi convocado para ir a Noyon com a notícia de que seu pai estava morrendo. Ele estava ao lado de seu leito quando Gerard faleceu. Calvino falou da morte do pai com uma estranha indiferença. É possível que ele se ressentisse pela mudança de profissão que ele havia lhe ordenado.

Com a partida do pai e os detalhes da propriedade nas mãos de seu irmão Charles, Calvino fez uma pausa nos estudos na faculdade de Direito e passou o restante do verão e o outono em Paris, assistindo a palestras em grego e hebraico. Ele agora estava livre para fazer a própria escolha de profissão. Embora não tivesse intenção de se tornar advogado, Calvino não desistiu de seus estudos na faculdade de Direito. Paris era um lugar perigoso para se viver, pois a cidade estava totalmente infectada pela praga, mas Calvino não era o tipo de pessoa que deixava um trabalho inacabado. Ele voltou com relutância a Orleans e, em 1532, concluiu o doutorado em Direito.

Uma Marca Luterana Inabalável

Fervendo de conhecimento, Calvino sentiu-se inspirado a se beneficiar da prensa e a escrever o próprio livro. A praga agora havia sido subjugada em Paris e, ansiando ver o seu vasto círculo de amigos, Calvino voltou à movimentada cidade no final de 1532. Desta vez, ele prestou pouca atenção às palestras que aconteciam à sua volta, em vez disso, se dedicou à tarefa de escrever seu primeiro livro.

Amante da política, ele ficou obcecado com as ideias de um antigo filósofo chamado Sêneca. Calvino pegou as ideias desse homem e formulou um livro cheio de ponderações acadêmicas, tentando oferecer alguma explicação para o motivo pelo qual Nero governou da maneira que o fez. O livro intitulava-se *Comentário Sobre "A Clemência", de Sêneca*. No livro, Calvino concordava que os reis têm alta autoridade como um direito divino, mas condenava o orgulho, os pecados e os raciocínios que os levavam a atos desumanos.

Calvino publicou-o por conta própria, e o livro foi um enorme fracasso. Entretanto, duas coisas boas saíram do que parecia ser uma perda de tempo e dinheiro. Primeiro, há elementos nesse livro que se tornaram a base para sua doutrina política ao liderar a Reforma. Em segundo lugar, para escrever o livro, Calvino isolou-se na casa de um luterano devoto. O resultado foi que ele ficou sob uma influência protestante direta e constante.

Por que ele buscou refúgio junto àquele homem específico? Talvez Calvino sentisse que nenhum de seus irmãos católicos o incomodaria ali para questionar ou influenciar seus escritos. Pode ser que Calvino se sentisse confortável com o coração desse homem e confiante de que ali seria um porto seguro para suas ideias fluírem livremente. Ou talvez o Espírito Santo o tenha levado para aquele lugar.

Enquanto Calvino trabalhava duro em seus escritos seculares, esse homem sentava-se na sala ao lado e devorava os livros e escritos de Lutero, comentando sobre a inspiração que havia recebido. As ideias de Calvino eram interrompidas por protestantes, franceses e estrangeiros, que batiam constantemente à porta do homem em busca de refúgio. Calvino provavelmente ouvia com interesse enquanto os refugiados sentavam-se ao redor da mesa, discutindo suas fortes convicções e suas perigosas façanhas. Calvino muitas vezes ficava sozinho enquanto seu anfitrião visitava os pobres e os enfermos, entregando comida, folhetos sobre Luteranismo e ministrando passagens da Bíblia. Esse homem gentil e destemido mais tarde foi queimado na estaca por sua paixão e seu envolvimento com o Protestantismo.

Tendo ele próprio um coração genuíno e ardente, não há meios de Calvino não ter sido afetado pela bondade, pela paixão e pelo verdadeiro serviço cristão que aquele homem demonstrava aos outros. Ele testemunhou a morte voluntária desse homem por aquilo em que ele acreditava. Os eventos acontecidos naquela casa deixaram uma marca em Calvino que jamais seria apagada.

A Conversão Interior

Partes da vida de Calvino não estão claras porque ele mesmo não deu detalhes significativos. Em algum momento entre 1529 e 1533, Calvino converteu-se às crenças protestantes da salvação pela fé, mas continuou sendo católico. Ninguém pode apontar exatamente a data de sua conversão. Alguns relatos dizem que ele estava pregando, em 1529, em púlpitos de pedra, em aldeias e "em um celeiro próximo ao rio".[7] Não está claro sobre o que Calvino pregava, embora um ouvinte tenha comentado: "De qualquer modo, ele nos diz algo novo".[8] É possível que ele tenha continuado a ser católico e pregasse, embora a prática da pregação ao ar livre não fosse comum entre eles. Ele poderia estar pregando suas filosofias. Também é possível que ele tenha abraçado a posição evangélica algum tempo antes de falar dela abertamente. Sua simpatia pela causa desenvolveu-se por ocasião da sua estada na casa do mercador de tecidos protestante enquanto escrevia seu primeiro livro.

Calvino descreveu uma de suas experiências no manuscrito *Um Comentário sobre Salmos* (1557). Ele disse:

> Deus me atraiu de um começo obscuro e humilde e me conferiu o mais honroso ofício de arauto e ministro do Evangelho... Primeiramente, por meio de uma conversão inesperada, Ele amansou e tornou maleável uma mente excessivamente obstinada para o número de seus anos — pois eu era firmemente devotado às superstições do papado, a tal ponto que nada mais podia me arrancar daquele profundo lamaçal. E assim, o simples gosto da verdadeira piedade incendiou-me com tamanho desejo de progredir, que prossegui com o restante de meus estudos com mais moderação, embora não tenha aberto mão deles completamente. Em menos de um ano, qualquer pessoa que ansiasse por uma doutrina mais pura vinha aprender comigo, que ainda era um iniciante e um soldado raso.[9]

Semelhantemente a Lutero, Calvino nunca forneceu a data exata de sua conversão. Esses reformadores estavam mais interessados na expansão coletiva da Reforma do que nos detalhes de suas vidas individuais.

Os primeiros reformadores eram indivíduos altruístas. Verdadeiramente se distinguiam dos demais por entregar a vida pelo que acreditavam. Eles entendiam a perseguição e nunca recuavam diante dela. Os reformadores eram indivíduos absolutamente destemidos que declaravam suas convicções sem temor e sem remorso. Esses homens viviam o que acreditavam e traçavam uma linha muito clara entre o que acreditavam ser o certo e o errado.

Alguns acreditam que a conversão de Calvino ocorreu em 1533 por causa das experiências que ele viveu naquele ano. Até aquele momento, os linchamentos e as mortes de pessoas condenadas por heresia ocorriam ao redor dele, mas não incomodavam Calvino nem o desafiavam, talvez porque ele mantivesse uma aliança — ainda que não muito firme — com a Igreja Católica. Essa aliança o protegia de ser contado entre os protestantes.

Mas essa aliança silenciosa que o mantinha seguro mudou drasticamente após um discurso de Nicolas Cop.

O Discurso Decisivo

O ano era 1533. Calvino voltara a Paris, onde encontrou a atmosfera da cidade marcada pela tensão. A Europa estava lutando contra a nova fé cristã deflagrada pelos escritos de Martinho Lutero.

Calvino voltou à cidade principalmente porque seu amigo muito próximo, Nicolas Cop, havia acabado de ser indicado como reitor da Universidade de Paris. Ele se certificou de estar presente quando Cop fez seu discurso inaugural para a comunidade acadêmica. Calvino estava sentado entre um círculo íntimo de amigos e também foi honrado pelas próprias realizações acadêmicas.

Em 1º de novembro, o auditório estava lotado pelo clero católico e por alunos honrados. O ambiente era tenso enquanto Cop subiu as escadas e colocou-se de pé no púlpito.

O discurso inaugural destinava-se a rever objetivos e assuntos institucionais, e cada instrutor e cada aluno honrado deveria usar o discurso a fim de planejar seus objetivos para o ano acadêmico vindouro.

Cop abriu sua fala anunciando o tema: A Filosofia Cristã. A mente de Calvino deve ter se voltado para as longas noites em que ele e Cop se sentavam e discutiam seus pontos de vista acerca da fé cristã. Ele provavelmente prendeu a respiração, perguntando-se se Cop usaria aquela plataforma para declarar seus pontos de vista.

A resposta para o questionamento de Calvino veio em seguida. Cop falou como se toda a audiência consistisse de reformadores.

Ele iniciou seu discurso com uma apresentação da filosofia cristã. Muitas de suas ideias vinham do original grego, um idioma que a Igreja Católica classificava como herege. Alguns dos pontos que Cop utilizou foram extraídos de um livro publicado por Lutero. Ele declarou sua dívida para com Lutero dizendo: "A lei impulsiona através de ordens, ameaça, incita e não promete boa vontade. O Evangelho não impulsiona por ameaças, não força por meio de ordens, e ensina acerca da plena boa vontade de Deus para conosco".[10]

Como se sua declaração já não desafiasse a Igreja o bastante, Cop seguiu em frente. Ele disse: "Um filho fiel pode servir a seu pai enquanto o pai vive e depois receber uma herança por ocasião da morte do pai. A herança pode ser vista como uma recompensa pela fidelidade filial, mas ela de modo algum é uma dívida do pai para com o filho. Do mesmo modo, podemos ser fiéis a Deus, servindo-o e obedecendo à lei como Seus filhos. As bênçãos de Deus não são a recompensa por esse serviço. Em vez disso, elas são o benefício da nossa salvação recebida pela graça".[11]

Cop continuou louvando a aqueles que haviam sido perseguidos por causa de Deus e apelou a um fim nas diferenças teológicas que são "praticadas por intermédio do medo daqueles que matam o corpo, mas não podem fazer mal à alma".[12] (Essas mesmas palavras se voltariam contra Calvino mais tarde, quando culparam-no pela execução de um homem).

Cop pretendia que seu discurso abrisse a mente dos alunos e professores para as ideias protestantes como parte do novo aprendizado que batia às portas da universidade. Mas as coisas não foram vistas dessa maneira. Em vez disso, eles viram Cop como um luterano disfarçado e consideraram suas ideias como uma ameaça. Eles interpretaram seu discurso como um ataque contra aqueles que perseguiam os protestantes. Pouco depois do discurso de abertura, Nicolas Cop fugiu de Paris.

Por sua íntima amizade com Cop, o nome de Calvino foi ligado aos protestantes. Na verdade, durante anos após a morte de Calvino, muitos ainda acreditavam que, na verdade, fora ele quem escreveu aquele discurso! Entre os papéis pessoais de Calvino, foi encontrada uma cópia exata do discurso, escrita com sua letra.[13] Se isso for verdade, Calvino definitivamente abraçou a crença protestante acerca da salvação anos antes, embora tivesse continuado católico. Durante os muitos anos que passou em reclusão estudando, acredita-se que Calvino tenha escrito anonimamente sermões protestantes pregados por outros, assim como discursos, tais como o de Cop.

Depois que Cop fugiu de Paris, Calvino não demorou muito para fazer o mesmo.

Quebrando o Vício da Religião

Calvino foi esconder-se na pequena cidade de Nerac durante o inverno de 1533 a 1534. Ele viveu grandes conflitos internos durante esse período de reclusão. Multidões de jovens protestantes o procuravam, desesperados por ouvir seu conhecimento e sua sabedoria. Mas Calvino se considerava meramente um noviço; além disso, ele ainda estava ligado à Igreja Católica.

Os conflitos internos de Calvino o levaram a sair de seu esconderijo na primavera de 1534. Ele voltou a Paris por um motivo: buscar a sabedoria do famoso erudito bíblico Lefèvre D'Étaples.

Calvino ouvia falar de Lefèvre desde a época de estudante e foi amigo de vários de seus alunos. Ele ouviu sobre como aquele homem altamente respeitado, uma vez ordenado como padre católico, havia se tornado, em vez disso, o líder do movimento reformista francês. Lefèvre pesquisou as Escrituras por si mesmo e chegou à conclusão de que a Bíblia era a única fonte de autoridade. Ele cunhou a expressão "literal-espiritual", que queria dizer que só o Espírito Santo podia interpretar o significado dos textos bíblicos.[14]

> Lefèvre e Calvino enfatizavam que o homem era salvo pela graça e não pelas obras. A graça falava do amor e da bondade de Deus para com a humanidade.

Lefèvre também passou a entender que o homem era salvo pela graça (fé) e não pelas obras, nem pelos méritos humanos estabelecidos pela Igreja. Ele falava mais da graça do que da fé, como fez Calvino em seus últimos anos. Isso era produto da era religiosa e do erro em que viviam: a graça falava mais do amor e da bondade de Deus para com a humanidade — algo que a Igreja Católica havia anulado.

Sendo um forte defensor da doutrina extremamente rígida da predestinação, a interpretação de Lefèvre da Bíblia influenciou Lutero grandemente, e as obras dos dois homens se complementaram.

No ano de 1534, Lefèvre tinha quase cem anos de idade, e Calvino sabia que precisava se apressar caso quisesse ter uma audiência com ele. Viver até essa idade nos dias atuais é um feito e tanto, mas naqueles dias era especialmente incrível; a maioria tinha sorte de viver até os cinquenta. Calvino deixou Nerac e, por ser um cidadão francês, conseguiu uma audiência com Lefèvre.

Não há registros da conversa deles, mas eu adoraria tê-la ouvido. Lefèvre profetizou para Calvino que ele seria "um instrumento para o estabelecimento do Reino de Deus na França".[15] Creio que o Espírito Santo estava presente naquela conversa e que Calvino recebeu revelação e entendimento. Lefèvre encorajou-o a tomar uma posição mais ousada do que ele próprio havia tomado. Depois de encontrar Lefèvre como um jovem confuso e questionador, Calvino partiu com um entendimento claro da tarefa que estava à sua frente e do que ele tinha a fazer. Calvino nunca falou acerca do que foi conversado entre os dois, mas sua vida demonstrou claramente a transformação.

O encontro com Lefèvre ocorreu em 6 de abril de 1534. Apesar da excomunhão de seu pai, Calvino continuava tendo uma boa relação com a Igreja em Noyon. Na verdade, tudo estava arranjado para que ele fosse ordenado como padre católico apenas dois meses após seu encontro com Lefèvre.

O que um dia havia sido doloroso para Calvino agora era o seu único caminho para a paz. Calvino saiu do encontro com Lefèvre convencido de que a Reforma nunca ocorreria enquanto ele permanecesse dentro da Igreja Católica. Fosse qual fosse o preço, as hipocrisias da Igreja Católica precisavam ser rejeitadas e eliminadas através de suas denúncias pessoais.

> Aquele encontro com Lefèvre mostrou a Calvino que Deus estava com a mão sobre sua vida. Calvino soube que não podia mais compactuar com o erro.

Calvino havia lutado contra esse fato durante anos. Mais tarde, ele confessou que havia sido "obstinadamente viciado" no papado e no sistema religioso no qual havia sido criado e no qual esperava obter um papel de liderança.[16]

Calvino descreveu seu amor pela igreja como uma "barreira de resistência" que havia protegido seus planos ministeriais e sua segurança financeira. Mas essa barreira agora lhe parecia uma heresia hipócrita contra a vontade de Deus. O entendimento havia rompido essa proteção passiva, e os impedimentos foram removidos. Calvino não via mais a sua vida como uma entre milhares de outras que compactuavam com o erro. Agora que ele sabia que caminho tomar, não podia haver "qualquer adiamento ou evasão justificada. A mão de Deus estava sobre ele".[17]

Em 4 de maio de 1534, menos de um mês depois do seu encontro histórico e divino com Lefèvre, Calvino viajou a Noyon e entregou seus documentos ministeriais à Igreja Católica. As dúvidas haviam cessado e a verdade estava clara. Ele havia decididamente e para sempre tomado sua posição contra a instituição da Igreja Católica e ao lado de Deus.

O Caso dos Cartazes

Calvino decidiu permanecer em Noyon por algum tempo e visitar sua família. Ele deve ter subestimado o tamanho do alvoroço gerado por ele quebrar os vínculos com a Igreja Católica.

Em questão de dias, Charles, o irmão de Calvino, foi preso por heresia. Em 26 de maio, o próprio Calvino foi preso por ter deixado de denunciar Charles por heresia. Depois de dois breves períodos de aprisionamento, Calvino recebeu ordens de deixar Noyon, mas ele próprio não foi preso por heresia.

Ao longo de 1534, Calvino mudou-se de um lugar para outro, fazendo com que fosse impossível saber seu paradeiro. Ele nunca falou publicamente durante esse período, mas dava estudos bíblicos constantemente para aqueles que se tornavam protestantes. Todos os tipos de pessoas procuravam Calvino, desde um sapateiro paralítico até nobres e professores. Esses foram os primeiros "calvinistas".[18]

Nesse período, Calvino arriscou sua vida e foi a Paris para um encontro com Miguel Serveto. Ele era um radical espanhol que havia acabado de publicar um livro procurando reformar a Igreja. O livro foi escrito de forma confusa e herética, e Serveto havia concordado em se encontrar com Calvino para discutir e corrigir os erros. Calvino esperava que seu encontro fizesse com que Serveto se tornasse uma voz poderosa na Reforma Protestante.

Serveto nunca apareceu para o encontro. Calvino teve de deixar Paris e ir para um lugar mais seguro, mas ele percebeu que a personalidade imprevisível de Serveto poderia ser problemática. Calvino não fazia ideia naquela época do quanto Serveto provaria ser um problema mais tarde em sua vida.

Embora permanecer na França parecesse seguro para Calvino, isso logo mudaria. Os radicais protestantes de Paris começaram a lançar uma campanha maciça contra a Igreja Católica. Ela culminou, em 18 de outubro de 1534, no que ficou conhecido como o Caso dos Cartazes.

Antes de discutir o Caso dos Cartazes, é importante discutir primeiro o principal personagem do evento: rei Francisco I.

Francisco foi o rei da França durante os primeiros anos de Reforma de Calvino. Ele havia sido tolerante com a causa protestante, principalmente porque sua irmã simpatizava com ela e era amiga de muitos protestantes. Mas tudo isso mudou com os cartazes.

Os protestantes publicaram folhetos denunciando a missa católica e a adoração aos santos, afirmando que se tratava de blasfêmia e que o papa, seus cardeais, bispos, padres e monges eram hipócritas e servos do anticristo.[19] Esses famosos cartazes foram pregados praticamente em todas as ruas, prédios e igrejas de Paris — até mesmo na porta do quarto do rei!

Ninguém sabe como um cartaz chegou à porta do quarto do rei, mas ele ficou furioso com a audácia. Sentindo-se diminuído e ridicularizado por esse ato, Francisco I agora pouco se importava com o que sua irmã pensava, tendo uma reação sem precedentes aos cartazes. Ele achou que as palavras desses cartazes constituíam uma ameaça à França como nação cristã, de modo que dirigiu uma procissão, que marchou pelas ruas de Paris com o propósito de expurgar a cidade dessa contaminação.

A procissão terminou na Catedral de Notre-Dame, onde uma missa foi celebrada para expiar a contaminação protestante. Em uma refeição celebrada publicamente, o rei levantou-se e declarou que ele "não hesitaria em decapitar qualquer um dos próprios filhos se fosse considerado culpado por essas novas e amaldiçoadas heresias, e em oferecê-lo como sacrifício à justiça divina".[20]

Para demonstrar suas intenções, Francisco I convocou os cidadãos de Paris para testemunhar a morte na fogueira de seis protestantes. Vinte e quatro protestantes foram queimados na estaca ao longo dos seis meses seguintes.

Com uma perseguição tão intensa, Calvino foi obrigado a deixar seu país natal e buscar refúgio na Suíça. Mal sabia ele que, a partir daquela pequena nação, uma Reforma mundial se espalharia — uma reforma que continua a influenciar a civilização ocidental.

Um Clamor Pelos Mártires

Após parar em diversas cidades ao longo do caminho, Calvino acabou buscando refúgio na Basileia, cidade Suíça localizada nas profundezas dos alpes. Seu amigo Nicolas Cop já havia se instalado ali. Em janeiro de 1535, Calvino não tinha desejo de empreender qualquer trabalho ou ministério público; ele queria se dedicar apenas ao estudo e à escrita. Basileia era uma cidade pouco conhecida e pacífica, fundada principalmente por alemães e distante da perigosa tensão de Paris.

Calvino havia acabado de receber a notícia de que seu amigo comerciante de tecidos (que o abrigara enquanto ele escrevia seu primeiro livro) havia sido recentemente queimado na estaca. O coração de Calvino quase se partiu com a perda. Ele começou a escrever a primeira edição das suas famosas "institutas", *Christianae Religionis Institutio*.

A primeira edição desse clássico não foi escrita com o objetivo principal de explicar a doutrina protestante, embora de fato incluísse instruções. Em vez disso, a principal razão para Calvino escrevê-lo foi vingar os mártires cujas mortes eram "preciosas aos olhos do Senhor" (Salmos 116:15) e para pedir a ajuda de outras nações para pôr fim ao assassinato daqueles que eram considerados hereges pela Igreja.[21]

> Calvino se via como alguém que estava trazendo a Igreja de volta à sua perspectiva divina e missão original.

Em agosto de 1535, a primeira edição de quinhentas e vinte páginas foi concluída. Ela continha apenas seis capítulos; em quatro deles havia as instruções protestantes com relação à lei, ao credo, ao Pai Nosso, e outro capítulo dividido entre a Ceia do Senhor e o batismo. Os dois capítulos restantes tratavam dos motivos pelos quais a Igreja deveria ser reformada.

Ao longo dos anos, Calvino continuou a acrescentar capítulos cheios de suas ideias ao texto básico original dessa primeira edição. A Igreja Católica sentiu-se tão ameaçada com uma das versões, que queimou o livro em uma cerimônia na Notre-Dame. Hoje, os teólogos desfrutam da edição final de *Institutas da Religião Cristã*, que se tornou cinco vezes maior que a original, com oitenta capítulos e poucos exemplares impressos.

Também quero mencionar um elemento-chave dentro da motivação e da lógica de Calvino. Ele sempre enfatizou a reforma em vez da rebelião. Nunca se permitiu ser rotulado como um revolucionário, embora muitos tenham tentado fazê-lo. Calvino acreditava que uma revolução sempre envolvia a invenção de algo novo — e ele afirmava enfaticamente que não era sua intenção criar uma nova igreja. Ele se denominava um reformador porque estava determinado a reformar o que havia sido perdido ou mudado. Calvino se via como alguém que estava trazendo o propósito original da Igreja de volta à sua perspectiva e missão divina. Esse era o principal motivo pelo qual ele continuava a fomentar os acréscimos às institutas.

Em 1536, a primeira edição das institutas foi publicada em Basileia. Ela foi enviada diretamente ao rei Francisco I juntamente com uma carta expondo seu espírito assassino e absolvendo os mártires.

Ninguém na cidade de Basileia sabia que Calvino era seu autor, porque poucos sequer sabiam que ele estava ali. Ele vivia sob o nome fictício de Martianus Lucanius porque queria ser deixado em paz para escrever sem interrupções. Um grupo fervoroso de jovens protestantes procurava por Calvino, na esperança de ter uma oportunidade de sentar-se aos seus pés e aprender com seu conhecimento.

Em pouco tempo, essa primeira edição passou a estar nas livrarias em toda parte, famosa pela ousadia de se dirigir diretamente a Francisco I e pelo fato de João Calvino ser o autor. A publicação foi um sucesso da noite para o dia, colocando Calvino no topo da lista dos reformadores mais influentes.

O Plano de Deus para Calvino

Logo depois de o livro ser publicado, Calvino e seu amigo Louis Du Tillet deixaram Basileia e dirigiram-se à cidade de Ferrara, nos alpes italianos. O motivo pelo qual Calvino decidiu deixar a Basileia não é claro, mas muitos acreditam que ele foi empregado pela duquesa Renee como secretário da corte. Ocupando essa posição, ele teria segurança financeira, usaria suas habilidades jurídicas e teria liberdade para prosseguir com seus estudos e escritos. Calvino preferia a vida de um estudioso e escritor à vida de um conferencista público.

Mas logo depois de chegar a Ferrara, os problemas começaram. Em primeiro lugar, embora a duquesa Renee estivesse dando abrigo a refugiados protestantes, ainda era a cunhada de Francisco I. Esse relacionamento direto mantinha certa dose da atenção de Francisco voltada para Ferrara. Semanas após a chegada de Calvino, um clérigo francês foi preso, e iniciou-se em Ferrara uma caçada pelos franceses. Calvino e Du Tillet imediatamente partiram da cidade. Calvino escreveu mais tarde que ele entrou na Itália para logo depois deixá-la.

Depois da sua breve estada em Ferrara, os dois amigos seguiram caminhos separados. Francisco I havia concedido seis meses de passagem livre para qualquer pessoa acusada de heresia. Assim, Calvino voltou a Paris. Enquanto estava ali, conseguiu uma procuração para seu irmão mais moço, Antoine, vender as terras da família em Noyon. Não confiando que estariam seguros em Paris, uma vez vendida a terra, os dois irmãos e a irmã Marie estavam novamente na estrada. Calvino pretendia viajar para Estrasburgo, na Suíça, onde podiam se estabelecer e viver em paz. Ali, Calvino pensou que poderia continuar com seus escritos e influenciar a Reforma.

Contudo, os planos mudaram. Francisco I e o imperador Carlos V estavam nos estágios iniciais da sua terceira maior guerra, e a estrada para Estrasburgo estava bloqueada. Os irmãos foram obrigados a se dirigirem a Genebra, mas pretendiam permanecer ali somente por uma noite.

Os eventos daquela noite mudariam o rumo da vida de Calvino.

O Ruivo Radical

No final de agosto do ano de 1536, Calvino estava passando a noite em uma pequena hospedaria situada no coração de Genebra. Ele havia viajado sob um nome fictício, mas seu amigo Du Tillet havia se estabelecido anteriormente em Genebra, e descobriu que Calvino estava ali. Du Tillet revelou o paradeiro de Calvino a um evangelista ruivo muito apaixonado chamado Guilherme Farel.

Farel havia nascido em uma família de elite e teve o privilégio de estudar com Lefèvre. Na verdade, Farel era seu aluno mais ardente. Lefèvre profetizou para Farel em 1512: "Deus renovará o mundo, e você viverá para vê-lo".[22]

Farel não era professor; suas habilidades acadêmicas eram mínimas. Mas ele era um evangelista explosivo que divulgava o Evangelho da Reforma onde quer que fosse possível. Farel era tão radical que foi obrigado a fugir da França já em 1523. Ele havia escrito três livros pequenos e convertera um erudito treinado em Paris de nome Pierre Viret, que mais tarde seria um reformador crucial e amigo íntimo de Calvino. Sob sua influência, a próspera cidade de Berna havia se tornado protestante, e Farel tinha outras cidades em sua lista.

Evangelista, era um pregador muito persuasivo e dramático. Por causa de sua natureza ardente e radical, Farel deflagrava facilmente a ira de multidões contra ele. Apesar de muitas ameaças de morte, ele conseguia escapar apenas com alguns arranhões.

Farel chegou a Genebra em 1531 e estava determinado a tornar a cidade protestante. A região estava passando por uma revolução política e religiosa. Expulso de Genebra diversas vezes devido à sua pregação dramática, Farel certificou-se de que outros invadissem a cidade em sua ausência, sendo Viret um deles. Finalmente, em 1533, depois que Viret havia feito algum progresso no que diz respeito à Reforma, Farel voltou a Genebra e tentou organizar os protestantes a fim de formar uma escola e uma igreja.

Generais de Deus Os Reformadores Estrondosos

Ele deu passos significativos no discipulado, na adoração e na educação; mas não era um mestre ou administrador. Faltava a Farel as habilidades organizacionais e administrativas, então a confusão começou a surgir. As pessoas estavam dispostas e prontas, mas Farel era um visionário com pouca habilidade para transformar isso em uma liderança de longo prazo. Ele confessou abertamente sua incapacidade e falta de habilidade nessa área.

Por causa da influência de Farel, Genebra se tornou uma cidade reformada dois anos depois. O governo e a igreja trabalhariam em estreita ligação para fazer com que as crenças protestantes prevalecessem. Se alguém recusasse as instruções protestantes ou causasse problemas para seus líderes, a pessoa podia ser expulsa da cidade.

O ambiente era perfeito, mas Farel estava preocupado. Quem lideraria o movimento? Quem tinha a habilidade para instruir os novos convertidos e organizar a igreja que florescia?

Enquanto essas perguntas ardiam dentro dele, Farel ouviu que João Calvino estava na cidade para passar a noite, e seu coração saltou diante da oportunidade.

> A mão soberana de Deus trabalha na vida daqueles cujos corações estão comprometidos com Ele. Podemos ter os próprios planos, mas Deus define a rota.

A Famosa Estada de Apenas Uma Noite

Ao falar sobre aquela noite fatídica em Genebra, Calvino disse: "Deus me lançou para dentro do jogo".[23] Amo essa definição porque ela fala da mão soberana de Deus trabalhando na vida de alguém cujo coração está totalmente comprometido com Ele. Podemos ter os próprios planos, mas Deus definitivamente define a rota.

Calvino estava desfrutando uma noite pacífica de verão no coração de Genebra. De repente, alguém bateu à sua porta. Ele a abriu e encontrou um apaixonado veterano da Reforma — Farel — implorando a ele que ficasse e ajudasse a estabelecer a obra ali.

Calvino viu a dedicação ardente daquele homem. Mas, ansiando por sua biblioteca silenciosa e por uma vida de estudos, Calvino recusou o pedido de Farel para permanecer em Genebra. Ele disse que queria permanecer livre, sozinho para estudar e escrever como desejasse. Calvino continuou, afirmando não ter intenção de organizar uma igreja ou escola porque não tinha desejo de uma vida pública. Ele desejava permanecer recluso. Afinal, ele só iria ficar ali por uma noite.

Calvino já havia planejado sua vida, e a oferta de Farel não estava de acordo com seus desejos.

A Questão É Obedecer

Não faz muito tempo que assisti a uma entrevista na televisão com uma figura cristã popular no ministério infantil. O homem foi um ator de sucesso em Hollywood e agora faz vídeos como um herói de ação cristão, expondo e vencendo os demônios vilãos que tentam nos enganar.

O entrevistador perguntou a ele se, considerando as exigências tão grandes inerentes à sua área de trabalho, ele diria que tinha um coração voltado para as crianças. A resposta dele chamou minha atenção. Sem hesitar, o ator respondeu: "Não".

Chocado, o entrevistador ficou sem palavras. O herói de ação cristão respondeu rapidamente algo mais ou menos assim: "Não me entenda mal; amo crianças. Mas não creio que Deus esteja interessado no que temos em nosso coração para realizar; e com isso, quero dizer os nossos desejos. A Bíblia afirma claramente que não existe nada de bom no coração do homem. Creio que Deus está mais interessado na nossa obediência do que naquilo que nosso coração quer fazer. As perguntas sempre serão: vamos fazer o desejo dele? Vamos expor o que há no Seu coração?"

> Obediência é o que Deus está procurando em nossa vida. As perguntas sempre serão: Vamos fazer o desejo dele? Vamos expor o que há no Seu coração?

Olhando direto para a câmera, ele continuou: "Se fosse o meu desejo ter determinado ministério ou trabalhar em determinada área", ele disse basicamente, "e eu dissesse 'não' a Deus quando Ele me pedisse para fazer outra coisa, então eu poderia ficar sentado à beira da estrada pelo resto da vida".

Apreciei a honestidade desse homem e a maneira direta como ele desarmou uma doutrina popular, porém pervertida, que exalta o desejo pessoal. Obediência é o que Deus está procurando e o que Ele espera de nós. Quando somos obedientes e fazemos o que Ele nos pede, então Seu desejo se funde ao nosso. A obediência gera uma vida submissa, uma vida que diz: "Deus, tudo se resume a Ti; não se resume a mim". A obediência é a única força que pode domar um coração e produzir essa atitude. João Calvino descobriu essa verdade vital e, a partir de sua obediência, alcançou um novo nível de liderança.

Convocado ou Amaldiçoado?

Sentindo que o encontro entre os dois foi fruto de um propósito divino e acreditando que Calvino estava desertando da causa do Senhor, Farel apontou o dedo para o rosto de Calvino e repreendeu-o severamente. Ele trovejou: "Se você se recusar a se dedicar à obra conosco... Deus o condenará".[24]

O amigo de Calvino, Du Tillet, também estava na sala — provavelmente escondido em um canto. E, naquele instante, certamente lamentou ter sido o responsável por informar o paradeiro de Calvino.

Farel admoestando Calvino

Calvino olhou direto para Farel. O homem alto e ruivo falou com a certeza de um profeta do Antigo Testamento! As palavras de Farel abalaram Calvino até a alma. Ele admitiu mais tarde que Farel o aterrorizou, e que ele sentiu como se Deus estivesse olhando-o do alto e colocado Sua mão sobre ele.

Farel permaneceu firme e recusou-se a retirar suas palavras. Ele não podia entender por que alguém iria querer se retirar e ficar recluso quando o mundo precisava tanto dos seus serviços. Genebra estava preparada e pronta para a Reforma, e Farel acreditava que Calvino era o homem para liderá-la.

Calvino sentiu a mão de Deus sobre ele, derretendo os próprios desejos e medos e transformando-os na força para obedecer. Ele renunciou aos planos confortáveis que havia feito para si mesmo. Calvino tornou-se um novo homem, um "homem que Deus havia convocado".[25] Depois de permanecer apenas uma noite na cidade, ele partiu para a Basileia para recolher seus pertences pessoais e deixar sua família. Por volta de 1º de setembro, Calvino chegava a Genebra, pronto para iniciar a obra.

Genebra: Primeiro Round — Pastorear

Calvino iniciou seu papel de líder na nova igreja como "professor das Sagradas Escrituras". Naquela época, Farel era considerado o "pregador", e Calvino ensinava e fazia preleções sobre a Bíblia. Depois de um ano, Calvino assumiu o cargo de "pastor sênior".

Sua vida como pastor era muito diferente do que havia sido antes. Calvino estava acostumado a ver as pessoas quando queria e depois se retirar para sua reclusão. Nada mais que isso! Agora, ele estava batizando, oficiando em casamentos e funerais, organizando os cultos da igreja e pregando neles, assim como dirigindo a administração da igreja e as reuniões de diretoria. Assim que se envolvia em uma área da vida da igreja, Calvino tinha uma revelação sobre outra e começava a organizar e a dirigir naquela área. A mesma diligência que ele havia dedicado aos estudos agora era evidente em seu ministério aos outros.

Antes da famosa estada de uma noite de Calvino em Genebra, os cidadãos haviam feito o voto de "viver segundo o Evangelho".[26] Os poderes políticos de Genebra apoiavam Farel na reforma completa da vida religiosa e moral da comunidade. Farel era ardente e impetuoso, e Calvino não perdia tempo quando se tratava de organizar o que a dedicação de Farel produzia. Ele abriu as comportas de tudo que havia armazenado dentro de si — todos os anos de estudo acadêmico, seu entendimento do grego e do hebraico, da filosofia da Reforma e do governo, bem como seu discernimento acerca dos debates teológicos. Calvino inundou todas as áreas da comunidade com sua percepção e sabedoria.

A cidade e a atitude do povo eram o sonho de todo reformador. Os reformadores tinham total autoridade para reestruturar uma cidade cuja moral era extremamente fraca. Calvino cuidou disso servindo ao povo e levando a ele o conhecimento das Escrituras para ajudá-lo a viver uma vida temente a Deus. Mesmo com todo o conhecimento de Calvino, ele nunca falava de uma forma que as pessoas não compreendiam, ao contrário, sempre tornava suas lições claras para elas, identificando-se com suas lutas pessoais.

Talvez você pense que nada disso é novo, mas lembre-se da época em que eles viviam. A Igreja Católica havia mantido todos nas trevas. O único serviço defendido era das pessoas para com a Igreja; foi uma reforma ousada virar a mesa e fazer a Igreja servir ao povo. Foi ainda mais ousado realmente ensinar ao povo a Palavra de Deus para que eles pudessem entendê-la.

Embora tudo parecesse idílico, havia lutas. Calvino tinha uma personalidade forte, e o poder público, embora quisesse a Reforma, lutava contra ele para manter sua base de poder. A luta entre eles se tornou crucial para a Reforma.

Calvino criou uma confissão de fé que devia ser proclamada por todos os que desejassem ser cidadãos de Genebra. A confissão afirmava que a Palavra de Deus era a autoridade suprema; que o homem natural não tinha bem algum em si; e que a salvação, a justiça e a regeneração estavam somente em Jesus Cristo.

Essa confissão de fé introduziu o louvor musical na Igreja. Calvino afirmava que se cantariam os salmos, a fim de dar vida às palavras da Bíblia, trazendo revelação àqueles que os cantavam. Como não havia música na igreja naquela época e ninguém conhecia nenhuma canção, Calvino criou um coral de crianças e ensinou-as melodias específicas para cantarem os salmos. O coral cantava durante o culto e os adultos ouviam. Quando a congregação aprendia o cântico, eles eram convidados a se juntar ao coral. A intenção de Calvino era que diversos cânticos famosos fossem cantados durante cada culto para que uma adoração profunda fluísse. Antes desse momento, ninguém entendia os cânticos durante a missa porque as letras eram todas em latim.

Calvino então planejou um programa educacional do qual todos deviam participar e estabeleceu uma regra de excomunhão, particularmente da Ceia do Senhor, para aqueles que deixassem de viver segundo os padrões de Deus. Isso não queria dizer que Calvino acreditava ser possível viver acima do pecado. Essa regra era para aqueles que praticavam continuamente um estilo de vida imoral sem remorso ou dependência no Espírito Santo.

Dificuldades e discussões envolvendo esse regime rígido continuaram por cerca de um ano, e a situação ficou muito tensa. Finalmente, em janeiro de 1538, o poder público proibiu Calvino e Farel de pregarem porque Calvino os havia chamado de "concílio do diabo"[27] em um de seus sermões; eles ordenaram que Calvino e Farel permitissem que todos participassem da Comunhão.

Mesmo assim, Calvino e Farel continuaram a pregar e a afastar as pessoas imorais da mesa da Comunhão. Uma revolta irrompeu nas ruas do lado de fora da igreja, ameaçando a vida dos dois.

Por volta do mês de abril, o governo estava enfurecido. Eles ordenaram que Farel e Calvino deixassem a cidade dentro de três dias.

Calvino deixou Genebra com satisfação; ele e Farel dirigiram-se diretamente à cidade de Berna para representar sua causa ao concílio daquele lugar. Quando Berna deixou de agir em defesa deles, os dois viajaram para Zurique e novamente defenderam ali sua causa.

O concílio em Zurique achou que a culpa pela situação era em grande parte de Calvino, por seu zelo indomável e pela falta de sensibilidade com as pessoas indisciplinadas. Não obstante, eles pediram que Berna fizesse a mediação entre os dois e Genebra, a fim de restaurar Calvino e Farel à cidade.

Em maio de 1538, uma delegação foi enviada a Genebra em favor de Calvino e Farel, mas acabou fracassando nas negociações. Calvino sentia uma forte hostilidade em Genebra e acreditava que Deus o havia liberado de sua missão.

Agora, sem um lar, sem bens pessoais ou qualquer sinal de ministério, Farel e Calvino voltaram para a pacífica cidade de Basileia.

A Dor Rende-se a Um Plano

A esta altura, Calvino e Farel haviam se tornado amigos íntimos. Quando chegaram a Basileia, os dois ficaram em casas diferentes, refletindo sobre o passo seguinte.

Para piorar a situação, Calvino, deprimido por causa da maneira como havia sido tratado em Genebra, recebeu a notícia de que um de seus amigos havia sido envenenado e morrera em consequência disso. Profundamente angustiado, Calvino virava de um lado para o outro durante a noite, tentando encontrar respostas para a injustiça de tudo aquilo. Ele estava constrangido e humilhado por ver o que havia acontecido com seu ministério em Genebra. Sentindo que poderia ser um fracasso na vida pública, imaginava como a Basileia poderia ser seu retiro para uma vida de estudos e escritos. Ele decidiu que não queria ter mais nenhuma relação com o ministério público. Achava que ninguém deveria viver assim — servindo constantemente e estando constantemente debaixo de escrutínio.

Aquele foi um verão difícil para Calvino. Ele vendia livros para ter alguma renda. Como se a dor emocional não bastasse, seu velho amigo Du Tillet escreveu para dizer que havia voltado à França e para a Igreja Católica Romana. A carta questionava se o novo movimento protestante podia ser considerado a verdadeira igreja ou se era apenas o movimento mais recente, que seria soprado para longe com o vento. Seu velho amigo então questionou se o banimento de Calvino de Genebra havia sido um sinal de Deus de que Ele estava desgostoso com os reformadores protestantes. A carta foi um punhal no coração de Calvino.

Du Tillet então lhe ofereceu apoio financeiro, mas Calvino recusou-o sem rodeios. Ele entendia que se aceitasse o dinheiro, estaria ligado à Igreja Católica novamente, e independentemente do que custasse, de qual fosse o desconforto que tivesse de suportar, Calvino não queria ter nenhum vínculo com a Igreja.

Sentindo-se alienado e traído, Calvino enterrou sua dor e continuou seguindo em frente, embora não tivesse ideia de para onde estava indo.

Farel recebeu um chamado para ajudar no ministério em Neuchâtel e pediu a Calvino para ir com ele, mas Calvino recusou. Farel aceitou a posição e partiu.

Temendo o Fracasso

Agora Calvino estava sozinho, pensando que sua vida no ministério público — e possivelmente a reputação que ele havia lutado durante a maior parte da vida para alcançar — havia terminado. Suas ideias estavam confusas, e ele se sentia injustiçado pelo fato de que motivos malignos haviam sido exaltados sobre os puros. Ele havia dedicado sua vida a Deus e, agora, o que ele tinha como indicativo disso? Parecia que todos estavam se saindo bem, e ele era o único que estava sofrendo. Ele se sentia só, abandonado com seus problemas. Os ventos quentes e áridos do teste e da paciência estavam soprando de todos os lados durante essa hora de dificuldade. Mas Calvino ainda não havia alcançado seu momento mais grandioso.

Em julho, Calvino tirou férias nos arredores da Basileia e visitou a cidade de Estrasburgo, onde foi apresentado a um reformador muito respeitado de nome Martin Bucer. Ele convidou Calvino para mudar-se para Estrasburgo e pastorear uma igreja de quinhentos membros, todos refugiados franceses. Os refugiados eram bem-vindos naquela cidade, mas se sentiam isolados porque aquela era uma região de língua alemã. Um pastor francês era exatamente o que eles necessitavam.

Martin Bucer tinha uma história e tanto. Ele havia se convertido ao Protestantismo ao ouvir a defesa de Martinho Lutero na famosa Disputa de Heidelberg, em 1518. Pouco depois, ele e três outros assumiram a liderança da Reforma em Estrasburgo. Bucer tornou-se muito respeitado quando trouxe reconciliação entre Ulrich Zwingli e Lutero em suas diferenças com relação à Ceia do Senhor. Agora, Bucer estava incentivando Calvino a vir para Estrasburgo e usar seus dons em prol da Reforma naquele lugar.

Calvino voltou a temer o fracasso, e recusou terminantemente a oferta. Embora não houvesse nenhuma câmara municipal com a qual ele tivesse de lidar, as lembranças do seu tempo pastoreando eram muito dolorosas. Voltando rapidamente para a Basileia, ele encontrou um novo convite do grupo de Estrasburgo esperando por ele. Entretanto, desta vez, Bucer recorreu ao método de Farel para ganhar Calvino. Ele escreveu: "Deus saberá como encontrar o servo rebelde, como Ele encontrou Jonas".[28]

Ali estava ele novamente — aquela sensação de chamado e destino. Essa repreensão severa tocou o interior de Calvino com a verdade, e ele voltou atrás em sua decisão. Apesar da dor, Calvino tinha um temor saudável do Senhor.

Por volta de 1º de setembro, Calvino velejou pelo rio Reno até a cidade de Estrasburgo, onde mais uma vez assumiu o papel de pastor.

Três Anos de Bênção

Estrasburgo era o oposto de Genebra. A cidade havia adotado a adoração evangélica havia quatorze anos. Bucer e os outros haviam feito um trabalho esplêndido organizando as igrejas com um programa bem modelado, que promovia a participação em grupo. Era um centro florescente da Reforma, e Calvino e a igreja francesa pareciam ter se adaptado imediatamente.

Calvino permaneceu em Estrasburgo durante os três anos seguintes, de 1538 a 1541. Ele amadureceu durante esse período e pôde descansar de estar continuamente lutando contra a oposição, como havia feito em Genebra.

O povo era grato por ter um pastor de língua francesa, principalmente um tão versado quanto Calvino. Dentro de alguns meses, ele solicitou sua cidadania, a qual lhe foi concedida, algo que ele nunca havia feito em Genebra.

O tempo de Calvino em Estrasburgo tornou-se um período de cura. A atmosfera aberta e a recepção calorosa do povo começaram a curar e a reparar seu coração. Bucer, dezoito anos mais velho que ele, tornou-se seu mentor e um de seus amigos mais próximos. Calvino costumava passar o tempo livre sentado aos pés de Bucer aprendendo seus pontos de vista sobre a predestinação e a organização da igreja.

Uma vez que o povo havia recebido Calvino com o coração tão aberto, não havia facções na cidade. Diferentemente de Genebra, Calvino não tinha de passar seu tempo lutando contra a oposição; agora ele tinha tempo para desenvolver relacionamentos pessoais.

Além de exercer os papéis de batizar, realizar casamentos e pregar, Calvino introduziu o aconselhamento pastoral. Até aquele momento, o aconselhamento de um ministro era algo que praticamente nunca se havia ouvido falar. Calvino encorajava seus paroquianos a procurarem-no para aconselhamento e consolo quando estivessem com problemas. Ele mantinha as consultas de aconselhamento em particular e nunca falava sobre as condições ou os resultados delas.

A igreja em Estrasburgo estava pronta para funcionar da maneira que Calvino havia desejado que a igreja em Genebra funcionasse. Ele pregava todos os dias e duas vezes no domingo. Estava envolvido em uma escola protestante, ensinando os princípios bíblicos para os jovens. E, ainda, eles cantavam salmos dinâmicos e cheios de vida durante os cultos. Um refugiado visitou a igreja e comentou que não conseguiu evitar as lágrimas de alegria quando a congregação começou a cantar. Um ano depois, Calvino compilou esses salmos e publicou-os em um livro. Agora, todos podiam ter o próprio hinário para adorar o Senhor. O projeto de Calvino para a adoração pública em Estrasburgo foi de grande importância histórica. Ele o ensinava apaixonadamente como uma maneira de restaurar as características da adoração da igreja primitiva.

Em seus encontros regulares com Bucer durante aqueles três anos, Calvino consolidou e amadureceu seu ensinamento sobre a Comunhão. O tema era muito importante para ele e, durante anos, havia sido a principal controvérsia entre reformadores e luteranos. Martinho Lutero insistia que Cristo estava fisicamente presente na Comunhão; Zwingli, o principal reformador suíço, afirmava que a Comunhão era apenas um memorial da morte de Cristo. A Reforma Protestante permaneceu dividida quanto ao assunto, até que Calvino escreveu um pequeno livro intitulado *Pequeno Tratado sobre a Ceia do Nosso Senhor*. Nele, Calvino explicou simplesmente que Cristo estava verdadeiramente presente na celebração da Comunhão, mas que Sua presença era espiritual e não física.

O livro tornou-se popular junto ao povo e aos ministros. Dizem que Martinho Lutero também leu o livro e afirmou que se Calvino estivesse ali para dar sua opinião doze anos antes, ele e Zwingli teriam chegado a um acordo.[29]

Estradas e Atalhos

Enquanto Calvino desfrutava de seu ofício como pastor, outro segmento do ministério começou a se abrir. Bucer havia recentemente nomeado um homem de nome John Sturm como reitor do velho convento de Estrasburgo, com a missão de transformá-lo em uma escola bíblica. Sturm logo transformou essa escola em uma das mais renomadas e bem-sucedidas da Reforma.

Sturm também se tornou amigo próximo de Calvino. Deus estava colocando os reformadores mais maduros da época em seu caminho, e Calvino abraçou a amizade deles. Logo, Sturm indicou Calvino para ser o instrutor principal da escola. Com o envolvimento de Calvino, a escola expandiu-se, tornando-se uma academia com um amplo currículo. Ele e Bucer cuidavam dos alunos e os preparavam para o ministério. Calvino chamava os alunos de "os novos professores".

Essa escola bíblica era um protótipo, o primeiro de sua espécie. Sua missão era criar uma nova geração de professores que sairiam e se reproduziriam espiritualmente em outras cidades e nações.

A missão e o propósito da nova escola faziam Calvino se sentir como se estivesse no céu. Tudo florescia ao seu redor; a fome espiritual do grupo era enorme. Seu envolvimento nessa escola serviria como um padrão para algo no qual mais tarde ele seria o pioneiro — uma escola que enviava seus ministros a todos os cantos do mundo conhecido.

Durante esse período, a influência de Calvino começou a se espalhar. Estrasburgo era o seu lugar de treinamento e maturidade, mas ele era constantemente chamado para fazer preleções e falar em conferências em cidades e nações vizinhas. Ele era particularmente popular junto ao santo imperador romano, Carlos V, que patrocinou uma série de conferências cujo tema era religião. Calvino era sempre um preletor convidado.

Ele também continuou a usar suas habilidades como escritor. (Enumerei datas e títulos de todas as suas obras no fim deste capítulo.) Durante os três anos que passou em Estrasburgo, Calvino escreveu quatro livros e uma carta muito famosa que mudou a história de Genebra.

Tentativa de Golpe de Estado Espiritual

O ano era 1539. Desde que Farel e Calvino haviam sido banidos de Genebra, pareceu à Igreja Católica que as esperanças de reforma na cidade haviam sido banidas também. Sem a liderança da Reforma, a cidade parecia pronta para que a Igreja Católica se aproveitasse disso para retomar o poder rapidamente.

Bispos e cardeais romanos no norte da Itália procuravam maneiras de recuperar sua influência. Eles haviam instalado recentemente um novo cardeal de nome Joseph Sadolet. Ele era um homem de alto caráter moral e eloquência. Muito respeitado entre o povo, Sadolet era o homem que a Igreja necessitava. Eles colaboraram com Sadolet para formular uma carta ao governo de Genebra, o convidando a manter seu controle político, mas retornar à Igreja Católica. A carta prometia segurança por parte de Roma, juntamente com sua unidade e aliança, e perguntava a Genebra se era "mais apropriado para sua salvação acreditar e servir ao que a Igreja Católica aprovou com o consentimento geral por mais de mil e quinhentos anos, ou às inovações introduzidas dentro dos últimos vinte e cinco anos por homens ardilosos".[30] Com isso, Sadolet lançava sombras de suspeita em relação às motivações e ao caráter dos reformadores.

Quando o governo de Genebra recebeu a eloquente carta, prometeu uma resposta. A carta foi escrita em latim, de modo que não circulou amplamente entre os cidadãos. O governo de Genebra percebeu o mal por trás da carta, mas não havia ninguém capaz de responder àquele nível de pressão. A única coisa a fazer era enviar uma cópia da carta a Calvino e orar para que ele os perdoasse e respondesse em nome deles.

A Carta Ouvida por Todo o Mundo

Quando Calvino recebeu a carta, creio que ele sequer considerou o quanto havia sido maltratado em Genebra. Ele viu a carta como uma ameaça à causa de Cristo, ao verdadeiro Evangelho e à verdadeira Igreja; ele nunca foi movido pelo orgulho pessoal a pensar que Genebra podia se defender sozinha.

Calvino reorganizou sua agenda e sentou-se para escrever uma resposta. Em questão de seis breves dias, escreveu uma carta que era uma verdadeira obra-prima e que ainda hoje circula e estimula o mundo. Ela tornou-se tão famosa que recebeu um título: *Resposta ao Cardeal Sadolet*.

Calvino respondeu a carta de Sadolet ponto por ponto. Com fatos, exemplos e argumentos precisos, ele iluminou e depois desarmou os abusos e a corrupção de Roma. Identificou-se como um dos reformadores a quem Roma havia denunciado. "Se vós houvésseis me atacado no meu caráter pessoal, eu poderia ter facilmente perdoado o ataque em consideração à vossa erudição... Mas quando vejo que o meu ministério, que tenho a certeza de que é apoiado e sancionado por um chamado de Deus, é ferido, seria perfídia [traição], e não paciência, se eu permanecesse mudo e conivente".[31]

> Calvino afirmou que a Palavra de Deus era sua única fonte, dizendo que a Palavra, combinada ao Espírito, molda a Igreja.

Embora não estivesse mais com eles, Calvino reivindicou a supervisão paternal da Igreja de Genebra. Sua carta destinava-se a proteger os inocentes das mandíbulas de um lobo. Calvino disse a Sadolet: "Se eu tivesse desejado consultar o meu interesse, jamais teria deixado o vosso lado".[32] Ele afirmou que a Palavra de Deus era a única fonte de convicção para os reformadores e que a Palavra, combinada com o Espírito, era o que moldava a verdadeira Igreja. Ele ilustrou lindamente que a pregação do Evangelho era o cetro pelo qual o Pai governava o Reino — não uma liturgia latinizada ou a tirania de um papado. "Vós trabalhais sob uma ilusão com relação ao termo *Igreja*, ou... conscientemente e voluntariamente dais polimento a ela".[33] Com grande paixão e convicção, Calvino escreveu:

> Quanto à vossa afirmação de que nosso único objetivo em nos desvencilhar deste jugo tirânico era nos libertar para a licenciosidade desenfreada [a luxúria devassa] depois de expulsar todas as ideias relativas à vida futura, que o julgamento seja dado depois de comparar nossa conduta com a vossa. Realmente temos abundância de inúmeras falhas; frequentemente pecamos e falhamos. Ainda assim, embora a verdade o fizesse, a modéstia não permite que eu me gabe do quanto nos distinguimos acima de vós em todos os aspectos, a não ser que, por acaso, vós vos coloqueis contra Roma, aquela famosa moradia da santidade, que tendo partido em pedaços as cordas da disciplina pura, e pisoteado toda a honra sob seus pés, tem assim transbordado com toda espécie de iniquidade, de tal modo que jamais antes se viu algo tão abominável.[34]

Sadolet nunca respondeu a carta de Genebra escrita por João Calvino. Na verdade, a Igreja Católica nunca mais voltou a incomodar Genebra.

Essa resposta continua sendo uma das mais notáveis defesas feitas durante a Reforma. Nela está o verdadeiro espírito da Reforma.

À Procura de uma Esposa

Você perceberá ao longo deste capítulo que Calvino raramente falava, se é que o fazia, sobre sua vida privada ou seus sentimentos pessoais. Ficamos imaginando como ele se sentia com base nas provações comuns da humanidade e da vida em geral.

Em algum momento perto dos trinta anos, Calvino começou a considerar a hipótese de se casar. Até aquele momento, ele nunca esteve muito preocupado com essa ideia. Seu companheiro era o Evangelho, e ele dedicou a maior parte da vida a promover sua expansão.

Ele nunca escreveu sobre os motivos pelos quais desejou mudar seu estado civil, mas muitos presumiram que tenha ocorrido em resultado de tempo vivido na casa de Bucer.

Bucer e sua esposa, Elizabeth, tinham um casamento vibrante e maravilhoso. A casa deles era chamada de "pousada da justiça",[35] e era cheia de riso e calor.

Reformadores e refugiados de toda a Europa eram abrigados na casa de Bucer para serem abençoados e ministrados. Bucer também encorajava seus amigos de ministério a encontrar uma esposa e a desfrutar os confortos do casamento. Os amigos mais próximos de Calvino em Estrasburgo também eram felizes no casamento.

Talvez sua condição de vida também tivesse alguma relação com isso. Calvino pôde alugar uma casa grande em Estrasburgo; de modo que ele mandou chamar o irmão e a irmã adotiva na Basileia, e eles foram morar com ele para ajudar com o aluguel. Ele também recebeu diversos alunos de ministério. Contudo, o tempo, a paciência e o dinheiro de Calvino foram testados. Creio que ele ansiava por ter uma vida pessoal que fosse aprazível. Ele sempre havia cuidado de todos, e estava cansado disso. Como sugerido na carta a seguir, que escreveu a vários amigos, Calvino queria alguém para cuidar dele. Ele pediu a ajuda de seus amigos para encontrar uma esposa.

> Tenham sempre em mente o que procuro encontrar nela, pois não sou um daqueles amantes insanos que abraçam também os vícios daqueles por quem estão apaixonados, e são fulminados diante da primeira visão de um corpo bonito. Somente esta é a beleza que me atrai: se ela é casta, se não é irrequieta demais ou exigente demais [hipersensível], se é econômica, se é paciente, se há esperança de que ela se interesse pela minha saúde.[36]

Calvino considerou três mulheres que seus amigos haviam sugerido. A primeira era rica, mas não sabia francês e não se preocupava em aprendê-lo. Calvino estava preocupado com a ideia de ser rico porque, naquela época, aos olhos do povo, um ministro rico estava ligado à hipocrisia da

Igreja Católica. Além disso, de que ela serviria como companheira se não sabia falar francês?

A segunda era francesa e comprometida com a causa protestante — mas tinha quinze anos a mais que Calvino. Ele raciocinou que ela não teria muito tempo de vida. A terceira parecia cumprir todos os requisitos e o casal estava planejando se casar. Mas por motivos desconhecidos, o arranjo não deu certo.

Frustrado, Calvino escreveu a Farel dizendo que estava quase decidido cancelar a busca e esquecer a ideia completamente. Foi quando Bucer sugeriu que ele considerasse Idelette Stordeur.

Idelette era uma viúva que tinha dois filhos e uma filha. Seu ex-marido, Jean, havia pastoreado a Igreja Anabatista em Genebra enquanto Calvino estava ali. Jean e Calvino um dia tiveram divergências porque os dois debateram publicamente e Calvino derrotou-o de maneira esmagadora. Mas situações difíceis fizeram os Stordeur se mudarem para Estrasburgo, e eles se reencontraram com Calvino. Dessa vez, eles desfrutaram um relacionamento amigável. Os Stordeur passaram a ter os mesmos pontos de vista de Calvino e se tornaram membros fiéis de sua igreja. Calvino até batizou o filho mais moço deles. Jean morreu em decorrência da praga enquanto estava em Estrasburgo. Idelette chorou a morte de seu marido, e Calvino sentiu que havia perdido um amigo.

Idelette era uma mulher atraente de uma família de classe média alta. Sua fé havia se tornado muito forte. Ela era estudiosa da Palavra e orava ardentemente para que os propósitos de Deus fossem realizados em Estrasburgo.

Ela correspondeu às intenções de Calvino, e os dois se casaram em agosto de 1540. Farel celebrou a cerimônia, e Calvino finalmente tinha uma esposa. A agenda de seu ministério local era apertada, e ele era constantemente chamado para viajar e falar em conferências. Durante as primeiras quarenta e cinco semanas de seu casamento, Calvino passou trinta e duas delas fora de casa.

Mas Idelette não ficava perturbada com isso. Ela sabia dos compromissos de Calvino antes de concordar em ser sua esposa. Na ausência do marido, ela administrava a casa e os residentes. Quando a praga atingiu brevemente Estrasburgo, ela mudou a família para um lugar seguro até que o perigo passasse. Era respeitada por sua força e dignidade serena.

Após o primeiro ano de casamento, Calvino recebeu um convite surpreendente, porém muito gracioso de Genebra, para voltar à cidade deles e se tornar o pastor daquele lugar.

Genebra, pela Segunda Vez

Foi preciso o conselho de Bucer para convencer Calvino a voltar a Genebra. Embora ele amasse promover a obra de Deus, Calvino detestava a ideia de voltar a um lugar tão difícil. Farel havia escrito cartas incentivando-o. Calvino escreveu-lhe de volta um voto sincero, incluindo a afirmação com a qual iniciei este capítulo, mas ele também incluiu uma declaração perguntando quem poderia culpá-lo por não querer voltar a um lugar de tanto perigo e destruição.

Estrasburgo havia sido quase uma utopia para ele e sua família. Bucer aconselhou Calvino a passar algum tempo em Genebra e depois voltar a Estrasburgo. Esse provavelmente era o único consolo que Calvino conseguia encontrar na decisão — a esperança de voltar a Estrasburgo. Ele planejava ficar por alguns meses para colocar a igreja em ordem, mas morreu ali vinte e três anos depois.

Diferentemente da primeira vez que chegou a Genebra como um mero viajante, Calvino retornou como um pregador altamente requisitado, com grande prestígio e influência. Mesmo com toda a pompa, ele ainda sofria com a ideia de retornar. Calvino chamava seu retorno de "um sacrifício para o Senhor".

Genebra não poupou despesas para reaver o pregador e lhe oferecer segurança. A cidade enviou um arauto eminente e uma carruagem com dois cavalos a Estrasburgo. Eles fizeram as malas da família e lhes garantiram uma casa lindamente mobiliada próxima da catedral com vista para o lago. Mesmo com toda essa atenção, Calvino chegou aos portões de Genebra, em setembro de 1541, com lágrimas nos olhos.

Quando ele e sua família passaram pelo arco fortificado da entrada, seu amigo Vireto estava lendo uma carta de Calvino, descrevendo seus pensamentos sobre a volta a Genebra. Uma das frases dizia: "Não existe lugar debaixo do céu que eu tema mais".[37]

O Calvinismo Cresce

Os tremendos elogios e louvores do povo e do governo o consolaram um pouco. Três dias depois do seu retorno, Calvino disse a Farel: "Como você desejou, estou estabelecido aqui: que Deus possa direcionar isso para o bem".[38] Quando assumiu o púlpito naquele primeiro domingo de manhã em setembro, ele continuou da mesma passagem onde havia parado três anos antes.

Calvino falando no concílio de Genebra
Imagens Getty

O Calvino que Genebra havia conhecido anteriormente tinha um temperamento explosivo e descontrolado. Mas estar associado a homens maduros em Estrasburgo ajudou-o a subjugar suas emoções. Escrevendo a Bucer, de Genebra, Calvino garantiu a ele que agiria com moderação e bondade fraternal.

Amortecendo seu enorme pavor de estar ali, Calvino imediatamente começou a trabalhar. Sentia que sua primeira tarefa era organizar a igreja. Mais uma vez, sua experiência em Estrasburgo foi uma tremenda ajuda. O governo em Genebra consistia de três esferas: o Pequeno Conselho, o Conselho dos Duzentos e o Conselho Geral.

Usando a Palavra de Deus como padrão, Calvino delineou quatro ordens permanentes do ministério: pastores, mestres, presbíteros e diáconos, e formou sua organização em torno dessas ordens. Essas quatro áreas principais abrangiam toda a vida da igreja — adoração, educação, integridade e pureza moral, bem como obras de amor e misericórdia.

Esse padrão de organização tem designado a administração das igrejas protestantes desde o século XVI até hoje. Prevalece especialmente nas igrejas batistas; embora o ofício de um mestre não esteja especificamente reconhecido ou mencionado entre eles hoje. Os únicos ministérios que Calvino não reconhecia eram os de apóstolo e profeta (ver Efésios 4:11). Calvino categorizava seu papel principalmente dentro da função de pastor, embora ele fosse mais precisamente um líder apostólico.

Sob essas diretrizes, Calvino reformou a Igreja, pois os católicos não agiam dessa maneira. A reorganização de Calvino era o mais próximo das verdades bíblicas em seus dias. Embora ele tenha escolhido ignorar os ofícios apostólico e profético quando definiu os deveres na Igreja, Calvino seguiu a Bíblia ao pé da letra. A partir de sua organização e seu método de doutrina, esse segmento de protestantes se tornou organizacionalmente conhecido como calvinistas. O Calvinismo influenciou milhares de grandes pregadores como Charles Spurgeon, Jonathan Edwards, William Carey e David Brainerd. Seus princípios continuam a fazer parte da vida de inúmeros ministros hoje.

A Primeira Ordem — Pastores

Os pastores deviam pregar a Palavra, instruir, admoestar, administrar os sacramentos e, juntamente com os presbíteros, efetuar as mudanças estruturais dentro da igreja. Eles deviam se dedicar à oração e ao jejum para que a Palavra pudesse ser pregada ao povo de forma pura e precisa. Eles não deviam se sobrecarregar com a manutenção diária do sistema, nem deviam se desgastar visitando e cuidando das muitas necessidades das pessoas. Eles podiam orar pelos enfermos em toda a comunidade, na medida em que se sentissem direcionados por Deus a fazer isso.

Calvino sentia muito fortemente que os pastores só deviam se dedicar à Palavra e à oração, porque acredita que pregar era como "uma visitação de Deus, através da qual Ele estende Suas mãos para nos atrair para Si".[39] Calvino não toleraria nada menos do que isso de seus pastores ou eles seriam severamente disciplinados.

Se um homem desejasse ser pastor, precisava dar provas de seu chamado e estilo de vida. Então, passando no teste da conduta, ele era testado no conhecimento da doutrina e da Bíblia. Ele tinha de passar por diversos estágios de apresentação aos ministros e depois ser aceito pelo conselho e pelo povo.

Os pastores deviam ter uma reunião semanal para promover a vida da igreja, discutir a doutrina e resolver problemas. Se houvesse discussões ou divergências que não pudessem ser resolvidas entre os ministros, os presbíteros eram chamados para resolvê-las ou para tomar qualquer decisão.

Os pastores também deviam comparecer a reuniões trimestrais nas quais os oficiais eram eleitos. Nessas reuniões, discutia-se principalmente administração, salário e qualquer ato de disciplina apontado. Essa assembleia trimestral era chamada de Companhia Venerável, e era estabelecida para a prestação de contas entre as novas igrejas.

A Companhia Venerável eventualmente tornou-se conhecida como um dos grupos mais poderosos de ministros do mundo. A partir dela, foi formada a agência missionária de Genebra, que enviou missionários da Reforma à Itália, à Alemanha, à Escócia, à França, à Inglaterra e às nações não europeias do outro lado do oceano. Naquele tempo, enviar missionários era uma questão complicada; muitos eram mortos ao chegar. Alguns dos missionários de Calvino que viajaram para a América do Sul foram mortos no caminho. Por esse motivo, aqueles homens formavam uma igreja subterrânea onde quer que fossem, se reunindo secretamente em celeiros, em campos abertos ou em cavernas reclusas.

A Academia de Calvino foi a primeira escola de ministério organizada que enviou missionários por todo o mundo com a ordem de reformar a Igreja ao seu estado original. Nessa área, podemos ver que Calvino atuava especificamente na unção apostólica.

A unção apostólica cria um ambiente de eixo de atividade, ou de uma sede central, de onde saem muitas diferentes facetas do ministério que se espalham pelo mundo. As pessoas enviadas a partir desses eixos são treinadas para confrontar territórios adversos ao Evangelho. Elas são treinadas para discernir e operar dentro de várias atmosferas espirituais que foram endurecidas pela opressão demoníaca, cultural ou religiosa. Elas são equipadas para transformar e subjugar essas atmosferas espirituais para Deus, a fim de que os habitantes possam ser produtivos através da Palavra e do Espírito.

Calvino criou essa atmosfera em sua escola, ensinando seus alunos acerca da vitalidade da Palavra. Ele criou uma nova geração de crentes que se firmavam na fé pura, pela qual muitos davam a vida. Ele inflamava o coração deles com uma missão e um plano para instigar uma reconstrução radical onde quer que o Espírito do Senhor os enviasse.

O Calvinismo se espalhou ainda mais e se estabeleceu de uma forma mais sólida que o Luteranismo. Por quê? Por causa das habilidades organizacionais que Calvino possuía. Lutero difundiu sua mensagem através da palavra impressa, dos debates públicos e das demonstrações radicais, que inspiravam a fé de outros. Mas Calvino organizou metodicamente uma reconstrução radical da doutrina ensinando as razões de sua existência, revelando o verdadeiro significado de destino para o crente e, depois, implementando esse ensino segmento por segmento. Suas habilidades apostólicas construíram um firme fundamento dentro de seus alunos que dava razão e substância à sua ousadia e fé.

A Segunda Ordem — Mestres

Os mestres também eram chamados de doutores, e eles eram escolhidos entre os pastores. Eram encarregados de proteger a pureza do Evangelho e de garantir uma boa junta de ministros bem equipados para as diversas tarefas de ensino. A teologia era a função principal dos mestres, e conhecer tanto o idioma quanto a ciência era pré-requisito. Portanto, as novas igrejas estabeleceram uma escola para ensinar aos seus jovens o hebraico, o grego, assim como as matérias doutrinárias. Na ordem social do dia, as meninas tinham uma escola separada dos meninos. Essa escola famosa ficou conhecida como Academia de Genebra. Um francês de nome Theodore Beza foi escolhido para ser o reitor. Mais tarde ele se tornaria um dos melhores amigos de Calvino, assumindo até mesmo seu manto e a liderança plena da Companhia Venerável.

As preleções sobre ensino para adultos eram proferidas todas as segundas, quartas e sextas-feiras. Essas preleções serviam para educar a congregação acerca do significado preciso da Bíblia e para equipar os futuros pastores.

A Terceira Ordem — Presbíteros

Os presbíteros eram escolhidos pelo comportamento. Eles deviam ser pessoas com boa conduta moral, conhecidas pela sua sabedoria e fidelidade e com a reputação de não serem facilmente influenciados pelo pecado ou pela corrupção. Esses homens eram indicados pelos pastores principais e tinham a responsabilidade de supervisionar a vida espiritual e moral dentro da comunidade.

Cada igreja tinha um ou dois presbíteros que cuidavam pessoal e individualmente da vida das famílias dentro de sua jurisdição. Se notassem um comportamento desordenado, a função deles era corrigir e instruir, e depois verificar se houve arrependimento. Os presbíteros deveriam reportar condutas indesejáveis somente se não pudessem ajudar a remediá-la. O comportamento então seria reportado à diretoria, e a pessoa seria exortada a se arrepender. Se esse esforço fracassasse e o pecado continuasse, a pessoa seria excomungada até que houvesse arrependimento.

Com base em Hebreus 3:13, os presbíteros tinham a responsabilidade principal de exortar os membros diariamente, encorajando-os às boas obras e à espiritualidade que era agradável ao Senhor.

A Quarta Ordem — Diáconos

Com base nas diretrizes morais de 1 Timóteo 3, os diáconos eram escolhidos para servir em uma destas duas funções: supervisionar e administrar os fundos da igreja ou supervisionar o bem-estar social do povo dentro da igreja.

Genebra se gabava de não ter mendigos nem doentes ou aflitos que não recebessem o melhor cuidado disponível. Cada diácono estabelecia uma diretoria de administração de um hospital para sua comunidade. Se um membro adoecesse, os diáconos selecionavam um médico ou cirurgião. Dependendo do que fosse necessário, o indicado atendia o membro no hospital ou em sua casa. Isso se destinava especialmente aos pobres da cidade. Em demonstrações de cuidado e preocupação sem precedentes, os membros da igreja recebiam o melhor cuidado médico e espiritual disponível, e Genebra ficou conhecida como uma cidade na qual se vivia o verdadeiro Evangelho.

O Que o Evangelho Significa para Você?

Você acabou de ler que Genebra era conhecida como uma cidade na qual se vivia o verdadeiro Evangelho. A organização de Calvino dos presbíteros e diáconos retratava o verdadeiro coração de um apóstolo. O verdadeiro apóstolo vive e trabalha para que o coração de Deus seja manifesto em todo o mundo. E em que se resume o coração de Deus? Em uma palavra: pessoas. Ouça-me bem: o Evangelho foi dado para cuidar das necessidades da humanidade, das quais a salvação é apenas uma parte.

O Evangelho não serve para alimentar o ego pessoal ou para dar posição dentro da sociedade. Ele não é dado para que os olhos do mundo estejam focados em você. O coração de Deus sempre estará voltado para as necessidades das pessoas. Ele estará sempre voltado para o consolo dos sofredores, a restauração dos quebrantados, a saciedade dos famintos, a salvação dos perdidos, a libertação dos deprimidos e dos enganados e a cura dos enfermos.

Algumas verdades que Deus trouxe para a terra através de homens e mulheres incríveis foram distorcidas e adulteradas em alguns círculos. Creio de todo o coração na mensagem de prosperidade. Mas Deus a deu para mostrar ao Seu povo que a prioridade dele é financiar o Reino. Em segundo lugar, após essa prioridade, está a verdade de que você será abençoado em resultado de viver uma vida rendida — de coração, de corpo, de alma e, sim, financeiramente. Deus quer que você seja próspero, mas Ele só confiará grandes riquezas a alguém que tenha pagado o preço por algum tempo ofertando para a expansão do Seu Reino.

Existe uma linha tênue que os ministérios podem atravessar tentando levantar fundos; depois dessa linha está o erro e o engano. Se Deus realmente falou com você para fazer alguma coisa, Ele lhe suprirá de meios. Mas inventar a própria visão e depois pressionar as pessoas para cumpri-la pode expor seu ministério a um espírito de erro.

Descobri que as pessoas querem ofertar, de verdade. Mas elas podem estar cansadas do seu projeto de construção. Já recebi muitas ofertas para muitas coisas diferentes. Algumas vezes, foi para o novo santuário. Outras, para cadeiras novas. E não estou dizendo que isso é errado. A Bíblia nos diz para ofertarmos para que haja mantimento na casa de Deus (ver Malaquias 3:10). Mas as ofertas mais fáceis que já recebi foram recolhidas para o programa missionário para o qual Deus colocou em meu coração o desejo de iniciar.

As pessoas ofertavam loucamente. Tudo o que fiz foi compartilhar a visão de colocarmos quinhentos missionários nas áreas mais difíceis do campo missionário e as pessoas deram sem hesitação. As pessoas ofertarão para seu projeto de construção e para seu novo sistema de som, mas elas realmente querem sentir que estão diretamente envolvidas em aliviar o fardo da sociedade.

As pessoas que estão sofrendo não se importam com seu dinheiro. O que elas querem é o alívio que somente uma pessoa ungida e dirigida pelo Espírito pode lhes dar. O dinheiro é apenas uma ferramenta que irá facilitar isso.

Precisamos nos posicionar em favor de Deus e dizer a verdade para que o plano dele não seja abortado; que possamos dizer novamente, como fez a cidade de Genebra, que nossa cidade — e nossa igreja — é conhecida por ser um exemplo do verdadeiro Evangelho.

A Herança Deixada por Calvino

Calvino introduziu muitas coisas na Igreja que eram praticamente desconhecidas em sua época. Você poderia se surpreender ao descobrir que algumas das coisas que considera comuns na sua igreja ou no seu ministério, na verdade, foram instituídas por Calvino.

1. Introduziu o aconselhamento pessoal de acordo com a Palavra de Deus.
2. Colocou em ordem o ofício pastoral, com a pregação inspirada da Palavra.
3. Colocou em ordem o ofício de mestre, pelo qual os princípios simples e básicos do Evangelho foram destrinchados a fim de que todas as pessoas pudessem compreendê-lo, desde crianças até adultos.
4. Delineou as exigências e as funções dos presbíteros e dos diáconos.
5. Introduziu a adoração congregacional coletiva para que todos pudessem entrar na presença de Deus através dos cânticos.
6. Apresentou o idioma grego original por trás do Novo Testamento, dando aos seus ouvintes uma compreensão precisa do que a Bíblia realmente queria dizer.
7. Reintroduziu o idioma hebraico para uma interpretação precisa do Antigo Testamento. Até Calvino, os judeus eram os únicos que incorporavam o hebraico à sua compreensão de Deus.
8. Reintroduziu a comissão para os ministros orarem pelos enfermos quando se sentissem impelidos a fazer isso.

Calvino organizou muitos outros segmentos do ministério, mas creio que os fatos que você acaba de ler são os pontos principais. Você pode ver como a reconstrução radical do verdadeiro Evangelho realizada por ele expôs os muitos disfarces com os quais a Igreja Católica havia enganado o povo.

Assassinato de Caráter

Embora tudo parecesse funcionar de uma maneira organizada, as coisas não funcionavam tão tranquilamente quanto parece. Enquanto Calvino era pioneiro em seu papel em Genebra a favor do Evangelho, o governo continuava com suas interferências, inclusive prendendo pessoas por ofensas sem entrar em contato com os presbíteros. O governo queria apoiar a Igreja, mas a interação entre as leis civis e morais era confusa e obscura. O resultado era que continuava a existir confusão entre as duas entidades.

Calvino também sofreu em sua vida pessoal. Em 1542, durante seu primeiro verão em Genebra, Idelette deu à luz um filho prematuro que morreu duas semanas depois. Tanto ela quanto Calvino ficaram devastados. Três anos depois, sua filha morreu ao nascer e, em 1547, outro filho nasceu prematuramente e morreu.

Os inimigos de Calvino se aproveitaram dessas ocasiões trágicas para perseguir sua família. Segundo eles, a incapacidade de Calvino ter um filho era a mão de Deus em julgamento sobre suas vidas devido ao pecado oculto e a desobediência. Os perseguidores mais violentos de Calvino procuravam evidências para provar suas acusações. Eles descobriram que Idelette havia sido esposa de um anabatista. Os anabatistas acreditavam que o casamento era realizado sob a santidade da igreja, de modo que não havia necessidade de uma cerimônia civil. Os inimigos do casal começaram a espalhar que Idelette era uma mulher imoral que havia tido seus primeiros filhos fora do vínculo do casamento, o que não era verdade. Eles pintaram seu retrato para a comunidade como uma mulher com sérias convicções heréticas. O nome de Calvino foi difamado por se casar com Idelette, desmoralizando sua posição espiritual e sua autoridade.

Os inimigos eram conhecidos por mandar cachorros o atacarem, soltando os animais para morderem os pés de Calvino quando ele passava. Em diversas ocasiões, pessoas amargas ou incrédulas lançaram vegetais podres contra a igreja. Muitas vezes, essas pessoas ficavam do lado de fora fazendo barulho para atrapalhar os cultos dentro da catedral.

Os principais inimigos de Calvino eram um setor religioso dentro da cidade chamado de Os Libertinos, que interpretavam o Evangelho de acordo com sua conveniência. Eles achavam que como estavam sob a graça de Deus, podiam viver da maneira que quisessem. Muitos eram notórios pelo adultério e pela fornicação; eram culpados de embriaguez e brigas de rua. Porém, essas mesmas pessoas estavam em suas igrejas no domingo, ouvindo um Evangelho pervertido que concordava com o estilo de vida delas. Com base em suas crenças, você pode ver que a doutrina rígida de Calvino e a sua ética de prestação de contas os enfurecia. Eles procuravam desacreditá-lo de todas as formas possíveis, principalmente com acusações ridículas de que Calvino era o ditador de Genebra.

A verdade era justamente o oposto. Calvino foi indicado pelo conselho para voltar à cidade e fundar a Igreja Protestante. Ele recebia um salário e podia ser retirado de seu posto a qualquer momento. Os Libertinos estavam furiosos porque o estilo de vida deles estava sendo desafiado pela atmosfera de retidão que Calvino estabelecera.

"Não é uma Tristeza Comum"

Embora Calvino nunca tenha retardado sua Reforma em Genebra, a saúde dele o fez. Ele era constantemente atacado por problemas estomacais e pedras nos rins. A saúde de Idelette também se deteriorou. Sem nunca ter conseguido recuperar-se depois do último parto prematuro, Idelette contraiu tuberculose.

Em seu leito de morte, as principais preocupações de Idelette eram que o ministério de Calvino não fosse impedido pelo seu estado e que seus filhos fossem cuidados. Calvino garantiu-lhe que ele cuidaria das crianças como se fossem seus próprios filhos. Ela respondeu: "Já as confiei a Deus".[40] Quando Calvino respondeu que a declaração dela não retirava dele a responsabilidade de cuidar das crianças, ela reconheceu que sabia que ele cuidaria daquilo que havia sido entregue a Deus.

Esse era Calvino. Tudo o que ele fazia para o Senhor era feito por convicção, e não apenas por mera vontade humana. Sua esposa o conhecia muito bem. Se Calvino achasse que alguma coisa era da vontade de Deus, ele a protegeria com a própria vida e a faria até a morte.

Em 1549, oito anos depois de seu retorno a Genebra, Idelette morreu tão tranquilamente que os presentes mal conseguiam perceber que algo havia acontecido.

> Tudo que Calvino fazia para o Senhor era feito a partir de um senso de convicção. Se Calvino soubesse que alguma coisa era da vontade de Deus, ele a protegia com a própria vida.

Como já afirmei, Calvino falava muito pouco de sua vida pessoal. Mas ele escreveu diversas cartas que falavam da tristeza profunda e pesarosa ao perder Idelette. Apenas alguns dias depois de sua morte, Calvino escreveu a seu amigo Vireto, dizendo: "Sem dúvida a minha não é uma tristeza comum. Fui privado da melhor amiga de minha vida, alguém que, se lhe fosse ordenado, voluntariamente teria compartilhado não apenas da minha pobreza, mas também da minha morte. Durante sua vida ela foi a fiel auxiliadora do meu ministério. Por parte dela jamais experimentei o menor impedimento".[41]

Calvino esteve casado com Idelette apenas por nove breves anos. Ele cumpriu sua promessa e criou os dois filhos dela como se fossem seus. Ele tinha apenas quarenta anos quando ela morreu, mas nunca se casou novamente.

A Personalidade Reformadora de Calvino

Enterrando sua dor e sua perda, os esforços do ministério de Calvino iam a todo vapor. Ele trouxe sua família de volta para casa, embora seus estilos de vida o fizessem estar constantemente envolvido em conflitos pessoais.

Calvino era um amigo bom e fiel. Sabemos que ele se levava muito a sério. E embora nunca tenha conhecido Martinho Lutero, ele sentia que era seu sucessor. Calvino tinha uma presença incrível, notada por todos quando ele entrava em uma sala.

Embora levasse seu mandato como reformador com seriedade, Calvino era muito caloroso e tinha a confiança de seus associados. Lembrava-lhes constantemente de que eles deviam receber as coisas boas e belas que os cercavam como dons de Deus, como testemunhos do Seu amor por eles. Ele visitava suas casas, compartilhava de brincadeiras e risos, celebrava o casamento de jovens e sofria com as tragédias pessoais deles. Era uma companhia maravilhosa para um jantar, cheio de imaginação e boa conversa. E embora fosse habilidoso nos jogos, é improvável que dedicasse muito do seu tempo livre para a recreação.

Sua casa também era o centro da atividade da igreja; muitos refugiados corriam para lá em busca de um porto seguro que os protegesse do mundo. Um visitante escreveu sobre o estilo de vida atarefado de Calvino:

> Não acredito que possa existir outro igual a ele. Pois quem poderia relatar seus trabalhos ordinários e extraordinários? Duvido que algum homem do nosso tempo tenha tido mais coisas para ouvir, responder, escrever ou coisas de maior importância. Apenas a multidão e a qualidade de seus escritos são suficientes para maravilhar qualquer pessoa que olhe para eles, e ainda mais aqueles que os leem... Ele nunca parava de trabalhar, dia e noite, no serviço do Senhor, e ouvia com muita relutância as orações e exortações que amigos dirigiam a ele todos os dias para que descansasse um pouco.[42]

Mentoreando John Knox

Um de seus refugiados mais famosos foi John Knox, o futuro reformador escocês. Calvino colocou Knox como pastor da igreja de refugiados de língua inglesa em Genebra. Quando chegou a hora de Knox voltar à Escócia, ele o fez após ter sido preparado e treinado por Calvino. Esses esforços e o chamado de Deus sobre sua vida fizeram com que Knox se tornasse um reformador famoso na Escócia. Ali, ele estabeleceu uma igreja nacional que seguia os moldes da igreja de Calvino em Genebra. Knox se gabava da academia de Calvino. Ele dizia que desde os dias dos apóstolos não houve uma escola melhor para Cristo.[43]

Knox também testificou as muitas horas agradáveis passadas com Calvino, quando os dois compartilhavam tanto risos quanto o debate de ideias teológicas. Os dois grandes reformadores costumavam fazer uma brincadeira. Eles se sentavam à extremidade de uma mesa e viam quem podia fazer uma chave deslizar até mais longe pela mesa sem que ela caísse do outro lado.

Calvino também instituiu uma ética de trabalho responsável e altamente diligente entre as congregações. Ele ensinava que tudo pertencia a Deus — o emprego deles, seus bens, suas vidas e assim por diante. Ao classificar os bens, ele não fazia distinção entre o que era secular e o que era cristão. Se você fosse um crente, tudo estava centralizado em torno de Deus. Calvino convenceu as pessoas de que ser desleixado no emprego era desrespeito a Deus. Ele também ensinava as pessoas a cobrarem juros sobre seus empréstimos, afirmando que isso era ser bom e diligente nos negócios e não fazer isso era desperdício. Essa forte ética de trabalho estava tão estabelecida entre as pessoas da época que ajudou a formar a forte mentalidade capitalista que caracterizaria os séculos vindouros.

Muitos amavam o que a vida de Calvino demonstrava através da Palavra, mas seus perseguidores o acusavam de ser duro, grosseiro e cruel. Ele era conhecido por debater e defender seu ponto de vista de forma calorosa, até que a outra pessoa concordasse ou ficasse cansada e sem argumentos.

> Calvino ensinava a sua congregação que se eles eram crentes, tudo o que possuíam pertencia a Deus — seus empregos, seus bens e suas vidas.

Seus debates não se limitavam aos protestantes, ele também debatia com os judeus. Joseph Gershom, um famoso judeu que gostava de um bom debate, escreveu certa vez que debateu com um protestante que o atacou com um discurso "violento, irado e ameaçador".[44] Os teólogos judeus acreditam que esse homem era João Calvino.

Esse aspecto de sua personalidade é um tanto irônico porque, diferentemente de Lutero e Knox, Calvino não gostava do conflito. Os que eram mais próximos a ele sabiam que, embora parecesse aos seus oponentes ser feito de aço, Calvino era muito sensível e apreensivo em seu íntimo. Sua disposição geralmente estava longe de ser contida, mas era vociferante contra as contrariedades e a perseguição. Calvino detestava seu temperamento e sentia remorsos constantemente por sua fraqueza nessa área. Antes de o acusarmos, vamos nos lembrar de que poucos suportaram tamanha perseguição, e poucos instituíram uma reforma tão abrangente em um ambiente tão violento. De modo que poderia se dizer que, embora ele fosse sensível, tinha um espírito invencível que se recusava a desistir.

Quando Calvino estabelecia que direção tomar, ele seguia em frente com tamanha determinação que poucos podiam segui-lo. Se ele entendesse um princípio, só a morte poderia silenciá-lo. Não é que ele não entendesse o significado de fazer concessões, mas o fato é que Calvino via a verdade tão claramente que a concessão era um erro imperdoável para ele.

Uma de minhas histórias favoritas sobre Calvino mostra seu lado sensível e compassivo. Certa vez ele quis enviar uma carta a Vireto, e dois estudantes da Bíblia se dispuseram a entregá-la. Quando Calvino deu a carta a um deles, percebeu o quanto o outro aluno pareceu ficar decepcionado por não ter sido escolhido como mensageiro. Então Calvino fingiu ter se esquecido de escrever algo na primeira carta, sentou-se e escreveu uma ou duas frases rápidas, dobrou o papel e entregou-o ao segundo aluno. A carta apenas dizia a Vireto para fingir que as palavras diziam algo importante!

Calvino e os quatro procuradores no pátio da faculdade de Genebra
Arquivos Hulton/Imagens Getty

Em 1547, Calvino passou por um período de dificuldades. Um movimento libertino o colocaria face a face com o período mais controverso de sua vida e de seu ministério. O movimento foi deflagrado pelo homem que não havia aparecido para um encontro com ele anos antes: Miguel Serveto.

O Erro que Fez História

O relacionamento entre Calvino e Serveto lhe trouxe não apenas sofrimento, mas também uma condenação que o perseguiu até a morte. Serveto, o espanhol rebelde, havia sido um teólogo famoso, depois um advogado e um médico respeitado. Escrevera um livro anos antes tentando desacreditar os ensinamentos de Calvino, que por sua vez havia tentado se reconciliar com ele, mas Serveto não apareceu no encontro.

Ao longo dos anos de ministério e reforma, Serveto havia sido um inimigo constante e atormentador de notoriedade crescente, principalmente entre os libertinos, que odiavam Calvino. Ele também era um homem caçado entre os católicos assim como entre os protestantes por sua heresia. Na verdade, ninguém tinha a cabeça mais a prêmio que Serveto.

Calvino podia tolerar praticamente qualquer coisa, exceto o que ele considerava heresia. Até os teólogos judeus, embora não gostassem do estilo de seu ministério, afirmavam que "com toda essa fúria, Calvino se mostrava um tanto mais misericordioso para com os judeus, assim como para com os muçulmanos, do que para com os cristãos hereges".[45]

Serveto ensinava que a Trindade era uma tolice e que Jesus não era Deus encarnado, mas que se tornou o Filho de Deus depois de ter triunfado sobre a tentação. Calvino classificava essas crenças como uma heresia descarada, digna da pena de morte.

Depois de uma longa estrada de provações e infortúnios, Serveto, agora um fugitivo apoiado pelos libertinos, apareceu em um dos cultos da igreja de Calvino. Ele o reconheceu e mandou prendê-lo. Serveto foi levado à prisão para aguardar julgamento.

No julgamento, os libertinos armaram um estratagema para soltar Serveto, e Calvino se colocou violentamente contra todos eles. Quando a decisão foi em favor de Calvino, o conselho também concordou com sua punição e condenou Serveto e ser queimado na estaca.

Serveto pediu uma audiência com Calvino, pedido que lhe foi concedido. Serveto pediu reconciliação e implorou a Calvino para que clamasse à corte por uma sentença mais leve. Calvino apontou com sinceridade os erros teológicos de Serveto, pedindo a ele que se retratasse. Contudo, Serveto apenas riu.

Calvino de fato pediu uma sentença diferente. Ele pediu que Serveto fosse decapitado em vez de ser queimado. Alguns ficaram chocados com o pedido de Calvino, mas ele não tinha misericórdia em se tratando de heresia.

O conselho negou o pedido de Calvino, e em 27 de outubro de 1553, Serveto, escoltado por Farel até a estaca, foi queimado por heresia. Por causa de sua intercessão com relação à pena de morte, Calvino tornou-se tema de controvérsia e crítica.

Anteriormente neste capítulo, foi contada a história de Calvino e de seu amigo Nicolas Cop. O discurso de abertura de Cop como reitor da Universidade de Paris, muitos anos antes, foi controverso porque ele tentou abrir os olhos dos católicos romanos que estavam na universidade para as ideias de liberdade que prevaleciam ente os protestantes. Nesse discurso, Cop repreendeu aqueles que, através do medo, matavam o corpo, mas não podiam matar a alma.

Agora, essas mesmas palavras, que alguns acreditavam terem sido escritas por Calvino para Cop, tornaram-se as palavras que os inimigos de Calvino usavam para persegui-lo. Eles o acusavam de atormentador da liberdade religiosa que se inclinava diante das fileiras dos perseguidores católicos romanos nas comunidades judaicas e muçulmanas. Eles chamaram o evento de "primeiro ato de inquisição da fé por parte dos crentes protestantes".[46]

Ao longo da História, muitos foram torturados e mortos pelo que acreditavam ser heresias. Conseguimos pensar em eventos que aconteceram muito tempo atrás, mas isso acontece ainda hoje em muitas regiões do mundo; o Sudão e o Oriente Médio são os exemplos principais. Quando um homem mata outro por causa de suas crenças equivocadas, ele está agindo sob a influência de um engano demoníaco.

Calvino foi diretamente responsável pela morte de um homem; se ele sentiu remorso por isso, a História não o diz. Ele evidentemente acreditava que estava protegendo as multidões dos males que um homem como Serveto lhes infligiria. Entretanto, o julgamento por tal ato só pode ser dado pelo próprio Deus.

A Morte Não Era o Fim

O ano era 1564. As igrejas da Genebra haviam sido fundadas como um exemplo para as igrejas protestantes em todo o mundo conhecido. A academia estava florescendo com jovens estudantes em busca do ministério; muitos pretendiam ser missionários, levando a mensagem da Reforma a territórios perigosos e não mapeados. Os escritos de Calvino, que continuavam a ser uma fonte de iluminação para as multidões que os liam, tinham uma grande demanda. Cinco anos antes, Calvino havia finalmente se tornado cidadão de Genebra, cidade da qual ele humildemente se dizia servo.

O fardo do trabalho e das responsabilidades estava afetando sua saúde. Além dos problemas estomacais, ele agora era torturado por enxaquecas. Seus pulmões estavam constantemente inflamados e com hemorragia, a artrite havia se instalado em seus joelhos, e ele tinha um problema contínuo de pedras nos rins que lhe causava dores terríveis.

Entre todas essas dificuldades, Calvino nunca perdeu um dia em que estava escalado para pregar. Quando não podia andar até a igreja por causa da dor, ele era carregado em uma cadeira até a plataforma. Quando seu médico lhe negava o privilégio de deixar o quarto, uma audiência lotava o lugar, ouvindo-o por horas. Durante as vezes em que ele não podia mover o corpo por causa da doença, ditava cartas em sua cama. Quando os observadores lhe pediam para descansar o corpo, Calvino os repreendia e dizia: "O quê? Vocês querem que o Senhor me encontre ocioso quando Ele vier?".[47]

Calvino pregou pela última vez na catedral em 6 de fevereiro de 1564. Sua última visita à igreja foi no culto de Páscoa, ocasião em que recebeu a Comunhão de Beza, seu caro amigo. Quando abril chegou, Calvino deu adeus ao conselho e aos ministros em uma carta relatando seus objetivos, suas lutas e seus erros. Ele a ditou com grande compostura, dizendo: "Meus pecados sempre me desagradaram e o temor de Deus tem estado em meu coração".[48]

Calvino pregando em St. Peter, Genebra, em idade avançada
The Banner of Truth Trust

Ele também fez com que fossem escritas cartas aos seus amigos mais próximos, chamando Farel de o melhor deles. Ele pediu a Farel para se lembrar sempre da amizade deles e do que fizeram juntos no ministério. Ele lembrou a Farel que uma recompensa estaria esperando pelos dois no Céu.

Por volta do fim de maio, a saúde de Calvino estava esgotada. Ele estava próximo da morte e em coma quando os que estavam presentes na sala começaram a lamentar o que aconteceria quando ele morresse. Sem abrir os olhos, Calvino disse a eles que, se olhassem para o Senhor, não teriam de se preocupar com isso.

Depois disso, Calvino não falou com ninguém mais. Sua voz só era ouvida em oração. Em 27 de maio de 1564, aos cinquenta e quatro anos, Calvino deixou esta vida e foi encontrar-se com o Senhor.

Seu amigo íntimo Beza estava presente por ocasião de sua morte. Ele escreveu sobre o evento: "Naquele dia, com o sol se pondo, a luz mais brilhante que havia no mundo para a orientação da Igreja de Deus, foi levada de volta para o Céu".[49]

No dia seguinte, o corpo de Calvino, que havia sido uma evidência física invencível diante do erro e do engano, foi envolvido em uma mortalha simples e colocado em uma caixa de madeira. Ele foi enterrado em um túmulo sem marcação, em um cemitério comum. Até o dia de hoje, conforme os últimos desejos de Calvino, ninguém sabe onde o grande reformador está enterrado. Sua causa e seu objetivo sempre foram apontar para Jesus Cristo; em sua morte, ele não quis nada menos.

Beza assumiu o papel de Calvino como moderador da Venerável Companhia. No dia em que assumiu o cargo, ele falou de Calvino: "Fui testemunha dele durante dezesseis anos e creio que tenho todo o direito de dizer que neste homem todos vimos um exemplo da vida e da morte do cristão, de uma forma que não será fácil depreciar, e será difícil imitar."[50]

Tanto o governo quanto os cidadãos choraram grandemente a morte de Calvino. Em uma sessão especial em honra a ele, fizeram uma declaração, proclamando: "Deus o marcou com um caráter de majestade singular".[51]

Hoje, em Genebra, pode-se ver um monumento erguido à causa da Reforma que transformou a cidade. Quatro homens — João Calvino, Guilherme Farel, Theodore Beza e John Knox — têm os nomes gravados em pedra ali.

É um tanto estranho olhar esses nomes, agora apenas lembranças gravadas, e pensar que eles um dia foram vidas reais, com sofrimentos reais, tragédias reais, perseguições reais e vitórias reais. Assim como a pedra una seus nomes, suas vozes continuam a ecoar através dos séculos. As verdades que esses homens defenderam continuam a desmantelar doutrinas pervertidas e a desenterrar tesouros divinos dentro dos homens e mulheres que ouvem seu clamor. Esses homens não são apenas uma memória; eles estão eternamente vivos, torcendo por nós nos portais do céu enquanto recebemos o nosso mandato nesta hora e corremos para transformar as nações com o Evangelho de Jesus Cristo.

Não consigo pensar em palavras melhores que as de Calvino para encerrar este capítulo: "É suficiente que eu viva e morra para Cristo, que é para todos os Seus seguidores um ganho, tanto na vida quanto na morte".[52]

A Doutrina de Calvino

O que se segue é uma visão breve das convicções teológicas de Calvino. Novamente, permita-me enfatizar que estas amostras não estão de modo algum completas, uma vez que volumes de sua doutrina foram escritos em tributo a ele. Se você deseja explorar qualquer uma das poucas que enumerei, eu o encorajo a fazer isso.

Predestinação

Provavelmente a mais popular de todas as ideias de Calvino é a doutrina da predestinação. Antes de fazer um resumo do que Calvino acreditava, é importante que eu coloque um fato em contexto histórico.

Contrariamente à crença contemporânea, a doutrina da predestinação não teve início com Calvino. Ele não é o "pai da predestinação".

Essa doutrina teve início antes do ministério de Calvino, mas foi ele quem a tornou famosa. Na verdade, a crença foi introduzida por Agostinho, que era um filósofo pagão antes de se tornar cristão. Em sua juventude, Calvino havia frequentado a universidade que Agostinho fundou, e foi grandemente influenciado pelo método de pensamento dele. Mais tarde, Martinho Lutero e inúmeros outros aderiram firmemente às crenças com relação à predestinação. Calvino seguiu seus predecessores.

Quando Calvino se tornou pastor, percebeu que pessoas diferentes reagiam de maneiras diferentes à pregação do Evangelho. Ele deu o exemplo de que se o mesmo sermão fosse pregado para cem pessoas, vinte o abraçavam e cresciam, ao passo que as outras riam ou ficavam entediadas. Ele ficava perturbado com isso, e em sua mente analítica, refletiu sobre a razão dessa diferença. Calvino pesquisou nos textos bíblicos e declarou que o motivo pelo qual alguns recebiam com obediência enquanto outros rejeitavam firmemente era explicado pela doutrina da predestinação.

Calvino tornou a doutrina famosa quando foi chamado para defendê-la. Agostinho foi cruelmente atacado por isso e, dadas as habilidades extraordinárias de Calvino para o debate, ele foi escolhido para responder. A resposta foi tão completa que, em pouco tempo, ele ficou conhecido como o principal patrocinador dessa mensagem. Na verdade, quando a Igreja Católica Romana começou a acusar Calvino de inventar essa teologia, ele repreendeu a acusação lembrando-lhes acerca do antigo bispo católico, Agostinho. Calvino afirmou: "Estamos tão persuadidos pelas ideias de Agostinho, que se eu tivesse de fazer uma profissão escrita, seria o suficiente apresentar uma composição constituída inteiramente de trechos extraídos dos seus escritos".[53] Quando lhe perguntaram por que ele defendia a doutrina tão veementemente, Calvino respondeu: "Até um cão ladra quando seu dono é atacado: como eu poderia ficar em silêncio quando a honra do meu Senhor é atacada?".[54]

Calvino passou por duas controvérsias diferentes por causa dessa doutrina, uma com a Igreja Católica e outra com um monge carmelita que se tornou protestante, chamado Jerome Bolsec. Até esses dois grandes ataques, Calvino só havia mencionado brevemente sua posição acerca do assunto. Mas depois disso, ele decidiu esclarecer suas convicções e começou a escrever muito incisivamente a respeito. Muitos se perguntaram se caso essas duas controvérsias não tivessem acontecido, o nome de Calvino seria tão ligado à doutrina quanto é hoje.

Deve-se notar que nem toda a cidade de Genebra compartilhava dos pontos de vista de Calvino sobre predestinação; porém, sem dúvida, todos os seus alunos e associados ministeriais, como John Knox, compartilhavam firmemente da crença.

Resumindo, Calvino dizia que a predestinação era como andar em uma corda bamba — algo assustador e maravilhoso ao mesmo tempo. Ele advertia que todos deviam manter o equilíbrio agarrando-se firmemente à Bíblia.

Ele dizia que Deus "não adota indiscriminadamente a todos na esperança de salvação, mas dá a alguns o que nega a outros".[55] Com base em textos como Romanos 9:18, que diz: "Logo, tem ele misericórdia de quem quer e também endurece a quem lhe apraz", Calvino acreditava que Deus havia decretado dentro de Si mesmo o que cada homem se tornaria. Alguns foram criados para a vida eterna, outros, para a condenação eterna. Ele acreditava que a predestinação era como uma moeda com dois lados. Um lado mostrava a misericórdia de Deus, o outro, Seu juízo. Calvino sentia que Deus precisa manifestar ambos os atributos para a humanidade ou Sua revelação estaria incompleta. Aqueles que têm o favor e a vida eterna de Deus são chamados de eleitos.

Então, como a misericórdia de Deus se encaixava nisso? Calvino acreditava que a misericórdia pela humanidade foi dada em Jesus Cristo e Seu sacrifício na cruz. Pode parecer que não há espaço para misericórdia nessa doutrina, mas é justamente o contrário. Calvino via a Palavra de Deus de acordo com Romanos 10:8, como a Palavra da fé. "A fé não pode ter estabilidade a não ser que ela seja colocada na misericórdia divina".[56] Em outras palavras, uma pessoa não terá fé e não poderá crer que a Palavra de Deus é a verdade a não ser que esteja na misericórdia de Deus, e a misericórdia só é concedida aos eleitos. Se você tem fé em Deus, você é um eleito.

Calvino acreditava que a revelação era progressiva. Se uma pessoa progredia na revelação de Deus e da Sua bondade e misericórdia para com ela, era um dos eleitos. A eleição de uma pessoa era descoberta e verificada em sua compreensão progressiva do sacrifício de Cristo, que vence a malignidade do pecado.[57]

Calvino acreditava que os eleitos também deviam ser cheios de alegria, sabendo que a bênção e o favor de Deus estavam sobre eles, e nada podia mudar isso. Embora todos merecessem a condenação, os eleitos recebiam a misericórdia de Deus e tentavam viver atentamente através dessa misericórdia a cada dia. Nunca estavam ociosos e nunca lhes faltava dedicação. Os não eleitos não se importavam com isso e não queriam ter nada a ver com Deus e com Seus princípios.

E quanto ao evangelismo? Ele exercia um papel vital no Cristianismo. Embora um homem pudesse crer na predestinação, ele nunca sabia a quem Deus havia escolhido. Portanto, o Evangelho tinha de ser dado a todos, e os resultados aparentes por fim se manifestariam.

Calvino nunca tentava entender por que a doutrina da predestinação existia, e advertia os outros contra tentarem entender sua existência. Ele sabia que estava concordando com afirmações que não têm explicação moral. Ele dizia que a razão da justiça divina é mais alta que a do homem, portanto jamais poderia entender a profundidade da sabedoria de Deus. Ele não tentava nem fingia entender sua plenitude, pois, para ele, isso exigiria entender Deus totalmente.

A Igreja

A doutrina da Igreja tinha grande importância para Calvino. Como Lutero, ele se referia a ela como a Igreja "Católica", querendo dizer universal, não porque estivesse ligada à Igreja Romana.

Ele acreditava que a verdadeira Igreja era invisível e não estava presa por muros. Os membros consistem nos eleitos de Deus, cuja membresia é vista pela sua confissão, pelo seu amor, pelo exemplo de seu estilo de vida e pela sua participação.

Calvino acreditava que haveria ensinamentos hipócritas e equivocados dentro da verdadeira Igreja, mas que uma pessoa não deveria se separar do Corpo por causa disso. Enquanto fosse pregado que Jesus Cristo é o Filho de Deus e que é preciso nascer de novo e depender da Sua misericórdia, que as Escrituras eram consideradas a Palavra de Deus escrita, e que os sacramentos eram oferecidos em honra a Jesus Cristo, outras doutrinas equivocadas deveriam ser toleradas e resolvidas. Ele observava que ninguém estava livre da ignorância ou das interpretações erradas.

Ele também acreditava que a verdadeira Igreja deveria praticar a disciplina, inclusive o direito de excomungar uma pessoa que andasse de forma desregrada. Calvino sentia que a disciplina era o músculo e os ligamentos da Igreja, e deveria ser exercitada de modo que a santidade da comunhão pudesse ser mantida.

Ele via a igreja universal como a enfermeira da vida cristã, escrevendo que ela nos mantém sob sua proteção e orientação, nos ensinando as coisas de Cristo, e que não podemos sair de sua escola até termos passado o curso de nossas vidas como seus alunos. Calvino acreditava que era o ministério dentro da Igreja que preparava seus filhos.

Calvino via a Reforma como a restauração da verdadeira Igreja, que até aquele momento havia sido quase que completamente suprimida e impossível de ser descoberta. Ele se via como alguém que nunca havia tido outro propósito a não ser o avanço da Igreja.

Comunhão

Calvino escreveu sobre a Comunhão em vários tratados porque isso tinha uma grande importância para ele. Diferentemente de Lutero, Calvino acreditava que a presença espiritual de Cristo devia ser encontrada na Comunhão. Por esse motivo, ele denunciava qualquer comportamento questionável ao se participar dela, uma vez que isso sem dúvida seria arrogante e desrespeitoso para com Jesus Cristo; era algo que ultrapassava o limite da blasfêmia. Ele acreditava que aqueles que participavam da Comunhão e se recusavam a se purificar pelo arrependimento sofreriam de problemas e aflições físicas e até mesmo morreriam. Segundo Calvino, quando a Comunhão era tomada em favor de um crente arrependido e respeitoso, ela produzia um poder que o capacitava a viver uma vida cristã vitoriosa. Ele também acreditava em usar o vinho, e não suco de uva. Para Calvino o vinho alcoólico simbolizava o poder revigorante do Espírito Santo que estava presente no sangue purificador de Cristo.

Obras

Calvino acreditava que todas as boas obras vêm da fé. A vida cristã não era apenas marcada pela fé e pelo conhecimento, mas também era cheia de responsabilidades. Nenhuma esfera da vida estava isenta da obrigação do serviço a Deus e ao homem.

Além das suas fortes convicções quanto ao sacrifício e ao serviço, Calvino enfatizava a necessidade da humildade nesse serviço, o que requeria o abandono da superioridade e do amor próprio. Ele acreditava que os que estavam no ministério tinham um alto chamado pelo qual precisavam responder diante de Deus, e ficava horrorizado com aqueles que se colocavam sobre um pedestal acima dos outros. Calvino acreditava que os cristãos deviam amar e servir ao próximo — fosse ele bom ou mau, atraente ou repulsivo!

Com respeito ao serviço que se estendia além de sua igreja e dos seus vizinhos, Calvino não fazia distinção entre as responsabilidades seculares e as responsabilidades na igreja. Ele via os bens materiais como pertencentes a Deus e dizia que eles deveriam ser mantidos em mordomia diligente. Denunciava firmemente a ideia de que a prosperidade fosse o único sinal do favor de Deus e comparava essa crença com a dos saduceus, que não acreditavam na vida que está por vir. Sem dúvida, essa crença inflexível tinha a ver com os abusos e excessos financeiros da Igreja Católica da época. Ele acreditava realmente que a prosperidade excessiva era uma ocasião para a ansiedade, e não a cura dela, e que apenas os ímpios pensavam de outro modo. Embora acreditasse que o sucesso podia ser uma bênção de Deus, assim como a calamidade podia ser a maldição dele, isso não podia ser estabelecido como a única regra. Os escritos de Calvino nessa área estão repletos de trechos da Bíblia e comentários.

*****

Se você deseja estudar as convicções essenciais de Calvino mais detalhadamente, sugiro que dedique tempo para ler *Institutas da Religião Cristã*, que explicam de forma completa sua linha de pensamento.

Cronologia dos Escritos de Calvino

1532 *Comentário Sobre "Da Clemência", de Sêneca*

1536 *Institutas da Religião Cristã*, primeira edição

1539 *Resposta ao Cardeal Sadolet*
Institutas da Religião Cristã, segunda edição

1540 *Comentário de Romanos*

1541 *Institutas da Religião Cristã*, edição em francês
Um Breve Tratado sobre a Ceia do Senhor

1546 *Comentário sobre 1 Coríntios*

1547 *Comentário sobre 2 Coríntios*

1548 *Comentário sobre Gálatas, Efésios, Filipenses e Colossenses*
Comentário sobre 1 e 2 Timóteo

1549 *Comentário sobre Tito*
Comentário sobre Hebreus

1550 *Comentário sobre 1 Tessalonicenses*
Comentário sobre 2 Tessalonicenses
Comentário sobre Tiago

1551 *Comentário sobre 1 e 2 Pedro*
Comentário sobre Judas

1552 *Comentário sobre Atos, volume 1*

1553 *Comentário Sobre o Evangelho de João*

1554 *Comentário sobre Atos, volume 2*
Comentário sobre Gênesis

1555 *Harmonia dos Evangelhos*

1557 *Comentário sobre Salmos*
Comentário sobre Oseias

1559 *Institutas da Religião Cristã*, revisão maior
Os Profetas Menores
Comentário sobre Isaías

1561 *Comentário sobre Daniel*

1563 *Harmonia do Pentateuco*
Comentários sobre Jeremias e Lamentações

Notas

1. John T. McNeill, *The History and Character of Calvinism* (New York: Oxford University Press Inc., 1954): 159. Extratos da História e do Caráter do Calvinismo por John T. McNeill, © 1967 Oxford University Press, Inc. Autorizado pela Oxford University Press, Inc.
2. Ibid., 95.
3. Ibid., 99.
4. Ibid., 102.
5. T. H. L. Parker, *John Calvin: A Biography* (Louisville, Ky.: Westminster John Knox Press, 1975): 21.
6. McNeill, 103.
7. Parker, 21.
8. Ibid., 22.
9. "John Calvin", *Christian History Magazine* 5, n. 4 (Christian History Institute): 8.
10. Dr. William Lindner, *John Calvin* (Minneapolis: Bethany House Publishers, 1998): 44-45.
11. Ibid., 45-46.
12. McNeill, 111.
13. Lindner, 46-47.
14. "John Calvin", 16.
15. Ibid.
16. McNeill, 115.
17. Ibid.
18. Ibid., 119.
19. Lindner, 49.
20. Ibid.
21. McNeill, 121.
22. Ibid., 97.
23. Ibid., 131.
24. Ibid., 136.
25. Ibid., 118.
26. Lindner, 79.
27. Parker, 66.
28. McNeill, 144.
29. Ibid., 153.
30. Lindner, 122.
31. John Dillenberger, *John Calvin: Selections from His Writings* (Garden City, N.Y.: Anchor Books, 1971): 82. (grifo nosso)
32. Ibid., 86.
33. Ibid., 90.
34. Lindner, 123. (grifo nosso)
35. Ibid., 97.
36. Ibid., 98-99. (grifo nosso)
37. McNeill, 158.
38. Ibid., 159.
39. "John Calvin", 10.
40. Lindner, 103.
41. Parker, 102.

42. Ibid., 103.
43. Lindner, 132.
44. Enciclopédia Judaica (Jerusalem, Israel: Keter Publishing House): 67.
45. Ibid.
46. Ibid.
47. "John Calvin", 35.
48. McNeill, 227.
49. Ibid.
50. "John Calvin", 19.
51. McNeill, 227.
52. Parker, 155.
53. *Christian History Magazine* 19, n. 3: 31.
54. "John Calvin", 24.
55. Ibid., 25.
56. McNeill, 214.
57. Ibid., 211.

CAPÍTULO CINCO

JOHN KNOX

1514-1572

"AQUELE QUE EMPUNHA A ESPADA"

"Aquele que Empunha a Espada"

Ó Deus, dá-me a Escócia ou morrerei![1]

De todos os reformadores John Knox foi o mais injustamente desprezado, criticado e odiado. Até mesmo em nossa geração, escritores relatam antipatia por ele. Knox foi criticado por sua força profética pouco refinada, sua ousadia e sua sede pelo sangue daqueles que enganavam o povo. Falava-se de John Knox como se fala do bicho-papão — uma figura cruel e assustadora usada para impedir que as crianças pequenas se aventurassem pelas florestas.[2]

Durante gerações, Knox foi comparado aos profetas do Antigo Testamento que eram bastante diretos — Elias, Jeremias e, repetidamente, a João Batista. É impressionante a rapidez com que esses críticos esquecem que João Batista era estimado por Jesus (ver Mateus 11:11).

Se Jesus chamou João de grande, mas os contemporâneos veem Knox como alguém rude, parece-me que, em nosso estudo intelectual da História, deixamos de perceber os tesouros que o céu estima. Meu propósito é revelar esses tesouros — juntamente com os erros — da vida e do ministério de John Knox a fim de que possamos perceber e entender que o espírito reformista nunca nasceu em pacíficas torres de marfim.

John Knox era um patriota escocês intempestivo, porém focado. Às vezes, enquanto o estudava, pensava na semelhança dele com o guerreiro escocês William Wallace. Wallace morreu cerca de duzentos anos antes de Knox nascer, mas os dois compartilhavam de uma dedicação apaixonada por suas causas.

> Knox era um patriota escocês intempestivo, porém focado, que foi comparado aos profetas do Antigo Testamento e a João Batista.

Atuando em um campo diferente de Wallace, Knox foi um pregador e um profeta destemido que um dia carregou uma espada de dois gumes e se dispôs a morrer por sua Escócia antes de permitir que a heresia da Igreja Católica a dominasse. Ele lutou contra três rainhas e toda a hierarquia católica, sentindo a dor do preconceito e experimentando uma perseguição tão brutal que faria a pele de qualquer pessoa se arrepiar. Quando a causa protestante enfraquecia, o povo olhava para Knox e suas mensagens ardentes em busca de forças para continuar. Ele era como uma trombeta emitindo a nota mais alta e brilhante, e a mensagem que fazia ecoar abalou a Escócia, a Inglaterra, a França, a Alemanha e a Genebra de João Calvino. Ele era o homem certo para sua geração — e elevou-se para estar à altura de cada segundo dela. Mesmo quando parecia estar calmamente sentado, Knox escrevia tratados e panfletos explosivos que atiçariam a perseguição e o ódio contra sua mensagem muitas gerações após sua morte.

Prepare-se para uma incrível aventura ao explorarmos o ministério implacável e apaixonado do maior reformador escocês até hoje, John Knox.

O tumulto na High Church, Edimburgo
Coleção particular
Bridgeman Art Library, N.Y.

A Escócia Bárbara

Knox nasceu em 1514, na cidade de Haddington, localizada ao sul de Edimburgo, Escócia.[3] Os habitantes de Haddington eram principalmente mercadores e artesãos, todos residindo dentro de uma nação que era considerada bárbara, selvagem e feroz pelo restante da Europa.

Pouco se sabe sobre o começo da vida de Knox. O primeiro nome de sua mãe é desconhecido, mas seu sobrenome era Sinclair. Seu pai, William, era um mercador e artesão respeitado.

A família de William havia possuído terras em várias regiões da Escócia. William, juntamente com seu pai (o avô de Knox) e seu avô (o bisavô de Knox) tinha uma posição honrada junto aos condes de Bothwell, a família mais poderosa da região.[4] Seria injusto dizer que o jovem Knox viveu no luxo ou que era filho de um nobre, mas os laços de sua família com o clã dos Bothwell lhes davam certos privilégios — e um deles era a educação.

Os pais de Knox não eram ricos, mas conseguiram matricular o filho na escola elementar em Haddington, onde o jovem Knox aprendeu os conceitos básicos do latim. Depois de concluir a escola elementar, Knox tornou-se tutor dos filhos de um nobre. Quando as crianças foram enviadas para a Universidade de St. Andrews, em 1529, Knox teve a oportunidade de frequentá-la também, aprendendo filosofia.[5]

Uma Bomba Prestes a Explodir

Em St. Andrews, Knox estudou com o famoso teólogo escocês John Major,[6] o mesmo professor com quem João Calvino havia estudado em Paris. Diferentemente de Calvino, Knox não ficou encantado com a teologia de Major. Major criticava Lutero e condenava as práticas da Igreja Católica Romana, apoiando-se nas próprias opiniões intelectuais e acadêmicas. Knox rejeitava a maneira intelectualizada pela qual Major interpretava as Escrituras. Para Knox, as Escrituras eram literais, não precisavam ser analisadas nem havia motivos para se espantar com elas. Inquieto, Knox voltou às fontes bíblicas originais e estudou a igreja primitiva.

Parte da sua busca pela verdade veio em resultado de um evento que acontecera um ano antes, em 1528. A Escócia queimara na fogueira seu primeiro mártir, um homem chamado Patrick Hamilton. Knox ouviu acerca de como Hamilton pregava um Evangelho simples e, após ser capturado por seus inimigos católicos, foi acusado de heresia. No dia de sua execução, o mártir repreendeu abertamente e considerou responsável perante o Senhor um frade que foi ouvido interrogando-o em alta voz. Apenas alguns dias depois da morte de Hamilton, o frade morreu vítima de delírios.[7] Quando vários leigos católicos começaram a questionar a morte de Hamilton, as respostas generalizadas que receberam não os satisfizeram. Knox ouviu essas discussões perturbadoras e começou a investigar a verdade por si só.

Em sua busca, ele estudou os pais da Igreja que vieram antes dele, principalmente Jerônimo e Agostinho. Com Jerônimo, ele aprendeu que

John Knox

somente as Escrituras continham a verdade, e não as palavras dos homens. Com Agostinho, Knox passou a entender que o homem pode ser grandemente honrado por seu nome ou posição, mas seu caráter ou sua força espiritual podem ser fracos e ignorados por outros, diminuindo assim seu impacto no mundo.

Para Knox, essas duas verdades tornaram-se muito simples. Primeiro, se estava escrito na Bíblia, então era verdade. Qualquer outra coisa era simplesmente um aditivo. Em segundo lugar, a popularidade de um homem significava pouco se o seu caráter não fortalecia seu ministério. Esses princípios se tornaram o fundamento da vida e do ministério de Knox.

Quando Knox chegou a essas conclusões, ele ainda era um católico romano. Na verdade, ele foi ordenado padre em 1536, mas não recebeu uma paróquia porque a Escócia já estava cheia de padres. Embora não tivesse um chamado verdadeiro para a Igreja Católica, ele passou a trabalhar como clérigo papal em 1540 e como tutor de jovens alunos. Durante todo esse tempo, as revelações de seus estudos começaram a se acumular e a crescer dentro dele. Como um autor observa, "ele era uma reforma esperando para acontecer".[8]

A casa de John Knox

A Conversão de Knox

Nos anos 1500, a Igreja Católica possuía mais de metade das terras da Escócia, e a hierarquia católica reunia uma renda quase dezoito vezes maior que a da realeza escocesa.[9] Não havia pré-requisitos espirituais para se tornar padre ou arcebispo na Escócia; eles eram indicados por sua posição política. Como resultado disso, o caráter e a capacidade desses homens para interpretar a Bíblia era uma verdadeira blasfêmia. Eles eram bárbaros, libidinosos, enganosos, conspiradores e assassinos. A maioria tinha amantes e costumava ser flagrada em atos de adultério.

A Reforma na Escócia já acontecia há vários anos antes de Knox juntar-se a ela.

O rei da Escócia, Jaime V, e sua esposa, Maria de Guise, tiveram uma filha — Maria — a futura Maria da Escócia. Quando ela tinha apenas

253

uma semana de vida, o rei morreu. Quando ainda era um bebê, Maria foi declarada rainha da Escócia.

É claro que ela era incapaz de reinar, então foi proposto um regente que estabeleceu uma política pró-protestante. Ele encorajou a leitura da Bíblia e promoveu a pregação pelos reformadores. Thomas Guillaume, um frade convertido, e John Rough, um monge convertido, tornaram-se seus capelães. Esses dois pregadores percorreram a Escócia, aproveitando ao máximo a oportunidade de proclamar o Evangelho.

Quando Guillaume chegou à Escócia central, em 1543, Knox — ainda um clérigo papal — estava tutoreando jovens alunos.

Sempre interessado em um ponto de vista alternativo, Knox foi às ruas para ouvir Guillaume. Ao ouvir a simplicidade daquele pregador radical, somada aos anos de intensa pesquisa, Knox foi arremessado a outra dimensão. A mensagem de Guillaume exerceu um profundo efeito sobre ele. Deus o havia preparado para aquele momento; sua pesquisa encontrou-se com o Espírito. Knox cortou os vínculos com a Igreja Católica e abraçou totalmente o Protestantismo. Ele havia passado para o outro lado.

> Knox descobriu duas verdades. Primeiro, se estava escrito na Bíblia, era verdade. E a popularidade de um homem significava pouco se ela não fortalecesse seu ministério.

O Protestante com a Espada

Em meados de 1540, o regente protestante morreu. Maria de Guise assumiu o papel de regente, atuando em nome de sua filha. Ela era extremamente católica e estabeleceu novas diretrizes, abolindo as políticas protestantes. Ameaças de morte para aqueles que se opusessem a ela ou ao Catolicismo começaram a circular por toda a Escócia.

Àquela altura, um evangelista protestante chamado George Wishart ganhava notoriedade. Ignorando as ameaças dos católicos, ele continuou a viajar por toda a Escócia, pregando a Reforma a todos os que quisessem ouvir. Knox havia ouvido as histórias tocantes contidas nas mensagens de Wishart, de modo que ele resolveu ouvi-lo. Knox viu a verdade simples que Wishart proclamava e foi muito tocado pela personalidade do evangelista. Não demorou muito, Knox juntou-se à equipe de Wishart — mas não como evangelista. Em vez disso, Knox passou a trabalhar como guarda-costas de Wishart e, com sua nova posição, recebeu uma espada de dois gumes, a qual ele carregava todo o tempo.

Posso imaginar Knox, de pé ao lado de Wishart, com sua espada reluzindo, de braços cruzados, e os olhos indo de um lado para o outro entre a multidão, procurando qualquer movimento agressivo. Que visão deve ter sido!

Wishart Morre na Ausência de Knox

Durante cinco semanas, Knox seguiu Wishart como seu guarda-costas e, com o tempo, tornou-se seu amigo, confidente e aluno. Embora Knox quisesse ficar com Wishart, o evangelista insistia: "Não, volte para as suas crianças [alunos], e Deus o abençoe. Um é suficiente para o sacrifício".[10]

Mas na ausência de Knox, o corrupto arcebispo do Castelo de St. Andrews, o cardeal David Beaton, ordenou a prisão de Wishart. O evangelista foi julgado e condenado por heresia. Em 11 de março de 1546, ele foi levado à estaca para morrer queimado. Do jeito que Knox era, é improvável que esses eventos tivessem ocorrido se ele tivesse continuado como seu guarda-costas.

Wishart, porém, não partiu em silêncio. Com as mãos amarradas atrás das costas, uma corda em volta do pescoço e um arco de ferro ao redor da cintura, ele pregou nas ruas enquanto a multidão se reunia para ver o espetáculo. Ele encorajou as pessoas a amarem a Palavra de Deus e a continuarem com o que ele lhes havia ensinado. Lembrou a elas que não havia ensinado uma doutrina ou fábula de homens, mas o verdadeiro Evangelho. Wishart as consolou, dizendo que embora fosse atormentado em seu corpo, em breve estaria ajoelhado aos pés de Jesus, em segurança no Céu por toda a eternidade.

Sua última mensagem foi tão comovente que o carrasco caiu de joelhos, pedindo perdão. Wishart perdoou-o e beijou seu rosto, encorajando-o a fazer seu trabalho. O carrasco amarrou-o, e pendurou-o em uma estaca através do arco de metal ao redor de sua cintura até as chamas o consumirem. Enquanto ardia, Wishart clamava pelo perdão daqueles que o assassinavam. O evento foi tão comovente que a multidão não conseguiu "impedir-se de lamentar compassivamente"[11] diante daquele massacre. O ar estava pesado com a morte e a atmosfera densa de tristeza enquanto um dos servos de Deus era queimado até as cinzas diante dos olhos de todos.

O povo começou a clamar por vingança. As vozes apenas ecoavam a tristeza e a indignação do coração do próprio Knox. Ele não era homem de se acovardar em um canto. Se Knox acreditava em algo, a ideia de não agir era revoltante para ele. Por agir com base no que acreditava, ele acabou se envolvendo em uma rebelião.

O pomposo cardeal Beaton virou alvo de ameaças de morte, mas ele apenas ria delas. Afinal, ele era amigo da rainha regente (a grande maioria acreditava que ela era uma de suas amantes). Beaton tinha a melhor proteção que a Escócia tinha a oferecer.[12] Ele se escondeu dentro das muralhas fortificadas do Castelo de St. Andrews. "Que perigo devo temer?", o cardeal perguntava vaidosamente enquanto brindava com o filho do lorde governador e fazia planos para a noite com outra de suas amantes.[13]

"Nós, por Deus, Fomos Enviados para Vingar..."

Dois meses depois, em uma madrugada nebulosa de maio, antes do amanhecer, um grupo armado se escondeu atrás dos arbustos até que a amante do cardeal Beaton tivesse se esgueirado para fora de seu quarto e saído pelo portão do Castelo de St. Andrews. Um dos homens destacou-se do grupo e aproximou-se da sentinela, perguntando se Beaton estava acordado. Olhando para o homem, o guarda ficou desconfiado e começou a puxar sua espada quando o intruso sob uma capa enfiava sua adaga no peito do guarda. O guarda foi lançado no fosso enevoado que ficava abaixo da muralha.

O grupo de homens percorreu o caminho ao longo da muralha de pedras e subiu as escadas até a porta de Beaton. Eles o despertaram com fortes batidas na porta. Alarmado, Beaton chamou ajuda para barricar a porta com arcas pesadas enquanto corria para esconder seu ouro. Mas as arcas não foram páreo para a fúria do grupo. Com um golpe forte, eles derrubaram a porta, pisoteando-a ao passar. Ao correrem em direção a Beaton, o cardeal caiu de costas sobre uma cadeira, gritando: "Sou um padre! Sou um padre! Não me matem!".

As palavras de Beaton não puderam deter os homens. Na verdade, ao protestar, ele apenas os enfureceu ainda mais. Dois dos homens o esbofetearam no rosto e o golpearam repetidamente. Um dos intrusos cobertos por capas interrompeu o espancamento, afirmando que a execução deveria ser feita com mais dignidade. Ele aproximou-se de Beaton, que tremia e estava totalmente branco, apontou sua espada para o estomago dele, e disse: "Arrepende-te de tua vida maligna pregressa, principalmente pelo derramamento do sangue daquele notável instrumento de Deus, o senhor George Wishart, o qual consumiste entre as chamas de fogo diante dos homens, porém que clama vingança sobre ti; e nós, por Deus, fomos enviados para vingá-lo". O homem encapuzado continuou, afirmando que nem a riqueza de Beaton nem o medo do seu poder motivaram aquela execução — o único motivo para ela era o fato de que Beaton havia sido, e ainda continuava sendo, um inimigo obstinado de Jesus Cristo.

Beaton não se arrependeu, então o executor encapuzado pegou sua espada e enterrou-a no corpo de Beaton três vezes enquanto ele gemia: "Sou um padre! Sou um padre... está tudo perdido".[14]

Os homens cobertos por capas continuaram a bater e a chutar o cadáver de Beaton, escorregando diversas vezes em seu sangue antes de urinarem em sua boca e de cobrirem seu corpo de sal (para preservar a evidência de sua execução). Então eles amarraram uma corda ao redor do pescoço de Beaton e o penduraram na janela do castelo para que todos o vissem. Os homens se certificaram de pendurar o corpo de Beaton exatamente acima do lugar onde Wishart havia sido mantido prisioneiro alguns meses antes.

Os Corajosos Castelhanos

O grupo de homens que executou Beaton não deixou o Castelo de St. Andrews, mas permaneceu nele e o manteve sitiado. A execução foi realizada como uma forma de protesto religioso e político. Beaton representava a intervenção francesa na Escócia, assim como o Catolicismo. Dessa forma obscena, os homens efetuaram um protesto nas duas esferas. Eles se denominavam "Castelhanos".

A notícia do assassinato de Beaton espalhou-se pela Europa, gerando pouca compaixão, já que todos odiavam a França. Esse apoio silencioso só motivou os Castelhanos a continuarem com o sítio.

Knox não esteve presente na execução, mas a apoiou porque acreditava que os homens maus deviam sofrer o juízo de Deus. Knox estava servindo como tutor naquela época, mas era apenas um pequeno instrumento, não era ainda o líder que conhecemos hoje.

A revolta dos Castelhanos provocou retaliação imediata por parte do governo escocês em relação aos protestantes. Agora, temendo por sua vida, Knox mudava-se de casa em casa para evitar ser capturado. Ele pensou em fugir para a Alemanha, mas os pais de seus alunos achavam que Knox estaria mais seguro juntando-se aos rebeldes no castelo e que os alunos se beneficiariam com a experiência. Diversos dos proeminentes lordes escoceses estavam enviando suprimentos para o castelo, e um navio inglês atracou no porto com um carregamento de mantimentos para eles. Quase um ano depois, em abril de 1547, Knox juntou-se aos Castelhanos no Castelo de St. Andrews.[15]

O Chamado Apaixonado de Knox

Knox logo passou a ter uma posição proeminente dentro das muralhas do castelo. John Rough ouviu-o pregando para seus alunos a doutrina protestante, e ficou impressionado com a força e a capacidade de Knox de verbalizar suas convicções. Os católicos haviam ordenado que Rough apresentasse uma lista argumentando contra as crenças deles, e ele pediu que Knox a redigisse. Rough levou a apresentação de Knox aos padres católicos. Ao voltar, ele pediu que Knox se tornasse o capelão do castelo. Knox recusou, afirmando que não havia recebido uma "vocação tão legítima".[16]

Rough tratou de cuidar disso. No domingo seguinte, Rough pregou sobre a eleição dos ministros e então apontou para Knox diante da congregação, encarregando-o de receber seu chamado como ministro. Então Rough olhou para a congregação e pediu que declarassem sua aprovação. Eles o fizeram de maneira unânime.

Surpreso, Knox quebrantou-se e chorou sem qualquer vergonha diante do povo. Incapaz de conter-se, ele se levantou e saiu para o quarto.

Isso mostra o coração, o respeito e a grande paixão que Knox tinha por Deus. Sim, ele era vigoroso e bruto com as palavras, mas os protestantes da época esperavam isso. Eles não ouviam se um pregador não fosse direto, porque era preciso paixão para tocar o coração deles. Eles não se comoviam com uma apresentação adocicada do Evangelho. As pessoas criticam Knox severamente pela sua ousadia, mas essa ousadia era apenas um detalhe em sua vida — ela tinha origem em sua devoção a uma causa maior.

O que quero dizer com "uma causa maior"? Hoje, ser cristão é algo secundário para muitas pessoas, refere-se meramente ao lugar onde adoramos aos domingos. A cor da pele ou a nacionalidade é o que está por trás de nossa cultura e nosso estilo de vida modernos. A maneira como agimos, pensamos ou vivemos gira em torno da nacionalidade e da cultura.

Não era assim com os reformadores. Ser chamado de protestante no tempo de Knox estava diretamente relacionado à cultura daquela pessoa — o título definia a vida inteira do indivíduo, todo o seu ser. A maneira como pensava, como agia ou reagia e como vivia se baseava no fato de ser protestante ou não. Ser protestante era algo que consumia a vida da pessoa. Uma pessoa era protestante ou católica, cada uma com um estilo de vida correspondente. Muitos naquela geração morreram pelo que acreditavam.

> Deus não é tocado pela nossa perfeição. Ele é tocado pela paixão que temos por Ele, cujas raízes estão na nossa fé.

Era uma responsabilidade muito grande ser chamado de ministro protestante. Knox sabia disso e aceitou essa responsabilidade com grande paixão, e eu o admiro por isso. Ele cometeu alguns grandes erros, e algumas vezes executou vingança com as próprias mãos. Mas Deus não é tocado pela nossa perfeição; Ele é tocado pela paixão cujas raízes estão na nossa fé.

Knox era um homem totalmente consumido pela paixão por Deus. Ele era um profeta, e para ele não havia meio termo — tudo era preto no branco. Ele não queria ser alguém que se autodenominava revolucionário. Knox se via unicamente como um servo de Deus que lutaria pela verdade até o último suspiro. Embora não tenha exercido seu ministério com perfeição — uma vez que ninguém a não ser Jesus já fez isso ou o fará —, ele realmente tinha uma grande paixão. E creio que esse é um grande tesouro que temos ignorado. A nossa medida de sucesso e a escala de Deus para medi-lo são pesadas em duas balanças diferentes. Muitas vezes, nossa escala do sucesso é medida pelo louvor e o respeito dos homens, mas Deus mede o sucesso com base na nossa paixão por Ele e em quantos frutos damos para o Reino.

Primeiro Sermão: Dissecando o Catolicismo

Durante dias, Knox meditou sobre seu chamado para o ministério. Ele guardou isso para si e falava muito pouco com qualquer um. Mas logo as coisas iriam mudar.

Enquanto ainda decidia se tinha ou não um ministério público, Knox ouviu que um padre que o desagradava muito estaria dirigindo um culto em uma igreja da paróquia. Ele sentiu-se compelido a testemunhar o que aquele padre estava ensinando ao povo.

Como suspeitara, o padre enfureceu Knox ao proclamar que a Igreja Católica tinha a autoridade suprema para condenar alguém por heresia ou não. Incapaz de tolerar essas palavras, Knox se levantou no meio do sermão e declarou duramente que ele podia provar que a Igreja Católica havia se desviado mais da Igreja Primitiva do que os judeus da Lei quando condenaram Jesus. Desconcertado, o padre se recusou a debater com Knox em público, mas a multidão exigiu que Knox provasse sua afirmação. Knox aceitou o desafio com entusiasmo.

A notícia de que Knox pregaria aquele sermão foi divulgada em toda a comunidade. No domingo seguinte, muitos cidadãos ilustres e colegas de universidade sentaram-se esperando ansiosamente pelo sermão de Knox. Frades estoicos e muitos padres de diferentes regiões da Escócia também lotavam a pequena igreja da paróquia, esperando que a presença deles o intimidasse. John Major, o renomado teólogo, também estava presente — em respeito a Knox.

Knox entrou na sala com confiança, subiu os degraus até o púlpito e fez seu primeiro sermão, dissecando por completo a doutrina católica. Ele usou como base o texto de Daniel 7:24-25. Knox explicou sua visão com eloquência, descrevendo em detalhes os simbolismos babilônico, persa, grego e romano. O último — o romano — ele revelou ser nenhum outro além da Igreja Católica e do papado. Ele rotulou a igreja de sinagoga de satanás, pronunciando o regime católico como anticristão. Atacou as heresias do poder papal e expôs a vida escandalosa dos papas a partir de relatos que haviam sido publicados em outros lugares. Fundamentado em textos do Novo Testamento, ele renunciou à invenção herética do purgatório, chamou a oração aos mortos e pelos mortos de feitiçaria, e proclamou a prática da abstinência de carne e da abstinência do casamento como crenças de seitas. Então Knox dissecou a cerimônia da missa, identificando-a como blasfêmia com relação à causa de Jesus Cristo. Então ele atingiu a raiz do sistema católico, denunciando o papa como o anticristo — não apenas ele, mas todos os que o seguiam também.[17]

Ninguém ousou interromper sua mensagem. Quando o sermão terminou, suas palavras causaram uma grande celebração entre os protestantes. Embora muitos pregadores protestantes tivessem divulgado o Evangelho e diversos tivessem dado a vida como mártires na Escócia, até aquele momento, ninguém jamais havia proclamado uma mensagem tão precisa e detalhada explicando a causa da Reforma. Alguns diziam que Wishart nunca falou tão abertamente quanto Knox, no entanto, ele fora queimado na estaca. Eles estavam certos de que Knox seria o próximo mártir.[18]

Mais tarde, diversos católicos convocaram uma reunião para questionar Knox com relação ao sermão. Ele respondeu às acusações com uma exatidão tão resoluta que seus intimidadores ficaram sem palavras. Knox tomou calmamente sobre si a decisão de encerrar a sessão com estas palavras:

> Se dessa igreja vocês querem ser, não posso impedir-lhes; mas quanto a mim, não pertencerei a nenhuma outra igreja a não ser aquela que tem Jesus Cristo como pastor, que ouve a Sua voz e que não ouve a voz de um estranho.[19]

Ele obviamente havia aceitado seu chamado ao ministério e agido com base nele. Knox não era mais um instrumento menor.

Condenado às Galés

Bem cedo em seu ministério, Knox já havia mergulhado profundamente na infraestrutura católico-romana na Escócia. Ele era uma ameaça tão grande para os Católicos que foi emitida uma ordem dizendo que somente os padres e os professores universitários ilustres podiam pregar aos domingos. Knox esquivou-se da ordem deles pregando em outros dias da semana, atraindo grandes multidões que, depois de ouvirem sua mensagem, denunciavam o Catolicismo romano e se tornavam protestantes.

Sentindo-se encurralados, os católicos escoceses convocaram a ajuda militar da França para sitiar o Castelo de St. Andrews, expulsando os protestantes e fazendo-os prisioneiros. Knox foi obrigado a render-se com os outros que estavam dentro do castelo. Em julho de 1547, os Castelhanos fizeram um acordo com os franceses de que, se eles fossem pacificamente para a França, sua liberdade lhes seria concedida.

Mas quando o navio dos protestantes chegou à costa da França, o acordo não foi honrado. Em vez disso, todo o grupo foi embarcado em navios e confinado às galés. Agora cativo e preso por cadeias do pescoço aos pés, Knox foi enviado ao mar para realizar trabalhos forçados pelos dezenove meses seguintes.

Depois da execução, ser um escravo de galés era considerada a punição mais severa dada a um herege ou a um criminoso. Como os Castelhanos não haviam comparecido perante um tribunal, eles não faziam ideia de quanto tempo a punição duraria.

Os escravos de galés eram acorrentados a bancos no fundo do navio, onde remavam usando pesados remos de madeira durante horas por dia, incapazes de parar por causa do medo de serem chicoteados. Quando não estavam remando, faziam outras tarefas menores. A comida era decente nas galés, mas a bordo de um navio quente, larvas e outras infestações atacavam as provisões.

Negando-se a Beijar uma Estátua!

Naquela época, Knox tinha trinta e três anos e era extremamente saudável e robusto. Com exceção de um episódio grave de doença envolvendo uma úlcera e uma doença renal, Knox suportou as galés muito bem. Ele não causou problemas provocando os oficiais, mas também não tolerava nenhuma injustiça. Os oficiais respeitavam a vontade apaixonada de viver de Knox. Ele também mantinha sua fé viva acreditando que Deus o libertaria para pregar em sua amada Escócia. A paixão de Knox transformou-se em uma vontade inabalável enquanto ele focava em sua determinação de fazer a obra de Deus quando o dia de sua libertação chegasse.

Knox continuou a mostrar sua sagacidade mesmo enquanto era prisioneiro. Uma de minhas histórias favoritas aconteceu depois de uma missa a bordo do navio. A tripulação, os oficiais e os escravos das galés receberam ordens de cantar "Ave, Santa Rainha" e de beijar uma estátua de Maria.

A estátua passava por cada escravo das galés, e quando chegou a ele, Knox recusou-se a beijá-la. É surpreendente que ele não tenha sofrido maiores consequências. Mas isso não o satisfez. Knox segurou a estátua e lançou-a ao mar, declarando: "Agora deixem que a Nossa Senhora se salve; se ela é luz suficiente, que ela aprenda a nadar!".[20] Depois desse incidente, não foi feita qualquer outra tentativa de obrigar os protestantes das galés a adorar ídolos!

Embora a vida nas galés fosse difícil, Knox tinha permissão para receber cartas e manuscritos enquanto estava a bordo. Ele tinha tempo para dividir alguns dos manuscritos em capítulos para outros leitores, assim como de escrever as próprias exortações.

> Knox acreditava que, um dia, Deus o libertaria para pregar na Escócia. Ele se concentrava em sua determinação de fazer a obra de Deus.

Uma carta específica veio de um de seus alunos que era prisioneiro na Escócia. O jovem pensou em tentar fugir, mas seu pai advertiu-o de que não o tentasse por medo de colocar outras vidas em risco. O jovem queria saber o que Knox achava.

    Knox respondeu-lhe com uma citação que se tornou uma das minhas favoritas. Ele disse ao jovem para ir em frente com a fuga e não ter medo, porque o medo nada mais era do que o amor a si mesmo.[21] Então ele lhe deu um conselho. Ele advertiu o jovem a não matar um guarda inocente nesse processo. Knox parecia capaz de distinguir quem devia ser morto e quem não devia. De acordo com Knox, os guardas deviam viver, ao passo que o cardeal Beaton merecia morrer.

Há Força no Deserto

A experiência de deserto vivida por Knox nas galés formou o líder que conhecemos hoje. Parecia que ele era um escravo em uma posição fragilizada, mas o período de maior tormento em sua vida gerou uma força invencível dentro dele. Talvez, para nós, ter trinta e três anos é sinônimo de ser jovem e saudável, mas as pessoas naquele tempo raramente viviam além dos cinquenta anos. O fato era que o tempo dele estava se esgotando, e isso, somado ao fato de que o grupo não tinha ideia se seria liberto das galés, poderia ter gerado desesperança ou pensamentos derrotistas em sua mente. Mas Knox não era homem de desistir.

    Mesmo quando parecia que iria morrer de uma grave doença ainda no cativeiro, ele olhou através de uma portinhola enquanto passavam navegando pelo Castelo de St. Andrews e profetizou.

> Estou totalmente persuadido de que por mais fraco que eu pareça estar agora, não partirei desta vida até que a minha língua glorifique o Seu divino nome naquele mesmo lugar.[22]

    Nos tempos mais difíceis da vida, quando nos sentimos mais fragilizados, se mantivermos a nossa fé viva da melhor maneira possível e os nossos olhos no céu, Deus construirá um lugar de força, caráter e entendimento dentro de nós que nos levará a alcançar nosso propósito. Moisés saiu do deserto como um líder. José saiu da prisão como um líder. Prisões e perseguições não puderam enfraquecer o espírito que havia dentro do apóstolo Paulo. O espírito que nunca desiste e que continua segurando o arado, apesar das circunstâncias ao redor, é outro tesouro que o céu honra. E Knox tinha esse espírito.

Quando Knox deixou o navio como um homem livre, ele se tornara uma força invencível que o inferno não podia desacelerar nem paralisar.

"Não Poupem Flechas"

O interesse do governo britânico e provavelmente o interesse específico do rei Eduardo VI, fizeram com que Knox e os Castelhanos fossem colocados em liberdade. Em fevereiro de 1549, Knox desembarcou do navio em solo britânico como um homem livre. Por volta da mesma época, o jovem que havia escrito a Knox fugiu da prisão católica na Escócia juntamente com seu pai e outras pessoas. A maré de esperança havia mudado.

As autoridades religiosas e políticas da Inglaterra estavam ansiosas por estabelecer o Protestantismo na nação, de modo que eles ficaram empolgados em ter alguém como John Knox à disposição.

Durante os cinco anos seguintes, Knox permaneceu na Inglaterra como convidado de honra. O governo britânico concedeu-lhe a honra de ser um pregador protestante. Desta vez, Knox aceitou a posição prontamente. Não era seguro para ele voltar à Escócia ainda, de modo que ele aproveitou a oportunidade para promover a causa protestante.

Sua primeira missão pastoral foi na cidade de Berwick. A igreja estava cheia de imigrantes escoceses corpulentos, e muitos dos soldados britânicos ali tinham diferenças com eles. A liderança de Knox foi tão bem-sucedida que ele conseguiu ganhar o favor de ambos os grupos e uni-los. As difíceis experiências vividas no Castelo de St. Andrews, somadas à dureza das galés, lhe deram a força necessária para lidar com ambos os grupos com confiança e tranquilidade.

Como era de se esperar, os sermões robustos e diretos de Knox deixaram as multidões sem palavras. Ele se concentrou no espírito por trás da doutrina, e não em seu ritual, e esperava que sua congregação discernisse claramente a diferença entre as duas coisas.

Eis um exemplo de como ele dissecou a missa católica em um de seus sermões:

> Na missa papista, a congregação não aprende nada, a não ser observar vossas encenações constituídas de imersões, acenos,

voltas, elevações, que nada são além de uma profanação diabólica da Ceia de Cristo. Ora, essas encenações, imersões, acenos, voltas, elevações — nada são senão vossas próprias invenções... Que consolo têm esses homens recebido de nós, a ponto disso ser considerado suficiente?[23]

Suas palavras abrasadoras e honestas provavam que Knox não era como os filósofos intelectuais do seu tempo — ele era um homem de ação. Ele tinha uma paixão pela verdade, uma paixão de que o povo seguisse a verdade, e uma paixão por experimentar Jesus Cristo pessoalmente. Se fosse preciso esse tipo de aspereza para expor o erro, ele era o homem certo para o trabalho!

Knox ensinou à igreja em Berwick as três doutrinas protestantes clássicas:

1. A supremacia das Escrituras (sobre as tradições e as leis da igreja feitas por homens).
2. A justificação somente pela fé.
3. O sacerdócio de todos os crentes.

Enquanto Knox estava pastoreando feliz em Berwick, ele ouviu a notícia de que a causa protestante na Escócia estava vencendo a regente Maria e que a terra dos Castelhanos havia sido devolvida. Era uma notícia muito animadora, mas, por ora, Knox não tinha intenção de voltar à terra natal. Em vez disso, ele estava pregando de maneira radical em toda a região de Berwick, expondo os equívocos de forma poderosa e convocando a verificação de todo pensamento errado com relação ao Senhor.

Ele ficou famoso pelo lema "Não poupem flechas" — e ele não poupava nenhuma. Seus sermões acertavam o alvo em cheio, atacando toda blasfêmia, silenciando e desarmando totalmente bispos e padres da Inglaterra.[24] Ele se via como um machado de guerra em prol da causa protestante na Reforma da Inglaterra. Talvez não se goste de admitir isso, mas um dos pais mais importantes da Igreja da Inglaterra foi John Knox.[25]

Rumores Sobre a Sra. Bowes

Por volta de 1551, Knox tinha tanta influência na Inglaterra que primeiramente foi-lhe oferecia uma posição como bispo, posteriormente também o pastorado de All Hallows, em Londres. Ele recusou a ambos. Knox estava contente em permanecer em Berwick, onde surgiu uma controvérsia que agita os inimigos de Knox até hoje.

Uma mulher na igreja de nome Elizabeth Bowes chamou muito a atenção de Knox. Ela não era uma mulher comum.

A Sra. Bowes havia sido casada por trinta anos com um homem católico que era muito influente na Inglaterra, com o qual teve quinze filhos. Sua quinta filha, Marjory, viajou com ela para ouvir Knox. Elas ficaram maravilhadas com a força de sua pregação e nunca perdiam uma oportunidade de estar perto dele.

O fato de a Sra. Bowes de repente ter abandonado o Catolicismo de seu marido para adotar o Protestantismo mostra que ela era muito independente para o seu tempo. Graças à sua posição, ela conseguiu uma audiência com Knox e, em pouco tempo, os dois desenvolveram uma amizade muito próxima.

Até hoje circulam diversas histórias sobre o relacionamento entre Knox e a Sra. Bowes. Os críticos o acusam de ter tido um caso de adultério, atacando o caráter dela também. É verdade que os dois trocaram correspondências frequentes por bem mais de uma década.

Embora o relacionamento de Knox e da Sra. Bowes tenha sido um pouco controverso no início, não acredito que tenha havido qualquer conduta errada por parte dos dois. As cartas da Sra. Bowes estão cheias de perguntas espirituais para Knox, e as cartas dele meramente respondem às perguntas dela com algumas de suas ideias. Não era raro um católico que havia se tornado protestante continuar a usar o ministro como um confessor. E também não é raro uma pessoa com profunda percepção espiritual — homem ou mulher — adquirir a atenção de um profeta apaixonado. Entretanto, como a Sra. Bowes era uma mulher, creio que se Knox tivesse regras rígidas de etiqueta e ética, esse boato irritante sobre o relacionamento deles não o teria seguido ao longo da História.

Uma Nota Pessoal sobre os Relacionamentos

Quero dizer que é nesse tipo de relacionamento que muitos ministros caem em uma armadilha do diabo, e se o assunto for deixado de lado, eles fracassarão moralmente. Se você é um ministro casado, considere seu cônjuge como um bem precioso; permita que ele estimule sua confiança e o faça sentir-se especial.

Todo casal enfrenta algum tipo de dificuldade ou problema com o qual precisa lidar no relacionamento matrimonial/ministerial. Se você está tendo problemas nessa área do casamento que não consegue resolver, não cometa o erro fatal de esperar, pensando que as coisas irão mudar. Busque o conselho maduro de uma pessoa de Deus. Se não fizer isso, o engano entrará para esmagar seu relacionamento, fazendo você acreditar que nunca deveria ter se casado. Não permita que o orgulho o impeça de buscar ajuda ou o faça pensar que ninguém pode ajudá-lo. Em todos os meus anos de ministério, nunca vi uma ocasião na qual o diabo não se deleitou no orgulho — ao contrário, o orgulho é um prato cheio para ele. Vi muitos exemplos tristes em que casais que eram verdadeiramente ungidos por Deus perderam tudo porque esperaram para buscar a ajuda ou a libertação de que precisavam, e o engano os consumiu completamente.

O Noivado

Knox logo estendeu seu pastorado à cidade de Newcastle também. Por volta do final de 1551, ele era tão celebrado na Inglaterra que foi indicado para a posição de capelão real, o que envolvia pregar diante do rei da Inglaterra. Nessa função, ele foi designado para ajudar a reescrever o *Livro de Rezas da Igreja Anglicana* em uma segunda edição. Como era de se esperar, Knox revoltou-se contra as instruções do livro de orações segundo as quais a congregação deveria ajoelhar-se na Comunhão. Ele insistia que fosse acrescentado um adendo ao livro de oração, afirmando que ajoelhar-se não significava que a pessoa acreditava que os elementos da Comunhão realmente se transformavam no corpo e no sangue de Jesus. Embora isso tenha causado grande controvérsia, Knox conseguiu o que queria.

Knox estava ocupado com seu ministério, mas também abria espaço para a vida pessoal. Em 1553, embora pouco tenha sido dito sobre isso, ele propôs casamento à filha da Sra. Bowes, Marjory, e foi prometido a ela. Entretanto, o Sr. Bowes não tinha uma boa impressão acerca de Knox e recusou dar sua permissão para o casamento. Knox respeitou o desejo do Sr. Bowes. Ele e Marjory continuaram noivos, mas o casamento ficou suspenso por algum tempo. Ele agora morava em Londres, e tinha um ministério itinerante que alcançava as igrejas em Berwick, Newcastle e toda a região. Era uma situação ideal com muitos convertidos ao Protestantismo.

Cumpre-se a Profecia:
O Ataque de "Maria Sanguinária" aos Protestantes

Na primeira metade de 1553, tudo parecia um mar de rosas para Knox. Ele tinha diversos inimigos católicos influentes na Inglaterra, mas isso não o atrapalhava — seu ministério florescia. Seu papel como pregador itinerante lhe permitia divulgar com eficácia a causa do Protestantismo.

Em seus sermões, ele continuava a dinamitar as vãs tradições e chegava ao ponto de expor os nomes daqueles que considerava traidores. Embora ele ainda não pudesse se casar, sua vida pessoal parecia promissora com Marjory. Mas os eventos daquele ano logo trouxeram uma grande devastação à velha e alegre Inglaterra. Uma reação de Knox denegriu de tal maneira sua reputação que as futuras rainhas passaram a repugnar a simples menção de seu nome.

Em 6 de julho, o rei Henrique VIII morreu. Knox sentiu que haveria problemas — ele sabia que a maturidade do Protestantismo na Inglaterra era superficial devido à falta de pregações e erros frequentes no ensino. Ele profetizou publicamente a desolação do movimento protestante ali.

Por volta do fim do mês, Maria Tudor foi coroada rainha. Sendo uma grande devota do Catolicismo, a rainha Maria I da Inglaterra imediatamente começou a reverter todas as reformas protestantes que seu pai havia instituído. A mudança veio depressa. Por volta de novembro, o parlamento havia revogado todas as leis protestantes e restaurado o Catolicismo como a religião oficial do país. Os protestantes foram informados que tinham até 20 de dezembro para mudar suas convicções ou seriam tratados como hereges.

Knox logo percebeu que corria perigo. Seus inimigos tentaram prender um de seus assistentes que levava cartas para Marjory e para a Sra. Bowes. Eles esperavam encontrar informações que levariam à prisão e à execução de Knox.

Por causa dessa traição, os seguidores de Knox imploraram que ele deixasse a Inglaterra. Em uma carta a Marjory e a Sra. Bowes, Knox declarou que seus irmãos "em parte através de admoestações, em parte através de lágrimas, o compeliam a obedecer".[26] Relutante e sabiamente, Knox fugiu para Dieppe, França, em janeiro de 1554. Mais tarde, ele escreveu que não estava certo de que deveria ter deixado a Inglaterra, pois "ele jamais poderia morrer enfrentando um desafio mais honesto".[27] Não querendo levantar suspeitas, Marjory e a Sra. Bowes permaneceram na Inglaterra, mas não deixaram de se corresponder com Knox regularmente. Os privilégios da família Bowes os protegia por ora. Com Knox longe, a hierarquia católica sentia que agora tinha um reinado claro na Inglaterra, e seus atos terríveis continuaram em escala ainda maior.

Knox estava certo quando profetizou sobre a desolação na Inglaterra. Maria I da Inglaterra efetuou sua primeira execução — um tradutor da Bíblia protestante de nome John Rogers — em fevereiro de 1555. Em seu reinado de terror, ela executou mais de trezentas pessoas, inclusive o primeiro autor do *Livro de Rezas da Igreja Anglicana,* Thomas Cranmer. Ela derramou tanto sangue em seu esforço de restaurar o Catolicismo que recebeu o apelido de "Maria Sanguinária".[28]

A salvo em outro país, Knox era descrito como um "cavalo de guerra sendo impedido de guerrear". Ele estava inquieto por ter deixado a Inglaterra e escrevia sobre sua única certeza quanto a esse aspecto, dizendo: "Minha oração é que eu possa ser devolvido à batalha outra vez".[29]

"Que Eles Vão Depressa para o Inferno"

Permanecendo em Dieppe por cerca de um mês, Knox não conseguia mais esperar. Viajou para a Suíça e encontrou-se com Heinrich Bullinger, um forte e conhecido líder da Reforma. Uma das principais perguntas de Knox a ele foi se ele era obrigado a obedecer às regras de um monarca que impingia a idolatria. Bullinger não conseguiu responder à pergunta de Knox de forma satisfatória.

Frustrado, Knox voltou brevemente a Dieppe, escrevendo aos crentes que havia deixado na Inglaterra, encorajando-os e falando sobre o que havia ouvido na Suíça. Está muito claro que Knox estava preocupado com aqueles que deixara na Inglaterra e que pensava constantemente neles e orava pelo seu bem-estar — e provavelmente, por sua volta.

Quando o verão tardio de 1554 chegou, Knox sentou-se e olhou para o Canal da Mancha, sabendo que do outro lado estava a Inglaterra tomada por uma idolatria que estava sendo confrontada. Ele pensou em como havia sido destituído de seu ministério naquele lugar, em como o martírio havia se tornado algo comum, e em como ele havia sido separado de Marjory e da Sra. Bowes — tudo por causa da rainha.

Ele não podia mais conter seu enorme ódio pela heresia. Movido por esse sentimento, Knox escreveu *A Fiel Admoestação aos Professores da Verdade de Deus na Inglaterra*. Foi sua carta mais longa e mais impetuosa. Na verdade, ela clamava por sangue! Ele atacou os bispos católicos, chamando-os de "jardineiros do diabo", e os padres, ou "abutres cegos", declarando que todos eles mereciam a morte. Ele descortinou a hipocrisia da corte de Maria Sanguinária, escrevendo sobre como, um dia, todos partilharam da opinião de que ela era uma "bastarda incestuosa que jamais reinaria na Inglaterra", mas agora estavam ajoelhando-se aos pés dela.

Knox descarregou sua fúria ainda mais, escrevendo que se Maria Sanguinária fosse condenada à morte antes de ter a chance de ser rainha, sua crueldade teria sido evitada. Ele escreveu: "Jezabel, aquela idólatra amaldiçoada, fez o sangue dos profetas ser derramado... porém creio que ela nunca construiu tantas forcas em Israel quanto a maligna Maria construiu apenas em Londres". Ele terminou com uma oração assustadora em favor da Inglaterra: "Não tarda a Tua vingança, ó Senhor, mas que a morte os devore depressa; que a terra os engula e que eles vão depressa para o inferno. Pois não há esperança de emenda para eles, o temor e a reverência ao Teu santo nome estão banidos de seus corações".[30]

Com mais alguns golpes de sua pena, Knox selou a carta e enviou-a à Inglaterra, sabendo que ela seria publicada em todo o reino.

Knox e Calvino se Encontram

Sem congregação para pastorear, e aparentemente nenhuma revolução para lutar, Knox não tinha para onde ir senão para a Suíça. Durante esse período de exílio, porém, havia outro elemento vital que precisava ser acrescentado à sua vida. Depois de garantir que sua carta saísse de Dieppe, Knox viajou para a cidade de Genebra, especificamente para falar com João Calvino. Foi ali, no outono de 1554, que os dois homens finalmente se encontraram.

Embora lutassem pela mesma causa, os métodos de Calvino e de Knox eram totalmente diferentes. Calvino era um pensador metódico, um erudito intelectual e um debatedor brilhante, silenciando seus inimigos com sua inteligência imaculada. Knox era um homem de briga, que acreditava na ação acima das palavras, um lutador com uma articulação tão apaixonada que silenciava seus inimigos apresentando a verdade nua e crua. Eu descreveria Knox como um "Calvino com uma espada".

Calvino admirava Knox por sua coragem e o abraçou, embora com algumas reservas. Você pode imaginar como uma pessoa com tamanha capacidade intelectual encararia alguém com uma personalidade tão rude. Knox fazia coisas que Calvino jamais sonharia em fazer, enquanto Calvino tinha o conhecimento que Knox queria para promover ainda mais sua causa.

Enquanto estava em Genebra, Knox finalmente passou a dominar o hebraico. Ele sentava-se e observava as aulas na escola de teologia de Calvino, chamando-a de "a mais perfeita escola de Cristo que já houve na terra desde os dias dos apóstolos".[31] Os dois homens passavam horas juntos, discutindo teologia e o significado exato das Escrituras.

Naquele momento, a perseguição na Inglaterra havia se tornado tão terrível que as multidões de protestantes haviam fugido. Alguns deles haviam ido para Frankfurt e receberam graciosamente uma igreja onde adorar. Esse bando de refugiados escreveu a Knox, em Genebra, pedindo a ele para ser o pastor deles. Knox estava em Genebra apenas há alguns meses e estava gostando tanto de estar ali que não queria partir, mas Calvino achou que era uma boa ideia. Knox aceitou o convite e foi para a Alemanha, chegando a Frankfurt em novembro.

A Luta em Frankfurt

Nem tudo foi bem na Alemanha. Na igreja à qual Knox foi enviado para pastorear, irrompeu um debate acalorado sobre que liturgia usar; alguns queriam manter os velhos costumes da Igreja Anglicana, ao passo que outros queriam seguir em frente dando o próximo passo. Incapaz de resolver o dilema, o grupo escreveu a Calvino, pedindo a sua opinião. Ele respondeu com decepção que eles estavam discutindo sobre uma questão extremamente trivial e disse que todos eles deviam seguir em frente para a próxima etapa que Deus tinha preparado para eles.

A resposta de Calvino não resolveu a questão. Knox foi obrigado a entrar em cena e trazer reconciliação entre as duas partes. O grupo cedeu, concordando em seguir a liturgia tanto quanto possível. Mas o acordo durou pouco. Uma nova companhia de exilados chegou, e logo aqueles que queriam adorar da velha maneira venceram sob a pressão de uma nova maioria. Finalmente, em fevereiro de 1555, Knox e um grupo de homens escreveram uma nova ordem de culto. Nos anos que se seguiriam, essa nova ordem se tornaria o livro de adoração oficial da Igreja da Escócia, *O Livro da Ordem Comum*.

Cansado das contendas imaturas dessa congregação de refugiados, Knox desafiou a superficialidade deles em uma de suas mensagens abrasadoras. Nela, ele atacou o pecado dos líderes governamentais, afirmando que o imperador Carlos V era tão inimigo de Cristo quanto Nero.

Essa afirmação enervante ecoou por toda Frankfurt. O fato de Carlos V estar a apenas 257 quilômetros de distância piorou as coisas! Os magistrados temeram o que poderia acontecer com a cidade se Knox permanecesse ali. Por causa de toda a controvérsia, eles votaram por impedi-lo de exercer a função de pastor. Knox cedeu ao desejo deles com satisfação. Ele e vários outros deixaram a igreja.

Querendo a aprovação de Calvino quanto aos seus atos, eles escreveram-lhe sobre a situação e ansiaram pela resposta, que não foi o que esperavam. Calvino escreveu de volta à congregação: "Não posso guardar segredo de que o senhor Knox, a meu ver, não foi tratado nem de forma piedosa nem fraternal".[32]

O Retorno à Escócia

Knox foi recebido cordialmente por Calvino quando retornou a Genebra em abril de 1555. Pela segunda vez, ele tentou estabelecer uma vida de erudição e estudo. Profundamente impressionado com a maneira como Calvino dirigia Genebra, Knox queria aprender tudo o que pudesse com ele. Acerca disso, ele escreveu: "Em outros lugares, confesso que Cristo é verdadeiramente pregado; mas maneiras e religião tão sinceramente reformadas, jamais vi ainda em qualquer outro lugar".[33]

Na Escócia, havia ficado claro que o Protestantismo seria tolerado de forma não oficial, pelo menos naquele momento. Os protestantes ali aproveitavam a ocasião e divulgavam o Evangelho por onde passavam. Havia tanta esperança entre eles que até mesmo acreditavam que a regente Maria de Guise um dia se converteria. Sua filha pequena, Maria, agora estava sendo educada na França e voltaria um dia para a Escócia como rainha. A regente Maria havia contratado os serviços de um protestante para representar a Escócia na França na esperança de abrir o comércio. Ela agora estava envelhecendo e seus atos levavam a crer que ela havia enfraquecido sua posição em prol do Catolicismo. Comparada à Maria Sanguinária, sua vizinha inglesa, qualquer pessoa parecia boa! Muitos protestantes haviam fugido da Inglaterra e se refugiado na Escócia, pensando ser mais seguro. Mas eles ainda precisavam desesperadamente de pregadores e pastores.

Enquanto isso, Knox estava ocupado organizando uma congregação radical inglesa em Genebra. Ele os estava preparando e reagrupando-os para eventualmente voltarem à Inglaterra para uma retomada do poder protestante.

Durante todo esse tempo, ele continuou a receber cartas da Sra. Bowes, contando sobre a pressão crescente sobre sua família para que eles assistissem à missa. A falta de conformidade deles com o Catolicismo colocava seu marido em perigo, e embora ele não estivesse disposto a deixar o Catolicismo, o Sr. Bowes concordou com relutância que ela e Marjory podiam deixar a Inglaterra. A Sra. Bowes escreveu que ela e a filha queriam se juntar a Knox em Genebra para adorar de acordo com suas crenças.

Uma após a outra, ela escrevia essas cartas urgentes a Knox. Finalmente, Knox organizou tudo para que Marjory e a Sra. Bowes o encontrassem na Escócia. Inicialmente, ele lamentou deixar Genebra para voltar ao seu país de origem. Mas logo ficou satisfeito ao terminar uma pregação bem-sucedida ali. Ele creditaria a Sra. Bowes o fato de encorajá-lo a ir.[34]

O Casamento de Knox com Marjory

A Sra. Bowes e Marjory tinham uma rede de contatos em Berwick, o que tornava fácil para elas entrar na Escócia. Quando Knox chegou a Edimburgo, em fins do verão de 1555, ele e Marjory se casaram.

Agora Knox tinha não apenas uma sogra com ele, mas uma esposa também. Não há muitos relatos escritos sobre Marjory, apenas o fato de que ela tinha dezoito anos quando se casou. Ele tinha trinta e oito. Ela era sensata e encantadora, e o casamento deles parecia feliz, provando novamente que Knox e a Sra. Bowes nunca estiveram envolvidos romanticamente. Marjory lhe deu dois filhos; o primeiro, Nathaniel, nasceu em 1557. Ela também realizava trabalhos de secretaria para o ministério de Knox.[35]

A Explosão do Ministério de Knox na Escócia

Knox foi encorajado pelo avanço protestante que encontrou na Escócia — aqueles que haviam permanecido redobraram seus esforços. As congregações protestantes agora estavam em Edimburgo, St. Andrews, Dundee, Perth e outras cidades estratégicas em toda a região. Os protestantes incentivaram Knox a permanecer sendo uma inspiração para todos, algo com o qual ele assentiu.

Durante os nove meses que se seguiram, Knox serviu como um pregador itinerante em toda a Escócia, pregando seus sermões explosivos que abalavam as estruturas por onde quer que ele fosse. Seu estilo de pregação deixava as massas assombradas. Knox geralmente passava cerca de trinta minutos explicando calmamente uma passagem da Bíblia. Então, ao aplicar a Palavra a uma situação atual na qual estava o povo escocês, ele se tornava "ativo e vigoroso",[36] batendo violentamente no púlpito. Uma pessoa na congregação observou: "Ele me fez tremer tanto que eu não conseguia segurar a caneta para escrever".[37] Knox foi um tremendo sucesso para a causa protestante.

Os bispos escoceses tinham tanto medo da popularidade de Knox que, em maio de 1556, eles o convocaram para ir a Edimburgo para enfrentar um processo legal. Mas os protestantes não tolerariam isso. Centenas deles se reuniram para se manifestar em apoio a ele. Ouvindo rumores acerca da reunião e lembrando-se do sítio em St. Andrews, a regente Maria de Guise cancelou o processo sabiamente.

Encorajados por sua atitude, os protestantes mais uma vez tiveram a esperança de que pudessem influenciar Maria de Guise em prol de sua causa. Eles pediram a Knox que lhe escrevesse uma carta que a persuadisse a ouvir a Palavra de Deus. Ele concordou em fazê-lo.

Sentando-se para escrever, Knox tentou limpar sua mente da antipatia que sentia em relação à realeza católica. Ele começava a carta mansamente; e depois escrevia algo áspero. Frustrado com sua explosão escrita, ele novamente se continha e escrevia algo bondoso. Mas, depois de duas ou três frases, ele não podia evitar. Ele explodia contra a hipocrisia do governo, afirmando que se ela não mudasse, viveria em dor e tormento para sempre.

A carta concluída foi apresentada à regente. Depois de lê-la, ela casualmente, sem reflexão ou atenção, entregou-a ao arcebispo de Glasgow, dizendo: "Por favor, milorde, leia este conto de fadas [ou sátira]".[38] Os esforços de Knox haviam sido considerados uma piada. Entretanto, a carta obviamente exerceu algum efeito sobre ela. Depois de lê-la, a regente ficou menos tolerante com os protestantes e sua causa.

A essa altura, cartas de Genebra chegavam até Knox, pedindo que ele voltasse e continuasse a pastorear a congregação inglesa ali. Percebendo que a Escócia ainda não estava madura para a mudança, Knox retornou à Suíça em julho de 1556.

Ele mal havia chegado quando recebeu uma convocação da Escócia, ordenando que voltasse a Edimburgo para enfrentar acusações. Quando Knox não apareceu, os católicos moldaram uma escultura e a pintaram à semelhança de Knox, queimando-a posteriormente em uma cruz pública.

Quando Knox ouviu isso, ficou furioso. O mais surpreendente foi que ele não retaliou. Em vez disso, permaneceu em Genebra por mais dois anos, alimentando sua raiva. Ele nunca esqueceu que a regente Maria o havia ridicularizado e permitido que ele fosse condenado publicamente à morte. Daquele dia em diante, Knox considerou-a assassina, dissimulada e enganadora.

A Marca Sombria da História: Sra. Anne Locke

Em Genebra, Knox se viu em meio a algumas das maiores mentes da Reforma. Mas ele também se viu cercado de mulheres. Não apenas tinha sua esposa e a Sra. Bowes, como também uma série de outras mulheres que haviam se afeiçoado a ele, e ele recebia diariamente cartas da parte delas vindas da Inglaterra e da Escócia lhe fazendo perguntas.

Embora fosse verdade que Knox desprezava as rainhas e que ele considerava a maioria dos homens que conhecia como tendo duas caras, ele pensava de modo diferente acerca das mulheres em geral. Na verdade, com seu relacionamento afetuoso com a Sra. Bowes e com outras mulheres, ficava evidente que ele considerava as mulheres seu principal apoio na Reforma.

Havia duas mulheres em Londres que eram particularmente amigas e que compartilhavam muito da sua confiança. Uma chamava-se Sra. Hickman, e a sua favorita era uma mulher de nome Sra. Anne Locke. Em meados de seus trinta anos, a Sra. Locke era a esposa muito educada e talentosa de um mercador londrino. Quando Knox foi obrigado a fugir para a França, a Sra. Locke continuou sua amizade com ele através de cartas. Ele encorajou-a a permanecer forte sob o terror de Maria Sanguinária, e muitas vezes lhe dava instruções e mensagens para passar aos protestantes na Inglaterra. Ela também era a principal arrecadadora de fundos para a obra dele. Somente ela estava autorizada a abrir sua correspondência e lê-la. Ele lhe enviava manuscritos para estudar, pedindo a opinião dela a respeito deles, e pedia constantemente para enviar-lhe os últimos livros de teologia. Ela acabou por publicar a própria tradução dos sermões de Knox, juntamente com materiais de outros escritores da Reforma, e os distribuiu para promover a causa protestante.

Um dos principais motivos pelos quais Knox a admirava era porque a Sra. Locke não tentava governar os homens, embora ela fosse igualmente instruída. Acreditando que isso fosse totalmente antibíblico, ele não tinha paciência com qualquer mulher que tentasse exercer autoridade sobre um homem. De acordo com Knox, a Sra. Locke ficava claramente atrás dessa linha de demarcação.[39]

Devido à sua personalidade dramática e apaixonada, Knox fazia diversas coisas que deixariam qualquer um desconfiado. Sua amizade com a Sra. Locke era uma delas. Embora Knox estivesse em Genebra, ele escreveu à Sra. Locke, pedindo-lhe para ir a Genebra e morar ali — sem seu marido.

Até aquele momento, diversas mulheres haviam escrito a Knox, reclamando de seus maridos, perguntando se podiam deixá-los e ir para Genebra. Knox recusou todas elas e, em vez disso, encorajou-as a viver pacificamente com seus parceiros. Talvez ele sentisse que havia uma motivação equivocada da parte delas. Mas ele fez exatamente o contrário com a Sra. Locke.

Apenas alguns meses depois de ter se instalado novamente em Genebra com sua esposa e a Sra. Bowes, Knox escreveu à Sra. Locke:

> Vós escrevestes que o vosso desejo é sincero de me ver. Cara irmã, se eu pudesse expressar a sede e a languidez que sinto por vossa presença, parecerei me exceder. Sim, choro e me alegro com a vossa lembrança; mas isso desapareceria com o consolo da vossa presença, que eu vos garanto é tão cara para mim que se o encargo deste pequeno rebanho aqui, reunido em nome de Cristo, não me impedisse, minha presença se anteciparia à minha carta.[40]

Knox escreveu em outra carta que, embora ela estivesse duvidosa em juntar-se a ele e Deus quisesse que ela permanecesse em Londres, ele ainda desejava em seu coração que Deus a levasse para Genebra.[41]

Talvez a carta de Knox tenha sido motivada pela perseguição deflagrada na Inglaterra durante aquele período. Mas muitos críticos gostam de mencionar que a perseguição sofrida era a mesma para todas as mulheres que ele conhecia na Inglaterra. Por que Knox não pediu a elas que mudassem para um lugar seguro? Talvez ele não temesse nenhuma motivação oculta no caso da Sra. Locke e se sentisse confortável em pedir-lhe que se mudasse. Talvez seu marido estivesse indo muito bem nos negócios e mudar-se geraria um desastre financeiro. Naqueles dias, a não ser que fosse um pregador, um homem geralmente permanecia onde estava seu negócio.

Em maio de 1557, a Sra. Locke tomou coragem para deixar a Inglaterra — sem seu marido — e mudar-se para Genebra. Ela chegou com os filhos e a criada. Infelizmente, sua filha morreu apenas alguns dias depois. Mais tarde, Knox escreveu que ele sabia que seria "julgado de forma extrema e rigorosa"[42] por tê-la encorajado a deixar seu marido e mudar-se para Genebra.

Creio que o marido dela, temendo por sua segurança, deixou-a mudar-se. Ele era um protestante também e provavelmente não podia suportar a ideia de que ela sofresse algum mal. Quando Maria Sanguinária morreu, a Sra. Locke voltou para Londres em 1559 e viveu com seu marido até a morte dele, em 1571.[43]

Knox foi antiético em suas palavras apaixonadas para a Sra. Locke, mas ainda creio que a segurança dela era o que estava em jogo.

Preto e Branco

Alguns historiadores escrevem que Knox tinha uma grande necessidade de ser cuidado por mulheres sensíveis, porém inteligentes, que exercessem um papel maternal.[44] Embora não seja agradável escrever sobre isso, provavelmente era a verdade no caso de Knox. Ninguém jamais insinuou que ele e a Sra. Locke tenham tido algum tipo de relacionamento além de uma profunda amizade. Knox tinha uma vida dura, um ministério difícil e a capacidade de ser um homem rude. Poucos homens abraçariam Knox como um amigo próximo — a maioria tinha ciúmes dele, o temia ou, pior ainda, queria usá-lo para os próprios fins políticos ou traí-lo. Nos primeiros dias de seu ministério, os que estavam mais próximos pareciam ser mulheres intelectualizadas a quem ele passou a respeitar. Em sua época, as mulheres não tinham posição na sociedade (exceto a realeza por direito de nascimento), creio que ele confiava na preocupação genuína delas com seu ministério e com as verdades que ele ensinava. A História nunca menciona qualquer mulher, exceto a realeza, que tenha subvertido publicamente a mensagem de Knox. Mas os homens o desafiavam constantemente.

Estou certo de que era muito perigoso ter John Knox como amigo próximo. Pelo fato de o reformador valorizar seu relacionamento com essas mulheres e desejar a segurança delas, a única resposta óbvia era que elas se mudassem para Genebra. Ele uma vez escreveu à Sra. Hickman e à Sra. Locke em uma carta conjunta, pedindo-lhes que fossem para Genebra por medo de que elas fossem tentadas à idolatria se permanecessem na Inglaterra.[45] Mas as cartas pessoais à Sra. Locke tinham um tom mais íntimo e são elas que a História acentua. É fácil entender por que suas palavras levantavam boatos.

Quero fazer uma observação aqui. A maioria das grandes figuras históricas fez alguma coisa que levantou suspeitas, alguma coisa que deixou alguém desconfortável. Quando escrevo sobre os generais de Deus, tenho como objetivo falar de seus sucessos e fracassos — momentos brilhantes e momentos sombrios. Não faço isso com o intuito de difamá-los, e jamais tocaria nas marcas que grandes homens e mulheres de Deus deixaram na terra para Ele. Mas quero que você entenda que Deus operará através de qualquer um que o ame apaixonadamente, apesar das controvérsias ocasionais. Você precisa ter total consciência das próprias fraquezas — e jamais deve tentar justificá-las. Trabalhe nas áreas em que precisa trabalhar. Talvez você imaginasse que Deus poderia usá-lo se eu falasse somente das grandezas desses homens e mulheres ou os apresentasse como vasos perfeitos. Quando escrevo sobre sucessos e fracassos — passagens agradáveis e desagradáveis — isso dá a todos nós a esperança de que também podemos ser usados por Deus para mudar o mundo.

A Espera: O Ingrediente da Controvérsia

Knox exercia um impacto tremendo em todos os lugares por onde ia. Até mesmo sua pequena congregação inglesa em Genebra acabou por ser responsável por produzir a famosa Bíblia de Genebra.[46] As notas marginais da Bíblia vieram dos escritos e das convicções políticas de Knox. Embora ele estivesse a milhas de distância, na Suíça, sua presença ainda era sentida tão fortemente na Escócia que ele recebia cartas regulares da congregação, colocando-o a par do progresso da Reforma.

Foi um tempo de paz para ele. Genebra era absolutamente linda na primavera. Em maio de 1557, seu primeiro filho, Nathaniel, nasceu. Sua igreja estava florescendo, e Knox podia se dar ao luxo de mergulhar nos estudos e falar livremente com Calvino a qualquer hora que precisasse.

Mas a necessidade acabou por bater de frente com sua utopia, próximo ao fim daquele mesmo mês. Knox recebeu uma carta urgente dos líderes protestantes escoceses, pedindo a ele que retornasse. Eles prometeram que não apenas os fiéis estariam aptos a ouvir suas mensagens, como eles também estariam prontos a entregar sua vida e seus bens pela Reforma da Escócia.

Knox entregou a carta a Calvino e pediu a opinião dele. Ele se colocou diante da sua congregação inglesa e perguntou o que eles pensavam sobre seu retorno à Escócia. Todos concordaram que Knox não podia recusar um pedido como aquele. Ainda assim, ele esperou até o fim de setembro para partir.

Chegando a Dieppe, na França, em outubro, Knox pretendia tomar o primeiro navio para a Escócia. Mas, em vez disso, encontrou outra carta aguardando-o ali, pedindo que retardasse sua jornada. A carta afirmava que agora os líderes estavam discutindo se era bom para ele aparecer naquele momento. Pediram que ele permanecesse em Dieppe até receber as próximas instruções.

Contrariado, Knox escreveu aos líderes escoceses, repreendendo-os por causar-lhe esse tipo de inconveniência. Ele teve de viajar 1.300 quilômetros até Dieppe, deixar esposa, filho pequeno e a congregação. Além disso, podia ser preso como herege enquanto estava na França — e eles estavam dizendo-lhe para esperar por instruções! Knox ficou muito perturbado com a falta de estabilidade entre os líderes escoceses. Ele se perguntava como uma Reforma podia ser possível na Escócia se os líderes diziam uma coisa em um dia e mudavam de posição no outro. Os líderes escoceses não enviaram resposta.

Quando dezembro chegou, Knox ainda estava esperando em Dieppe. Ele escreveu uma segunda carta, mas não recebeu resposta. Em meados de dezembro escreveu uma terceira carta aos nobres. A esta altura, Knox não tinha intenção de voltar à Escócia. Ele pregava de tempos em tempos em uma igreja calvinista em Dieppe, mas na maior parte do tempo, fervilhava de descontentamento.

Knox ficava sentado no porto de Dieppe olhando para o outro lado do canal. Ele percebeu que as duas Marias eram a causa de seus problemas: Maria Sanguinária, na Inglaterra, e a regente Maria de Guise, na Escócia. Uma o havia feito fugir, a outra atormentava seus amigos protestantes e impedia a sua volta. Ele concluiu que essas duas mulheres eram as principais inimigas do Protestantismo e defensoras da perseguição nos dois países.

Fervendo de raiva, Knox começou a dar vazão aos seus pensamentos. Percebendo que estava criando uma obra-prima sem precedentes, ele escondeu seus manuscritos e decidiu voltar a Genebra antes do fim do inverno. Quando chegasse lá, ele então decidiria o que fazer com o material escrito.

Finalmente de volta a Genebra, Knox manteve-se ocupado com seus deveres pastorais, mas tinha bastante tempo para escrever. Em 1558, ele escreveu pelo menos seis livros e panfletos. Em um panfleto dirigido à regente Maria de Guise, escreveu sobre o desagrado de Deus para com ela e declarou que a coroa lhe era tão apropriada quanto "uma sela nas costas de uma vaca desgovernada".[47]

Entretanto, o panfleto dirigido à Regente Maria não foi nada comparado a seu manuscrito contra Maria Sanguinária. Esse manuscrito gerou um "alvoroço maior que qualquer coisa que havia sido publicada na Europa desde os três grandes tratados de Lutero".[48] Esse era o manuscrito que ele havia escrito em Dieppe.

O controverso ministério de John Knox estava prestes a começar!

Explosão Contra a Jezabel da Inglaterra

O *Primeiro Toque da Trombeta contra o Regimento Monstruoso* [governo antinatural] *das Mulheres* colocou Knox no mapa como um reformador revolucionário. Sua munição veio de anos de execuções sem ética, conflitos não resolvidos e ira não respondida contra a rainha católica da Inglaterra, Maria Tudor (a Maria Sanguinária). Infelizmente, as futuras gerações estigmatizaram Knox, com base nesse manuscrito, como alguém que odiava as mulheres. Essa não é uma acusação justa: qualquer sentimento misógino que Knox demonstrasse era fruto de sua geração e de suas crenças com relação às mulheres.

Além do mais, o manuscrito não foi escrito em um momento de fúria. Havia uma história por trás dele.

Antes de escrevê-lo, Knox tentou repetidamente encontrar as respostas para essa tirania feminina em Calvino, Bucer e outros reformadores. Mas ninguém dava respostas que diminuíssem seu incômodo. Calvino já havia tomado parte em execuções heréticas (Miguel Serveto), de modo que havia pouco que ele pudesse dizer para justificar os meios. Ele disse a Knox que uma mulher governante era um desvio da ordem de Deus, em resultado da queda do homem. O governo da rainha havia sido imposto a eles como uma escravidão, como uma punição pelo pecado. Calvino disse que as rainhas podiam ser "as mães da Igreja que amamentam" e, portanto, o papel delas deveria ser exercido como tal. Mas então ele advertiu Knox a não tocar no que era obviamente a providência de Deus.[49]

Essa resposta certamente não satisfez Knox. Se a rainha devia atuar como "mãe da Igreja", ele não entendia por que os protestantes deviam permitir passivamente que ela os matasse e destruísse a obra deles. Incapaz de aplacar sua ira com a Palavra de Deus, Knox tomou a questão em suas mãos sem dizer nada a Calvino. Acreditando ser um instrumento de Deus, ele detalhou suas convicções.

O fundamento da *Primeira Trombeta...* afirmava que era contra a Lei de Deus, assim como contra a lei da natureza, uma mulher governar um reino. Se o homem estivesse preparado a se submeter ao governo das mulheres, ele faria o que nenhuma outra espécie da criação fazia, pois nenhum animal macho estava preparado para ser dominado por sua fêmea. Knox continuou declarando muitos fatos notáveis da época com relação à razão pela qual uma mulher não devia ser a governante principal. A principal razão era o fato de que o governante deveria liderar o exército em batalha. Foi basicamente um ataque às crueldades de Maria Sanguinária e um apelo aos britânicos para se revoltarem contra ela e subverterem seu regime.

Usando a ilustração na qual o apóstolo Paulo afirmou que o homem era o cabeça da mulher, Knox deu asas à imaginação. Comparando a corpo figurativo de Paulo com a mulher como a cabeça de um monstro, ele disse: "... quem não julgaria que esse corpo fosse um monstro, onde não havia cabeça eminente sobre o resto, mas que os olhos estavam nas mãos, a língua e a boca abaixo da barriga, e os ouvidos nos pés".[50]

Sobre as mulheres, ele disse: "A natureza, digo eu, não as pinta como fracas, frágeis, impacientes, débeis e tolas; e a experiência as declarou inconstantes, variáveis, cruéis e destituídas do espírito de conselho e regimento [governo]".[51] Devo dizer que ele foi muito duro em alguns de seus adjetivos ao definir as mulheres, mas precisamos entender que essas descrições serviam como munição para seu argumento contra os males de Maria Sanguinária.

Ele enalteceu a grandeza do povo da Inglaterra, questionando, em seguida, por que ele se inclinou diante de um governante tão cruel. Knox concluiu o manuscrito com um aviso a Maria Sanguinária:

A amaldiçoada Jezabel da Inglaterra, com a geração pestilenta e detestável de papistas, não se gaba pouco de ter triunfado... contra todos aqueles que empreenderam qualquer coisa contra eles ou seus procedimentos. Não temo dizer que o dia da vingança, que prenderá esse horrível monstro, Jezabel da Inglaterra, já está marcado no conselho do Eterno. E, portanto, que todos os homens sejam advertidos, pois a primeira trombeta já tocou.[52]

Quando Knox terminou o manuscrito, ele decidiu não mostrá-lo a Calvino por acreditar que o texto era inspirado demais e importante demais para qualquer pessoa engavetá-lo. Surpreendentemente, Knox conseguiu que a *Primeira Trombeta...* fosse impressa em Genebra sem o conhecimento de Calvino. Ele não imprimiu o nome do autor, nem o nome da editora. Secretamente, o manuscrito foi empacotado em caixas e enviado para a Inglaterra.

Com o trabalho terminado e a sensação de ter escrito o que sempre quis dizer, Knox provavelmente recostou-se em sua cadeira e sorriu. Ele teve a intenção de ser controverso. A passividade do povo britânico o havia esgotado ao extremo, e ele queria sacudi-los para que tomassem uma atitude. Enquanto olhava sobre as montanhas que cercavam Genebra, Knox podia imaginar seus canhões de fúria rasgando a atmosfera.

Rasgando o Véu das Desculpas Vãs

Levou alguns meses, mas, como Knox esperava, a *Primeira Trombeta...* causou alvoroço por todos os lados — até entre os protestantes. Os protestantes ingleses em Genebra reclamaram com Calvino, que ficou furioso. O livro foi condenado e, por proclamação real, qualquer pessoa que o possuísse seria punida com a morte. Não muito depois de a *Primeira Trombeta...* alcançar a costa da Bretanha, Maria Sanguinária morreu, e sua irmã, a protestante Elizabeth I, assumiu o trono como rainha.

Não havia como Knox permanecer no anonimato por muito tempo. No verão de 1558, ele escreveu vários outros panfletos nos quais se declarava o autor do manuscrito. Esses panfletos serviram como um apelo contra os bispos escoceses que queimaram sua imagem em uma cruz pública e o condenaram em sua ausência. Ele escreveu um panfleto à nobreza da Escócia, um ao povo escocês e outro à regente Maria de Guise, publicando todos eles em seu nome.

À regente Maria, Knox revelou que sabia sobre a declaração na qual ela chamou sua carta anterior de um "conto de fadas". Então, declarou asperamente:

> Meu dever para com Deus (que me ordenou não bajular qualquer príncipe na Terra) me compele a dizer que se vós não estimais mais a admoestação de Deus nem os cardeais ridicularizam

os contos de fadas, então Ele em breve lhe enviará mensageiros com os quais não podereis gracejar dessa maneira.[53]

Aos nobres, Knox escreveu que não esperava que eles tivessem um papel passivo quanto a proteger os protestantes; ele esperava que os "idólatras" católicos, fossem condenados à morte. Ele os comparou ao povo britânico quando escreveu:

> Era o dever da nobreza, dos juízes, dos governantes e do povo da Inglaterra, não apenas resistir a... Maria, aquela Jezabel a quem chamam sua rainha, mas também tê-la punido até a morte, com toda sorte de seus padres idólatras, juntamente com todos aqueles que a apoiaram, no tempo em que ela e eles começaram abertamente a suprimir o Evangelho de Cristo, a derramar o sangue dos santos de Deus, e a erguer essa idolatria terrivelmente demoníaca.[54]

Knox escreveu aos plebeus escoceses, afirmando asperamente que eles estavam errados em ficar passivamente ao lado de seu governo. Vendo o que se escondia por trás do véu, ele escreveu o que eles estavam dizendo em particular uns aos outros:

> "Éramos simples súditos, não podíamos reparar os erros e os crimes dos nossos governantes, bispos e clérigos; requeríamos a Reforma e a desejávamos; mas os irmãos dos lordes eram bispos, seus filhos eram abades, e os amigos dos grandes homens tinham a posse da Igreja, e assim fomos compelidos a prestar obediência a tudo o que eles exigiam". Essas vãs desculpas, eu digo, de nada lhes valerão na presença de Deus.[55]

Como um verdadeiro reformador, Knox estava em plena forma quando escolheu "não poupar flechas". Ele revelou o engano da passividade. Como era fácil para eles lamentarem sobre a necessidade da Reforma, mas não agir com base nisso. O mesmo acontece hoje. Deus nos deu tudo o que precisamos para gerar uma mudança piedosa nas nossas nações, mas até que paremos de simplesmente falar sobre o assunto e comecemos a agir com base nisso, Ele ficará observando do céu, permitindo que continuemos com nossa escolha de viver uma vida tediosa e reprimida.

Será Que Foi Tudo um Erro?

Elizabeth I e seu conselheiro sabiam que Knox estava com Calvino, então eles escreveram a Calvino, questionando-o sobre *A Primeira Trombeta...* Ele negou veementemente ter qualquer associação com o livro ou seu conteúdo, e fez com que ele fosse banido da cidade de Genebra.

Será que Knox cometera um erro ao escrevê-lo? Creio que aquele não era o momento certo. Quando ele escreveu aquele livro, a Inglaterra já sabia que a rainha Maria Sanguinária estava próxima da morte e que uma protestante logo reinaria. Eles estavam prontos e aguardavam o momento, que certamente chegaria. *A Primeira Trombeta...* de Knox pareceu fora de contexto para eles. Entretanto, embora o momento possa ter sido um pouco tardio, creio que as palavras dele contra essa rainha má estavam certas!

Knox não fazia ideia de que a saúde de Maria Sanguinária estava se deteriorando, mas ele profetizou com exatidão acerca dela no livro, afirmando que ela reinaria por menos anos no futuro do que já havia reinado no passado.

Embora o livro tenha sido escrito contra a antiga rainha, ele feriu severamente qualquer amizade que Knox pudesse ter com a rainha Elizabeth I. Um relacionamento com ela poderia ter aberto as portas para a Reforma inglesa. Elizabeth nunca o perdoou por suas palavras cruéis contra as mulheres em geral, e certamente também não pelo que disse contra as mulheres governantes, considerando que ela era uma delas. Levaria anos antes que Knox tivesse permissão para visitar a Inglaterra novamente.

Knox foi altamente criticado pela *Primeira Trombeta...* por quase todos, até por seus amigos, mas ele nunca recuou ou se desculpou pelo que havia escrito. Ele defendeu suas palavras até o último suspiro. Seus sentimentos sobre a rainha Elizabeth eram contraditórios. Ela era protestante, mas havia assistido à missa publicamente para não atrair a fúria da rainha Maria. Knox a considerava uma idólatra por esses atos. Sua única lamentação em tudo isso foi ter sua entrada na Inglaterra negada.

Entretanto, os panfletos que foram enviados à Escócia tiveram um efeito diferente. Não havia dúvida de que antes que a Reforma escocesa pudesse acontecer, uma revolução teria de ocorrer. O povo escocês recebeu aquelas palavras de forma crescente em seus corações. Eles estavam prontos, e Knox era o líder.

A crítica parecia fortalecer a posição de Knox, de modo que ele decidiu rebater com outro golpe: escreveu um panfleto para o povo britânico também. Nele, dizia aos cidadãos que todos os que dobravam os joelhos para a missa católica eram responsáveis pelo derramamento de sangue do reinado de Maria Sanguinária e responderiam diante de Deus por isso. Ele os amaldiçoou, dizendo que os considerava idólatras, assassinos e culpados juntamente com a rainha, porque nenhum deles fizera seu dever perante Deus lembrando-se do seu chamado. Ele disse ao clero que eles deveriam ter a mesma ousadia diante de Deus que tinham ao desfilar seus títulos e vestidos diante do povo.

É desnecessário dizer que Knox não se deixava abater pela oposição — ele era alguém que seguia o que acreditava ser o desejo de Deus, apesar do que seus críticos diziam ou do que a respeitada hierarquia religiosa acreditava. Ele foi um dos homens mais poderosos do seu tempo. Sua voz impunha respeito e fazia com que aqueles que criam agissem — e polarizava terrivelmente aqueles que eram contra ele.

A Tão Esperada Volta à Escócia

Quando Elizabeth I se tornou rainha, e o reinado herético e aterrorizante de Maria Sanguinária havia terminado, muitos dos refugiados ingleses começaram a deixar Genebra e a voltar para a Inglaterra. Por volta do fim de janeiro de 1559, poucos continuavam na Suíça. Quando sua congregação debandou, Knox decidiu partir também. Calvino ainda estava muito contrariado com ele, e o relacionamento deles estava estremecido. Marjory teve outro filho, Eleazer, de modo que foi decidido que ela, os dois meninos e a mãe permaneceriam em Genebra até que Knox soubesse onde todos morariam.

Como sempre, Knox dirigiu-se a Dieppe. Por duas vezes, ele solicitou permissão para entrar na Inglaterra — a qual lhe foi negada. A princípio, isso o perturbou, mas ele decidiu que não precisava da Inglaterra para chegar à Escócia. Ele escreveu: "A Inglaterra me recusou; mas por ter ela antes recusado a Cristo Jesus, pouco considero a perda dessa familiaridade. Que Deus permita que a ingratidão deles não seja punida com severidade, e que antes estejam cientes disso". [56]

O que parecia uma mudança de maré não impediu Knox. Temporariamente retido em Dieppe, ele usou essa circunstância a seu favor.

Antes de Knox ir a Dieppe, os protestantes da região adoravam somente à noite, por medo de serem presos como hereges. Knox decidiu mudar isso. Seu ministério e sua pregação na cidade deixaram uma marca profunda: os protestantes foram cheios da ousadia de Deus e começaram a se reunir e adorar durante o dia!

Knox permaneceu em Dieppe por três meses, aguardando um sinal para voltar à Escócia. Durante seu tempo ali, combateu os anabatistas (que atacavam suas convicções e as de Calvino sobre a predestinação/eleição) e continuou a denunciar as rainhas.

Os anabatistas eram provavelmente seus maiores inimigos religiosos fora do Catolicismo. Eles se levantavam constantemente contra as doutrinas de Calvino e sua crença de que os hereges deviam ser executados. Knox via os anabatistas como cristãos frouxos que não defendiam os mandamentos de Deus.

A predestinação é uma doutrina difícil e complicada, mas é fácil ver por que Knox era um seguidor dela: consistia na obediência inquestionável a Deus. Essa obediência só poderia ser encontrada conhecendo Seus mandamentos e seguindo-os literalmente, palavra por palavra, de acordo com a Bíblia. Knox não se preocupava com o contexto ou os costumes nos quais certos versículos haviam sido escritos. Não se tratava de como alguém os interpretava. Para ele, se estava na Bíblia, era verdade — caso encerrado.

> A doutrina de Knox consistia na obediência inquestionável a Deus, que só poderia ser encontrada conhecendo Seus mandamentos e seguindo-os.

Ele acusou os anabatistas de confiar totalmente na razão em vez de confiar no que Deus afirmava. Em suma, Knox os considerava inúteis e os denunciou abertamente. Antes de partir para Dieppe, ele publicou seu maior livro, uma contestação contra os anabatistas intitulada *Resposta a um Grande Número de Objeções Blasfemas Escritas por um Anabatista e Adversário da Predestinação Eterna de Deus*. O livro continha mais de 170 mil palavras, e Knox usou muito desse material contra os anabatistas enquanto estava em Dieppe.[57]

Acreditando que havia vencido a "guerra de palavras" contra os anabatistas e sentindo que havia inspirado os protestantes da cidade a seguirem em frente, Knox percebeu que era momento de velejar para a Escócia, em abril de 1559. Em maio, ele chegou à costa da Escócia, em Leith.

Knox encontrou a Escócia em maior tumulto do que imaginara — mas sua grande hora havia chegado.

"Vejo que a Batalha Será Grande"

A Escócia estava muito diferente da maneira como Knox a havia deixado anos antes. Havia se tornado um país retrógrado, muito longe da influente cidade de Londres e do intelectualismo que ele conhecera em Genebra. Em muitas das estradas era impossível viajar devido à condição do terreno.

A regente Maria havia conseguido retirar os soldados britânicos do país, mas aquele foi um ato político estratégico. Sua filha mais nova (futura Maria da Escócia) estava vivendo na França e agora havia se casado com um príncipe francês, de modo que o exército francês tornou sua presença e seu poder conhecidos em toda a Escócia por ser um inimigo da liberdade no país.

Enquanto isso, a Reforma Protestante crescia na Escócia. Quando Knox chegou, ele imediatamente foi pregar em Dundee e Perth. Quando a notícia de que Knox havia voltado chegou às autoridades, o governo rotulou-o de fora da lei.

Coincidentemente, a regente Maria tinha acabado de começar sua repressão aos pregadores protestantes. Diferentemente do povo britânico, os escoceses mandaram avisar à rainha que a obrigariam a sair da Escócia se ela se colocasse no caminho da Reforma. Tentando ter a supremacia, ela estabeleceu uma data para que eles comparecessem a Stirling para um julgamento. Knox surpreendeu a todos eles quando chegou à costa da Escócia a tempo de se pôr a par de tudo. Ele escreveu: "Vejo que a batalha será grande, pois satanás está tremendamente enfurecido; e vim para cá (louvo ao meu Deus) exatamente no ápice da batalha... Pois os meus colegas pregadores têm um dia marcado para responder perante a rainha regente... quando eu também pretendo estar presente".[58]

No dia marcado, Knox juntou-se aos pregadores, mas uma grande multidão desarmada também viajava com o grupo. Eles pararam em uma cidade fora de Stirling e mandaram avisar que estavam indo em paz. Quando a regente Maria ouviu dizer que Knox estava com eles, juntamente com um grande grupo de pessoas, ficou alarmada e mandou avisar que os pregadores não precisavam comparecer.

O povo se alegrou; porém, quando eles não apareceram, os juízes declararam todos foras da lei e em rebelião com o governo.

Um Sermão que Deflagrou uma Guerra Civil!

Quando Knox ouviu sobre a injustiça cometida pelos juízes, retaliou pregando um de seus famosos sermões contra a missa, em Perth. Ele chamou a missa de idolatria e convocou abruptamente os homens cristãos para cumprirem com seu dever perante Deus como resposta. Esse famoso sermão deu início a uma guerra civil na Escócia.[59] Apenas nove dias depois de sua chegada, Knox causou uma revolução nacional!

O povo ficou incrivelmente agitado com a pregação. Eles já tinham a luta em seus corações, e as palavras de Knox fizeram com que a paixão deles fosse acesa! Quando Knox despediu o grupo, apenas alguns poucos ficaram para trás em meio àquela atmosfera tensa. Um deles era um padre. Desafiando a mensagem de Knox, ele ousadamente — e ignorantemente — preparou um altar e celebrou uma missa. Knox fez um comentário depreciativo em relação ao padre; o padre virou-se e golpeou-o no rosto.

Um jovem que testemunhou o ataque pegou uma pedra e atirou-a furiosamente no padre. O padre abaixou-se no momento exato e a pedra atingiu uma imagem próxima ao altar, esmagando-a em pedaços.

Uma revolta teve início. O padre correu para salvar sua vida, mas todos os sacramentos da missa católica e o próprio prédio foram feitos em pedaços. Insatisfeita porque tudo o que tinha para quebrar eram pedras, a multidão correu em direção a um monastério, esperando encontrar pessoas! Os outros frades e padres fugiram, e o monastério logo foi destruído, arrasado pela multidão enfurecida. Em dois dias, a prata, o ouro, o chumbo dos telhados, a carne, o vinho e todos os pertences pessoais — tudo que a multidão conseguiu encontrar — haviam desaparecido. Fogueiras foram feitas com as imagens católicas, e ameaças de morte foram proclamadas aos padres; até as árvores ao redor do monastério foram arrancadas pelas raízes!

Surpreendentemente, Knox denunciou os atos da multidão. Ele queria os ídolos destruídos, mas não desse modo. Ele também sabia que a regente Maria usaria isso contra ele, e sua vida estaria correndo um perigo ainda maior. Ele estava certo.

O Impasse em Perth

Ouvindo sobre a confusão, a regente Maria declarou guerra na cidade de Perth, prometendo deixá-la em ruínas, mas ela não estava pronta para a resposta. Os cidadãos se regozijaram com a ameaça e pediram a Knox para representá-los através de uma carta destinada aos soldados franceses, à nobreza, ao clero católico e à própria Maria.

Aos soldados e à regente, Knox escreveu que os cidadãos de Perth eram leais à Escócia e não lhe desejavam mal; eles só queriam a liberdade de adorar como bem entendessem.

Com os nobres protestantes que serviam na corte da regente, Knox foi mais duro. Ameaçando-os de excomunhão, ele escreveu: "Não duvideis que a nossa igreja e seus verdadeiros ministros têm o poder que o nosso Senhor Jesus Cristo concedeu aos Seus apóstolos com estas palavras: 'Aqueles a quem perdoardes os pecados lhes serão perdoados. E aqueles a quem os retiverdes lhes serão retidos'."[60] Os "verdadeiros ministros" da Igreja Protestante da época eram apenas cerca de cinco ou seis! No entanto, eles falavam com a mesma força espiritual com a qual Davi se dirigia a Golias!

A carta de provocação ao clero católico começava assim: "À geração do anticristo, aos prelados pestilentos e seus frades que estão na Escócia, a congregação de Jesus lhes diz...".[61] Ela terminava anunciando que os protestantes os prenderiam a todos como assassinos se eles continuassem com suas crueldades.

A regente continuou com sua marcha rumo a Perth. Usando o método da traição ardilosa pela qual era conhecida, ela parou do lado de fora da cidade e ofereceu uma negociação. Os cidadãos novamente anunciaram sua lealdade, mas afirmaram que queriam a liberdade na adoração. Knox foi um passo mais adiante. Ele disse aos nobres que entregassem à regente uma mensagem especial da parte dele.

Eles deviam dizer a ela que aqueles a quem Maria perseguia tão cegamente em sua fúria eram servos de Deus e seus súditos obedientes; que a religião dela era contrária à de Cristo; que os desígnios dela não teriam êxito; que, embora ela pudesse humilhar alguns estava na verdade lutando contra o Deus Todo-Poderoso; e que o fim dela seria a perdição caso ela não se arrependesse. Knox exigiu que eles levassem a mensagem à regente "em nome do Deus eterno", e que dissessem que ele (Knox) era mais amigo dela do que aqueles que a bajulavam.[62]

Apesar das palavras de Knox, a regente sentiu que devia punir os cidadãos por sua amotinação. Ela enviou uma mensagem ordenando que o povo de Perth abandonasse a cidade. Eles não o fizeram.

Dois dias depois, dois mil e quinhentos protestantes marcharam rumo a Perth da Escócia ocidental, a pé e a cavalo, vindo em socorro aos seus irmãos crentes. Quando estavam a dez quilômetros da cidade, a regente decidiu firmar um acordo com Perth, dando a eles a liberdade de adoração.

Os nobres protestantes informaram a Knox que se a regente não cumprisse esse acordo, eles deixariam suas posições na corte dela e se uniriam a ele e aos reformadores. Knox disse a eles que Maria certamente quebraria a promessa. Ele estava certo.

Alguns dias depois, a regente entrou na cidade. O primeiro tiro dado matou uma criança que estava de pé em uma janela. Dali ela dividiu os soldados para manter os cidadãos coibidos enquanto ela mandava preparar uma missa nos locais profanados do monastério.

Foi um erro mortal da parte dela. Os nobres protestantes que haviam servido em altos ofícios em sua corte fizeram o que haviam prometido a Knox. Eles a denunciaram e recusaram-se a apoiá-la. Em vez disso, se uniram a Knox em seus esforços e usaram suas habilidades para promover a causa da Reforma.

"Minha Vida Está Sob a Custódia de Deus"

Os nobres protestantes mais uma vez tomaram o Castelo de St. Andrews. Enquanto isso, Knox continuava com seu ministério itinerante por toda a Escócia e pregava a mensagem da Reforma em cada cidade.

Os nobres quiseram convocar uma reunião em St. Andrews, e a marcaram para a data de 3 de junho, ordenando que fossem avisados todos os ministros protestantes. Quando Knox pôs os pés no terreno do castelo, encontrou-se imediatamente com Hamilton, o arcebispo, e seus homens, que estavam apontando cem lanças para ele. Com um sorriso forçado, Hamilton informou a Knox que se ele entrasse para pregar, enfrentaria com "uma dúzia de colubrinas (canhões longos) dos quais a maior parte dispararia contra o seu nariz".[63]

Knox não havia sido paralisado por rainhas assassinas, por execuções bárbaras, por expulsões, por exércitos ou pelos tormentos das galés. Além disso, anos antes, ele havia profetizado que estaria novamente de pé em St. Andrews para pregar. Nenhum homem podia impedir que isso acontecesse, principalmente um arcebispo herege!

> Anos antes, Knox soube que voltaria a St. Andrews para pregar. Rainhas, exércitos e o tormento das galés não puderam impedi-lo.

Os protestantes começaram a gritar que Jesus seria pregado apesar de satanás. Os nobres tinham um exército de cavaleiros atrás de Knox. Mas nada disso o abalou. Knox somente se abalava com o fato de que Deus havia lhe concedido o desejo de pregar novamente no castelo. Treze anos haviam se passado, mas o dia havia chegado.

Ele respondeu ao arcebispo: "Quanto ao medo do perigo que possa me ocorrer, que nenhum homem se preocupe com isso, pois minha vida está sob a custódia daquele cuja glória busco. Não desejo que nem a mão nem a arma de homem algum me defendam".[64]

Suas palavras fizeram com que a ousadia do arcebispo enfraquecesse. Hamilton olhou em volta de si e viu centenas de escoceses protestantes ansiosos, com olhos selvagemente bárbaros, ávidos por caírem sobre ele a qualquer sinal de Knox. Ele pensou melhor na ameaça que fizera e dispensou os lanceiros.

Knox entrou em St. Andrews sem ser tocado, e pregou no dia seguinte para uma sala lotada de ouvintes. Muitos do clero católico também estavam presentes. Eles haviam comparecido para armar um laço para Knox usando as palavras dele, mas a situação se virou contra eles.

Knox subiu ao púlpito com uma grande unção sobre ele, sempre ciente de que estava cumprindo uma profecia. O tema de sua mensagem foi extraído do incidente do Novo Testamento em que Jesus expulsou os cambistas do templo. Ele aplicou a Palavra com tanta habilidade à situação atual que o clero católico ficou sentado quase que hipnotizado. A força das palavras de Knox era tão grande que nem mesmo um suspiro foi ouvido na congregação. Todos ficaram sem defesa.

Knox planejou um aditamento à mensagem sem precedentes na história da Escócia. Para mostrar o quanto ele tinha convicção de que as imagens católicas eram uma expressão do que Jesus expulsou do templo, Knox incendiou as imagens e queimou-as diante dos olhos de todos. Os padres estavam tão chocados que não conseguiam se mover!

Knox pregou por mais três dias, e quando terminou, todas as outras igrejas católicas da região foram arrasadas.

Choviam Homens das Nuvens

Quando a regente ouviu falar sobre a última vitória de Knox, ficou fora de si de tanta raiva. Reunindo seu exército, ela marchou do seu palácio nas Ilhas Malvinas até St. Andrews.

Mas os nobres já haviam reunido ali três mil homens para encontrá-la. Sobre o ocorrido, Knox escreveu: "Deus multiplicou tanto o nosso número que parecia que choviam homens das nuvens".[65]

Quando a regente e seu exército chegaram a St. Andrews, viram que uma derrota arrasadora os aguardava. Não havia outra saída para a regente senão a retirada. Em uma última tentativa, ela afirmou que concederia anistia aos protestantes caso eles prometessem não destruir mais as propriedades católicas e impedir as pregações públicas. Os protestantes ficaram indignados e recusaram as duas propostas.

Depois de uma semana de negociações, foi declarada uma trégua, mas suas condições ainda não haviam sido resolvidas. Os protestantes começaram a destruir mais monastérios, derrubando altares e queimando imagens enquanto monges e padres assistiam impotentes. Cidade após cidade sofreu esse tipo de saque. Knox e os outros nobres tentaram intervir e fazer com que parassem, mas os protestantes haviam sido reprimidos e correram perigo por tempo demais. O momento era favorável, e eles agarraram a oportunidade.

Percebendo que pouco poderia fazer para impedir as pilhagens físicas, Knox escreveu simplesmente: "A Reforma é um tanto violenta, porque os adversários são obstinados...".[66]

Muitas vezes, Knox ficava assistindo aos saques e às pilhagens dos monastérios. Sua certeza de que tudo ficaria bem veio do testemunho de uma mulher idosa. Ela andou até Knox enquanto um monastério queimava e disse-lhe:

> Desde que consigo me lembrar, este lugar não tem sido nada além de uma caverna de homens que recebem prostitutas. É incrível acreditar quantas esposas foram vítimas de adultério e quantas virgens foram defloradas, pelas cinquenta bestas que foram acolhidas nesta caverna; mas principalmente por aquele homem mau que é chamado de bispo. Se todos os homens soubessem tanto quanto eu, eles louvariam a Deus; e ninguém se sentiria ofendido.[67]

Depois da declaração dessa senhora, Knox ficou em paz, acreditando que aquele era o justo juízo de Deus.

O povo tinha uma reverência mística às belas estátuas e imagens em toda a Escócia, e os protestantes queriam dar fim a essa reverência mal direcionada. Eles marcharam para Edimburgo para continuar sua destruição, mas os cidadãos ali se anteciparam a eles. Cada obra de arte, cada estátua e cada imagem católica que alimentava a afeição do povo para si em vez de para Deus já havia sido destruída.

Até agora, Knox havia sido o único reformador de grande reputação que permitiu a destruição de imagens e obras de arte. Como os profetas dos tempos antigos, Knox era um reformador que acreditava em atos apaixonados. Ele não apenas sugeria que os altares de Baal fossem destruídos, ele não escrevia meramente sobre isso; ele os destruía! Como Davi, ele não se deu por satisfeito ao derrubar Golias no chão — ele cortou a cabeça dele!

"Onde Está Agora o Deus de John Knox?"

A essa altura, Knox estava sentindo muita falta de sua família. Ele escrevia repetidamente a Genebra, pedindo a Marjory e às crianças para irem encontrá-lo na Escócia. Por volta do fim de 1559, Marjory e seus dois filhos se juntaram a ele em St. Andrews. Por causa da violência, a Sra. Bowes teve sua entrada na Inglaterra permitida e permaneceu ali por um tempo.

A França havia sido uma aliada religiosa e política importante da regente, e ela certamente precisava de ajuda agora. Os franceses atenderam ao clamor da regente Maria e navegaram rumo à Escócia para intervir na guerra civil. Embarcando na costa escocesa em janeiro de 1560, protestantes e franceses enfrentaram uma luta de guerrilha em meio à neve profunda.

Knox enviou cartas urgentes a Elizabeth I, pedindo-lhe para proteger seus interesses na Escócia. Sem saber da carta, ela já havia enviado uma frota de quatorze navios com um de seus mais experientes capitães.

John Knox pregando diante dos lordes da congregação, em 10 de junho de 1559
Arquivos North Wind Picture

Enquanto isso, os franceses devastavam Fife saqueando casas e enforcando os habitantes. Os protestantes podiam fazer muito pouco contra o grande exército francês. A regente, a essa altura muito doente e enfraquecida pela gota e pela hidropsia, riu quando ouvia as notícias, dizendo: "Onde está agora o Deus de John Knox? O meu Deus agora é mais forte que o dele".[68]

Ela era desprezada pelos protestantes por sua brutalidade. Uma vez, uma tropa de soldados franceses matou alguns soldados britânicos, esfolou seus corpos e depois os pendurou sobre a muralha para reluzirem ao sol. A regente elogiou a atitude deles, dizendo que nunca havia visto uma tapeçaria mais bela e que gostaria que todo o campo fosse guarnecido com essa visão.

Durante os seis meses seguintes, a batalha pela Escócia foi travada entre britânicos e franceses, dando sinais de que os franceses estavam ganhando terreno. Knox não estava completamente inativo durante esse período. Não havia muitas pessoas para quem pregar, uma vez que estavam todos lutando na guerra, de modo que Knox continuou com seus escritos e passou a construir um sistema eclesiástico e uma política com base nas convicções calvinistas dos homens que estavam dentro do castelo de St. Andrews.

Logo se tornou obrigatório para todo protestante frequentar a igreja no castelo todos os domingos. A lei foi posta em vigor de forma estrita. A partir dessa frequência obrigatória, Knox pregava e animava as tropas desanimadas com novas forças. Ele pregava com fúria dizendo que eles estavam perdendo terreno porque haviam colocado sua confiança no homem e não em Deus. Knox trovejava: "Sim, seja o que for que aconteça conosco e com as nossas carcaças mortais, não duvido que essa causa prevalecerá (apesar de satanás) na esfera da Escócia. Pois, como ela é a verdade eterna do Deus eterno, um dia prevalecerá...".[69] As palavras e o espírito do pregador renovavam o ânimo das tropas protestantes.

Quando as coisas pareciam piorar para Escócia, a libertação chegou. Os ingleses saquearam o país com seu exército, expulsando os franceses de volta para suas prisões. A regente Maria, muito doente, pediu refúgio no Castelo de Edimburgo, uma zona neutra, o que lhe foi concedido.

Pouco depois, Knox estava pregando em Edimburgo quando ouviu a notícia de que Maria havia morrido na manhã de 11 de junho de 1560. A luta pela Escócia terminou abruptamente com sua morte. Em julho, tanto franceses quanto britânicos deixaram o solo escocês.

Mais tarde, foi dito que Knox sentiu que finalmente a regente havia sido punida em resposta às orações que pediam sua morte.[70]

Colocando as Coisas na Ordem Protestante

Imediatamente depois da evacuação de franceses e ingleses, o Parlamento escocês começou a se reunir em sessões regulares. Um tratado havia sido assinado dando tanto a eles quanto a Maria da Escócia (quando ela retornou da França), uma ocasião para falar a respeito da direção da nação. Pediram a Knox para realizar um culto de ações de graças. Depois, pediram que ele pregasse ao Parlamento regularmente.

Em agosto de 1560, o Parlamento votou por abolir o Catolicismo e estabelecer o Protestantismo como religião nacional. A autoridade papal foi totalmente vencida. Foram abolidos os sinos, os cálices, os cultos em latim, as estátuas, os crucifixos, a adoração a Maria e aos santos, as orações pelos mortos, a crença no purgatório e os rituais elaborados. No lugar deles, surgiu um culto simples com uma pregação apaixonada, o estudo bíblico, a oração e os salmos cantados por toda a congregação em melodias comuns.

Foi uma tremenda vitória para a Reforma, mas agora tinham de ser estabelecidas diretrizes para conduzir a nação em sua fé. O povo olhava para Knox em busca de respostas. Ele não teve problemas em ajudar.

No mesmo mês, Knox e outros ministros apresentaram uma confissão de fé, que combinava basicamente as crenças protestantes e calvinistas. O Parlamento leu-a e votou a seu favor.

Em seguida, eles ressaltaram a necessidade de um livro de disciplina comum, e Knox apresentou seu *Livro de Disciplina*. Nem todos concordaram com ele, então pediram a Knox que o modificasse, e ele o fez. Knox afirmava que a disciplina moral dos membros da igreja seria tratada unicamente pela própria igreja, não pelo governo. Ele explicava como os dízimos do povo deveriam ser administrados e como os ministros deveriam ser sustentados. Cada igreja local elegeria os próprios ministros a partir de uma lista fornecida pelos principais líderes. Superintendentes seriam instalados e seria exigido que eles viajassem por seus distritos, pregando pelo menos três vezes por semana e cuidando do comportamento dos ministros locais. Embora Knox tenha modificado o *Livro de Disciplina*, ele não foi apresentado como lei — seria votado posteriormente.

A Morte de Marjory

Knox agora podia estabelecer seu pastorado em Edimburgo. Os ministros queriam indicá-lo como superintendente, mas ele recusou, afirmando que sua saúde não andava bem. Como pastor em Edimburgo, Knox detinha uma posição muito honrada, além de privilégios financeiros e sociais. Ele vivia em uma casa grande — considerada uma mansão para a época — ornamentada por um belo jardim e móveis extravagantes, e inteiramente paga pelo conselho em Edimburgo.

Knox havia acabado de se instalar em sua nova casa quando a tragédia se abateu sobre sua família. Marjory, que tinha trinta e poucos anos na ocasião, morreu. A causa de sua morte nunca foi dita. Alguns presumiram que o excesso de trabalho fez com que ela ficasse fraca e vulnerável às doenças, fundamentando essa opinião na afirmação de Knox: "O descanso de minha esposa foi tão pouco desde a sua chegada aqui, que ela mal podia dizer de manhã o que havia escrito à noite".[71] Marjory havia se lançado com grande energia na obra, com tanto vigor quanto Knox.

Ela deixou dois filhos pequenos que tinham apenas dois e três anos. Knox fez o melhor para criá-los sozinho, mas finalmente mandou chamar a Sra. Bowes para morar com eles e ajudá-los.

A morte de Marjory foi uma grande perda pessoal para Knox, e ele lutou com as emoções relacionadas a isso enquanto tentava cuidar de si mesmo e recobrar a saúde. Ele se enterrava na obra da Reforma e dependia do Senhor para consolá-lo. Knox escreveu como a morte da esposa o havia devastado. Suas memórias afetuosas a respeito de Marjory foram expressas em suas palavras: "... semelhante à qual não se pode encontrar em lugar algum".[72]

Os anos que viveram antes do período de conforto que tiveram em Edimburgo haviam sido extremamente penosos para todos eles.

Outra Maria Assassina

A única esperança que os católicos tinham para a Escócia era o retorno de Maria da França. Ela havia sido mandada para lá quando tinha apenas seis anos de idade para ser educada nas melhores escolas católicas da época. Casara-se com um príncipe francês em 1558, mas ele morreu repentinamente em 1560. Maria agora estava solteira novamente, era muito bela, muito inteligente e também muito mimada. Se alguém tentava contradizê-la ou mudar o que ela queria, mostrava-se impaciente e passional, exigindo que sua vontade fosse feita.

Diversos nobres escoceses haviam viajado à França e retornado, avisando-a de que ela deveria voltar à Escócia. Maria havia ouvido falar sobre a *Primeira Trombeta...* de Knox e já decidira que ele era o "homem mais perigoso da região".[73] Temendo que ele desse início a uma revolução contra ela, exigiu que Knox fosse banido da Escócia, caso contrário ela não viveria ali.

Suas ameaças não funcionaram. Elizabeth I, a rainha da Inglaterra, foi aconselhada a proteger o isolamento de Knox na Escócia — tudo pelos interesses políticos da Inglaterra. A influência de Knox enfraquecia a força da realeza escocesa, o que ajudava a garantir a submissão da Escócia à Inglaterra. Embora Maria estivesse decidida a fazer as coisas do seu jeito quando voltasse à Escócia, ela deixou Knox em paz devido ao seu medo de Elizabeth I.

Maria era uma católica devota e totalmente contrária à Reforma. Ela deu um ultimato de que voltaria como rainha sob duas condições: que pudesse permanecer católica e que fosse celebrada a missa apenas em sua corte real, e que ela teria a mesma corte extravagante e exuberante à qual estava acostumada na França. Os nobres concordaram. Em 19 de agosto de 1561, Maria da Escócia chegou às costas da nação, sendo recebida calorosamente pelo povo de Edimburgo. Ela tinha apenas dezenove anos.

Quando chegou, chovia fortemente, havia uma névoa densa e a visibilidade estava reduzida a apenas alguns metros. Esse clima era incomum para aquela época do ano, e Knox interpretou isso como um sinal profético. Ele escreveu:

> A própria face do céu, no momento de sua chegada, declarou manifestamente que tipo de consolo ela trazia consigo a este país, a saber, dor [tristeza], trevas e toda impiedade [irreverência]. Na memória humana, naquele dia do ano, nunca se viu uma face mais dolorosa [triste] do céu... O sol não foi visto brilhar por dois dias antes, nem dois dias depois. O aviso nos foi dado por Deus; mas ai de nós, a maior parte estava cega![74]

Uma Nova Base de Apoio para o Regime Católico

No primeiro domingo após sua chegada, Maria organizou a celebração de uma missa na corte para si, sua corte e seus parentes. Quando a cerimônia estava prestes a começar, um grupo de protestantes tentou forçar a entrada, gritando que o padre era um idólatra e devia morrer. Eles tiveram êxito em ferir um dos servos que carregava uma vela, mas depois foram vencidos e obrigados a deixar o local.

Ao mesmo tempo, Knox estava pregando para um grande número de protestantes, denunciando a rainha e sua conspiração para destruir o que os reformadores haviam construído. Um embaixador britânico, que queria dar uma chance a Maria, ficou muito contrariado com o sermão. Ele escreveu que todos na Escócia haviam ficado impressionados com sua nova rainha, "menos John Knox, que trovejou tanto do púlpito que temo que ele um dia estrague tudo. Ele ordena os atos, e todos os homens têm medo dele".[75]

Era verdade. John Knox tinha a capacidade de discernir os motivos de Maria, e via suas intenções antes mesmo de sua chegada. Alguém disse que Knox era o único homem que havia conhecido Maria e não havia sido nem enfeitiçado nem enganado.[76]

Após a interrupção da missa de Maria, foi emitida uma proclamação da corte que afirmava que se alguém tentasse impedir ou ferir qualquer membro da realeza, a punição seria a morte. Os chefes políticos tentaram argumentar com os nobres protestantes, perguntando por que eles queriam expulsar Maria da Escócia. Eles queriam que os protestantes lhe dessem uma chance, pois ela certamente acabaria sendo influenciada a crer como eles. Foi garantido aos protestantes que, quando grande parte dos parentes de Maria voltasse à França, eles poderiam governar como quisessem.

Knox não caiu no engodo. Ele percebia que o fervor dos protestantes estava começando a esmorecer e que eles estavam fazendo concessões em relação a seu posicionamento. No domingo seguinte, Knox pregou de forma ainda mais assertiva. Denunciou claramente a idolatria católica que estava tentando invadi-los e, passo a passo, repetiu as pragas que caíram sobre outras nações que a haviam tolerado. Então ele fez sua famosa declaração: "Uma missa é mais perigosa para mim que... dez mil inimigos armados".[77]

Ele continuou: "No nosso Deus há força para resistir e confundir multidões se dependermos dele genuinamente, fato do qual temos tido experiência até agora". Ele perguntou o que aconteceria com todos eles se a presença de Deus os deixasse e qual seria a defesa deles. Profeticamente, Knox acrescentou: "Ai de nós, temo que a experiência nos ensine, para tristeza de muitos".[78]

Embora antevisse a luta e a tristeza que lhes estava reservada, Knox nunca abandonou a luta nem se sentiu vítima de um espírito enfraquecido. Ele não fugiu nem abandonou a causa. Knox não desistiu, não saiu da linha de frente para se esconder nos fundos. A batalha estava sendo travada — e essa visão dava a Knox uma razão de viver.

"Ameaça Comum"

A personalidade e a tenacidade do povo escocês não são vistas em nenhum outro lugar. Esse povo tem uma determinação inabalável e uma audácia incrível. A capacidade de se unirem contra uma ameaça comum é a tragédia certa de qualquer um que ouse se levantar contra eles. Confie em mim, você não iria querer estar entre aqueles que ameaçassem o bem-estar de um escocês!

Ao notar a grande qualidade que caracteriza esse povo, muitas vezes me perguntei por que a Escócia não lidera uma Reforma para Deus nos dias de hoje. Eles têm a capacidade de unificar e reunir como nenhuma outra nação; mas o problema agora é que eles não perceberam a "ameaça comum" que se levanta contra eles, e essa é a chave.

Assim como no passado, a "ameaça comum" de hoje é espiritual. O inimigo pacificou a nação escocesa, mantendo-os subjugados e passivos para com Deus. Eles, assim como outras nações, ficaram absortos nos próprios interesses pessoais e em sua busca de *status* intelectual em vez de focar no Espírito Santo e em Seu poder para libertar a nação. Se eles pudessem novamente ver a devastação que sua "ameaça comum" produziu, e que o inimigo é responsável pelos cantos de ninar da sua passividade, então aquele grande espírito escocês e aquele fervor por Deus se levantariam novamente, e poderiam abrir o caminho para que outras pessoas experimentassem e conhecessem a Deus.

> Que glória e libertação virão se nos unirmos e pusermos um fim aos males que nos impedem. Podemos nos levantar contra a nossa "ameaça comum".

Que glória e libertação viriam se eles se unissem e pusessem um fim ao mal que aprisiona a nação, a fim de que Deus pudesse realmente vir e viver entre eles com poder contínuo!

A Reforma na Escócia não poderia ter vindo por intermédio de materiais escritos ou de gestos passivos. Restauração não era a resposta deles. A restauração devolve algo que foi perdido ou tomado, mas a Reforma interrompe o erro para fazer algo melhor. A Reforma deve vir antes de restauração. As duas forças — restauração e reforma — são similares, porém diferentes; não as confunda. Não podemos ter uma sem a outra. Considerando a importância de compreender a terminologia correta, falarei sobre esse assunto de forma plena no fim deste capítulo.

Por causa da personalidade escocesa, a Reforma só poderia ter vindo através de uma revolução que abrisse os olhos do povo para as verdades do Evangelho. Knox sentia que, como um embaixador profético de Deus, ele era a pessoa para liderar isso. Ele via sua missão de modo triplo: purificar a religião nacional, manter Sua aliança e, finalmente, resistir e continuar resistindo a toda e qualquer autoridade que promovesse a idolatria (qualquer coisa contrária à Palavra de Deus).

Qual é a "ameaça comum" que impede continuamente que Deus se envolva totalmente em sua igreja, em sua casa, em sua nação ou em sua vida? Para um reformador de qualquer geração — em qualquer nação — a "ameaça comum" é um chamado a uma atitude confrontadora e a uma mudança perante Deus.

O Confronto Face a Face

Maria da Escócia estava furiosa com as últimas táticas de pregação de Knox. Sentindo que precisava confrontá-lo, o convocou para comparecer diante dela — esse foi o primeiro de cinco encontros.

O primeiro encontro foi em 4 de setembro de 1561. Maria estava na Escócia havia menos de um mês. Ela perguntou-lhe por que ele havia escrito a *Primeira Trombeta*..., por que ele havia incitado uma revolta contra sua mãe e contra ela própria, e se era verdade que ele era um mágico. (Na tentativa de provocar o medo, os católicos haviam inventado o rumor de que Knox praticava magia.)

Knox afirmou eloquentemente que havia atacado a fé católica na Escócia somente para que a verdadeira fé pudesse ser defendida; que seus escritos na *Primeira Trombeta*... contra Maria Sanguinária, sua corte e seus apoiadores eram verdade; e que ele não era um mago.

Então ela perguntou qual era a posição dele em seu governo. Knox respondeu que ele ficaria tão contente em viver sob o governo dela quanto o apóstolo Paulo estava de viver sob o governo de Nero. Então ele declarou que se quisesse detê-la, poderia ter feito isso com muito mais facilidade enquanto estava na França. Ele não tinha intenção de derrubar seu governo — sua religião, porém, era outra questão. Ele negou a ela o direito, como rainha, de ditar a fé do povo.

Ela tentou insultá-lo rispidamente: "Mas vós não sois a igreja que eu apoiarei. Defenderei a Igreja de Roma, pois penso que ela é a verdadeira Igreja de Deus".

"A vossa vontade não é razoável, senhora", retrucou Knox, "nem o vosso pensamento fará com que a prostituta Roma seja a verdadeira e imaculada esposa de Jesus Cristo". Então ele continuou explicando, exatamente como em todos os seus sermões, como a Igreja Católica havia se degenerado a ponto de se opor à Igreja Primitiva.

"Minha consciência diz que não é assim", Maria respondeu teimosamente.

"Consciência, senhora, requer conhecimento; e temo que do conhecimento correto vós não tendes nenhum".[79]

Quando ela perguntou a Knox em quem deveria crer, ele disse que ela devia crer em Deus, que falava claramente em Sua Palavra. Ela interrompeu-o abruptamente e terminou a reunião. Knox despediu-se, dizendo que orava para que ela tivesse tanto sucesso na Escócia quanto Débora teve em Israel.

Depois de seu primeiro encontro, um dos amigos de Knox perguntou o que ele achava dela. Knox respondeu: "Se não há nela uma mente orgulhosa, uma inteligência astuta e um coração endurecido contra Deus e a Sua verdade, meu julgamento me falhou".[80] Mais tarde, ele escreveu ao conselheiro de Elizabeth I: "Ao comunicar-me com ela, observei uma astúcia [dissimulação] como jamais vi naquela idade".[81] Para Knox, aquela era uma batalha entre a luz e as trevas.

Espírito Indomável

No começo, parecia que Maria estava ganhando a Escócia. Uma grande parte dos protestantes ficou hipnotizada com sua beleza e juventude, silenciando em relação ao fato de Maria professar a fé católica.

Entretanto, os protestantes que permaneceram fiéis à Reforma a aterrorizavam a cada passo. Quando ela aparecia em público, eles a saudavam queimando a imagem de um sacerdote em uma cruz. Os nobres protestantes de Edimburgo emitiram uma proclamação ordenando que todos os beberrões, adúlteros, padres, monges e freiras deixassem a cidade. Quando ela celebrava um dia santo católico em uma cidade, os padres ali eram cercados pela multidão e expulsos do coro com a cabeça sangrando.

Maria assistia e chorava impotente. Knox também estava lá, observando cada movimento e pregando contra qualquer violação de Maria contra a Bíblia Sagrada.

Um nobre protestante simpatizante a Maria escreveu aos conselheiros da Inglaterra sobre o problema que Knox estava criando para a nova rainha. A carta afirmava: "Vós conheceis a veemência do espírito do Sr. Knox, que não pode ser refreado, ao contrário, às vezes pronuncia frases que não podem ser facilmente digeridas por um estômago fraco. Eu gostaria que ele lidasse com ela mais gentilmente, sendo uma jovem princesa não persuadida".[82]

A controvérsia aumentou a tal ponto que logo a maioria dos nobres negou que a Igreja Protestante tinha qualquer direito de se reunir sem o consentimento de Maria.

Knox se recusava a ouvir falar em uma injustiça tão retrógrada. Quando se encheu de cólera contra os nobres com seus sermões eloquentes e decisivos, eles logo recuaram e decidiram que as reuniões poderiam permanecer como estavam, desde que o interesse de Maria também fosse representado.

O *Livro de Disciplina* de Knox agora surgia para ser votado como lei, mas não foi aprovado na questão da administração dos recursos advindos dos dízimos. A nobreza e a realeza queriam o excedente dos dízimos e da propriedade, e conseguiram o que queriam.

Ao ouvir as notícias, Knox lamentou: "Ó felizes servos do diabo, e miseráveis servos de Jesus Cristo, se depois desta vida não houvesse inferno e céu!".[83]

Exausto, Knox buscou consolo em seu pastorado em Edimburgo. Como o único pregador protestante da cidade, sua audiência era enorme. Ele pregava duas vezes no domingo e três vezes durante a semana. Durante o resto do tempo, pregava em partes distantes da Escócia e presidia conselhos protestantes e assembleias gerais. Ele continuou a escrever cartas aos seus amigos e à Sra. Locke.

Durante o inverno de 1562, depois de ouvir a notícia de um massacre bem-sucedido contra huguenotes protestantes na França, Maria deu um grande baile e dançou até tarde da noite. Knox atacou violentamente a frivolidade de Maria e sua corte, e novamente condenou seus esforços para restaurar o Catolicismo na Escócia. Ele foi convocado a comparecer perante ela uma segunda vez.

Segundo Encontro com a Rainha

Maria recebeu Knox em seu quarto de dormir. Presentes no encontro com ela estavam as servas da corte e vários nobres. Ela questionou Knox acerca da autoridade que ele tinha para pregar contra as danças da realeza, acusando-o de exceder seus limites como ministro.

Knox respondeu que ele não se importava com o baile, desde que não fizesse as pessoas negligenciarem seus deveres; aqueles que dançavam para celebrar as tribulações do povo de Deus, porém, beberiam no inferno.[84]

Maria respondeu: "Se vós ouvirdes alguma coisa a meu respeito que vos desagrade, vinde a mim e dizei-me, e eu vos ouvirei".

Knox em resposta deu-lhe uma incrível repreensão.

Fui chamado, senhora, para uma função pública dentro da Igreja de Deus, e fui indicado por Deus para repreender os pecados e vícios de todos. Não fui indicado para ir a todo homem em particular para mostrar a ele a sua ofensa; pois esse trabalho seria infinito. Se a vossa graça agrada frequentar os sermões públicos, então não duvido que entendereis plenamente tanto o que me agrada quanto o que me desagrada, tanto em vossa majestade quanto em todos os outros.

Em outras palavras, Knox disse a Maria que, aos olhos de Deus, ela era igual a todos os demais. Knox pregava a verdade bíblica no púlpito e permitia que todas as pessoas julgassem a si mesmas. Ele considerava seu chamado e seu ofício ministerial como sendo mais altos que o regime real da rainha, e declarou-lhe isso abertamente. Se a rainha quisesse ir aos cultos de sua igreja, então, como todos os demais, ela ouviria o que era certo aos olhos de Deus. Knox era submisso como súdito escocês, mas manteve sua posição como embaixador espiritual em nome de Deus.

Insultada, Maria retrucou: "Vós nem sempre estareis com vossa razão", e virou as costas para ele. Knox sorriu, e depois saiu.[85]

Knox percebeu que Maria jamais participaria de um culto protestante, mas não era esse o problema. A verdadeira vitória desse encontro foi que ele manteve a dignidade de seu chamado mesmo diante da intimidação e do desrespeito. Antes de Knox, os padres católicos sempre haviam tratado a realeza de modo diferente, servindo a todas as necessidades deles e encontrando-se com eles para adverti-los em particular.

Knox recusava-se a fazer isso. Ele acreditava que tanto a realeza quanto os súditos eram iguais aos olhos de Deus, e em sua posição como ministro protestante, ele se recusava a tratar um de maneira mais elevada que o outro. No século XVI, esse tipo de atitude ministerial era escandaloso! Mas Knox nunca se incomodou com regras de etiqueta despropositadas; ele não se curvava a ninguém a não ser a Deus. Para Knox, a posição mais elevada da terra era ser comissionado por Deus como pregador da Reforma, e ele disse isso à rainha em termos muito claros.

Apesar dos esforços de Maria, os sermões trovejantes de Knox sobre o baile tiveram um terrível efeito na Escócia. Os músicos da rainha, tanto os franceses quanto os escoceses, recusaram-se a tocar em sua missa do dia de Natal![86]

Terceira Trombeta, Face a Face

A fome assolou o norte da Escócia no início de 1563. Knox acreditava firmemente que a fome era uma repreensão direta do Senhor porque o povo havia permitido que Maria contaminasse a terra deles com a missa católica. A essa altura, os pregadores protestantes oravam para que Deus convertesse Maria ao Protestantismo ou a eliminasse — o que quer que agradasse a Ele — enquanto ela ainda era jovem. Os padres ainda estavam sendo atacados à noite, cortados no rosto e na cabeça ou espancados. Knox não fazia parte desses ataques, mas também não os condenava. Ele acreditava que Deus usaria todos os meios possíveis para livrar a Escócia do Catolicismo.

Na Páscoa de 1563, uma série de líderes católicos de prestígio desafiou a lei e celebrou uma missa pública. Quando o governo não tomou nenhuma atitude contra eles, vários protestantes proeminentes resolveram fazer justiça com as próprias mãos, prendendo os padres por violarem a lei. Os protestantes emitiram uma proclamação própria, afirmando a todos os padres católicos que se esse tipo de insurreição continuasse, eles não protestariam junto à rainha ou a outra autoridade, mas prenderiam os ofensores com as próprias mãos e os levariam à morte — assim como exigia a lei.

Maria entrou em pânico e convocou Knox pedindo sua intervenção. Knox afirmou calmamente que se a rainha obedecesse e fizesse cumprir a lei, ele prometia que os protestantes ficariam quietos; mas se ela continuasse a ignorar o problema, então ele estava certo de que os papistas seriam punidos por violarem a majestade de Deus. Ele lembrou a ela que se o governo não cumprisse seu dever, então estava nas mãos do povo fazer cumprir a lei.

Mais uma vez, Maria se sentiu insultada com o tom de Knox, mas concordou no dia seguinte em levar todos os ofensores a julgamento na corte. Ela cumpriu sua palavra de forma breve, e todos os réus foram julgados e aprisionados; o próprio arcebispo, altamente ridicularizado e insultado pelos espectadores durante o julgamento, foi aprisionado no Castelo de Edimburgo.

Quarto Encontro: Uma Advertência Divina

O quarto confronto entre Maria e Knox foi provavelmente o pior. Maria era uma excelente pretendente, e havia rumores de que ela se casaria com o príncipe da Espanha. Knox ficou enfurecido! Esse príncipe espanhol era filho de um dos maiores perseguidores dos protestantes, e Knox pregou veementemente que se o casamento tivesse êxito, o evento traria a vingança e a praga de Deus sobre a Escócia.[87]

Mais uma vez, Knox havia levado a Reforma da área pessoal para o nível nacional. Sua mensagem abrasadora fez com que todos se preocupassem com relação ao casamento vindouro. Foi um momento inquietante tanto para os católicos quanto para os protestantes.

A proclamação de Knox fez Maria convocá-lo novamente. Quando ele entrou no pátio da corte, a rainha começou a chorar. Com o rompante e a fúria emocional de uma criança, ela jurou vingança.

Knox respondeu calmamente que quando ela fosse liberta do erro doutrinário, então não mais consideraria as palavras dele ofensivas.

Maria retrucou: "O que vós tendes a ver com meu casamento? Ou o que sois vós nesta nação?". Ela tentou diminuí-lo, mas não percebeu que havia acabado de fazer uma pergunta ardilosa a um reformador! Ela mesma abriu a brecha para a resposta dele:

> Um súdito nascido dentro desta nação, senhora. E embora eu não seja conde, lorde nem barão dentro dela, no entanto, Deus fez de mim (por mais abjeto que eu possa ser aos vossos olhos) um membro proveitoso aqui; sim, senhora, a mim não cabe menos advertir das coisas que podem ferir, se eu as prevejo, do que a qualquer

membro da nobreza, pois tanto a minha vocação quanto a minha consciência anelam por sinceridade de minha parte.[88]

Knox mais uma se manteve fiel ao seu chamado e ao seu ofício como profeta para a nação da Escócia. Humildemente, porém com determinação, ele informou à rainha que devido à sua posição diante de Deus, continuaria a desarmar as doutrinas pervertidas e a advertir quanto aos males devastadores que tentavam enganar seus compatriotas e sua nação.

A resposta dele à pergunta aviltante de Maria reduziu-a a lágrimas incontroláveis. Sua aia correu para assisti-la, apoiando-a. Knox teve ordem de deixar a sala e esperar do lado de fora.

Depois de esperar por cerca de uma hora, foi-lhe dito para partir.

Um Quinto Encontro Enfraquece o Fundamento de Maria

Mês após mês, o mesmo quadro continuava a acontecer — católicos frequentando missas ilegais e protestantes fazendo justiça com as próprias mãos. O mês de agosto de 1563 não foi diferente.

Maria estava fora e os padres da cidade de Edimburgo decidiram assistir à missa na Capela Real em vez de assistir ao culto protestante de Knox. Um grupo de protestantes ouviu falar a respeito disso, irrompeu na capela armado com pistolas e desafiou os padres. Vinte e dois católicos foram processados pelos protestantes.[89]

Quando Maria retornou, ela ficou furiosa com a notícia e ordenou a instauração de um processo contra os protestantes que invadiram a Capela Real. O julgamento foi marcado para outubro.

Knox imediatamente escreveu a todos os protestantes escoceses, lembrando-lhes como, no passado, eles haviam se unido pelo bem comum da Reforma. Ele estava pedindo que fizessem isso de novo — dessa vez, para atenderem em grande número ao julgamento protestante marcado para outubro.

Em uma tentativa de criar uma armadilha para Knox, um bispo interceptou uma das cartas e entregou-a a Maria. Esperando que o tivesse finalmente apanhado, Maria ficou eletrizada e arquitetou seu plano. Em vez de processar os protestantes que atacara, ela e o conselho processaram Knox, por motivo de traição, já que ele havia ordenado que os súditos da rainha se reunissem contra ela sem uma autoridade legal.

Convocado a comparecer perante o conselho, Knox defendeu-se contra a acusação de alta traição. Como era de se esperar, Knox fez um discurso poderoso em sua defesa — ele não acusou a rainha de crueldade, apenas os católicos. Como representante da Igreja, não havia traição nisso. Ele agiu com tamanha precisão que a própria rainha ficou confusa, e suas perguntas mais investigativas pareceram tolas e fora de contexto. Maria perdeu totalmente o controle e começou a chorar. O conselho disse a Knox que ele podia voltar para casa. Então eles votaram e decidiram que ele não era culpado. Para aumentar a infelicidade de Maria, até o bispo que dera a carta a ela votou com a maioria![90]

Observando seu comportamento indigno, os nobres protestantes da corte de Maria começaram a se virar contra ela. Desse momento em diante, o reinado de Maria da Escócia, iniciou sua decadência.

Knox se Casa com a Realeza!

Apesar de todos os problemas que essa briga atraiu, Knox obviamente tinha tempo para a vida pessoal. Em 25 de março de 1564, Knox casou-se novamente. Agora, Maria tinha outro motivo para se sentir ultrajada. Ela não se sentiu ofendida por Knox ter se casado; o problema era com *quem* ele se casou — uma prima distante da rainha!

Parece um pouco bizarro que sua nova esposa, Margaret Stuart, tivesse apenas dezessete anos de idade e Knox estivesse na casa dos cinquenta. Casamentos como esse não eram raros naquele tempo, embora Calvino os houvesse denunciado firmemente perante os líderes protestantes. Mas Knox nunca permitiu que as regras de etiqueta criadas pelos homens o impedissem de fazer o que ele acreditava ser a vontade de Deus. Seu novo casamento não era exceção, e ele não escondeu o relacionamento com Margaret. Ele a levava para casa em um belo cavalo, usando uma jaqueta adornada com fitas e ouro.[91]

Embora Margaret tivesse sangue real, ela era muito diferente de sua prima Maria da Escócia. Ela provou ser uma esposa amorosa e fiel, trabalhando com Knox em seu ministério e dando a ele três filhas desse casamento.

Em 1565, Maria, cansada da luta contra os protestantes, também se casou. Ela escolheu o cruel e tolo Henrique Stuart (Lorde Darnley), um católico inglês. Sua queda não demorou a acontecer depois disso.

A força protestante estava mais baixa do que nunca e Knox convocou um jejum. Durante esse período, o estilo de vida imoral de Maria chegou ao limite. Embora estivesse grávida, ela detestava seu marido e consolava-se com seu secretário italiano, David Rizzio. Lorde Darnley sentia ciúmes, então, juntamente com um grupo de nobres protestantes, atacou Rizzio repentinamente (enquanto ele estava com Maria) e assassinou-o. O pequeno grupo de assassinos aprisionou Maria em seu quarto.

Dois dias depois, ela persuadiu seu marido a passar para seu lado, e ele ajudou Maria a fugir a cavalo para Dunbar.

Knox continuava orando como nunca havia orado antes. Ele sabia que Maria voltaria para se vingar contra os protestantes, enquanto orava, "Senhor, põe um fim ao meu sofrimento".[92]

O que ele temia se tornou realidade. Maria retornou com mais poder do que nunca, com o povo ao lado dela, irado com o assassino protestante. Knox isolou-se em Kyle, sendo obrigado a diminuir o ritmo por sua saúde em declínio. Ali, ele recomeçou a escrever a *História da Reforma dentro da Esfera da Escócia*, o primeiro e único livro escrito por um reformador simultaneamente aos eventos ocorridos. Ele começou a escrever o livro no verão de 1559, e trabalhou nele até sua morte. O livro não foi publicado até 1644.[93]

Por volta de 1566 as coisas haviam se acalmado, e era seguro para Knox voltar a Edimburgo, mas ele não o fez. Sua saúde estava tão deteriorada que outro ministro teve de ser designado para o pastorado em seu lugar, a fim de ajudá-lo. Em 1567, foi concedido a Knox o privilégio de voltar à Inglaterra para visitar seus filhos, que estavam sendo educados ali. A visita de Knox foi oportuna. A Escócia explodiu devido à imoralidade de Maria enquanto ele estava fora.

A Escócia de Maria: Caverna da Luxúria

Maria deu à luz um filho, que mais tarde se tornou Jaime I, rei da Inglaterra. Durante todas as celebrações do nascimento da criança, o marido de Maria, Lorde Darnley, esteve visivelmente ausente.

As afeições volúveis de Maria começaram a vagar novamente, até aterrissarem no Conde de Bothwell. Os dois tiveram abertamente um relacionamento adúltero enquanto a esposa de Bothwell ficava sentada em casa.

Darnley supostamente estava doente, e enquanto ele se dirigia a Edimburgo, as suposições se tornaram realidade. Seu rosto estava coberto de feridas infectadas, evidenciando que ele era vítima da sífilis. Maria foi até o lado de sua cama e consolou-o durante as primeiras horas da manhã.

Assim que ela o deixou, a casa de Darnley foi feita em mil pedaços por uma carga de pólvora e ele foi encontrado estrangulado no jardim. Obviamente ele havia sido assassinado, e todos os escoceses olharam para Bothwell em busca da resposta.

Três meses depois, Bothwell encenou um cerco (com o consentimento de Maria) ao séquito que viajava com ela. Diante de todos eles, ele raptou-a e levou-a para Dunbar, onde encenou um estupro. É claro que estava tudo planejado. Com tantas testemunhas da cena, os dois "tinham" de se casar. A esposa de Bothwell protestou junto aos padres católicos, com a esperança de impedir o casamento. Mas Bothwell convenientemente pagou à hierarquia católica para "descobrir" que sua esposa era na verdade sua prima, de modo que o casamento deles não era legítimo. Com todas as barreiras fora do seu caminho, Maria e Bothwell casaram-se em maio de 1567. Foi um erro fatal.

Toda a nobreza escocesa ficou chocada com essa imoralidade e se uniu contra Maria e Bothwell, procurando prendê-los. Em junho, Maria rendeu-se aos nobres. Bothwell fugiu em um navio e finalmente escapou para a Noruega.

Maria foi trazida de volta a Edimburgo em meio aos clamores que exigiam sua morte. No dia seguinte, Maria da Escócia foi presa em um castelo em Lochleven. O governo da Escócia agora estava nas mãos dos nobres, sendo chamado de Conselho dos Lordes.[94]

Decapitada!

A captura de Maria coincidiu com o fim da visita de Knox à Inglaterra; ouvindo as notícias, ele voltou à Escócia como um leão à espreita. Imediatamente convocou uma reunião da Assembleia Geral de Protestantes, mas a nobreza havia sido quase dilacerada pelos eventos atrozes de Maria e Bothwell, de modo que poucos compareceram. Foi decidido que os ministros protestantes presentes diversificariam suas atividades por toda a Escócia e trariam os nobres restantes para outra reunião em julho.

Knox trovejava diariamente por toda a Escócia, dizendo que Maria deveria ser executada como assassina e adúltera para que a ira de Deus fosse desviada de todos eles. Quando a assembleia se reuniu em julho, novamente havia poucas pessoas presentes. O pequeno grupo de ministros não foi ouvido, e o governo decidiu não executar Maria, mas, em vez disso, obrigá-la a abdicar de seu trono em favor de seu filho infante.

Knox sentia que os protestantes estavam errados ao não executarem a rainha. Ele sabia que, embora estivesse presa, ela de algum modo seria libertada.

Como previsto, em maio de 1568, Maria escapou de Lochleven e reuniu um pequeno exército de nobres para lutarem por sua causa. Ouvindo isso, os protestantes ficaram aterrorizados e proclamaram um jejum. Cansado por não lhe darem ouvidos, Knox escreveu aos protestantes dizendo-lhes que a fuga de Maria acontecera porque eles demonstraram misericórdia para com uma assassina, idólatra e adúltera. Ele acreditava que quaisquer eventuais terrores que todos eles sofressem seriam uma punição justa por esse erro.

Os terrores não ocorreram. Maria foi facilmente derrotada e fugiu para a Inglaterra, esperando ter a ajuda da rainha Elizabeth I. Mas Elizabeth a via como uma candidata rival ao trono da Inglaterra, portanto lançou-a na prisão, onde ela permaneceu durante os dezenove anos seguintes. Mais tarde, enquanto ainda estava na prisão, Maria foi acusada de participar de um plano para matar Elizabeth. Mesmo alegando inocência, Maria da Escócia foi declarada culpada e decapitada em 8 de fevereiro de 1587.[95]

"Descansando em St. Andrews, Moribundo"

Por volta do final de 1568, Maria havia partido e Knox focou sua atenção no avanço e no estabelecimento da Igreja Protestante na Escócia. Novamente em Edimburgo, Knox sentiu que boa parte de sua luta havia terminado, escrevendo a um amigo que tinha "tranquilidade de espírito e tempo para meditar sobre a morte".[96]

No outono daquele ano, Knox teve um derrame que lhe paralisou temporariamente o uso da língua. Durante alguns dias, ele não conseguia falar, e seus inimigos sentiram-se grandemente aliviados. Rumores de que Knox jamais pregaria novamente ou de que ele estava morto corriam por toda parte.[97] Mas em questão de dias, Knox voltou ao púlpito e pregou como antes.

Embora Maria tivesse fugido para a Inglaterra, Knox continuava a pregar contra ela. Isso perturbava muitas pessoas, e durante algum tempo, Knox foi muito impopular por esse motivo. Uma noite, um tiro atravessou sua janela e o teria atingido se ele estivesse sentado no lugar habitual. Seus amigos montavam guarda ao redor de sua casa e imploravam que ele saísse de Edimburgo. Knox resistiu ao conselho deles por algum tempo, mas finalmente partiu relutantemente para St. Andrews.

St. Andrews, porém, não oferecia paz para o idoso Knox. A cidade parecia estar cheia de inimigos e pessoas que apoiavam a então banida rainha Maria. Durante os quinze meses seguintes, ele discutiu com eles sem parar com relação à sua posição em Deus e as idolatrias deles.

Knox agora estava tão fragilizado devido ao derrame que, quando andava, ele se apoiava em seu assistente de ministério, Richard Bannatyne, e se mantinha de pé com a ajuda de uma bengala. Às vezes, enquanto se apoiava no braço de Bannatyne, Knox ia conversar com os estudantes, encorajando-os a continuarem defendendo a causa da Reforma. Aos domingos, ele tinha de ser levantado até o púlpito. Embora seu corpo estivesse fraco, Knox se tornava outro homem no púlpito. Um aluno escreveu que Knox era tão ativo e vigoroso, que era possível que ele despedaçasse o púlpito e saísse voando dali![98]

Durante esse período, Knox começou a demonstrar os sinais da idade em suas cartas. Ele misturava suas exortações com reclamações relativas à sua fraqueza física, assinando suas cartas com "descansando em St. Andrews, moribundo".[99]

Embora se visse como um "moribundo", Knox envolveu-se em um conflito que, depois da sua morte, teve um impacto profundo no futuro da Igreja da Escócia. O conflito dizia respeito à indicação de bispos. Knox organizou a ordem da igreja de forma que, quando os padres católicos morressem, novos bispos protestantes fossem designados para tomar o lugar deles em suas igrejas. O que Knox ajudou a colocar em vigor em 1571 existe até hoje na Escócia!

Embora Fraco, Ele Trovejava!

Em 1572, Knox estava muito doente. Entretanto, ele continuava a escrever e teve êxito em publicar seu último panfleto, intitulado *Resposta à Carta de um Jesuíta Chamado Tyrie*. Ele escreveu o panfleto em sua cama, levantando-se apenas uma vez por semana.

Em seu estado frágil, Knox conseguiu viajar de St. Andrews de volta a Edimburgo. Em agosto, ele pregou em seu antigo pastorado pela primeira vez em dezesseis meses, mas sua voz estava tão fraca que ele não podia ser ouvido. Ele decidiu fazer o restante de seus cultos em uma sala menor. Durante os dois meses seguintes, continuou a pregar ali todos os domingos. Um homem afirmou que embora a voz de Knox mal pudesse ser ouvida, mesmo na sala menor, ele ainda pregava com a mesma veemência e dedicação.[100]

Por volta dessa época, a notícia do massacre protestante de S. Bartolomeu, na França, havia chegado às praias da Escócia. O embaixador francês por acaso estava visitando um dos cultos da igreja de Knox naquela época. A oportunidade era grande demais para Knox deixá-la passar. Com uma voz quase inaudível, Knox pediu ao embaixador para dizer ao rei da França que ele era um assassino, e que a vingança de Deus o atingiria e a seus descendentes.[101]

Em setembro, Knox demitiu-se de seu ofício como pastor em Edimburgo, e James Lawson, o assistente do diretor da Universidade de Aberdeen, foi escolhido para tomar seu lugar. Em novembro, Knox saiu pelas portas de sua igreja pela última vez. Sua congregação acompanhou-o do prédio até sua casa.

A Morte de um Herói

Dois dias depois, Knox teve um ataque de tosse que o deixou extremamente fraco. Sua mente começou a enfraquecer — na sexta-feira, ele saiu da cama para se vestir, pensando que era domingo. Quando chegou o domingo, ele permaneceu na cama e recusou comida, pensando que era o começo de um jejum que havia sido proclamado. Surpreendentemente, no dia seguinte sua mente estava clara e afiada, o que se comprova pelo fato de ter Knox chamado os presbíteros e diáconos para o lado de sua cama e entregado todos eles a Deus. O grupo deixou o local em lágrimas.

Todos os dias, sua esposa Margaret ou Bannatyne liam para ele o capítulo 17 de João. Às vezes, Knox pedia que os sermões de Calvino fossem lidos para ele; outras vezes, ele queria ouvir Salmos. Muitas vezes, Knox parecia tão apático que eles se perguntavam se ele os ouvia enquanto liam. Ele respondia: "Ouço e entendo ainda melhor".

Sua mente e seu corpo estavam muito fracos, mas a vontade de Knox ainda era inquebrantável. Enquanto pôde falar, continuou denunciando o Castelo de Edimburgo. Ele mandou chamar o coveiro e ordenou que o próprio caixão fosse feito.

Às vezes, enquanto estava dormindo, ele murmurava frases como: "Vivo em Cristo! A igreja! Agora, Senhor, põe fim ao problema!".[102]

Em uma manhã de 24 de novembro de 1572, Knox tentou levantar de sua cama, mas não conseguiu ficar de pé. Ele pediu à sua esposa para ler certas passagens da Bíblia para ele. No fim da tarde, Knox pediu especificamente que ela lesse João 17, o capítulo que no qual ele dizia ter "lançado a sua âncora pela primeira vez". Esse era obviamente o capítulo que, nos seus primeiros anos, consolidou a caminhada de Knox com Deus depois de haver nascido de novo.

À noite, o grupo que estava com ele ajoelhou-se para orar. Knox permaneceu imóvel. Alguém perguntou: "Senhor, vós ouvistes as orações?". Ele respondeu: "Eu pediria a Deus que vós e todos os homens as ouvissem como eu as ouvi; e louvo a Deus por aquele som celestial". Então Knox gritou repentinamente: "Agora, é chegado!", e deu um suspiro estremecedor.

Bannatyne sentou-se ao lado de sua cama e incentivou-o a lembrar das promessas do Novo Testamento. Perguntando-se se Knox o havia ouvido, ele pediu um sinal. Pela última vez, Knox reuniu todas as forças que possuía e ergueu uma mão — e então faleceu.[103]

Por ocasião de sua morte, a Escócia ainda estava imersa em um grande caos religioso, mas Knox sentiu a paz de ter completado a corrida tão bem quanto pôde e ter guardado a fé. Sua parte na Reforma da Escócia estava concluída.

Dois dias depois, em 26 de novembro, Knox foi enterrado no pátio de sua igreja em Edimburgo. Toda a nobreza da Escócia participou do funeral. O regente que presidia a Escócia leu seu epitáfio, que dizia: "Aqui jaz alguém que jamais bajulou ou temeu carne alguma".[104]

Um Catalisador do Presbiterianismo

Não sei se já estudei um homem tão apaixonado e tão incrivelmente inflexível em sua posição em Deus como John Knox. Batalha após batalha, golpe após golpe, vitória após vitória, John Knox permanecia o mesmo. Apesar das possíveis fraquezas ou falhas em sua personalidade, sua posição irredutível é um grande tributo à causa de Deus. Esse é um tremendo tesouro que muitos negligenciaram.

Creio que é triste o fato de que a vida e o ministério de John Knox tenham sido tão grandemente incompreendidos. A Escócia (e o mundo) deve muito a esse grande líder, no entanto, seu túmulo foi coberto por um estacionamento pavimentado. Até este século, quando uma estátua foi finalmente erguida em sua memória, não havia qualquer memorial à sua obra na Escócia.[105]

A estátua de Knox do lado de fora da Catedral de St. Giles, em Edimburgo
Banner of Truth Trust

São necessários grandes líderes de Deus para estabelecer uma obra, e Knox foi de longe um dos líderes mais importantes da Reforma como um todo. Embora tenha assentado as pedras fundamentais da fé presbiteriana dos nossos dias, creio que ele foi apenas o catalisador dessa fé, não seu pai. Creio que Andrew Melville (1545-1622), sucessor de Knox, foi o pai do Presbiterianismo. Como Knox, ele também causou um grande alvoroço na Escócia e na Inglaterra — indo até mesmo bem mais longe que Knox.

A Reforma que Knox deflagrou na Escócia exportou o Presbiterianismo para todo o mundo. Os primeiros anos da luta presbiteriana exerceram grande impacto em várias partes do mundo, inclusive nos Estados Unidos. Foi dito que a Guerra de Independência dos Estados Unidos foi uma revolução presbiteriana. Muitos líderes dessa guerra eram presbiterianos que sentiram a ameaça comum da ditadura injusta, absorveram aquele sentimento escocês de independência e lutaram contra todas as supremacias pela liberdade das colônias norte-americanas.[106] Creio que Knox teria se orgulhado deles.

Afinal, a História credita a Knox ter feito uma grande contribuição à luta pela liberdade humana. Ele ensinou ao povo que eles tinham o dever de lutar pelo que era certo, independentemente da lealdade nacional ou da ordem dos governos. A História deixou claro que "a democracia moderna está firmada sobre o princípio que Knox deduziu dos textos de Êxodo e do livro de Reis".[107]

O Maior Reformador

É importante observar que Knox teve êxito onde nenhum outro reformador havia tido. Ele rejeitou totalmente o governo do papado sem deixar os membros da Igreja sujeitos a uma monarquia. Isso não aconteceu em nenhuma outra nação além da Escócia.

Embora tenha se recusado a reconhecer os feriados e eventos como Natal, Páscoa e os aniversários, isso foi apenas porque ele não os encontrou sendo celebrados na Bíblia. A Palavra tinha a autoridade final em sua vida. Ouvi muitas pessoas criticarem-no por suas decisões acerca de certas questões, mas foi seu posicionamento inabalável, juntamente com uma pregação violenta, que moveu fortalezas nacionais antiquíssimas. Algumas pessoas não estão destinadas a serem populares aqui na terra, mas essas pessoas serão populares junto ao número incontável daqueles que estarão no céu por causa de seu ministério. Creio que Knox ficaria horrorizado se visse o que está acontecendo nas igrejas de hoje.

> No que se referia ao chamado de Deus, Knox era um homem apaixonado que amava terna e totalmente a Igreja e orava para que a obra continuasse.

Não comparo Knox a Calvino. Embora Calvino tenha sido seu mentor e eles concordassem teologicamente, Knox era muito mais ousado e ensinava veementemente que os cristãos deviam resistir à autoridade ou aos governantes injustos. Calvino não gostava de confrontos ou perseguições; Knox florescia em ambos. Calvino trabalhou principalmente em uma cidade; Knox teve âmbito nacional, tornando sua obra muito mais expansiva.

Embora Knox fosse visto, e ainda seja, como um homem mau e grosseiro, ele só era assim para com os inimigos de Deus. No que se referia ao chamado do Senhor, Knox era um homem apaixonado, que amava terna e totalmente a Igreja e, mesmo em seu leito de morte, orou desesperadamente para que a obra continuasse.

Enquanto Knox estava deitado em seu leito, ouviu-se a seguinte oração sair de seus lábios:

Sê misericordioso, Senhor, com a Tua Igreja, que Tu redimiste.

Dá paz a esta nação aflita. Levanta pastores fiéis que se encarreguem da Tua igreja.

Senhor, concede verdadeiros pastores à Tua igreja, para que a pureza da doutrina possa ser preservada.[108]

"Senhor, Concede Verdadeiros Pastores"

As orações de Knox em seu leito de morte ecoam em meu coração. Nossa geração precisa de verdadeiros pastores, de verdadeiros profetas, de verdadeiros apóstolos, de verdadeiros evangelistas e de verdadeiros mestres. Precisamos de homens e mulheres como os filhos de Issacar — pessoas com entendimento espiritual acerca dos tempos e que, por meio do Espírito Santo, saibam o que a Igreja deve fazer (ver 1 Crônicas 12:32).

Púlpito de Knox, agora preservado no Museu Nacional de Antiguidades em Edimburgo

Fico um tanto perturbado com a teoria cristã popular de restauração, porque sinto que sua verdadeira aplicação tem sido mal interpretada e às vezes usada de forma equivocada. Alguns até me procuraram e disseram que *restauração*, e não *reforma*, é a palavra para hoje. Como afirmei anteriormente neste capítulo, as duas palavras são semelhantes, porém têm diferentes aplicações e significados. Não as confunda.

O *New World Dictionary*, de Webster, define a palavra *restaurar* como "devolver algo que foi tirado, perdido; voltar a um antigo estado ou a uma posição, a um nível; trazer de volta a saúde e a força".

Não tenho problemas com a restauração da qual o Céu fala; creio nela, clamo por ela e, conforme o Espírito Santo dirige, ministro sobre ela em minhas reuniões. Creio que Deus nos mostrou o que está por vir. Mas sempre que recebemos um novo sussurro do céu, temos a tendência de correr para ele, produzindo excessos e extremos.

Creio que muitos estão "colocando a carroça na frente dos bois" em sua busca por restauração. A verdadeira aplicação do termo tem sido mal feita na atmosfera egoísta e egocêntrica da nossa geração. Temos limitado essa verdade porque acreditamos que ela é simplesmente um paliativo para a dor e a tristeza da nossa condição individual. Muitas vezes, clamar por restauração tem sido mais fácil do que destruir a raiz dos nossos problemas.

O *New World Dictionary*, de Webster, define a palavra *reforma* como "tornar melhor, interrompendo os erros".

A natureza humana nos impelirá a enfatizar mensagens de restauração que nos dão um tapinha nas costas. Mas essas mensagens açucaradas, em geral pregadas por medo do homem, são pregadas para uma congregação de pessoas que talvez vá para o inferno se alguém como Knox não disser a elas que as mentiras da religião não podem salvar, libertar e transformar vidas.

O humanismo da Nova Era nos levou a pregar uma mensagem diferente. Se Knox voltasse à terra, estou certo de que ele não saberia se algumas das nossas casas de adoração são igrejas ou clubes sociais.

Jesus foi nosso Mestre da Reforma. Ao longo do Seu ministério, Ele nos ensinou como deveríamos agir, como deveríamos operar e a maneira como deveríamos pensar. Ele estava plantado as ideias da restauração em nosso coração. Mas antes daquilo que Ele ensinava se tornar realidade, Jesus tinha de ser um Reformador morrendo na cruz, arrancando as chaves do inferno e da morte de satanás para parar o erro, e depois sendo ressuscitado dos mortos para que nosso direito divino de herança pudesse nos ser devolvido.

Jesus vence a guerra, e nós temos a vitória final, mas nós também sabemos que os ataques ainda vêm, na tentativa de impedir o Evangelho e paralisar nosso crescimento no Senhor. Isso significa que todas as gerações devem experimentar algum tipo de reforma. Podemos ser a última geração — ninguém sabe ao certo. Vamos declarar isso para que ninguém possa dizer "ninguém me disse".

O espírito da Reforma é o espírito da verdade. Ele é a força necessária para parar os erros em nossa vida pessoal, em nossas igrejas e em nossas nações. Ele deve vir antes que vejamos o poder de uma verdadeira restauração. O Céu nos mostrou o que está por vir, mas precisamos dar passos vitais em favor da nossa geração e do nosso tempo. Precisamos clamar para que o espírito da verdade viva em nossos lares, em nossas igrejas, em nossas vidas e em nossas nações.

É preciso clamar pelo espírito da Reforma, que nasceu pelo Espírito Santo de Deus, e é preciso não o deixar passar. Quando isso acontecer, ele deve então ser transportado para todas as áreas da sociedade, a fim de que se abra espaço para a restauração do Céu. Precisamos de homens e mulheres de Deus que possam discernir corretamente o que estão ouvindo do Céu; que possamos entender o que eles ouviram em toda a Palavra de Deus (não apenas em uma passagem ou duas); e dar à luz a vontade de Deus em nossa geração por meio da oração e da demonstração.

Assim, encerro este capítulo sobre John Knox com uma de suas últimas orações, acreditando que a força espiritual de suas palavras apaixonadas ainda vibra por toda a terra. Aqueles que têm ouvidos para ouvir, ouçam:

> Senhor, concede pastores fiéis, homens que preguem e ensinem, a tempo e fora de tempo. Senhor, dá-nos homens que preguem seu próximo sermão com satisfação, ainda que signifique ir para a estaca por isso. Senhor, dá-nos homens que odeiem toda falsidade e mentira, seja na Igreja ou fora dela. Senhor, concede à Tua Igreja, que luta, homens que temam a Ti acima de tudo.[109]

Notas

1. Douglas Wilson, *For Kirk and Covenant: The Stalwart Courage of John Knox* (Nashville, Tenn.: Highland Books, Cumberland House Publishing, Inc., 2000): 3.
2. Ibid., Introduction, X.
3. Jasper Ridley, *John Knox* (Oxford, England: Oxford University Press, 1968): 1-2.
4. Thomas M'Crie, *The Life of John Knox* (Edinburgh, Scotland: Wm. Blackwood and Sons, 1865): 304.
5. Ibid.
6. Wilson, 11.
7. John Knox, *The History of the Reformation in Scotland* (Edinburgh, Scotland and Carlisle, Pa.: The Banner of Truth Trust, 2000): 6.
8. Wilson, 13.
9. "John Knox, The Thundering Scot", *Christian History Maganize* 14, n. 2, publicação 46 (Carol Stream, Ill.: Christianity Today, 1995): 2.
10. Ibid., 58. (grifo nosso)
11. Ibid., 64-65.
12. Ridley, 46.
13. Knox, 66.
14. Ibid., 68-69.
15. Stewart Lamont, *The Swordbearer — John Knox and the European Reformation* (Kent, England: Hodder and Stoughton Ltd., 1991): 32, 35.
16. Ibid., 36.
17. Ridley, 56.
18. Ibid., 57.
19. M'Crie, 32.
20. *Christian History Magazine*, 12.
21. Lamont, 44.
22. Ibid., 45.
23. Ibid., 50.
24. Wilson, 39.
25. Ibid., 40.
26. Ibid., 44.
27. Ibid., citação de Thomas McCrie, 69.
28. "Maria I", *The World Book Encyclopedia* 13, (Chicago, Ill.: World Book, Inc., 2003): 239.
29. Wilson, 44, citação de *John Knox* por Henry Cowan, 135-136.
30. Lamont, 76.
31. Ridley, 215.
32. Wilson, 47, citação de *John Knox* por Henry Cowan, 131.
33. Ridley, 215.
34. Edwin Muir, *John Knox: Portrait of a Calvinist* (Freeport, N.Y.: Books for Libraries Press, 1971): 88-89.
35. Lamont, 59.
36. *Christian History Magazine*, 3.
37. Ibid.
38. Muir, 94. (grifo nosso)

39. *Christian History Magazine*, 38.
40. Muir, 119-120.
41. Ibid., 120.
42. Ibid., 120-121, 157; Ridley, 248.
43. Lamont, 89; Ridley, 248.
44. Muir, 120.
45. Ridley, 247.
46. Wilson, 55.
47. *Christian History Magazine*, 36.
48. Ridley, 264.
49. Ibid., 268.
50. Muir, 132.
51. Ridley, 270-271. (grifo nosso)
52. Muir, 132.
53. Ridley, 273.
54. Ibid., 276.
55. Ibid., 277.
56. Muir, 158.
57. Ridley, 290-291.
58. Muir, 170; Wilson, 60, citação de Thomas McCrie, 49.
59. Muir, 171.
60. Ibid., 172-173.
61. Ibid., 173.
62. Ibid., 173-174.
63. Ibid., 176.
64. Ibid.
65. Ibid., 177.
66. Ibid., 178.
67. Ibid., 179.
68. Ridley, 364.
69. Muir, 207-208.
70. Ibid., 213-214.
71. Ridley, 383.
72. Ibid., 384.
73. Ibid.
74. Knox, 267. (grifo nosso)
75. Ridley, 390.
76. Wilson, 65.
77. Knox, 269-270.
78. Ibid., 270.
79. Muir, 237.
80. Ridley, 393.
81. Muir, 238. (grifo nosso)
82. Ibid., 240.
83. Ibid., 241-242.
84. Ibid., 247.
85. Ibid., 247-250.
86. Ridley, 422.
87. Ibid., 425.
88. Ibid., 426.
89. Ibid., 428.

90. Muir, 264-265.
91. Ibid., 268.
92. Ibid., 275.
93. Ridley, 453-454.
94. Ibid., 465.
95. "Maria, Queen of Scots", *The World Book Encyclopedia* 13, 239.
96. Muir, 281.
97. Ibid., 284.
98. Ibid., 292-293.
99. Ibid., 293.
100. Ridley, 511.
101. Muir, 294.
102. Ibid., 297.
103. Ibid., 298.
104. Ibid., 299.
105. *Christian History Magazine,* 3.
106. Ibid., 42.
107. Ridley, 530.
108. Wilson, 223.
109. Ibid., 226.

Capítulo Seis

George Fox

1624-1691

"O Libertador do Espírito"

"O Libertador do Espírito"

Fui levado pelo próprio oceano de trevas e morte, e através e sobre o poder de satanás, pelo eterno, glorioso poder de Cristo... aquelas trevas... que cobriam todo o mundo e que acorrentavam a todos, e que encerravam a todos na morte. O mesmo poder eterno de Deus, que me levou a atravessar essas coisas, foi aquele que depois sacudiu as nações, os padres, os professores e o povo.[1]

Durante muito tempo perguntei-me se nossa geração sabe ou ao menos percebe que muitas das liberdades que desfrutamos hoje se devem em grande parte ao ministério dramático de um dos maiores profetas que já viveu: George Fox.

Quando seu nome é mencionado, muitos reconhecem de forma justa que Fox foi o fundador dos Quakers, também chamada de Sociedade dos Amigos. Alguns veem esse grupo denominacional como uma comunidade pequena e isolada de crentes moderados que usavam chapéus, viviam em fazendas rurais e eram conhecidos por serem justos e íntegros. Mas George Fox dedicou sua vida a muito mais do que apenas estabelecer um código de vestimentas e um estilo de vida agrícola. Na verdade, Fox era tão extremo em seus esforços para promover a causa do Evangelho que, mais de duzentos anos depois, o Exército da Salvação (fundado por William Booth) foi grandemente influenciado por seu ministério. Um antigo porta-voz da organização afirmou que "se os quakers tivessem permanecido fiéis aos seus primeiros princípios e ao seu modo evangélico de trabalho, nunca teria havido a necessidade de um Exército da Salvação!".[2]

George Fox

Fox recebeu o crédito por ter liderado a "Reforma Radical".[3] Em minha opinião, isso significa simplesmente que Fox levou a Reforma ao próximo nível — ele associou o Espírito à Palavra.

George Fox fez o que os primeiros apóstolos fizeram, e os avivalistas mais tarde fizeram o mesmo. Ele reviveu a combinação do Espírito com a Palavra e, ao fazer isso, transpôs os métodos calvinistas e religiosos, tornando o estilo de vida cristão acessível a todos os que criam. A Sociedade dos Amigos deu o primeiro passo para um retorno à obra diária do Espírito Santo na vida de todo crente, o que em minha visão preparou o caminho para os ministérios dos séculos XVIII e XIX. O Espírito Santo tornou-se um amigo íntimo para os seguidores de Fox.

> Não percebemos que muitas liberdades que desfrutamos devem-se em grande parte ao ministério dramático de um dos maiores profetas que já viveu: George Fox.

Por causa de seu relacionamento com o Espírito Santo, esse grupo revolucionou muitas áreas do Cristianismo que haviam ficado dormentes ou esquecidas. Eles foram um dos primeiros grupos a encorajar o ministério das mulheres, a quem davam total apoio enquanto elas pregavam e ensinavam a Palavra por todo o mundo. Eles também recebem o crédito por serem um dos primeiros grupos conhecidos de seu tempo a expulsar demônios, curar enfermos e fazer milagres pelo poder de Deus. Embora alguns grupos isolados pudessem ter entendido a batalha espiritual, George Fox a demonstrava diariamente. Fox ensinava fervorosamente Romanos 8:14, que diz: "Porque todos os que são guiados pelo Espírito de Deus, esses são filhos de Deus", e praticava esse versículo em todas as áreas da vida. Ele ensinava enfaticamente que a direção e a ajuda do Espírito Santo vinham em primeiro lugar em todas as áreas da vida.

Ele se firmava na verdade de que ser um cristão não era algo que uma pessoa podia adquirir por nascimento ou que ocorria em resultado da frequência à igreja ou do batismo. Era algo que não era concedido por causa de um diploma em um seminário teológico ou em uma escola. Para Fox, um cristão era alguém que conhecia pessoalmente Jesus Cristo como o Filho de Deus, e que dependia diariamente da ajuda do Espírito Santo para interpretar a Bíblia e viver de acordo com seus princípios em um mundo muito corrupto. Em suma, Fox acreditava que um verdadeiro cristão vivia os valores que confessava.

Tudo isso pode parecer muito simples para você, mas Fox pagou um alto preço por defender essas verdades. À medida que este capítulo avançar,

Generais de Deus Os Reformadores Estrondosos

você ficará surpreso em ver que algumas das liberdades que você desfruta hoje nasceram dos princípios de aço e das muitas prisões de George Fox.

Diversas datas na vida de Fox são um pouco nebulosas, porque muitos registros se perderam ou acredita-se que não sejam confiáveis. Mas as circunstâncias dos eventos são precisas. Assim, neste capítulo, falarei muito sobre seu caráter e sua motivação espiritual. Ele era um homem tão complexo e fascinante que eu jamais poderia registrar todos os confrontos ousados, e às vezes radicais, que fizeram parte de sua vida enquanto ele lutava por suas convicções. Mais uma vez, encorajo você a encontrar todos os recursos possíveis acerca de George Fox e deixar o incrível espírito da Reforma que o motivou encher seu interior.

> Fox acreditava que um verdadeiro cristão conhece pessoalmente Jesus Cristo e vive de acordo com a Bíblia e seus princípios — ele vive o que prega.

Nasce um Reformador

O ano era 1624. O lugar era Leicestershire, Inglaterra. Mary Fox, provavelmente com seus vinte e poucos anos, estava maravilhada por gerar seu primeiro filho. Seu marido, Christopher, um homem de caráter forte e honesto e de crença religiosa presbiteriana, era vários anos mais velho que ela. O nome Fox era muito conhecido na região. Vários séculos antes, um Fox havia sido prefeito, e outro tinha um brasão ou uma heráldica. A heráldica era um sistema no qual as famílias podiam demonstrar sua reputação por bravura e a importância de sua linhagem, provando a posição social de seu nome. A família Fox também havia sido conhecida por apoiar os Lollardos, um grupo de pessoas que vivia por toda a Europa e que havia feito o voto de ler a Bíblia e estudá-la dentro de uma igreja estabelecida, apesar da oposição das autoridades de estado.[4]

Como tecelão, Christopher Fox havia se estabelecido bem em Leicestershire, conseguindo uma casa para a família. Sua ocupação habilidosa o havia colocado em boa posição em sua cidade, chamada Drayton-in-the-Clay, tanto financeiramente quanto em influência. Era uma pequena cidade rural construída em Rolling Hills, localizada no centro da Inglaterra.

O mês de julho finalmente chegou e, junto com ele, o nascimento do primeiro filho do casal. Eles o chamaram de George. Eles tiveram outros filhos, talvez quatro, mas a maior parte dos registros não é confiável. Na verdade, diz a lenda que a esposa do secretário da paróquia usou a página que teria registrado o nascimento de George Fox "para fins domésticos".[5]

Sejam quantos forem os filhos que o casal teve, é certo que o peso da família estava colocado sobre o primogênito, George Fox.

"Outra Estrutura Mental"

Se alguém esperava que o jovem Fox fosse como todas as outras crianças, teve uma surpresa. Ele nunca brincava das brincadeiras que eram costume das outras crianças, nem participava de suas piadas e travessuras. Ele provavelmente era uma pessoa considerada esquisita por ser tão diferente, mas não era desagradável. O jovem Fox ficava sentado em um canto pensando. Mesmo quando era só um garotinho, ele conseguia avaliar as pessoas com seu olhar cheio de discernimento. Quando observava o caráter dos homens que iam sentar-se ao redor da lareira e visitar seu pai, ele pensava consigo mesmo: *Quando eu me tornar um homem, sem dúvida não farei isso nem serei tão frívolo.*[6]

> Quando menino, Fox não era como as outras crianças. Ele costumava se sentar em um canto e pensar. Ele podia avaliar as pessoas com seu olhar cheio de discernimento.

William Penn, sobre quem falaremos mais tarde neste capítulo por ter exercido um papel vital na história dos quakers, fez uma descrição clara da infância de Fox: "Ele parecia ter uma estrutura mental diferente do restante de seus irmãos; sendo mais religioso, introvertido, firme, sólido e observador, como alguém muito além da sua idade, uma vez que as respostas que ele dava e as perguntas que fazia... manifestavam interesse especialmente com relação às coisas divinas, para espanto dos que o ouviam".[7]

Embora nunca tivesse entendido seu filho tão maduro e estranho, Mary Fox estava satisfeita por ele ser muito inteligente e competente, de modo que o educava e nunca tentava obrigá-lo a ter o comportamento típico de um garotinho. Fox tinha um bom relacionamento com sua mãe, embora ela nunca tivesse entendido completamente sua causa e raramente o visse quando ele era adulto. Quando ela morreu, na casa dos cinquenta anos, Fox lamentou profundamente.

Um Caráter Resoluto

Embora a família Fox tivesse a reputação de ser correta e fosse financeiramente estável, a vida no século XVII era difícil. As pessoas daquela época eram analfabetas, tinham a mente estreita, eram rudes e grosseiras.

A sociedade estava cheia de doenças sociais e econômicas. Pelo fato de a economia ser drasticamente instável, os aldeões de Drayton se voltaram para si mesmos, importando-se pouco com os assuntos de fora da própria cidade. Mal sabia aquela cidade sonolenta que havia entre eles alguém que abalaria toda a Inglaterra.

Fox não se encaixava na sociedade, e ele realmente não se importava com isso. Aos onze anos teve seu primeiro encontro com o que ele mais tarde denominou repetidamente de "a luz interior" de Jesus Cristo. Esse entendimento profundo ensinou-lhe a andar em pureza em meio aos males que o cercavam. Isso o afetou de tal modo que, a partir dessa idade, Fox seguiu essa direção interior e continuou a edificar sua vida sobre esse fundamento até o dia de sua morte.

> "A luz interior" de Jesus Cristo ensinou Fox a andar em pureza embora estivesse cercado pelo mal. Desde os onze anos, ele seguiu essa direção interior.

Durante esse período da juventude, ele tomou quatro decisões pelas quais conduziria sua vida:

1. Ele viveria uma vida pura e reta.
2. Ele seria fiel em todas as coisas, interiormente a Deus, e exteriormente ao homem.
3. Ele decidiu sempre cumprir sua palavra.
4. Ele não cometeria excessos na comida ou na bebida.[8]

Quando seus parentes perceberam que Fox era tão disciplinado espiritualmente, insistiram para que seus pais o mandassem para a escola para ser treinado como ministro. Creio que Fox não tinha intenção de ser treinado à maneira dos ministros que ele via ao seu redor quando criança, pois seu discernimento já era tão aguçado que ele percebia que o clero que conhecia era moralmente fraco, hipócrita e enganador. Embora não conseguisse colocar em palavras o que sentia, Fox logo percebeu que muitos ministros haviam recebido seus ofícios motivados pela educação e pelo *status* social, e não devido a um chamado espiritual de Deus.

Seus pais o enviaram para trabalhar como aprendiz a menos de meia hora de casa, quando ele tinha cerca de quinze anos. Fox foi trabalhar para um sapateiro que também lidava com ovelhas e gado.

Embora fosse um profundo pensador, Fox nunca permitia que isso interferisse nos deveres de seu trabalho. Suas experiências ao lidar com somas de dinheiro, idas ao mercado e interações com todo tipo de pessoas ajudaram a prepará-lo para as muitas personalidades que ele ainda teria de enfrentar. Ele também aprendeu a fazer sapatos, o que passaria a ser útil nos anos vindouros em que ele caminharia milhares de quilômetros. Fox era diligente nos negócios, e seu patrão foi muito bem-sucedido durante todo o tempo em que o menino trabalhou para ele. Fox se orgulhava de ser capaz de conseguir lucro para seu patrão sem enganar os clientes.

Esse aprendizado durou sete anos. Em 1643, porém, um evento transformador fez com que George Fox terminasse abruptamente seu treinamento profissional e seguisse um caminho diferente.

O Chamado Profético

À medida que Fox crescia e se transformava em um jovem, tornava-se cada vez mais ciente da crítica depravação moral que o cercava. Ele nascera em uma aldeia que promovia a reforma religiosa, de modo que observar seus amigos e os pais deles se envolverem tanto em excessos com bebidas — e amarem isso —, provavelmente lhe causava ainda maior repulsa. Ele não podia entender por que as pessoas que acreditavam na pureza moral diante de Deus podiam beber até não conseguir ficar de pé, ou por que elas gastavam o dinheiro que ganhavam com tanto esforço para satisfazer outras concupiscências. Isso era revoltante para ele.

Fox ficava longe desse tipo de gente, o que lhe rendeu a reputação de solitário. Em vez disso, ele bebia e comia apenas o necessário para sua saúde, e separava dias especiais para jejuar e ler a Bíblia. Ele era considerado um completo excêntrico para as pessoas da cidade.

Não era surpresa que ele tivesse uma reação tão dramática a um evento que lhe ocorreu aos dezenove anos. Na verdade, isso mudou sua vida para sempre.

Em fins do verão de 1643, Fox estava representando seu patrão em um mercado quando se encontrou com um primo e o amigo dele. Como Fox, aqueles dois homens apoiavam a fé reformadora, de modo que quando o convidaram para tomar uma jarra de cerveja com eles, ele concordou. O tempo estava quente, e ele ficou animado com a oportunidade de ver seu primo e conversar com os dois jovens.

Entenda isto: beber cerveja ou vinho não era pecado para eles. No século XVII, a cerveja era uma bebida comum, assim como o refrigerante é para nós, hoje. Como acontece com qualquer coisa, é o excesso que faz mal.

Assim, Fox entrou na taverna com os dois jovens. Depois que a primeira jarra foi consumida entre os três, os outros dois quiseram continuar bebendo, fazendo uma espécie de jogo para ver quem conseguia beber mais. Eles apostaram que o primeiro a parar de beber teria de pegar todas as rodadas.

Fox ficou perplexo. Ali estavam dois cristãos, que supostamente eram contra a autoindulgência, mas que estavam dispostos a beber até não conseguirem manter a cabeça de pé. Isso não era uma tentação para Fox. Ao contrário, ele se levantou repentinamente e disse: "Nesse caso, vou deixá-los". Com isso, ele deixou seu dinheiro sobre a mesa e saiu da taverna sem olhar para trás.[9]

Fox fez o restante de seu trabalho no mercado apressadamente e depois foi para casa. O evento o perturbara. Ele estava chocado com as atitudes que havia visto e com a perversão de sua geração.

Ele não conseguiu dormir naquela noite, apenas chorou, andou e orou. Durante seu tempo em oração, Fox começou a ver que se havia alguma esperança no mundo, ela teria de vir da geração mais jovem.[10] A geração mais velha havia se tornado presa demais aos próprios caminhos, contente demais com as coisas como estavam e dócil demais para atacar os males da religião formal. Sim, isso teria de vir de jovens como ele, que se levantassem em defesa do que era certo, pessoas que proclamassem a vida de Deus e confrontassem retamente os que estavam interiormente mortos, fossem eles jovens ou velhos.

Enquanto caminhava e orava naquela noite de verão, ele ouviu a voz do Senhor dizer ao seu coração: "Vês tu como os jovens caminham juntos para a vaidade, e os velhos para dentro da terra; portanto, tu deves abandonar tudo, tanto velhos quanto jovens, e ser um estranho para eles".[11]

As palavras que ele ouviu foram a base para o seu chamado profético. Elas seriam o fundamento sobre o qual ele basearia seu futuro ministério. Por um instante, Fox teve uma sensação de paz. Pela primeira vez em sua jovem vida, ele percebeu que era chamado para andar por um caminho diferente. Ele não parou para refletir por que não era como o restante, mas creio que naquele momento ele soube que, desde o nascimento, a mão de Deus estava sobre sua vida com um propósito, algo do qual ele jamais poderia escapar. E a beleza está no fato de que Fox nunca tentou escapar, mas submeteu-se totalmente a esse propósito.

Alguém Conhece Deus?

Apenas algumas breves semanas após aquela noite fatídica, Fox começou a perseguir seu chamado. Mesmo ciente de que era ainda muito jovem e inexperiente, ele rompeu com todos os seus relacionamentos e saiu de casa, perambulando pelo campo à procura de respostas para suas perguntas.

> Fox sabia que a mão de Deus estava sobre ele com um propósito. Ele jamais poderia escapar disso. Mas Fox não tentou escapar. Em vez disso, ele se submeteu totalmente.

Como acontece com todos os profetas, quer sejam maduros ou não, Fox reconhecia o certo e o errado. Os profetas veem todas as questões da vida em branco ou preto — não existem áreas cinzentas. Não existe "talvez"; é "sim" ou "não". Às vezes um profeta irá até o extremo da direita para evitar os males da esquerda, e é por isso que eles adquirem a reputação de serem excessivamente dramáticos. Como você reage quando vê alguma coisa muito claramente? Os profetas são assim também, com a exceção de que eles veem ou ouvem na esfera espiritual geralmente antes dos demais. Sua percepção nítida faz com que eles ajam ou reajam de uma maneira absolutamente apaixonada, porque eles amam a Deus e querem que Sua vontade seja feita na terra acima de tudo.

Fox detestava a classe elegante da sociedade de seu tempo, porque ela separava injustamente algumas pessoas das outras. Ele estava determinado a fazer a diferença. Assim, recusando-se a cortar o cabelo e a usar um chapéu, com um metro e setenta de altura, constituição forte e forjado no campo, Fox usava uma roupa de couro que chamava a atenção imediatamente onde quer que ele fosse.

Ele viajou pelas regiões centrais da Inglaterra, dirigindo-se basicamente a Londres. Fox estava desesperadamente triste dentro de si, lutando diariamente com a insatisfação e com perguntas não respondidas. Ele protegia tanto seu coração que não queria se relacionar intimamente com ninguém, fosse pagão ou cristão. Fox passava por cidade após cidade, nunca ficando por muito tempo, procurando avidamente por alguém que sentisse ser um crente genuíno. Em seu diário, ele escreveu: "Porque não me arrisco a ficar por muito tempo... com medo tanto do professor [cristão] quanto do profano, para que, sendo um jovem tenro, eu não venha a ser ferido por conversar muito com qualquer um deles".[12]

Entrando na cidade de Londres, Fox estava certo de que encontraria alguém que poderia responder às suas perguntas e pôr fim à batalha espiritual desesperada que era travada em seu interior. Ao chegar, ouviu os grandes pregadores da época, mas nenhum tinha uma palavra para ele. Outros com quem ele falava sugeriam que encontrasse uma boa garota e se casasse com ela, e ela certamente poria um fim ao seu tumulto interior. Outro sugeria que ele se alistasse como soldado, porque assim não teria tempo para pensar. Todas essas sugestões fizeram com que Fox fugisse ainda mais depressa.

Deixando Londres, ele se encontrou com um dos clérigos de sua aldeia. Sem dúvida ele poderia responder ao interrogatório incansável do jovem. Mas parecia que o ministro tinha mais perguntas que ele, e assim Fox acabou resolvendo todos os problemas do ministro e também ouviu, no domingo seguinte, o clérigo usar todas as respostas que ele lhe dera na própria mensagem.

Desanimado, visitou outro ministro em uma cidade próxima. Depois de ouvir sobre a angústia espiritual de Fox, o ministro sugeriu que ele usasse tabaco como tranquilizante e cantasse salmos. Além desse mau conselho, Fox descobriu que o ministro havia falado sobre a conversa particular que tiveram com os habitantes da cidade, e agora todos riam quando o viam.

Ainda sem desistir, Fox visitou outro ministro em outra cidade. Antes mesmo que pudesse falar sobre sua situação, o ministro teve um ataque de fúria, gritando porque Fox havia pisado em seu canteiro de flores acidentalmente.

O último ministro que Fox procurou lhe disse que aquele desânimo era resultado de uma doença e que ele queria "sangrá-lo" para livrá-lo dela. Um remédio popular naquela época, "sangrar" alguém significava fazer uma incisão em seu corpo para que o sangue drenasse a doença ou a infecção do organismo. O procedimento médico foi realizado, mas Fox escreveu em seu diário que seu corpo estava tão esgotado devido a tristezas, dores e problemas, que nenhuma gota podia ser encontrada nele. Ele desejava nunca ter nascido.[13]

Uma Palavra Sobre os Profetas

Quero fazer uma observação aqui. É interessante como os livros de diversos partidários da Sociedade dos Amigos representam Fox durante esse período de sua vida. Hoje, a denominação está dividida em diferentes categorias, e irei desenvolver essa questão mais tarde neste capítulo. Uma delas, porém, os liberitas, é basicamente um segmento secular, que nega o nascimento virginal e se fundamenta totalmente na razão; eles parecem ter escrito os maiores livros sobre Fox.

Depois de visitar o atual escritório central dos seguidores de Fox, localizado em Londres, posso dizer com tristeza que ele consiste principalmente de liberitas. Parece que eles abandonaram as verdades de seu líder com relação à operação do Espírito Santo e aos princípios bíblicos, e dependem totalmente do intelecto, racionalizando tudo. Se você falasse com eles sobre esse período da vida de Fox, eles provavelmente o atribuiriam a uma melancolia mental ou a uma depressão psicológica. Creio que eles achavam que esse tormento era apenas sinal de um problema em suas habilidades mentais e físicas. Mas não se tratava disso.

George Fox, Fundador da Seita do Povo Chamada de Quaker, pintura original de Hanthorst, 1654
Friends Historical Library, Swarthmore College

Os profetas podem viver momentos de angústia, mas normalmente não se trata de fraqueza mental. Eles veem de maneira diferente dos outros e, muitas vezes, sentem intensamente o coração de Deus em determinada situação. Se um profeta não consegue encontrar a saída correta para o que vê ou sente, isso pode gerar angústia. Os sentimentos de angústia geralmente surgem quando os profetas deixam de entender o equilíbrio entre o tempo e a vida prática. Às vezes a situação que eles veem é tão intensa para eles, que sentem que essa é a única mensagem que precisa ser pregada. Quando os outros não a veem como o profeta vê (porque não foram eles que a ouviram do Céu), a reação pode ferir um profeta imaturo. Um profeta precisa entregar a mensagem do Senhor, mas precisa deixar os resultados dessa mensagem com o Senhor. Os profetas nunca podem permitir que a mensagem e sua preocupação dramática e apaixonada pelas almas interfiram com a vontade da pessoa ou com a obra do Senhor na vida dela. O trabalho do profeta é dizer o que ouviu, e depois deixar os resultados com o Senhor e com os ouvintes.

Sua Alma é Madura?

Fox estava experimentando certa dose dessa angústia profética. Creio que o principal motivo pelo qual ele passou por todo esse trauma foi desenvolver a força de sua alma para seu ministério futuro. Ele estava desenvolvendo o que chamo de "maturidade da alma".

Eis a que estou me referindo. Fossem quais fossem os becos sem saída que Fox encontrasse por causa do estado decaído dos ministros, ele continuava seguindo em frente. Não há dúvidas de que ele se sentia deprimido

GENERAIS DE DEUS OS REFORMADORES ESTRONDOSOS

e impotente algumas vezes, mas nunca parava. Ele continuava procurando as respostas de que precisava, continuava lendo a Palavra, enchendo seu coração dela e procurando ouvir o Espírito Santo em busca de ajuda. É assim que você constrói maturidade em sua alma contra a perseguição e a crítica.

O Senhor já havia instruído Fox a guardar seu coração, e ele o fez. Para adquirir maturidade contra as coisas que afetam negativamente a alma, você precisa guardar bem o coração. Como Fox, mergulhe na Palavra, especialmente em passagens bíblicas relativas a áreas que são sensíveis para você. À medida que você permitir que o Espírito Santo o guie e o ajude, logo você superará aquilo que tentou paralisá-lo no passado. A Palavra, o Espírito Santo e a sua tenacidade de continuar seguindo em frente construirão uma força espiritual naquela área da sua alma.

> Fox aprendeu que, na vida de um reformador, somente Deus pode ser a fonte de força. O homem pode encorajar, mas Deus dá a força.

A mesma coisa aconteceu com Fox. Logo, esses ministros de quem ele queria fugir se tornaram os alvos que ele procurava. Para ser um líder, ele não podia depender do homem para sempre lhe dar as respostas ou para consolar sua alma. Na vida de um verdadeiro reformador, só Deus pode ser a principal fonte de força diária. O homem pode encorajá-lo, mas Deus lhe dá a força. Fox aprendeu bem essa lição.

A Primeira Revelação: O Novo Nascimento

Fox, ainda grandemente desiludido e sem respostas, voltou para casa em 1644. Estava decidido a encontrar Deus, e ele não ia buscá-lo em nada que causasse mais inquietação ou depressão para ele. Como se sair de casa para encontrar Deus não fosse suficientemente dramático, ele agora se recusava a frequentar a igreja de sua infância com seus pais presbiterianos. Seus pais e as pessoas da sua aldeia ficaram horrorizados por Fox ter virado as costas para a religião em que havia sido criado. Enquanto os outros frequentavam o culto, Fox se retirava com sua Bíblia para uma colina tranquila para meditar em diversas passagens.

Esse costume tornou-se um modo de vida para ele. Ele percorria constantemente os campos abertos e pomares durante os cultos da igreja, lendo a Bíblia, orando e lutando contra as forças malignas que angustiavam seu coração. Ele escreveu várias "aberturas" ou experiências perceptivas nas quais tinha uma revelação divina repentina com relação às Escrituras que havia lido.[14]

> A frequência à igreja, as boas obras, o batismo ou o nascimento em determinada religião não dão a uma pessoa o poder para viver de acordo com a vontade de Deus.

Durante esses momentos de busca e comunhão com o Senhor, Fox começou a entender o que parecia ser uma nova revelação naquela época. Na verdade, as revelações que Fox recebeu durante esse período se tornaram as pedras fundamentais de sua vida e de seu ministério. Esses fundamentos essenciais tornaram-se as principais crenças que eventualmente deram início à formação dos quakers.

A primeira revelação foi o entendimento do novo nascimento. Contrariamente ao que era ensinado na igreja (que todos os cristãos eram crentes), Fox entendeu que uma pessoa só podia se tornar cristã se fosse convertida interiormente, recebendo assim a vida eterna. Isso era chamado de novo nascimento. A frequência à igreja, as boas obras, o batismo ou o nascimento natural em certa religião não a qualificavam, nem lhe davam o poder para viver de acordo com a Palavra de Deus. Somente o novo nascimento, a transformação a partir de dentro, qualificava uma pessoa para ser uma seguidora de Jesus Cristo. Se experimentasse esse novo nascimento, então a pessoa possuiria — ou viveria — o que ela professasse. As crenças da época não abrangiam esse ensinamento.

A Segunda Revelação: A Verdadeira Autoridade

A segunda revelação estava diretamente ligada ao novo nascimento. Fox havia andado perturbado com a questão da "autoridade": de onde ela vinha? Quem a adquiria? Quem a possuía? Ao ler a Bíblia, o Espírito Santo o iluminou, e Fox entendeu que, ao contrário da crença popularmente aceita na época, uma educação em Oxford ou Cambridge — ou em qualquer faculdade — não bastava para tornar um homem um ministro. Quando ele associou essa revelação à primeira, percebeu que se um ministro não tivesse o novo nascimento, ele não poderia ser um verdadeiro ministro.[15] Uma educação universitária não fazia a diferença. Assim como ser membro da igreja não fazia de alguém um cristão, a faculdade não fazia um ministro. Um verdadeiro ministro era nascido de novo em seu interior, era sensível à ajuda do Espírito Santo e estava sempre sondando a Bíblia em busca de edificação e conselho. Um verdadeiro ministro sentia esse chamado em seu coração, e Deus o capacitava a desempenhá-lo. Ele não dependia de sua educação ou de seu intelecto como pré-requisitos para esse chamado.

Fox acreditava que nenhum homem podia aprovar uma ordenação; somente a ação divina da graça de Deus podia separar o homem e confirmá-lo como ministro. Até hoje, os ministros quakers mostram seus documentos como "registrados" pela igreja; eles não são ordenados ou licenciados. Eles acreditam que somente Deus ordena; as pessoas meramente registram isso.[16]

As revelações de Fox foram revolucionárias. Elas minaram totalmente os preceitos sociais e religiosos da época. O púlpito estava sendo usado como um poder controlador, dando ao ministro um ar de superioridade e a todos os outros uma sensação de inferioridade. Fox veria outras verdades que haviam sido escondidas ou distorcidas pela ganância do homem e pelo seu desejo de controle, mas, por ora, estes dois temas principais — o novo nascimento e o verdadeiro chamado de Deus — permaneceriam sendo a marca central do seu ministério.

Quando o Espírito Santo revelou essas duas primeiras verdades, Fox se posicionou firmemente, prometendo gritá-las dos telhados. Ele imediatamente encurralou seus pais e parentes e, citando versículo após versículo, os atormentava com a acusação de que o ministro presbiteriano deles não estava qualificado para manter sua posição.

Seus pais ficaram chocados com o comportamento do filho. Constrangidos com as afirmações inflexíveis de Fox, tentaram consolá-lo e inventar desculpas para ele, esperando enfraquecer sua ousadia. Mas Fox nunca vacilou nem recuou da verdade dessas revelações; em vez disso, ele se tornou ainda mais ousado. Essa palavra da parte de Deus eventualmente geraria perseguições contra ele, inclusive anos de prisões torturantes.

A Terceira Revelação: "Casas com Campanário"

Fox continuava a discutir aquela revelação com seus pais e com sua família, esperando persuadi-los. Em vez de ver da maneira dele, eles continuaram a ficar chocados por ele causar tamanho caos dentro da comunidade. O ministro da família sentia-se extremamente ameaçado por Fox e denunciou-o a seus pais, dizendo que o filho deles era um desses "moderninhos" que afirmava ver uma nova luz sobre verdades antigas.[17]

Fox agora estava separado de sua comunidade, de sua família e de seus amigos. Mas em vez de recuar por causa da pressão, ele avançou ainda mais rumo à presença de Deus, buscando-o diariamente e dependendo do Espírito Santo para revelar Sua verdade.

A terceira revelação, assim como as duas primeiras, não foi aceita pela opinião pública. Naquela época, o prédio da igreja era considerado um local

> Fox achava que o templo de Deus consistia de crentes de carne e osso. Eles eram a igreja espiritual, e seus corpos eram os templos de Deus.

sagrado, onde todos sussurravam e andavam na ponta dos pés porque Deus habitava ali.

Fox entendia isso de modo diferente. De acordo com a Bíblia, Deus não tinha necessidade de uma estrutura material especial; Seu templo consistia de crentes de carne e osso que haviam experimentado o novo nascimento e buscavam o Espírito Santo para ter direção e orientação. Fox acreditava que os verdadeiros cristãos eram a igreja espiritual e que seus corpos eram os templos de Deus. Então, ele começou a chamar os prédios das igrejas de "casas com campanário", uma espécie de gíria, que acarretou uma grande fúria entre os religiosos. Essa revelação acabou sendo o estopim de uma intensa perseguição a Fox, apenas porque ele desenvolveu e agiu com base em uma indignação justa pelo que esses templos representavam — ou mais apropriadamente, representavam de forma errada.

A Quarta Revelação: O Espírito Santo Ensina

A terceira revelação levou a uma quarta: o próprio Senhor ensinava ao Seu povo. Fox estava introduzindo o ministério do Espírito Santo às igrejas até então secas, que haviam usado somente a Palavra de Deus, sem o Espírito, criando uma mentalidade de justiça própria focada na letra da Lei. Fox percebeu que precisamos depender da iluminação (revelação) do Espírito Santo, e não meramente das frases escritas na Bíblia. Sua percepção de certos versículos havia sido avivada pelo Espírito dentro dele, fazendo-os ganhar vida e entendimento.

Fox estava começando a entender a necessidade de unir o Espírito à Palavra. Agora a Bíblia era empolgante, cheia de assombro, com respostas e oportunidades! Ele afirmava que, assim como Jesus Cristo havia morrido por todos, do mesmo modo o Espírito de Deus estava disponível para ensinar a todos, e não apenas ao clero. Mas ele também acreditava que toda direção do Espírito Santo seria confirmada pela Palavra.

Essa revelação foi revolucionária em seu tempo por dois motivos. Primeiro, o clero havia deixado claro que só eles podiam interpretar a Bíblia, e usavam esse controle cheio de justiça própria como um martelo sobre a cabeça das pessoas, as obrigando a agir e a viver como eles orientavam.

A segunda razão pela qual ela foi revolucionária foi porque o povo havia sido categorizado em uma sociedade de classes. Isso significava que, até aquele momento, os cidadãos de classe baixa tinham pouco a dizer na esfera social, sendo desprezados pelo clero e pela elite se achassem que o Senhor podia lhes mostrar alguma coisa. Mas a revelação de Fox provaria que qualquer pessoa, independentemente da sua classificação na sociedade, era capaz de ouvir Deus e de ser ensinada por Ele.

Nota-se que Fox não apenas falou ao setor religioso do seu tempo, mas também às classes de sua sociedade. Como todos os reformadores, se ele recusou a permanecer isolado, afetando apenas aqueles que pensavam como ele.

"Dá-me os Decepcionados, Desiludidos e Desanimados"

Assim como Lutero e Calvino, Fox também acreditava que a Igreja era muito semelhante a um berçário para crentes, mas ele foi além disso, apoiando grupos individuais espalhados pelo país que estavam cheios de crentes divergentes.

Em 1646, ele iniciou suas perambulações novamente, encontrando esses grupos dispersos e pregando sua revelação a eles. Os grupos aos quais ele pregava eram muito encorajados com suas palavras, pois Fox pregava com autoridade, respondendo às perguntas do coração deles — tanto as perguntas políticas quanto as espirituais.

Fox pregando em uma taverna
Hulton Archive Getty

Essa prática de procurar grupos dissidentes seria extremamente impopular junto aos ministros e às igrejas de hoje, assim como era na época.

Posso ver o fogo de Deus sendo extinto com conselhos cautelosos e temerosos. Mas eis a diferença vital que fez a coisa funcionar para Fox: ele nunca procurava os ministros que estavam em alta. Ele não estava interessado em subir uma escada política ou religiosa na esperança de ser notado. Em vez disso, Fox procurava os decepcionados e os desiludidos. E ele tinha uma percepção aguçada para localizá-los, porque seu coração era realmente segundo o coração de Deus. Ele havia finalmente aprendido que o homem nunca poderia responder ou remediar as perguntas de seu coração. Embora ele estivesse procurando um homem para ser seu mestre, Fox ouviu a voz do Espírito Santo lhe dizer: "Existe Um, o próprio Cristo Jesus, que pode falar a eles em sua condição".[18]

Ele percebeu que somente Jesus Cristo pode verdadeiramente falar a um coração, transformá-lo e dar força espiritual, e que somente Ele deveria receber a glória por isso. Essa revelação tornou-se um incrível fator restritivo que serviu de norte em todos os dias de sua vida, o que o impediu de procurar agradar ao homem, de tornar-se popular ou de tentar conviver com todos.

Sempre que ouvia sobre uma reunião na qual estavam dissidentes políticos, Fox procurava estar ali, aproveitando a ocasião para pregar o Evangelho. Ele falava sobre os descontentamentos sociais das pessoas, depois dava uma resposta de acordo com a Palavra e o Espírito. As pessoas ficavam satisfeitas, e à medida que ele falava, elas viam os problemas claramente.

Essa é outra lição valiosa que Fox demonstrou. Embora pensasse muito à frente do seu tempo, ele era um homem da sua geração, um homem que estava totalmente envolvido com sua cultura. Isso me faz pensar em Davi, conforme descrito em Atos 13:36: "Ele havia servido na sua própria geração segundo a vontade de Deus".

> Fox entendia que somente Jesus Cristo pode verdadeiramente falar a um coração, transformá-lo e dar a ele força espiritual, e que somente Ele deveria receber a glória por isso

Fox não era um cristão que evitava ter contato com o mundo. Embora fosse um exemplo de verdadeira santidade, ele não tinha medo de conviver com as pessoas nem se escondia em algum canto com aqueles que pensavam como ele. A Reforma nunca virá de cristãos que agem assim. Ao contrário, Fox ia atrás das pessoas, ganhando-as para Deus e, ao mesmo tempo, cuidando das doenças da sociedade. Ele sentia que essas duas responsabilidades eram seu dever divino, e falava agressivamente às suas audiências com a língua de um anjo.

Creio que todo grande reformador sabia como mesclar sua autoridade em várias esferas — política, social e espiritual. Afinal, o Evangelho é dado para suprir as necessidades das pessoas, e o governo muitas vezes afeta essas necessidades. Os reformadores entendem que os homens não podem remediar os males da sociedade, mas corações transformados podem fazê-lo, e o farão. À medida que trabalhavam para gerar uma reforma espiritual no coração dos homens, a reforma política e social acontecia como consequência.

Hoje a sociedade está madura para outra reforma. Você é alguém movido a agir pelo coração de Deus, independentemente das consequências? Ou está mais preocupado com sua imagem aos olhos dos outros se você obedecer a Deus, ou seja, preocupado com a opinião pública? Você é alguém que está se esforçando para subir os degraus da escada política e religiosa, esperando ser reconhecido? Você se sente mais confortável ficando isolado com seus amigos cristãos e sua igreja, ou ousa ser a mão estendida e a voz de Deus na terra, custe o que custar? Ouço as vozes das multidões clamando, até mesmo suplicando, por reforma e mudança.

E você?

O Manto do Confronto

Enquanto percorria Manchester, Fox registrou um de seus primeiros convertidos, se não o primeiro: uma mulher chamada Elizabeth Hooten. Ela tornou-se uma das missionárias mais dedicadas que Fox já teve. A casa dela era uma de suas bases de ação nos primeiros anos de ministério.

Enquanto viajava de aldeia em aldeia, em 1647, Fox chegou à cidade de Mansfield, onde um profeta idoso de nome Brown estava morrendo. O nome completo desse profeta é desconhecido; sabe-se apenas que ele se chamava Brown. Ele pediu para falar com Fox e profetizou muitas coisas maravilhosas com relação ao futuro dele — principalmente que Fox converteria muitos pecadores.

Quando Brown morreu, um grande manto de unção veio sobre Fox. Durante duas semanas, as pessoas vinham de todos os lugares, esperando falar com ele. Sua unção profética havia entrado em plena operação, e ele podia ver a vida das pessoas que se colocavam diante dele. Quando orava em uma reunião, o poder de Deus descia tão fortemente que o próprio prédio parecia balançar. Alguns dos presentes declaravam: "Isto é como nos dias dos apóstolos, quando a casa em que eles estavam foi abalada no dia de Pentecostes!".[19]

Depois desse tremendo derramamento, Fox voltou à sua região, Leicestershire. Ele chegou bem a tempo para uma reunião de todas as denominações, convocada para discutir vários assuntos. Diversas pessoas falaram, e depois uma mulher, com uma ousadia incomum para aquela época, levantou-se para fazer uma pergunta.

O ministro que estava presidindo a reunião, tomado pela fúria e decidido a humilhá-la, anunciou que ele não permitia que as mulheres falassem na igreja.

As diretrizes religiosas daquela época determinavam que uma mulher não tinha permissão para falar na igreja, devendo ficar sentada em silêncio. Mas aquela sociedade também levou essa doutrina um passo além. Cheia de noções pagãs e boatos misteriosos, alguns acreditavam que as mulheres não tinham alma! É claro que Fox ouviu essa crença maluca diversas vezes durante suas viagens e sempre a refutava, lembrando a eles que a mãe de Jesus exclamou como sua alma glorificava o Senhor. Ele sabia que esse tipo de pensamento era ridículo.

Contudo, Fox ouviu outra palavra na resposta do ministro que o enfureceu. Não foi a palavra *mulher*. Foi a palavra *igreja*. Sabendo o que verdadeiramente o Espírito Santo chamava de igreja, Fox não podia permitir que o comentário abusivo e legalista do ministro não fosse reprimido. Sentindo a unção de Deus, ele se levantou e encarou o homem de frente.

— Vós chamais este lugar de igreja, ou esta multidão mista de Igreja? — perguntou na tentativa de enlaçar o ministro.

— O que vós chamais de Igreja? — perguntou o ministro, pensando que estava no controle.

— A Igreja — começou Fox — é a coluna e o baluarte da verdade, composta de pedras vivas e membros ativos; uma família espiritual da qual Cristo é o Cabeça. Mas Ele não é o cabeça de uma multidão mista, ou de uma casa velha composta de cal, pedras e madeira.[20]

Com isso, o ministro, com o rosto vermelho, desceu correndo do púlpito, dirigindo-se diretamente para Fox! Toda a congregação irrompeu em gritos, e Fox foi expulso do prédio!

Daquele dia em diante, ele ficou conhecido por focar suas críticas na religião estabelecida. Ele se levantava nos cultos, condenava os ministros e pregava ao povo sobre o engano daqueles homens.

Isso pode parecer totalmente fora de contexto, mas naqueles dias era prática comum as pessoas se levantarem e dizerem o que pensavam no fim de cada culto. Os cultos não eram encerrados até que essa oportunidade se apresentasse.

Fox aproveitava-se totalmente desses momentos. Mas de vez em quando, ele não conseguia conter a forte agitação do Espírito Santo — principalmente quando o ministro estava grotescamente errado ou usava de excesso de justiça própria em seu ministério. Nesses momentos, Fox se levantava no meio do sermão e dizia a verdade! Às vezes ele chamava o ministro de enganador, expondo como ele estava enriquecendo com os dízimos das pessoas pobres. Outras vezes ele denunciava a interpretação do ministro sobre as Escrituras, gritando qual era o erro cometido. Seja o que for que a ocasião exigisse, Fox o fazia. Ele sempre falava o que pensava, se o ministro era um hipócrita ou se ele era um lobo com pele de ovelha enviado pelo diabo para saquear o rebanho — isso não importava para Fox. Tudo que importava era que o engano fosse revelado e a verdade fosse proclamada!

Os padres se levantavam com o rosto vermelho e emudecido ou entravam em uma fúria selvagem enquanto os outros membros da igreja batiam em Fox com os próprios punhos, bordões ou bengalas, até ele estar coberto de contusões e machucados. Alguns puxavam facas e tentavam cortá-lo. Eles o lançavam nas ruas, sobre cercas e em escadas íngremes, ou lhe atiravam pedras.

Alguns de seus discípulos recém-conquistados também começaram a adotar a prática de entrar nas igrejas e atacar aquelas tradições vazias. Todos eles eram destemidos porque tinham um grande objetivo em mente: destruir a religião e introduzir o verdadeiro Espírito de Cristo. Há tantas histórias incríveis desses encontros nas igrejas que um capítulo não poderia conter todas elas.

Perseguição Significava Sucesso!

Durante esses ataques físicos violentos, Fox simplesmente ficava de pé (quando podia), sacudia as calças de couro e ia embora, profundamente satisfeito porque a perseguição significava que a mão de Deus estava sobre ele.

Era algo bom o fato de Fox ver a perseguição como uma motivação porque, ao continuarmos, seu coração ficará partido com o sofrimento que ele e os que seguiam seus ensinamentos suportaram. Ninguém em seu estado mental perfeito amaria ser espancado. A perseguição só motiva uma pessoa quando ela a entende pelo Espírito.

Fox avaliava o sucesso de seu ministério de uma entre duas maneiras. Ou os pecadores se converteriam, e isso significa sucesso, ou ele seria expulso e espancado muitas vezes, o que significava sucesso porque sua mensagem havia deixado o diabo furioso. De uma maneira ou de outra, ele não podia perder. A mentalidade de Fox com relação à perseguição era mais do que apenas um pensamento positivo. Fox era um profeta que, como os apóstolos do livro de Atos, alegrava-se em ser considerado digno de sofrer por amor a Cristo. A perseguição e o sofrimento o motivavam por saber que estava seguindo o caminho certo.

Eles Tremem Diante da Palavra de Deus!

Em 1649, a famosa descrição de Fox da direção do Espírito Santo como a "luz interior" tornou-se uma frase comum. Ele baseou essa terminologia em João 1:4, que diz: "A vida estava nele, e a vida era a luz dos homens". Na verdade, Fox não parou nesse único versículo. Os livros de João e 1 João especificamente ligam a luz de Deus a Jesus Cristo e ao Espírito Santo. Fox acreditava que a luz interior levaria qualquer pessoa à verdade, desde que ela a seguisse, fundamentando essa crença em muitas passagens bíblicas. Não havia nada de Nova Era ou de fantasmagórico na maneira como ele a interpretava; ela era bíblica, mas deixava os calvinistas furiosos!

A esta altura, aqueles que haviam sido convertidos pelos seus ensinamentos itinerantes haviam se tornado um grupo bem grande, e eles começaram a realizar as próprias reuniões. Seus seguidores e convertidos se reuniam do seguinte modo: sentados em silêncio, eles esperavam até que o Espírito Santo movesse alguém a testemunhar em oração, fala ou cântico. Se o Espírito Santo não se movesse, o grupo se dissolvia, refletindo silenciosamente sobre seu relacionamento com o Senhor.

Durante esse período, a ideia que estava mais distante da mente de Fox era a de iniciar outra denominação. Ainda assim, seus seguidores eram chamados por certos títulos para distingui-los dos outros. "Filhos da Luz", "Povo de Deus", "Semente Real de Deus" ou "Amigos da Verdade", foram alguns dos nomes com os quais eles foram rotulados. No fim, o último nome ganhou mais referências, "Sociedade Religiosa dos Amigos" ou "Sociedade dos Amigos".[21] Esse nome baseava-se mais uma vez na Bíblia. João 15:13-15 diz: "Ninguém tem maior amor do que este, de dar alguém a sua vida pelos seus **amigos**. Vós sereis meus **amigos**, se fizerdes o que eu vos mando. Já vos não chamarei servos, porque o servo não sabe o que faz o seu senhor; mas tenho-vos chamado **amigos**, porque tudo quanto ouvi de meu Pai vos tenho feito conhecer" (grifo nosso). Você pode perceber com esses versículos o quanto era forte o fundamento dentro do grupo com relação à direção e orientação do Espírito Santo. Nos primeiros dias dos quakers, era dada ao Espírito Santo total proeminência.

Ao longo da vida de Fox, ele seria aprisionado aproximadamente cem vezes. Em 1650, Fox foi preso pela primeira vez com base em uma única acusação de blasfêmia. Questionado por um grupo de clérigos, ele foi amaldiçoado por dizer que ele e seus seguidores não tinham pecado. Fox corrigiu-os afirmando que em Jesus Cristo todos haviam sido libertos do pecado se tivessem aprendido a seguir o Espírito Santo. Recusando-se a ouvi-lo, eles o lançaram na prisão por seis meses.

Durante esse tempo, Fox repreendeu um juiz, dizendo-lhe que ele devia tremer diante da Palavra de Deus. O juiz desdenhou de Fox e de seus seguidores, chamando-os de quakers* com referência à repreensão de Fox sobre tremer. O apelido pegou, em parte porque eles eram conhecidos por tremer em suas reuniões. Isso acontecia devido à intensa presença do Espírito Santo que descia fortemente sobre eles.

Nenhuma Pedra Revirada

Nessa época, Fox também se aventurou ainda mais em seu chamado, desafiando o *status quo* social e econômico da época. Uma coisa era saber sobre a luz, mas viver na luz, era outra. Lembre-se de que, para Fox, se você se intitulasse cristão, era melhor viver o que professava. Fox invadiu todas as áreas da sociedade com esse entendimento.

Ele fazia perguntas para as pessoas como: se você é artesão, entregou um trabalho de qualidade? Você paga salários justos? Se você é comerciante, seus preços são justos? Se você tivesse a chance de vender artigos ruins para lucrar ou de cobrar um cliente em excesso, você o faria? Se você fosse um magistrado, você trataria os pobres e desconhecidos de modo justo?

Ele repreendia os advogados que se dedicavam aos próprios ganhos, e os médicos porque deixavam de dar a Deus o crédito por criar e curar o corpo humano. Ninguém era deixado de fora. Ele instruía os professores a cuidarem do comportamento das crianças e os pais, a serem responsáveis. Repreendia os proprietários das tavernas por darem bebida demais aos frequentadores por amor ao dinheiro, e os astrólogos que faziam previsões populares e enganosas para que as pessoas não fossem responsáveis pela própria vida. Ele repreendia humoristas por fazerem rir com piadas sujas, levando a mente a pensar no pecado e na tentação. É claro que essas perguntas investigativas fomentavam o ódio contra ele — algo que os ministros religiosos tinham prazer em ver.

Esse ódio de sua mensagem significava pouco para Fox. Ele acreditava que Deus desejava igualdade para todos, por isso promoveu uma campanha que perdurou por toda a sua vida. Infelizmente, ele viveu em

---
* Quaker vem do verbo inglês *to quake*, que significa tremer.

uma época muito semelhante à de hoje, quando as pessoas eram obcecadas pela posição social. Naqueles dias, a classe social era reconhecida através de linguagem e gestos sofisticados. Por exemplo, pronomes de tratamento diferentes eram usados para se dirigir às pessoas inferiores ou de classe social mais baixa — e também para as divindades e os amantes. Para Fox, isso era inescusável. Ele achava que nenhuma pessoa devia ser humilhada como servo ou bajulada como superior.

O costume de se vestir de forma elaborada era outro mal social. A classe social exigia não apenas reverências e mesuras, mas também que as pessoas se levantassem de forma dramática e retirassem seus chapéus. Todos usavam chapéu, e havia certa etiqueta que ditava quando e por que usar um chapéu. Em meio a essa atitude engomada estava o teimoso Fox, com seu chapéu firmemente sobre a cabeça, se recusando a erguê-lo quer encontrasse o rei ou um pobre. Ele usava chapéu em desacato, em nome da Palavra de Deus, declarando que todos estavam no mesmo nível de Jesus Cristo e que não havia divisão de classe para Ele.[22]

Ele até falou sobre o vestuário, o qual, para ele, deveria ser sensato, livre de extravagâncias. Assim, hoje, os Amigos ainda são conhecidos por seus trajes simples e pelo uso de chapéus, não importando onde estejam ou quem encontrem.

A mentalidade de George Fox poderia ser mais bem resumida deste modo: em todo o curso de sua vida, ele não podia ver nada pecaminoso, opressor ou prejudicial sem sentir um desejo ardente de corrigi-lo. Ele buscava a correção com grande vigor, independentemente da dor, do sofrimento ou da perseguição que isso lhe causasse.

Reuniões, Porcos e Mofo

Parecia que todo grupo independente que havia rompido com a religião estabelecida estava indo ver e ouvir George Fox. Por volta de 1652, Fox havia alcançado uma combinação perfeita em suas mensagens, falando do aspecto espiritual, mas apelando para as condições sociais e aspirações de suas audiências também. Fox apelava para todos eles — batistas, independentes, presbiterianos, puritanos e para aqueles que não tinham um grupo especial. Ele continuou a interromper reuniões de igrejas, sempre fazendo os templos tremerem com sua voz cheia de convicção.

Fox não poupava os sentimentos de ninguém em seu ataque à religião. Ele chamava a igreja de sua época de "falsa igreja governada sobre o poder da besta e do dragão".[23] Não hesitava em declarar que seus seguidores eram membros da verdadeira igreja e dava as boas-vindas à oposição, amando a "maravilhosa confusão que ela gerava entre todos os professores e padres".[24] Muitas vezes aqueles que o ouviam irromper contra um culto da igreja eram convencidos, abandonavam aquela igreja e se tornavam seus seguidores.

Enquanto isso, Fox se recusava a chamar a reunião dos seus seguidores de culto de igreja, de modo que ele simplesmente a chamava de reunião.

A oração era uma parte vital desses encontros, e a súplica intercessória era comum. Fox e os primeiros quakers acreditavam ser cheios do Espírito Santo, com a evidência de falar em outras línguas. Um antigo quaker cujo último nome era Burrough escreveu várias vezes em seu livro *Prefácio ao Grande Mistério* estas palavras: "Nossas línguas [foram] soltas e nossas bocas se abriram, e falamos com novas línguas à medida que o Senhor nos permitia".[25] Esse derramamento do Espírito Santo ocorria com frequência enquanto os quakers esperavam em silêncio.

Nessas reuniões, uma testemunha afirmou que a presença do Espírito Santo era tão intensa que parecia que a alma estava em agonia desesperada, tão dolorosa que tinha um efeito externo. Frequentemente, as pessoas nas reuniões eram abaladas com "gemidos, suspiros e lágrimas", muito semelhante a uma "mulher em trabalho de parto". Alguns desmaiavam como se estivessem "com epilepsia", e enquanto os lábios tremiam e as mãos sacudiam, os adoradores podiam ficar deitados no chão nesse estado por horas a fio.[26]

Alguns que frequentavam essas reuniões manifestavam violenta oposição quando a presença de Deus se manifestava desse modo. Uma vez, quando o Espírito Santo desceu sobre uma reunião, um homem correu para Fox para desafiá-lo — ao que Fox ordenou rispidamente: "Arrependa-se, seu porco, sua besta".[27]

Uma de minhas histórias favoritas tem a ver com Fox desafiando grosseiramente a tradição da Comunhão — a crença na transubstanciação. A transubstanciação é a ideia de que o pão e o vinho realmente são transformados no verdadeiro corpo e sangue de Jesus durante a Comunhão. Ele desafiou dramaticamente o jesuíta a dividir o pão e o vinho, a abençoar apenas a metade, e a permitir que as pessoas vissem se as partes que eram o corpo e o sangue de Jesus resistiam ao mofo. É claro que quando o padre jesuíta se recusou, Fox foi justificado.[28]

Lar, Doce Prisão

Fox era levado à prisão por qualquer coisa, desde se recusar a tirar o chapéu a se recusar a fazer um juramento. Às vezes um quaker era colocado na prisão por simplesmente andar pela rua. Os magistrados chamavam isso de vagabundagem. Os quakers eram fáceis de ser identificados por causa do estilo de suas roupas. Pode parecer estranho falar desse modo, mas a maior parte do ministério de Fox consistiu de confrontos extremos e ousados, espancamentos físicos e prisões. Essas punições duras garantiram muitas das liberdades que desfrutamos hoje.

Como a prisão era uma grande parte da vida de um quaker, quero que você entenda que provação incrível isso constituía. As prisões daquela época eram absolutamente deploráveis. Esgotos abertos corriam pelo meio dessas masmorras escuras, que ficavam localizadas sob as ruas da cidade, tornando as condições imundas e os vapores tóxicos. Na maior parte do tempo, havia apenas uma pequena abertura que permitia a entrada de luz e de ar. Os verões eram sufocantes e os prisioneiros desmaiavam, ficavam gravemente doentes, e às vezes até morriam devido à falta de ar e de circulação. Não forneciam alimento. Se um prisioneiro recebesse comida, era porque um parente ou amigo a levava e obtinha o favor do carcereiro. Esse também era o caso com relação às poucas palhas sobre as quais eles dormiam. Ela tinha de ser fornecida pela família ou pelos amigos do prisioneiro. Se a família ou os amigos deixassem de levá-la ou se não se obtivesse o favor das autoridades prisionais, os prisioneiros deitavam em um chão duro e molhado.

Como os quakers eram extremamente odiados, muitas vezes os carcereiros os amontoavam em uma câmara na qual os prisioneiros tinham alguma doença infecciosa, esperando que a morte levasse todos eles. Apesar desse abuso desumano, não há relatos de que sequer um quaker tenha negado a fé.

Fox na prisão
Arquivos North Wind Picture

Havia um ditado naqueles dias que dizia mais ou menos isto: "Onde quer que você veja um quaker, bata nele, e se não encontrar um, vá procurar por ele".[29] Se eles fossem vistos orando antes de uma refeição, em público, eram lançados na prisão. Se não tirassem o chapéu ou não fizessem um juramento (porque eles não juravam), se eles se recusassem a participar de algum jogo, ou se houvesse rumores de que uma mulher falou em uma reunião, eles eram presos. Por volta de 1656, mais de mil quakers haviam sido presos por atos não criminosos como esses.

Se um quaker visitasse outro na prisão, ele poderia ser açoitado. Não importava a idade ou o gênero; todo quaker era severamente perseguido. As mulheres eram arrancadas de suas casas, rotuladas de feiticeiras e lançadas nas masmorras ou açoitadas publicamente e espancadas, até que suas costas ficassem destruídas; as crianças eram tiradas de seus pais e vendidas como escravas. Mesmo se alguns estivessem enfermos na cama, eles podiam ser presos no próprio quarto e arrastados pelas ruas para serem lançados na prisão.

Todos esses atos atrozes eram cometidos porque os quakers ousavam se opor à religião morta organizada, porque ousavam se posicionar ao lado da Palavra de Deus e porque ousavam proclamar que todas as pessoas eram iguais. Ainda assim, em meio a todo esse ódio, nem um quaker negou a fé ou a posição em Deus.

Certa vez, Fox foi preso no Castelo de Scarborough junto ao mar. Era um inverno muito rigoroso, e a água salgada do mar espirrava constantemente na cela até sua cama ficar ensopada e a água empoçar no chão. Não havia lareira para se manter aquecido. Ele ficava deitado na umidade sem qualquer alívio, noite e dia, até que suas mãos incharam e ficaram duas vezes o tamanho normal.

Às vezes, no frio da noite, olho a minha volta, para o conforto de minha casa, e penso em George Fox e no quanto deve ter sido terrível sofrer tanto pelo que ele acreditava. Eu me pergunto em que ele pensava durante esses momentos, como ele mantinha a mente ocupada e forte, e como ele deve ter lutado contra as dificuldades físicas sem nunca sucumbir a elas. Eu me vejo comparando isso à minha vida e à vida daqueles que fazem parte da minha geração. Meu coração fica pesado quando penso nas dificuldades que Fox suportou por nós; no entanto, posso quase sentir a doçura de experimentar o amor e a misericórdia de Deus que se manifesta nos momentos de sofrimento e martírio. Sei que, embora Fox estivesse fisicamente solitário nesses momentos, ele não estava só. Devia haver uma abertura divina no céu durante aqueles momentos. Devia haver uma segurança e uma força, que estão além da descrição humana, derramadas na vida daqueles que estavam sofrendo.

A Altura e a Profundidade do Seu Espírito

Durante uma das prisões de Fox, um delegado de nome John Reckless, ouviu-o falar durante o julgamento. Impressionado, ele mandou chamar Fox para ficar em sua casa. Percebendo que a mão de Deus estava naquela situação, Fox concordou. Quando entrou na casa, a mulher do delegado veio até ele e, com as mãos trêmulas, clamou: "Neste dia a salvação veio à nossa casa!".[30] Ela estivera presente em uma igreja quando Fox havia repreendido um ministro e fora grandemente tocada por tudo o que ouvira.

O casal manteve Fox em casa durante a noite, ouvindo atentamente tudo o que ele tinha a dizer sobre o Espírito Santo. No dia seguinte, quando o delegado estava sentado sozinho na sala com Fox, ele de repente se colocou de pé com um salto e exclamou que tinha de ir ao mercado e pregar arrependimento ao povo. Com isso, ele saiu correndo da sala, ainda de chinelos, e começou a pregar nas ruas! Houve tamanho alvoroço que tiveram de chamar soldados para dispersar a multidão. Imediatamente, os magistrados foram à casa do delegado para prender Fox novamente, esperando sufocar qualquer outra atitude como aquela.

Como aquela estada de uma noite influenciou essa família tão fortemente? O que Fox possuía que podia mover-se sobre um homem de prestígio como o delegado e fazer com que ele mudasse instantaneamente de profissão? Por que em todos os lugares aonde Fox ia, ele era violentamente odiado ou apaixonadamente amado?

Você e eu não estávamos vivos na época, e não podemos falar com ele ou lhe fazer perguntas para entender. Os livros que foram escritos oferecem apenas pontos de vista tendenciosos. Somente seu diário pessoal pode dar as percepções de que precisamos.

Por acreditar tão fortemente no ministério do Espírito Santo, Fox se entregava constantemente ao Senhor, e as visões eram uma ocorrência muito comum em sua vida. O ambiente físico ao seu redor nunca o influenciava, porque ele era sempre desafiado e motivado pelo que havia visto no Espírito.

A seguir veremos alguns trechos do diário de Fox. Eles mostram sua grande profundidade como crente, seu caráter e sua maturidade como profeta de Deus, e também nos dão ideia quanto à razão pela qual ele fazia as coisas que fazia e por que ele permanecia forte e fiel à causa da Reforma. Quando você ler esses poucos trechos, entenderá o impulso espiritual que impelia George Fox.

I — Minha Vida em Seu Sangue

"Quando eu estava passando pela casa de campanário em Mansfield, o Senhor me disse: 'Aquilo que as pessoas pisam deve ser seu alimento'. E enquanto o Senhor falava, Ele me revelou que as pessoas e os professores pisavam sobre a vida, a própria vida de Cristo; elas se alimentavam de palavras, alimentando um ao outro com palavras, mas pisavam sobre a vida; pisavam sob os pés o sangue do Filho de Deus, cujo sangue era a minha vida, e viviam com suas noções superficiais, falando sobre Ele. Pareceu estranho para mim a princípio que eu devesse me alimentar daquilo que os altos professores pisavam, mas o Senhor desvendou isso claramente para mim pelo Seu eterno espírito e poder".[31]

"Vi a colheita branca e a semente de Deus caída abundantemente no chão, como acontecia com o trigo que era semeado externamente, e não havia ninguém para colhê-la; por isso, lamentei com lágrimas".[32]

II — Uma Visão do Avivamento

"Vi que havia uma grande rachadura que passaria pela terra, e uma grande fumaça que viria à medida que a rachadura seguia; e que depois da rachadura deveria haver um grande abalo; isso era a terra no coração das pessoas, que devia ser abalada antes que a semente de Deus se erguesse da terra. E assim foi; pois o poder do Senhor começou a abalá-la e grandes reuniões começamos a ter, e um tremendo poder e uma grande obra de Deus houve entre o povo, para assombro tanto do povo quanto dos padres".[33]

III — O Engano dos Sacerdotes, dos Médicos e dos Advogados

"O Senhor me revelou três coisas com relação a estas três grandes profissões do mundo, os médicos, a divindade (os ditos) [ministros] e a lei. Ele mostrou-me que os médicos estavam fora da sabedoria de Deus, pela qual as criaturas foram criadas; e assim não conheciam suas virtudes... Ele mostrou-me que os sacerdotes estavam fora da verdadeira fé, que Cristo é o autor da fé que purifica e dá vitória, dando às pessoas acesso a Deus, pelo qual elas agradam a Deus; que o mistério da fé é mantido em uma consciência pura. Ele mostrou-me também que os advogados estavam fora da equidade, e fora da verdadeira justiça, e fora da lei de Deus... os quais passavam por cima de todo pecado, e respondiam ao Espírito de Deus, que estava entristecido e violado no homem. E estes três, os médicos, os sacerdotes e os advogados, governavam o mundo fora da sabedoria [sem nenhum conhecimento ou concordância com Deus]... um pretendendo a cura do corpo, o outro a cura da alma, e o terceiro a propriedade das pessoas. E à medida que o Senhor me revelava essas coisas, eu sentia Seu poder... pelo qual todos poderiam ser reformados, se eles o recebessem e se curvassem a Ele. Os sacerdotes poderiam ser reformados e trazidos à verdadeira fé... Os advogados poderiam ser reformados e trazidos à Lei de Deus...

Os médicos poderiam ser reformados e trazidos à sabedoria de Deus pela qual todas as coisas foram feitas e criadas".[34]

IV — Um Prisioneiro Insubordinado

"Havia também na prisão, enquanto eu estava ali, um prisioneiro, um homem mau e ímpio... Ele ameaçava insultar-me com palavras e dizia o que faria comigo; mas nunca tinha o poder de abrir sua boca para mim. E uma vez, o carcereiro e ele brigaram, e ele ameaçou levantar o diabo e derrubar a sua casa, de modo que deixou o carcereiro com medo. Então fui movido pelo Senhor a ir no Seu poder, e enfrentá-lo nesse poder, e dizer a ele: 'Vem, vamos ver o que podes fazer; faz o pior que podes'. E eu disse a ele que o diabo já estava suficientemente elevado nele, mas o poder de Deus o acorrentou, de modo que ele afastou-se e fugiu de mim".[35]

V — Uma Experiência no Paraíso

"Fui levado no espírito, através da espada ardente, para dentro do paraíso de Deus. Todas as coisas eram novas e toda a Criação tinha para mim um novo aroma, diferente do anterior, além do que as palavras podem expressar. Eu não via nada a não ser pureza, inocência e justiça, sendo renovadas à imagem de Deus por Cristo Jesus, ao estado de Adão, no qual ele estava antes de cair. A Criação foi aberta para mim; e ela me mostrou como todas as coisas tinham os nomes dados a elas de acordo com a sua natureza e virtude. Ele deixou-me ver... o mistério que havia sido oculto das eras e gerações..."[36]

Ao lermos esses trechos do seu diário, fica claro que a mão de Deus estava sobre Fox para uma obra específica.

Curas, Demônios e Guerra Espiritual

À medida que Fox continuava com seu ministério itinerante no interior da Inglaterra e se expandia para o norte, ele não apenas confrontou os ministros letárgicos e pregou aos seus seguidores em número cada vez mais crescente — a cura divina e a expulsão de demônios também se tornaram marcas do seu ministério. Fox acreditava que todos os crentes podiam e deviam andar na autoridade espiritual e no poder que lhe haviam sido dados, e sua vida demonstrava isso.

Era ocorrência comum uma pessoa enferma ser curada simplesmente colocando-se de pé na presença de Fox. Um homem em particular vinha sofrendo de artrite aguda no braço e na mão. Depois de visitar muitos médicos, nenhum conseguiu curá-lo. Piorando e sofrendo dores tremendas, o homem logo ficou impossibilitado de vestir-se sem ajuda. Uma noite, ele teve um sonho no qual ele e Fox estavam juntos, e ele foi curado depois de passar um tempo com o pregador. Com grande determinação, o homem foi até Fox. Quando lhe mostrou o braço e a mão, Fox convidou-o para dar uma volta. Enquanto eles conversavam, Fox colocou a mão no ombro do homem e ele foi instantaneamente liberto da dor, movendo-se sem dificuldade. No dia seguinte, ele havia recuperado totalmente "a antiga força e o uso dos membros, sem qualquer dor".[37] Deus curou o que os médicos não puderam curar.

A mãe de Fox também recebeu cura através de seu filho. Ela havia tido uma espécie de derrame, que tinha afetado um lado do seu corpo, tornando difíceis os movimentos e a estabilidade. Ela sofreu durante muitos anos, pois quando os músculos de repente paralisavam, ela caía. Uma vez, quando Fox foi visitá-la, ela teve um desses ataques e caiu. Quando Fox segurou-a pela mão, a paralisia a deixou. Ela levantou-se e pôde continuar a fazer suas tarefas com facilidade.[38]

Também havia uma mulher que não conseguia andar sem muletas. Enquanto os outros seguidores oravam silenciosamente, George Fox falou com ela no "poder de Deus" e pediu que ela se levantasse.[39] Ela não apenas se levantou, como também andou sem as muletas.

Uma vez, Fox visitou a casa de um garoto de onze anos que ainda dormia em um berço. A criança estava muito suja e aparentava ter problemas. Fox disse aos pais dele que o levantassem, o lavassem e lhe trouxessem o menino. Depois que eles obedeceram, Fox falou ao menino, impôs as mãos sobre ele e disse aos pais para vesti-lo. Então Fox partiu para a próxima cidade.

Pouco tempo depois, ele entrou em contato com a mãe do menino, que estava radiante. Ela disse a Fox como os médicos haviam desistido de seu filho e o condenado à morte, mas "depois que o senhor partiu", disse ela, "voltamos para casa e encontramos nosso filho brincando na rua". O menino cresceu e se tornou um belo adulto, e as notícias desse milagre espalharam-se por toda aquela região rural.[40]

Era comum Fox se envolver em batalhas espirituais, expulsando dos céus espíritos malignos para que eles pudessem ficar limpos. Ele sentia a presença das trevas e imediatamente assumia a autoridade sobre elas. Em sua época, esse tipo de ensinamento era algo que não se ouvia. A batalha espiritual foi ensinada a ele pelo Espírito Santo e ninguém mais. Sim, Jesus Cristo havia vencido a guerra, mas os principados e potestades do mal ainda tentavam se colocar no caminho, impedindo a obra nos crentes que não sabiam o que estava acontecendo. No entanto, os demônios nunca prevaleciam contra Fox.

Houve uma história na qual Fox encontrou a esposa de um homem vivendo em uma angústia mental grave, a ponto de tentar matar seu marido e seus filhos. Fox foi levado até ela e falou aos demônios que estavam nela. Ela caiu de joelhos, chorando, e foi liberta. Então a mulher pediu para segui-lo e ajudar a levar a Reforma a outros através do Evangelho que Fox conhecia e pregava.

Outra mulher que não conseguia comer ou beber havia algum tempo foi levada a ele. Fox dirigiu-se ao espírito demoníaco que a havia aprisionado; então ela comeu, falou e ficou totalmente sã.[41]

Fox afirmava em seu diário que as pessoas que sofriam de insanidade, desequilíbrios mentais e delírios eram levadas até ele muitas vezes, e todas eram libertas e restauradas ao seu estado mental perfeito enquanto estavam na sua presença. Ele também falou sobre diversos casos em que homens e mulheres próximos da morte foram levados até ele para receberem palavras de consolo. Mas as palavras de Fox iam além do consolo. Elas geravam a vida de Deus. Cada vez que esses moribundos eram levantados e restaurados à saúde, cidades inteiras ficavam atônitas diante de tamanho poder.

Embora ele acreditasse firmemente em saúde divina, Fox nunca ignorou o uso de remédios naturais para a cura. Ele combinava a oração com o uso de ervas medicinais para muitas das pessoas a quem ministrava. Lemos em seu diário que Deus lhe dava o conhecimento de como a humanidade e os animais haviam sido criados. Desse conhecimento divino, Fox tinha uma incrível percepção a partir da qual ele preparava ervas curativas, dependendo da doença. Sabemos que muitas curas também ocorriam quando ele prescrevia o uso de certas ervas para sarar ou fortalecer o corpo físico. Mais tarde em seu ministério, ele planejou que o uso medicinal de ervas fosse incluído na educação quaker.[42]

Basta!

À medida que os ensinamentos de Fox se espalhavam pelo norte da Inglaterra, o número dos seus seguidores crescia em uma velocidade alarmante. Os quakers estavam formando cada vez mais congregações e fazendo reuniões próprias. A partir delas saíram diversos homens e mulheres que sentiam o chamado de Deus para serem ministros. Todos eles dedicavam seu tempo — até as mulheres com filhos — a percorrer as áreas rurais onde se sentiam direcionados a ir pelo Senhor, pregando e ensinando como Fox os havia sido direcionado a fazer.

Diferentemente de Fox, que tinha uma herança de família, a maioria dos pregadores quakers era pobre e sem instrução. Mas todos tinham êxito em levantar multidões por onde quer que fossem por causa do poder de Deus que estava em seu interior. Todos eles haviam aprendido a ouvir o Espírito Santo e a seguir Sua direção. Todos eles sofriam o mesmo tipo de perseguição que Fox havia sofrido, e muitas vezes eram espancados tão gravemente que mal podiam andar, mas consideravam uma glória sofrer por amor a Cristo e por amor à verdade.

Os quakers viam seus períodos na prisão como tempo de trabalho missionário. Como os prisioneiros eram lançados em uma masmorra comum, os quakers sempre tinham uma congregação ali para pregar! Eles procuravam todas as oportunidades, fosse qual fosse a dificuldade, de pregar e falar sobre Jesus Cristo. Muitos prisioneiros ficavam perplexos com o fato de as autoridades não serem capazes de quebrar o espírito dos quakers, e acabavam sendo salvos enquanto os viam e ouviam pregar na prisão.

Quando Fox ouviu dizer que as mulheres quaker estavam sendo presas e espancadas, e seus filhos sendo vendidos como escravos, ele não suportou. Ele podia sofrer todas as coisas, mas não conseguia suportar a ideia de mulheres e crianças sendo torturadas e passando por sofrimento. Por amor a eles, Fox não se poupava de problemas ou dores. Ele entrava à força nas casas dos que ocupavam altos cargos de autoridade para falar sobre as injustiças que os quakers estavam sofrendo. Fox escreveu ao líder da Inglaterra, Oliver Cromwell, um grande gênio militar cuja convicção o levou a agir contra a opressão da monarquia da época e acabou reinando como o rei não coroado da Inglaterra por algum tempo.[43] Estou certo de que a súplica de Fox em favor do povo quaker alcançou o coração de Cromwell e lhe pareceu verdadeira, já que Cromwell era um dos que havia se levantado no passado em favor da liberdade. Ele imediatamente concedeu a Fox um encontro.

Um Povo que Não Podia ser Comprado

O primeiro encontro que Fox teve com Cromwell foi em Londres. Fox deixou uma impressão dramática desde o começo. Cromwell enviou um coronel até Fox para buscá-lo, mas Fox se recusou a ir naquele momento, afirmando que o Senhor havia ordenado que ele fosse a uma reunião. O coronel ficou surpreso por Fox recusar tal honra e voltou para encontrá-lo na manhã seguinte. Quando Cromwell ouviu isso, ficou intrigado.

Quando Fox encontrou Cromwell na manhã seguinte, ele anunciou: "Paz seja nesta casa".[44] Então ele prosseguiu dando a Cromwell conselhos excelentes quanto à sua conduta pessoal e quanto ao governo da nação. Eles conversaram sobre vários assuntos religiosos, e Fox respondeu a todas as perguntas de Cromwell com relação aos quakers.

Quando Fox estava saindo, Cromwell segurou seu braço e, com lágrimas nos olhos, pediu-lhe que o visitasse com tanta frequência quanto possível. Então o coronel levou Fox a um grande salão onde ele deveria jantar com Cromwell — uma grande honra entre as pessoas da época. Fox, entretanto, recusou. Ele disse: "Diga ao defensor que não comerei do seu pão nem beberei da sua bebida". Quando Cromwell recebeu o recado, respondeu: "Agora vejo que existe um povo levantado que não posso ganhar com presentes, honras, cargos ou palácios; porém posso fazê-lo com todas as outras seitas e pessoas".[45]

Depois desse encontro, a maioria das acusações contra os quakers na prisão foram retiradas e foram apagados os crimes do registro de Fox. Cromwell tornou-se um amigo dos quakers.

Dois Generais Diferentes

Cromwell, a figura de alto escalão que nunca perdia uma batalha militar, ficou intrigado com George Fox, tanto que todas as vezes que Fox queria ter uma audiência com ele, seu pedido era atendido. Cromwell defendia politicamente o que Fox fazia espiritualmente. Creio que os dois tinham um espírito semelhante, e isso criou um vínculo entre eles. Cromwell tinha a ousadia e a agressividade para fazer o que ele achava certo, mas também dizia que se tivesse dez anos menos, "não havia um rei na Europa que ele não faria tremer".[46]

Fox sentia o mesmo, porém em uma área diferente. Tanto os ministros quanto as pessoas da cidade tremiam quando Fox chegava. Às vezes os delegados ficavam do lado de fora dos limites da cidade para impedi-lo de entrar, porque o povo tinha muito medo dele. Outras vezes, quando ele entrava nas aldeias, as pessoas corriam e se escondiam sob os arbustos, temendo que Fox olhasse para elas!

Fox começou a escrever regularmente a Cromwell, advertindo-o a manter-se firme em seus esforços de reformar a Inglaterra politicamente. A carta mais ardente que já foi lida por Cromwell foi escrita por Fox quando ficou aparente que Cromwell havia negligenciado suas promessas com relação à reforma religiosa.[47]

Embora Fox tenha repreendido Cromwell, ele o amava. O Senhor falou a Fox sobre a morte de Cromwell meses antes, e Fox lamentou essa presciência como alguém choraria por um parente muito amado.[48]

Conforme a previsão, Cromwell morreu em 1658. Seu filho Richard foi escolhido para ocupar seu lugar, mas ele não possuía a força do pai, então a Escócia invadiu a Inglaterra e Charles II tornou-se o governante em 1660.

Fox vivenciou mudanças incríveis, tanto espiritual quanto politicamente. Além das marés instáveis da religião, ele passou por oito mudanças na regência do governo britânico, cada uma com as próprias alterações drásticas para a Inglaterra, e ele floresceu em meio a todas elas.

A Sangrenta Lichfield!

Diferentemente dos outros ministérios de reformadores, o de Fox não foi edificado por eventos grandiosos ou com favores de homens. O fundamento de seu ministério veio a princípio de suas quatro revelações, e daí — e somente a partir daí — Fox continuou a edificar e a publicar. Ele nunca se desviou daquelas quatro verdades fundamentais e, por não fazer isso, sua vida ministerial tornou-se uma aventura dramática.

Parte dessa aventura incluiu inúmeras visões. Minha favorita gerou um tremendo alvoroço. Em algum momento por volta de 1651, tendo acabado de ser solto de um de seus muitos episódios na prisão, Fox desviou-se para o oeste em sua jornada para casa. Ali, ele teve a famosa visão de Lichfield.

Enquanto caminhava próximo à aldeia com outros quakers, ele olhou para cima e viu três campanários de igrejas — e você sabe o que ele pensava sobre as casas com campanário! Fox ficou angustiado, e quando estava a um quilômetro e meio da cidade, tirou os sapatos e deu-os a alguns pastores próximos para que os guardassem. Então, entrando na cidade com os pés descalços, Fox andou pelas ruas gritando: "Ai da cidade sangrenta de Lichfield", dizendo que via "um canal de sangue descendo as ruas, e o mercado como um lago de sangue". Parece que ele estava tendo uma visão aberta, um tipo de visão de Deus que acontece enquanto os olhos estão bem abertos.

Surpreendentemente, ninguém lhe fez mal enquanto ele descia a rua gritando. Seus amigos quakers o puxaram de lado e começaram a falar com ele, perguntando onde estavam seus sapatos. À medida que a sensação de calor ardente deixava seus pés e seu corpo, ele encontrou o caminho de volta até os pastores e pagou a eles por vigiarem seus sapatos. Depois de ter lavado os pés em um fosso, ele colocou-os novamente e continuou seguindo seu caminho.[49]

Ao refletir sobre a visão aberta que tivera, Fox sabia que os habitantes dali não eram culpados de derramamento de sangue. Pesquisando mais profundamente, ele descobriu que um massacre havia acontecido ali durante os tempos romanos. Creio que Fox estava respondendo profeticamente a algo que estava sobre a cidade e que fora despertado pelo espírito do inimigo através daquele massacre, muitos anos antes. Podemos ver isso hoje. Cidades inteiras e até países inteiros carregam a natureza do principado que os governa. E geralmente existe alguma coisa na história daquele lugar que explica como determinada fortaleza dominou o local. Podemos ver esse princípio na vida das pessoas também. A rejeição e outras questões entre homens e mulheres sempre podem ser rastreadas através da história do desenvolvimento desses indivíduos. A boa notícia é que esses cativeiros podem ser quebrados, quer sejam sobre uma nação ou sobre uma pessoa. Existem maldições sobre pessoas e sobre territórios. Algumas são geracionais e outras territoriais, mas Deus nos dá poder sobre o inimigo e estratégias para a vitória. Fox havia recebido uma estratégia do céu para quebrar uma maldição sobre uma área geográfica.

Sem Chapéu e Com o Nariz Sangrando!

Outro fato que me chamou a atenção envolve um encontro sangrento com certo padre. Aconteceu em algum momento em 1652. Fox havia deixado um grupo de quakers em uma reunião para ir confrontar tal padre. Normalmente, Fox alcançava seu objetivo, mas desta vez, exatamente quando ele estava começando a falar, o padre correu e o golpeou no rosto com a Bíblia. O sangue esguichou do nariz de Fox com tamanha profusão que respingou nas paredes da igreja. Então ele foi socado, espancado com livros, punhos e varas, e jogado sobre uma cerca, perdendo o chapéu. E, mesmo sem chapéu, Fox ainda se levantou e os repreendeu, enxugando o sangue do rosto.

Ele continuou falando tão alto à multidão sobre o muro do pátio que o padre começou a tremer! Vendo essa cena, as pessoas o provocaram: "Vejam como o padre treme. Ele também virou um quaker". Mais tarde, o padre tremeu ainda mais quando os magistrados foram investigar o que havia acontecido. Ele estava com medo de ter a mão cortada por agredir o pregador, mas Fox consolou o padre e o perdoou.

Fox não ficou irritado com o espancamento ou com o sangue, ele só ficou contrariado por perder seu chapéu, porque ele representava uma forma muito pessoal de protesto![50]

Silêncio no Monte de Feno

Quanto mais o prestígio de Fox aumentava, mais ele tentava encobrir sua popularidade. Certa vez, quando foi divulgado que Fox pregaria em uma aldeia, centenas de pessoas se reuniram para ouvi-lo. Perturbado, sentindo que a atenção estava sobre ele e não sobre Deus, Fox subiu até o alto de um monte de feno e ficou sentado ali. Enquanto a multidão esperava que ele falasse, ele não dizia nada. O tempo passou, e ainda assim ele não disse uma palavra.

Alguns desistiram e foram para casa, mas isso não incomodou Fox. Ele devia achar que aquelas pessoas estavam ali apenas para vê-lo e não para ouvir de Deus. Quando parecia que horas haviam se passado, ele lentamente começou a falar, e o poder do Senhor desceu.

Essa história foi publicada por toda parte, e muitos se perguntavam o que significava esse acontecimento estranho. Mas eles ainda não entendiam. Fox queria que todos os olhos estivessem sobre o Senhor e não sobre ele. Se eles tivessem ido apenas para ouvi-lo, ele preferiria que tivessem ficado em casa.

Sua pregação confrontadora, juntamente com suas visões e operações proféticas, tudo isso cooperou para ganhar o norte do país. A partir de sua influência no norte, vieram alguns dos maiores líderes dos quakers.

James Nayler, Richard Farnsworth e William Dewsbury foram três deles. Os grupos liderados por esses homens causaram tanto alvoroço no norte da Inglaterra que eles foram comparados ao turbulento e bruto exército escocês!

James Nayler passou a ser o braço direito de George Fox, e tornou-se quase igual a ele em ousadia. Farnsworth e Dewsbury eram amigos de confiança que levaram a obra dos quakers por toda a Inglaterra e além dela. Por volta de fins de 1652, Fox chegou ao destino que o colocou em uma conexão divina pelo resto da vida.

O Palco Está Preparado: Swarthmoor!

Provavelmente o evento mais importante de sua trajetória desde as revelações fundamentais foi a chegada de Fox em Swarthmoor.

Swarthmoor Hall era de propriedade da família de Thomas e Margaret Fell, e estava ocupada por ela. Sua mansão de pedras cinzentas agigantava-se no horizonte, cercada por pântanos lúgubres. Os Fell eram muito influentes e conhecidos na região. Thomas era juiz, vice-chanceler e parlamentar de alto escalão. Margaret também era muito respeitada, conhecida por sua sabedoria e eficiência em dirigir uma grande família de sete filhos, enquanto abria constantemente sua casa a visitantes e viajantes.

Esse foi exatamente o lugar que Fox havia visto. Antes, ele havia tido uma visão aberta de um lugar chamado Pendle Hill. Os plebeus não ousavam ir ali. Geralmente cercada pela neblina, a estranha colina que se erguia no meio dos pântanos tinha a fama de ser residência de feiticeiras. Mas Fox havia viajado pelo norte e, ao passar por Pendle Hill, foi inspirado a subir até o topo. De pé, sozinho, no pico da colina, Fox recebeu uma visão aberta na qual ele viu uma colheita de pessoas de branco, esperando pela Palavra de Deus.

Eletrizado pelo que viu, Fox desceu a colina saltitando e viajou mais para o norte, a fim de explorar o que o Senhor queria que fosse feito. Ele ouvira falar sobre a hospitalidade dos Fell em Swarthmoor, e agora a mansão estava ao alcance de sua vista. Estou certo de que ele não fazia ideia de que estava entrando em um relacionamento divino ao se aproximar da mansão Swarthmoor.

Quando a estrada fez o cruzamento diante do terreno da mansão, Fox encontrou-se com William Lampit, o ministro da cidade onde os Fell frequentavam a igreja. Percebendo que ambos iam para o mesmo lugar, eles caminharam juntos e, a princípio, conversaram cordialmente. À porta de Swarthmoor, eles descobriram que Thomas Fell estava fora, em Londres. Margaret também estava ausente, de modo que os filhos dos Fell os convidaram a entrar.

Aquele Ministro Asqueroso!

Enquanto os dois homens esperavam pelo casal, eles descobriram que não se davam bem. No fim, Lampit presumiu que Fox fosse uma pessoa rude e irresponsável que se dizia cristão, mas se recusava a obedecer às tradições do Cristianismo. Fox viu Lampit como alguém tão cheio de corrupção que mal podia falar com ele sem usar de palavras hostis.

Quando Margaret voltou para casa naquela noite, ela ficou chocada ao ver o líder dos quakers em sua sala de visitas! Em vez das mesuras e da etiqueta social usual, Fox simplesmente relatou os motivos para estar ali. Ouvindo-o gentilmente, Margaret convidou Fox para ficar em sua casa naquela noite, enquanto Lampit voltava para seu lar.

Logo cedo na manhã seguinte, Lampit retornou e bateu à porta. A discussão entre ele e Fox recomeçou, e Margaret ouviu pacientemente, mas secretamente se inclinava para a certeza com a qual Fox falava.

Fox permaneceu como hóspede ali por vários dias. A igreja de Margaret havia marcado uma data para uma pregação da Palavra de Deus, e ela pediu a Fox para acompanhá-la nesse dia; é claro que ele recusou.

Em vez disso, ele ficou andando do lado de fora, ao redor da igreja, ouvindo o que estava acontecendo lá dentro. Tudo em que ele conseguia pensar era no quanto Lampit era vil, falso e asqueroso. Sentindo uma ordem divina, Fox entrou na igreja e atacou verbalmente o ministro e toda a congregação!

Ele afirmava que as pessoas estavam usando palavras que não entendiam, embora fingissem entender, e que haviam negado o verdadeiro Espírito. Ele suplicou-lhes que deixassem suas tradições mortas e viessem para a luz de Jesus Cristo.

Uma coisa como essa nunca havia acontecido na pequena igreja local. Logo a congregação estava em alvoroço, e alguém gritou que Fox fosse expulso. Para surpresa de todos, Margaret Fell levantou-se de seu acento para fazê-los desviar o olhar, defendendo Fox. Eles se calaram por respeito a ela e à posição social da família.

Fox continuou com sua exortação. Perguntou se eles conheciam a Deus interiormente ou se era tudo uma encenação. Diante de suas palavras, Margaret começou a se quebrantar. Olhando em volta para aqueles que conhecera por toda a vida, ela percebeu que todo o estilo de vida religioso deles era falso, tradicional e morto. Margaret chorou abertamente e sentou-se em seu banco, incapaz de ouvir o restante da pregação de Fox.

Enquanto ele prosseguia, a congregação novamente começou a se agitar. Eles finalmente o acompanharam até o lado de fora da igreja e o deixaram no cemitério. Enquanto a congregação se afastava e entrava novamente na igreja, Fox continuou pregando.

"Um Homem com Chapéu Branco"

Mais tarde naquela noite, Fox voltou a Swarthmoor. O alvoroço continuou enquanto ele pregava para a família, convertendo todos eles. Margaret conhecida a verdade em seu interior, mas temia o que aconteceria quando seu marido retornasse. O que ele pensaria? Como ela poderia dizer a ele que havia mudado? Como ele trataria George Fox quando ouvisse as novidades? Ela tinha medo de que se seu marido se opusesse à verdade que havia descoberto, e ela não conseguisse defendê-la.

Durante os dias que se seguiram, ela e Fox conversaram detalhadamente sobre a história do movimento Quaker e a maneira como Deus o havia conduzido desde a juventude. Dez anos mais velha que Fox, Margaret queria conhecer os detalhes do grupo com o qual ela estava disposta a se envolver. Ela via que Fox não era apenas um pregador ungido com grande percepção espiritual, mas também tinha bom senso.

Muito tempo depois, Margaret confessou a Fox que antes de sua chegada à fazenda, ela "teve uma visão de um homem com chapéu branco que viria e confundiria os padres".[51] Fox estava muito disposto a responder a qualquer pergunta que ela tivesse. Creio que ele sentiu que Margaret teria um profundo envolvimento em seu ministério e em sua vida.

Fox teve de partir para uma breve missão em outra cidade. Margaret ainda estava esperando seu marido voltar, sabendo que havia entrado em uma situação sobre a qual ele pouco sabia.

"Se Todos na Inglaterra Tivessem Estado Ali"

Antes de seu marido, o juiz Fell, voltar para casa, Margaret há havia convidado Farnsworth e Nayler a Swarthmoor como hóspedes. As crianças estavam empolgadas com os hóspedes, mas a família estava inquieta, aguardando o retorno do Sr. Fell.

Para o juiz Fell, era sempre um momento empolgante ver aqueles últimos quilômetros que se estendiam até sua casa. Estou certo de que os pensamentos dele estavam em Margaret e nas crianças, quando de repente ele percebeu o ministro da cidade e um grupo de homens de prestígio saindo a cavalo para interceptá-lo em sua jornada. Temendo as notícias que eles traziam, o juiz presumiu que alguém tivesse morrido ou ficado gravemente doente.

Para os homens que estavam cavalgando para encontrá-lo, as notícias que levavam eram piores que a morte ou a doença. Eles revelaram que sua esposa se envolvera com feitiçaria enquanto ele estava fora e que havia sido seduzida por um pregador itinerante que se hospedara em sua casa. Contaram como aquele pregador insano havia causado um tumulto na igreja e desestabilizado toda a comunidade. Eles suplicaram ao juiz que mandasse aqueles pregadores, Nayler e Farnsworth, embora antes que as coisas piorassem.

Fell era um homem de caráter, um homem que não acreditava cegamente em fofocas sobre sua família.[52] Ele continuou em sua jornada, mas estou certo de que sua mente não parava de pensar na situação.

Quando chegou em casa, a atmosfera estava tensa. Margaret saudou-o calorosamente, depois lhe apresentou a Nayler e Farnsworth. Fell falou muito pouco, apenas olhou para os homens, julgando a intenção deles. Eles tentaram inspirar confiança, mas sentindo o momento de tensão, tomaram a decisão de partir. Margaret, porém, pediu que eles ficassem até que Fox retornasse.

O silêncio continuou durante o jantar. Na verdade, Margaret escreveu sobre o silêncio ensurdecedor:

> Então estava bastante observador e quieto. Quando o jantar ficou pronto, ele foi comer, e eu entrei e sentei-me ao seu lado.

E enquanto eu estava sentada, o poder do Senhor tomou conta de mim; e ele foi tomado pelo assombro e não sabia o que pensar, mas ficou quieto e tranquilo. E as crianças estavam todas quietas e imóveis, e ficaram mais sérias, mas não conseguiram tocar a música que estavam aprendendo, e todas essas coisas o deixaram quieto e imóvel. À noite George Fox chegou. Depois do jantar, meu marido estava sentado na sala de visitas, e perguntei a ele se George Fox podia entrar; e ele disse: "Sim!". Então George entrou na sala sem qualquer cumprimento e começou a falar nesse mesmo instante, e a família, James Nayler e Richard Farnsworth, todos entraram, e ele falou de forma tão excelente como eu jamais o havia ouvido falar; e revelou Cristo e as práticas dos apóstolos naqueles tempos, e revelou a noite da apostasia desde os dias dos apóstolos e expôs os padres e suas práticas... se todos na Inglaterra tivessem estado ali, creio que não poderiam ter negado a verdade daquelas coisas.[53]

O juiz Fell obviamente ficou muito tocado com o que ouviu. Ele não disse nada durante o restante da noite e foi se deitar.

Cedo na manhã seguinte, Lampit foi ver o juiz, incentivando-o a se livrar de Fox, mas suas palavras tiveram o efeito oposto. Mais tarde naquele dia, quando o juiz Fell ouviu os quakers conversando sobre onde fariam uma reunião, ele deu-lhes permissão para fazer a reunião em Swarthmoor.

Fell nunca se juntou aos quakers, mas deixou de frequentar a igreja local. Ele permitiu que os quakers fizessem reuniões em sua casa, e embora não participasse delas, ele permanecia do lado de fora, em seu escritório, onde podia ouvir tudo o que estava sendo dito.

Enquanto ele viveu, ninguém ousou tocar em Margaret enquanto ela propagava as crenças dos quakers. Ninguém perseguiu Swarthmoor Hall quando ela logo se tornou o eixo central do movimento Quaker, que finalmente se espalhou por todo o mundo. Por ocasião de sua morte em 1658, o juiz havia se tornado um suporte vital para Fox e um amigo pessoal por seis anos, e o movimento estava forte demais para ser contido.[54]

Os quakers devem muito a esse homem que se juntou a eles em tudo, embora nunca tenha se reconhecido como um quaker.

Margaret Fell, a Dama

Não existe nenhuma fotografia de Margaret Fell, porém com base nas muitas cartas escritas sobre ela, não há dúvidas de que ela era uma bela mulher. Ela era sempre elogiada por sua virtude e honra, e abria sua casa generosamente a qualquer quaker que viajasse pela região. Muitas vezes, Swarthmoor tornou-se um hospital, cuidando de quakers que haviam sido espancados ou que tinham sofrido abusos graves. Fox voltava ao local muitas vezes e encontrava Margaret enfaixando cabeças, braços e pernas, cuidando dos feridos e alimentando-os.

Como mãe de uma grande família, a esposa de um juiz distinto e a administradora de uma grande propriedade, Margaret sabia como se comportar e lidar com negócios. Sua experiência provou ser vital para a organização e a estrutura do movimento Quaker. Apenas três meses após sua conversão, os líderes quakers já a viam como a pessoa a quem deviam informar sobre a direção que o movimento estava tomando.[55]

Ela também era uma escritora de longas cartas de apelo às figuras de alto escalão sobre o tratamento dispensado a seus Amigos, especialmente a Fox. Ela constantemente enviava livros para os quakers itinerantes distribuírem. Fox logo designou-lhe a tarefa de transformar em livros o material escrito à mão que era recolhido nas reuniões e nas viagens missionárias.[56] Por causa do seu espírito forte, do seu entendimento da Palavra e do Espírito, e do seu bom senso, os quakers lhe enviavam mulheres que não possuíam uma doutrina sólida, ou que eram rebeldes, para que ela pudesse cuidar delas e instruí-las corretamente.

As Primeiras Diretrizes

Por volta de 1653, os quakers haviam se multiplicado tão grandemente que era necessário algum tipo de ordem. Fox nunca pretendera que o grupo se tornasse uma denominação, mas estava claro que precisavam ser estabelecidas diretrizes. Lembre-se de que o povo daquela época havia vindo de gerações de opressão católica romana. Muitos não faziam ideia exatamente do que a Palavra de Deus dizia sobre certas situações. Alguns haviam ficado confusos com a terminologia do movimento. A única maneira de os quakers conseguirem transmitir uma mensagem de estabilidade às pessoas desse movimento crescente era através de livros ou de líderes dignos de crédito que visitavam as aldeias para levar instrução.

Fox reuniu os líderes e organizou as diretrizes do movimento. Eis o que eles determinaram:

1. O termo *ministro* não seria usado; em vez disso, uma ou duas pessoas deveriam supervisionar as necessidades do rebanho. Elas não deviam fazer isso por coação, mas por voluntariedade; não

por dinheiro ou presentes, mas porque queriam promover a obra e amadurecer os crentes. Os supervisores administrariam as necessidades do povo e programariam duas reuniões por semana — uma no domingo, e a outra em outro dia. (O termo *ministro* foi introduzido em 1654.)

2. Um ministro leigo foi instituído, o qual diferia dos que supervisionavam. Era trabalho dele delegar funções, cuidar para que as necessidades materiais fossem supridas e discutir quaisquer problemas com o supervisor.

3. Se uma pessoa desordeira deixasse de se arrepender diante da advertência do supervisor, essa pessoa seria expulsa até se arrepender. Até então, toda associação com o desviado, e até mesmo comer com ele, era proibida.

4. As mulheres tinham permissão para pregar e profetizar, mas somente sob a direção do supervisor. Como as comunidades estavam enfurecidas sobre a maneira como as mulheres que pregavam seduziam os homens, Fox colocou rédeas curtas sobre o modo de vestir e o comportamento das mulheres. Mas ele nunca negou o mandato das mulheres da parte de Deus para promover o Evangelho. Na verdade, ele afirmava que as mulheres tinham o direito de servir em áreas de responsabilidade, inclusive na administração. Ele instituiu uma série de reuniões separadas, dirigidas inteiramente por mulheres, para que pudessem falar de suas necessidades práticas pessoais. Ele acreditava que, através dessas reuniões, as mulheres seriam inspiradas a executar tarefas além do que achavam ser possível.

5. O casamento era digno de honra entre os quakers, no entanto havia sido um problema porque eles não reconheciam qualquer autoridade para sancionar a união, exceto Deus. Assim, as diretrizes para o casamento eram as seguintes: quando duas pessoas decidiam se casar, antes de qualquer coisa ser concluída, eles deviam consultar em particular os supervisores e seguidores para determinar se a união podia permanecer na luz. Então, com o casal

Fox repreende as mulheres
Arquivos North Wind Picture

presente, o casamento podia ser declarado diante da reunião de pessoas para certificar-se de que não havia qualquer outro envolvimento ou frivolidade. Se alguém se opusesse, o casal teria de ser encaminhado a uma assembleia geral ou regional. Quanto tudo estivesse resolvido, as intenções do casal podiam ser anunciadas. Estando todos satisfeitos, uma assembleia de Amigos seria realizada na qual os presentes estariam livres para falar e o casal também falaria da maneira como fossem impelidos a isso, sobre como o casamento deles deveria ser realizado. Um certificado era então assinado pelos presentes. O casal então tinha a opção de declará-lo ao governo ou não.

Depois que essas cinco diretrizes gerais foram estabelecidas, um mover do Espírito de Deus varreu a reunião. Entre os líderes, aproximadamente setenta sentiram o chamado de Deus para se voltarem para o campo missionário.[57]

Fox, o Escritor

Embora os quakers tivessem crescido e já fossem muitos milhares de pessoas espalhadas por toda a Inglaterra, as perseguições ainda eram frequentes. Muitas vezes, Fox foi espancado tão gravemente por aqueles que o odiavam que ficou machucado demais até mesmo para montar a cavalo.

Fox era um homem singular. Embora o Espírito Santo lhe mostrasse muitas coisas que aconteceriam no futuro, ele ainda vivia um dia de cada vez. Os registros em seu diário provam que ele continuava a dar a cada ideia atenção igual, independentemente do quanto ela pudesse ser boa ou ruim. Apesar de sua falta de instrução formal, diz-se que ele era um homem possuidor de grande genialidade e habilidade, sendo capaz de testemunhar as necessidades de sua geração. Dizem que ele escreveu mais de duzentos panfletos sobre o tema que chamasse sua atenção no momento. Ele afirmava constantemente que os quakers haviam sido levantados por Deus para viver com uma nova missão dentro de uma velha sociedade.[58]

Um de seus panfletos, *O Oficial do Cordeiro,* publicado em 1659, foi escrito após a morte de Cromwell, mas foi inspirado por sua posição política. Fox concordava com Cromwell, embora sua posição fosse espiritual, exigindo que o clero da época se confessasse culpado ou não culpado das perguntas incluídas em seu livro. Ele lembrava aos leitores que não se deixassem macular pelas práticas heréticas da Igreja Católica, que havia deixado suas marcas ao redor deles. Eis algumas das perguntas que ele fez:

> Vós não ficastes assistindo, quando o sangue dos mártires, profetas e santos estava sendo bebido?... A meretriz não estabeleceu

> suas escolas e faculdades, essa falsa igreja, pela qual fostes feitos ministros?... Toda essa blasfêmia de Cristo não foi estabelecida pela falsa igreja, a Igreja de Roma?... Vós não lançastes muitos na prisão... até a morte?... E onde foi que Cristo ou os apóstolos da verdadeira igreja pregaram pela ampulheta?... Não sois vós aqueles que andam com longas vestes, vestidos com a moda e a cobiça do mundo... usando anéis de ouro?[59]

Lembre-se de que os quakers se recusavam a fazer juramentos, razão pela qual muitos eram lançados na prisão antes de poderem sequer falar em sua defesa. Eles se apegaram firmemente a isso com base nas palavras de Jesus em Mateus 5:34-37, que diz:

> Eu, porém, vos digo que de maneira nenhuma jureis; nem pelo céu, porque é o trono de Deus; nem pela terra, porque é o escabelo de seus pés; nem por Jerusalém, porque é a cidade do grande Rei; nem jurarás pela tua cabeça, porque não podes tornar um cabelo branco ou preto. Seja, porém, o vosso falar: Sim, sim; Não, não; porque o que passa disto é de procedência maligna.

Unicamente por se posicionarem contra essa questão, milhares foram atormentados, espancados, e até levados à morte. Hoje adquirimos o direito legal de "afirmar" em vez de "jurar".[60]

Fox escreveu livros que falavam desde os males da moda até advertências às autoridades governamentais e reis. Seus escritos eram dramáticos, cheios de percepção e emoção. Suas palavras são tão descritivas e cheias do Espírito, que você quase pode sentir que está no meio da situação que ele descreve. Fox pode ter sido odiado pelos teólogos e historiadores, mas eles não podiam negar que suas revelações espirituais precisas os tocavam profundamente, pois ele vivia em uma dimensão que eles não alcançavam, mesmo com toda a educação formal e extensiva de todos eles somada.

Problemas nas Fileiras: A Crise Nayler

Em meio a todo o tratamento severo dispensado aos quakers, creio que as emoções e o sofrimento de Fox só foram demonstrados duas vezes: quando mulheres e crianças foram torturadas e na queda de seu fiel amigo, James Nayler.

Nayler, que chegou a uma posição de destaque enquanto Fox dirigia as reuniões no norte, havia sido um dos líderes quakers mais promissores. Ele era melhor pregador que Fox, no sentido de que podia articular e prender a atenção como ninguém. Para algumas pessoas nos níveis de autoridade, Nayler era mais visível e mais importante até mesmo do que o próprio Fox. Isso se devia principalmente ao fato de que Nayler havia permanecido na populosa cidade de Londres, enquanto Fox estava fora de vista no norte.

O excesso de trabalho, unido às pressões dos elogios exuberantes de sua audiência e a ausência de Fox, fizeram com que Nayler caísse em um estado emocional perigosamente desequilibrado. Ele finalmente sucumbiu a toda a excitação e elogio extravagante de sua pregação de sucesso e às bajulações de um grupo de mulheres que se apegaram a ele como uma espécie de messias. Essas mulheres loucas o cercavam, cantando e se curvando como se ele fosse uma divindade.

Nayler havia sido preso por visitar outro quaker quando Fox ouviu falar do problema. Uma vez na prisão, Nayler empenhou-se em um longo jejum. Em vez de ajudá-lo a adquirir uma mente esclarecida, de algum modo o jejum prolongado só fez as coisas piorarem, enfraquecendo seu estado físico.

Fox chegou para visitar Nayler, não apenas para apoiá-lo, mas também para repreendê-lo, esperando que voltasse ao seu raciocínio sensato. Nayler não quis argumentar com Fox, que se levantou pronto para partir. Quando Nayler tentou beijar seu rosto, Fox o virou. O incidente trouxe grande tristeza a ambos. Quando os quakers ouviram sobre isso, uma inquietação espalhou-se entre eles, que se perguntavam uns aos outros o que aconteceria se os dois líderes não pudessem se reconciliar.

Quando chegou uma ordem do governo para soltar todos os quakers da prisão, Nayler foi libertado. Poderíamos pensar que o problema então seria solucionado, mas só piorou. Ainda envolvido com aquelas mulheres, Nayler ressurgiu, permitindo que as mulheres reencenassem com ele a entrada de Cristo em Jerusalém sobre um jumento.

Chicoteado, Marcado e Furado na Língua

Os magistrados ficaram furiosos e exigiram sua prisão imediata. Embora algumas de suas acusações contra Nayler não tenham tido êxito, eles conseguiram fazê-lo cumprir uma sentença curta. Mas a notícia de seu exibicionismo havia chegado ao parlamento, e eles prometeram torná-lo uma lição aos olhos do público.

Nayler escapou da pena de morte, mas foi ordenado que ele andasse pela cidade sendo chicoteado, em um total de duzentas e dez chibatadas. Sua língua deveria ser furada e ele devia ser marcado na testa. Se ele sobrevivesse ao primeiro conjunto de torturas, elas deveriam ser repetidas na próxima cidade para onde ele fosse. Se sobrevivesse à punição em ambas as cidades, ele deveria ser colocado em confinamento na solitária, onde estaria sujeito a trabalhos forçados até ser solto pelo parlamento.

Ele sobreviveu. Apesar de diversas petições pedindo sua liberdade, nada mudou a decisão do parlamento, até que a esposa de Nayler escreveu um apelo angustiante. Mas, ainda assim, eles só permitiram que ela levasse velas, fogo e comida ao sofredor Nayler.

A punição não apenas atraiu a atenção por causa da vítima, mas também por ser uma decisão brutalmente ilegal. Os quakers de todo o país estavam em estado de choque, e todos os olhos se voltaram para Fox. Mas Fox estava irredutível, deixando claro que reprovava a extravagância de Nayler. Muitos quakers culparam Fox, dizendo que ele estava sendo duro demais com Nayler e que sua intervenção poderia ter libertado o colega sofredor. Entretanto, Fox parecia achar que Nayler havia lançado uma sombra terrível sobre todo o movimento Quaker, possivelmente colocando em risco seu futuro crescimento, tendo esbofeteado a face de Deus com seu comportamento ultrajante.

Nayler continuou vivo na prisão até o parlamento entrar em sessão novamente, quando concederam sua soltura. Ainda assim, passaram-se mais três meses depois de sua libertação até que ele e Fox finalmente se reconciliassem.

Apesar dos ferimentos humilhantes e dos danos à sua reputação, Nayler encontrou coragem e força para começar novamente como um líder quaker. Dessa vez seu comportamento foi marcado pela reverência e devoção espiritual renovadas, trabalhando em toda a área rural com uma humildade pessoal evidente.

No outono de 1660, enquanto caminhava para casa, Nayler aparentemente foi atacado. Ele morreu em virtude de seus ferimentos, na casa de um quaker que morava nas proximidades.[61]

Embora a tortura de Nayler tivesse sido considerada ilegal, Fox continuou, sendo preso ano após ano. Margaret Fell também havia sido presa diversas vezes, juntamente com suas filhas. As histórias de aprisionamentos parecem intermináveis, mas em vez de esgotar os quakers, elas os fortaleciam ainda mais. Sempre que ocorria uma sanção severa, os quakers imediatamente se reuniam em uma casa, em uma taverna, em uma oficina, em um pomar ou em qualquer espaço aberto. Fox convocava os quakers continuamente para enfrentarem a perseguição, na confiança pacífica de que se eles fossem fiéis e perseverantes, o poder do Espírito Santo a quebraria.[62]

O Grande Incêndio, a Praga e as Missões

Em algum momento em fins de 1660, Fox começou a se referir a si mesmo como um "irmão mais velho". Considerando que os quakers passaram a se estabelecer com bons líderes em suas comunidades, ele assumiu o papel de um conselheiro e era um visitante bem-vindo nas reuniões, que eram totalmente capazes de seguir em frente sem ele.[63]

Embora ele ainda fosse preso regularmente, a obra do Senhor continuava a florescer por meio de seu trabalho, uma vez que não podia ser presa por muros de concreto ou barras de ferro. Durante uma de suas prisões, o Senhor profetizou uma grande praga que iria arrasar Londres e um grande incêndio que aconteceria na cidade pouco depois.

A partir dessa presciência, Fox ficou deprimido, lamentando e orando pelas pessoas, sabendo que muitas vidas se perderiam na morte sem conhecer Jesus Cristo. Ele estava preso em 1665, quando uma terrível epidemia de peste bubônica atacou Londres. Milhares de pessoas morreram dentro de alguns meses. A estada de Fox na prisão pode ter sido o que o protegeu da doença mortal que invadiu tão livremente as ruas de Londres.

No dia seguinte em que Fox foi liberto da prisão, em 1666, o evento conhecido como o Grande Incêndio de Londres começou, exatamente como ele havia previsto. À medida que as chamas consumiam os prédios de madeira, boa parte da cidade — inclusive a Catedral de St. Paul, mais de oitenta igrejas, o Royal Exchange, os salões de quarenta e quatro companhias de comércio e artesanato e cerca de treze mil casas — foi deixada em cinzas.[64] As dificuldades extremas que enfrentou no passado, as prisões constantes e as viagens extenuantes de modo algum diminuíram o ritmo de Fox. Em vez disso, grandemente encorajado, ele pôs-se em ação com esforços redobrados. Agora ele estava pronto para visitar a Irlanda, desejando testemunhar em primeira mão como o país havia sido despertado com a mensagem dos quakers.

Alguns quakers já haviam partido para terras estranhas como missionários. Fox escreveu em seu diário: "Vários amigos foram movidos a ir além-mar para proclamar a verdade em países estrangeiros".[65] Uma comunidade quaker florescente havia se firmado em Barbados, nas Índias Ocidentais. A Jamaica também estava vendo uma Reforma Quaker. Alguns haviam se espalhado para o leste e para Malta. Surpreendentemente, esses missionários voltavam vivos!

Os missionários se sentiam atraídos a um país específico, então levavam essa sensação ao Senhor em oração e esperavam em silêncio até que Ele revelasse Sua vontade.

Um dos maiores atributos dos quakers era a capacidade de ficarem em silêncio diante do Senhor e ouvi-lo. Eles eram ensinados a nunca se apressarem, mas a tentarem provar todas as coisas diante do Espírito Santo. Quando eles tinham confiança de que sua preocupação com uma terra específica era de Deus, e não um estímulo sem propósito, eles esperavam que o caminho se abrisse. Assim que isso acontecia, eles partiam, homem ou mulher, independentemente de qualquer obstáculo que tentasse impedi-los.

Devido a esse modo de vida consistente e confiável, os quakers passaram a ser conhecidos como pessoas honestas e retas nos negócios também. A esta altura, a maioria dos comerciantes ingleses preferia fazer negócio com os quakers a negociar com qualquer outro por causa da integridade deles. Isso era resultado dos ensinamentos de Fox, que desde o começo ensinava o povo a lidar com todos os homens de maneira justa.

O Emblema da Unidade: O Casamento

Margaret Fell estava constantemente envolvida com os diferentes enfoques dos quakers, e ela e Fox se encontravam tão regularmente quanto possível. Afirmei antes que os dois tinham grande admiração um pelo outro. Margaret agora era viúva, e Fox confidenciou em seu diário que, durante algum tempo, havia desejado casar-se com ela. Ele havia deixado o assunto nas mãos do Senhor, totalmente persuadido de que o dia "viria para realizar aquilo com o qual eu havia sonhado por tanto tempo".[66]

Creio que a admiração entre Fox e Margaret havia se transformado em um amor genuíno, mas por serem fiéis às suas convicções, eles esperaram e mantiveram o assunto diante do Senhor. Até então, a crescente causa dos quakers havia sido a única parceira necessária para Fox.

Não existem relatos das conversas que tiveram, mas eles devem ter tido conhecimento dos sentimentos um do outro. Sabemos que em 1669, quando Margaret uniu-se a Fox em Londres, os dois decidiram que estava claro que deviam se casar. A afirmação mútua e o tempo deles juntos era breve, pois Fox havia sido novamente chamado pelos quakers de Yorkshire para ajudá-los a estabelecer uma reunião mensal. Assim, Fox e Margaret separaram-se, ainda não casados, mas pelo menos com a promessa de casamento em seus corações.

De Yorkshire, Fox seguiu a direção imediata de seu coração e dirigiu-se à Irlanda. Depois de fazer um circuito pelo país, ficou entusiasmado com a recepção que teve em Dublin. Ele saudou a fidelidade deles a Deus e advertiu-os de que tratassem com justiça a todos os homens, para que o Senhor fosse honrado com suas vidas. Com essa visita bem-sucedida, ele dirigiu-se para casa, para a Inglaterra e para sua futura esposa.

Ao reunir-se com Margaret, ele foi além de suas diretrizes para o casamento, fazendo um grande esforço para que cada quaker estivesse envolvido com ele. Uma parte disso tinha a ver com os rumores que surgiam com relação à amizade próxima deles. Alguns achavam que Margaret estava apaixonada por Fox desde o começo. Eles também tomaram muito cuidado devido ao fato de Margaret ser uma mulher rica. Fox não queria que ninguém pensasse que ele estava se casando por dinheiro, principalmente por Margaret ser dez anos mais velha do que ele e ter passado da idade de gerar filhos. Ele sentia que o casamento deles deveria ser visto, de algum modo, como um símbolo de unidade para todo o movimento. Como Fox era o fundador dos quakers, sentia que pertencia a cada um deles. Então ele escreveu a cada comunidade quaker falando sobre suas intenções com Margaret.

Fox liberou-se de quaisquer compromissos ministeriais, e ele e Margaret compareceram diante de todas as comunidades quakers, assim como ele havia estabelecido, como se todos eles fossem uma família.

Então Fox reuniu todos os filhos de Margaret, juntamente com seus cônjuges, e pediu a permissão deles para casar-se com sua mãe. Finalmente, em 27 de outubro de 1669, na Broadmead Meeting House, em Bristol, foi realizado o casamento. De todo o país, tantos quakers quantos puderam comparecer o fizeram. Mais de noventa pessoas assinaram a certidão de casamento, aprovando a união. Os recém-casados ficaram uma semana em Bristol. A essa altura, Fox tinha quarenta e cinco anos e Margaret, cinquenta e cinco. Depois da estada em Bristol, o casal separou-se quando Fox partiu para outra jornada de pregações, e Margaret voltou a Swarthmoor para dar assistência aos quakers do norte.

Durante mais vinte anos, eles continuaram a compartilhar seu trabalho, apenas se reunindo por curtos períodos. A obra do Senhor era a prioridade deles.[67]

Levantando as Velas: Índias Ocidentais e Jamaica

Durante algum tempo, estava no coração de Fox que ele devia atravessar o oceano e visitar os quakers nas Índias Ocidentais. Mas Margaret havia sido presa recentemente, e Fox havia passado a maior parte do tempo livre fazendo o possível para que ela fosse solta.

Quando o Senhor o liberou para ir às Índias Ocidentais, Margaret foi simultaneamente liberta da prisão. Alguns dias antes da partida do navio, ela pôde ir a Londres e passar algum tempo com Fox antes de partir. O casal teve uma despedida muito afetuosa, porque, naquele tempo, se uma pessoa viajasse para além-mar, as chances de ver sua casa e sua família de novo eram poucas.

Elizabeth Hooten, a primeira convertida quaker, e vários outros, acompanharam Fox na viagem que levaria quase dois meses. A viagem seguiu sem incidentes, exceto por uma ocorrência três semanas após a partida.

Uma tarde, eles viram um navio de guerra de outra nação aproximar-se deles em velocidade máxima. Percebendo que atirariam neles quando estivessem a curta distância, o capitão do navio procurou Fox e perguntou o que deviam fazer.

Fox respondeu que ele não era um homem do mar, o que o capitão estava pensando? Só havia duas opções: tentar andar mais rápido que o navio de guerra; ou permanecer na rota e esperar que tudo saísse bem. Fox respondeu que seria ridículo tentar andar mais rápido que um navio de guerra. O capitão estava extremamente nervoso e ficando mais ansioso a cada minuto. Fox disse-lhe que aquilo era uma prova para a fé dele e que eles deviam esperar no Senhor para ver qual seria Seu conselho.

Com isso, Fox decidiu descansar no espírito e esperar que o Senhor desse uma resposta. Não demorou muito, e o Senhor mostrou a Fox que o Seu poder estava colocado entre eles e o navio que os perseguia; a melhor coisa a fazer era permanecer na rota.

Fox escreveu em seu diário:

> Por volta da décima primeira hora, a sentinela chamou e disse que eles estavam bem ao nosso lado. Isso inquietou alguns dos passageiros, e em resultado, sentei-me em minha cabine, e olhando pela escotilha, não tendo a lua descido muito ainda, eu os vi muito próximos de nós. Eu estava me levantando para sair da cabine, mas lembrando-me da palavra do Senhor, que a Sua vida e poder estavam entre nós e eles, deitei-me novamente. O capitão e alguns dos marinheiros vieram novamente, e perguntaram-me se não poderiam se desviar um pouco. Eu disse a eles que poderiam fazer o que quisessem. A esta altura a lua havia descido e um vento fresco soprou, e o Senhor nos ocultou deles, então velejamos rapidamente adiante e não os vimos mais.[68]

O Primeiro Contra a Escravidão

Todos os domingos eles realizavam uma reunião pública no navio, e grandes bênçãos abundavam para todos eles. Entretanto, Fox começou a sofrer muito na viagem. Estava claro para todos que sua saúde estava se deteriorando, principalmente devido a todas as prisões que ele havia sofrido. O clima nas Índias Ocidentais complicou ainda mais seu estado porque

Fox não estava acostumado a tamanha umidade e calor. Mas ele ficou satisfeito ao ver tantos quakers fiéis e fortes esforçando-se em Barbados.

Ali, Fox observou que uma grande parte dos quakers tinha escravos, e ele era firmemente contra esse comportamento. Ele tinha a sabedoria para perceber que eles não podiam libertá-los todos de uma vez, porque os próprios escravos sofreriam sem ter um meio de vida. Então, ele advertiu os quakers ali a treinarem os escravos no Senhor e a ensinar-lhes habilidades para que, depois de alguns anos, pudessem libertá-los para que vivessem por conta própria.

Deixe-me fazer uma observação aqui. Os quakers norte-americanos e ingleses eram totalmente contra a escravidão de qualquer tipo. Já em 1688, os quakers enviaram um protesto formal contra a escravidão à Assembleia Anual da Filadélfia, nos Estados Unidos.[69] Isso significa que aproximadamente 174 anos antes da Proclamação da Emancipação ter sido redigida, em 1862, os quakers haviam lutado contra a escravidão. Essa é outra atitude pioneira que podemos creditar a eles. Eles exigiam que a escravidão fosse abolida muito antes de as pessoas tornarem-se universalmente cientes disso. Talvez tenham sido as sementes de seus protestos pacíficos que fizeram com que os Estados Unidos repensassem sua posição acerca da escravidão em meados dos anos 1800!

Fox permaneceu em Barbados por três meses. Antes de deixar as Índias Ocidentais, ele redigiu diretrizes para ajudar o movimento Quaker a permanecer forte. Dali, velejou para a Jamaica onde, logo depois de desembarcarem, Elizabeth Hooten, agora uma mulher idosa, faleceu.

Permanecendo na Jamaica por pouco mais de um mês, Fox sentiu a direção de seguir para as colônias dos Estados Unidos. Mal sabia ele que estava se dirigindo a uma jornada que acumularia ainda mais aventuras à sua vida curta e dramática.

A Bruta e Turbulenta América

Se a velha Inglaterra havia sido dura com os quakers, eles não faziam ideia do quanto os puritanos da Nova Inglaterra seriam duros! Você poderia pensar que por causa de sua própria busca por liberdade religiosa mais de cinquenta anos antes, eles dariam as boas-vindas aos quakers. Errado!

As tragédias da Nova Inglaterra sempre foram uma página negra na história dos Estados Unidos. Os puritanos originais haviam se mantido firmes na crença de que qualquer discordância de suas doutrinas era heresia, portanto deveria ser tratada com severidade. Essa severidade aumentava ainda mais com seus sucessores. Eles haviam se tornado capatazes religiosos com a mente tão estreita, que estavam mais dispostos a matar alguém a serem desafiados em alguma questão. Os puritanos de fins do século XVII haviam criado um monstro religioso que estava furiosamente fora de controle.

Aqui, vemos novamente o espírito enganoso da religião em operação. As pessoas que se importam mais com a religião do que com o Espírito Santo formam o grupo de pessoas mais maligno e malicioso que você poderá encontrar. Não permita que a santidade superficial o engane.

Foi essa atmosfera de inquisição que os quakers encontraram quando chegaram à terra livre. Rumores distorcidos sobre os quakers britânicos haviam chegado aos habitantes da Nova Inglaterra, e eles tomaram atitudes extremas para mantê-los longe de suas praias.

Muitas vezes, se os religiosos ouvissem que um quaker estava a bordo de um navio no porto, esse quaker recebia ordens para ficar no navio e voltar à Inglaterra às custas do capitão. Tempos depois, eles criaram uma lei proibindo qualquer capitão de levar um quaker ao país. Eles tinham medo de que, se não cortassem a heresia quaker pela raiz, ela floresceria por todas as colônias como havia acontecido na Inglaterra!

Um habitante da Nova Inglaterra certa vez foi gentil com uma mulher quaker. O resultado foi que ele recebeu uma multa de alto valor em dinheiro e, no meio de um inverno intenso, foi banido das fronteiras de Massachusetts para sobreviver por conta própria.

Enquanto caminhava em direção a Rhode Island, ele encontrou um indígena bondoso que o levou para casa, o alimentou e o aqueceu. Quando lhe perguntaram por que o homem estava sozinho em um clima tão hostil, ele contou a história. Perplexo, o índio disse: "Que Deus os ingleses têm, que tratam assim uns aos outros por causa do Deus deles!"[70] Somente os que eram como esse índio, um pagão, podiam ver a ironia hipócrita de tudo aquilo.

Mas os puritanos não estavam tão prontos para os quakers quanto pensavam. A perseguição e as ameaças nunca paralisaram os quakers, e a Nova Inglaterra não era diferente. Eles continuavam chegando, até que a região logo foi inundada por quakers. Muitos morreram enforcados, outros foram presos e morreram de inanição. Uma proclamação foi expedida dizendo que se alguém levasse, direta ou indiretamente, um quaker a Massachusetts, ele podia ser encarcerado e multado, ter a língua furada e atravessada com um ferro quente, ter as orelhas cortadas, ou ser severamente chicoteado. Ainda assim os quakers floresciam; e muitos habitantes destemidos da Nova Inglaterra, apesar das ameaças rigorosamente cumpridas, ousavam ficar ao lado deles e se alinhar com o grupo que crescia.

A perseverança dos quakers é um grande e honrado capítulo da história norte-americana.

A Audiência Favorita: Índios

A viagem de Fox aos Estados Unidos foi perigosa, levando várias semanas. O navio havia ficado sem alimentos, e os passageiros estavam quase morrendo de fome.

Quando chegou às costas de Maryland, Fox ficou entusiasmado em ver terra, embora estivesse fraco da viagem. Assim que desembarcou, foi recebido por um ministro quaker chamado John Burnyeat, que imediatamente informou-lhe de que ele estava em cima da hora para uma reunião. Esquecendo sua fraqueza física, Fox entrou alegremente na reunião que durou quatro dias! Após as reuniões, os quakers locais reuniram-se para receber instruções e ouvir a sabedoria de Fox. Em seguida, todos eles seguiram em várias excursões de pregação.

Fox amou os índios norte-americanos e ficou intrigado com o bom senso e o coração genuíno deles. Talvez tenha sido por isso que Fox gostasse de viajar pelos locais ermos e pelas regiões isoladas da jovem América. Ele prestava mais atenção a esse grupo étnico de pessoas do que a qualquer outro, e eles frequentavam as reuniões que eram realizadas próximo ao território deles. Muitos dos puritanos viam os índios como inimigos, comercializando com eles, mas não os tratando como amigos. Muitos naqueles dias até questionavam se os índios norte-americanos tinham almas!

Fox não tinha simpatia por essa ideia, de modo que ele se certificou de visitar todas as aldeias indígenas que pudesse encontrar. Ele e Burnyeat viajaram por lugares ermos rumo à Nova York, sempre encontrando índios amigáveis ávidos para compartilhar comida e abrigo. Enquanto esteve nos Estados Unidos, Fox implorou tanto aos quakers que cumprissem com os seus deveres junto aos peles-vermelhas, que um historiador de 1812 escreveu que "a melhor defesa contra os índios eram as vestes de um quaker".[71]

Fox pregando em Maryland
Arquivos North Wind Picture

"O Grande Espírito Vai Queimar Vocês!"

Fox passou dois anos viajando a cavalo por toda Maryland e por partes da Nova Inglaterra. Ele escreveu em seu diário que dois guias indígenas os conduziram pelo denso deserto.

Certa vez, um índio norte-americano errante foi até ele e, depois de algum tempo, começou a apalpá-lo e a tocá-lo, dizendo que Fox tinha um sangue bom. Sabendo que algumas das tribos tinham a fama de ser canibais, Fox não tinha certeza das intenções do homem para com ele, embora sentisse a paz de Deus. Finalmente, depois que o homem continuou a examinar Fox como se estivesse procurando alguma coisa para comer, Fox levantou a mão ao céu e depois apontou para a terra. Recebendo a atenção imediata do índio ao fazer esse gesto, Fox então lhe disse que, se ele o tocasse, o Grande Espírito o queimaria. Com isso, o índio curioso se foi![72]

O diário de Fox está cheio de escritos detalhados com relação aos índios norte-americanos, elogiando-os por serem tão receptivos à sua mensagem. Ele comentou sobre como alguns dos índios lhe disseram que a religião quaker era a melhor que eles haviam ouvido. Fox observou que algumas das tribos já agiam como os Amigos, de modo que sua mensagem apenas confirmou o que eles sabiam ser verdade.[73]

Por outro lado, ele considerou a cidade de Rhode Island uma "enseada de hereges".[74] Fez-lhe bem, porém, descobrir que muitos altos oficiais, e alguns que haviam deixado o cargo, eram todos quakers. Os magistrados ali ficaram tão impressionados com Fox que discutiram entre si se eles tinham dinheiro suficiente para contratá-lo como ministro ou não. Quando Fox ouviu sobre isso, ele disse: "É hora de partir; pois se os olhos deles estão tão voltados para mim, ou para qualquer um de nós, eles não irão ao próprio Mestre".[75]

Depois de uma breve estada em Rhode Island, ele voltou e dirigiu-se para o sul novamente, omitindo uma visita a Massachusetts; entretanto, enviou outro representante para fazê-la em seu nome. Ele enviou uma carta ao governador de Connecticut na esperança de que ele não perseguisse mais os quakers ali.

Embarcando em um barco para Long Island, Fox foi recebido pelos quakers refugiados na região e por uma grande multidão de índios. Depois de dirigir a grande reunião, alguns índios se aproximaram de Fox, dizendo-lhe que alguns de sua raça haviam adotado a religião da Nova Inglaterra, mas, ao fazer isso, estavam piores do que antes. Eles acreditavam que o Quakerismo era um caminho verdadeiro, mas temiam a conversa com medo de que os outros mestres os enforcassem.[76]

O Milagre do Pescoço Quebrado

Um dos maiores milagres realizados através de Fox ocorreu quando ele se dirigia a Nova Jersey. Um quaker de nome John Jay estava cavalgando com eles desde Rhode Island, quando foi derrubado violentamente do cavalo. Fox estava em outro lugar quando a notícia de sua morte acidental chegou até ele. Chegando à cena tão depressa quanto pôde, Fox descobriu que Jay havia quebrado o pescoço e estava morto.

Movendo-se de compaixão pela grande família do homem, Fox agarrou Jay pelos cabelos. Ele colocou a cabeça pendente de Jay entre seus joelhos, colocou uma mão sob o queixo dele, a outra atrás de sua cabeça, e levantou-a para cima e para baixo duas ou três vezes com toda a sua força, colocando-a no lugar com um estalo. Fox percebeu que o pescoço de Jay "começou a ficar rígido novamente", e um som saiu de sua garganta. Então Jay começou a respirar, abrindo os olhos.[77]

Para surpresa dos expectadores, Fox advertiu-os a se animarem e a levarem Jay para dentro de casa. Deram a ele alguma coisa quente para beber e colocaram-no na cama. No dia seguinte, John Jay fez a viagem de vinte e cinco quilômetros a cavalo, atravessando pântanos, florestas e um rio, juntamente com os outros!

Hora de Voltar para Casa

Fox viajou até a Carolina do Norte e parte da Virginia, onde continuou com suas reuniões. A antiga teoria norte-americana de que os índios não tinham alma continuava a estimular o apetite espiritual de Fox. Ele atacou essa mentira cruel levando um índio à frente e fazendo perguntas a ele. As respostas do homem provaram aos incrédulos que ele realmente tinha uma alma muito ativa.

Apenas uma vez quando estava nos Estados Unidos Fox encontrou autoridades que tentaram colocá-lo na prisão. Isso aconteceu um dia depois de regressar de Maryland, mas Fox logo convenceu o delegado e foi liberado sem incidentes. Era o ano de 1672, após o Natal, e o inverno estava rigoroso. Fox e seu grupo andavam com dificuldade pela neve, ensopados pela chuva congelante, dormindo ao relento e vendo a água de seus cântaros congelar enquanto se sentavam junto ao fogo.

Em 1673, a casa onde ele ficou como hóspede pegou fogo. Fox perdeu todos os pertences, juntamente com roupas e livros. Ele continuou a viajar e a percorrer a jovem América durante quase todo o ano. Finalmente, seu coração determinou que ele havia visitado a maior parte da nação.

Satisfeito com o estado espiritual geral dos quakers ali, ele se sentiu impelido a voltar à Inglaterra.

Assim que seu navio atracou em Bristol, ele enviou uma carta a Margaret em Swarthmoor, anunciando sua volta e a fidelidade de Deus. Assim que leu a carta, Margaret rapidamente pôs-se a caminho de Bristol para encontrar-se, depois de mais de dois anos, com seu incrível marido.

A Última Batalha na Prisão

Fox e Margaret ficaram apenas por pouco tempo em Bristol antes de irem para Londres. Enquanto estava ali, Fox sentiu que ele logo seria preso novamente. Dizendo a sua esposa para voltar a Swarthmoor, ela concordou com relutância.

Como previu, Fox foi preso alguns dias depois. Ele parecia estar certo de que a prisão era a vontade de Deus para ele tanto quanto a liberdade era para outros. Ele aceitava isso de boa vontade e nunca se acovardou. Assim que era solto, as autoridades encontravam outra acusação contra ele e o colocavam na prisão novamente por recusar-se a prestar juramento na audiência.

Entretanto, o estado de saúde de Fox era precário, o que fez com que Margaret agisse imediatamente. Ela apelou ao chanceler que lhe disse que a única esperança era o perdão do rei. Isso enfureceu Fox. Ele também se irou com a resposta do chanceler. Ele respondeu: "Não sou livre para aceitar perdão, sabendo que não fiz mal algum. Eu prefiro ficar na prisão por todos os meus dias a sair de qualquer maneira que desonre a verdade".[78]

A Influência de Penn: O Nascimento da Pensilvânia

William Penn, o famoso líder quaker que fundou a Pensilvânia, já havia surgido no cenário nessa ocasião, e fez tudo que estava em seu poder político para que Fox fosse solto.

Penn era um forte apoiador de Fox. Ele era filho do Almirante Sir William Penn e havia se mudado para a Irlanda para administrar os imóveis de seu pai quando entrou em contato com os quakers ali e se converteu. Seu pai, um almirante, tinha grandes planos para Penn, e quando ele escolheu ser um quaker, partiu o coração de seu pai. Todos os sonhos que ele tinha para o filho se perderam. O almirante não fazia ideia que Deus tinha outros planos para William e que seu filho entraria para a História como um homem ainda maior do que seu pai havia sonhado. Ele abriu seu caminho na História quando persuadiu Charles II (que devia dinheiro a seu pai) a permitir que eles estabelecessem uma colônia na América unicamente para uso e liberdade dos quakers. O rei concedeu o pedido, em vez de dar a ele o dinheiro, e a colônia ficou conhecida como Pensilvânia.[79]

A forte influência de Penn, somada a inúmeras cartas dos quakers de toda a região, finalmente persuadiram os magistrados a permitirem que Fox comparecesse perante a corte, convencendo-a de que ele não tinha qualquer propósito sinistro contra o governo em todas as suas viagens itinerantes. Mas depois de se recusar a prestar juramento, ele foi novamente lançado na prisão.

A esta altura, Margaret estava desesperada. A má saúde de Fox estava atormentando-o constantemente, e ela temia nunca mais vê-lo. Finalmente, utilizando sua influência entre as altas autoridades, ela conseguiu que um juiz o ajudasse. Ele decidiu que havia inúmeros erros na denúncia de Fox e ordenou sua soltura.

Fraco no Corpo, Forte no Espírito

Voltando a Swarthmoor para se recuperar, a saúde de Fox estava tão baixa que ele não participou da assembleia anual que aconteceu logo depois de sua soltura. Em vez disso, ele escreveu aos que participaram. Enquanto se recuperava, Fox permaneceu em Swarthmoor por aproximadamente dois anos e, em vez de viajar, escreveu vários tratados e panfletos.

Embora nunca tenha reconhecido isso, o estilo de vida itinerante de Fox estava chegando rapidamente ao fim. Agora, quando viajava, ele tinha de fazer o percurso devagar, contentando-se em descansar na tentativa de restaurar as forças que lhe faltavam.

Mas os dias de viagem não haviam terminado completamente, pois ele ainda pôde visitar a Holanda e resolver muitos assuntos de interesse dos quaker. Depois de três meses ali, ele voltou à Inglaterra, onde encontrou o movimento Quaker crescendo tão rapidamente em Londres que decidiu fazer da cidade sua base.

Próximo do fim de sua vida, Fox testemunhou outra mudança de governo. Charles II morreu e Jaime II substituiu-o. O novo rei tinha grande simpatia pelos protestantes e ordenou a libertação de todos os quakers e dissidentes britânicos das prisões. Aproximadamente mil e seiscentos quakers foram libertados da prisão por sua ordem.[80] Era um tempo em que Fox estava cheio de alegria em testemunhar, e ele aproveitou a ocasião para advertir os quakers a fazerem daquele um momento de crescimento de santidade e gratidão a Deus.

A esta altura, a saúde de Fox havia declinado tanto que ele não conseguia ficar sentado durante uma reunião inteira. Os quakers ajudavam o enfermo Fox levando-o até a casa de alguém depois do culto, onde ele tinha de descansar para fazer a viagem de volta para casa.

"Estou Totalmente Bem. Está Tudo Bem."

O último ano da vida de Fox foi um ano tranquilo. Em 1690, ele viu a aprovação do Ato de Tolerância, que trouxe liberdade para os quakers com o apoio do governo. Eles já não podiam mais ser lançados em masmorras abomináveis para morrer de doenças ou por confinamento. Eles nunca mais poderiam ser chicoteados nas ruas ou maltratados. Deve ter sido imensamente satisfatório para Fox ver esse ato ser aprovado antes de morrer. Agora parecia que tudo pelo qual ele havia lutado, tudo que ele havia sofrido, daria frutos mundialmente. O futuro agora parecia brilhante para os quakers, mas isso não veio sem um alto preço.

Em 1690, sua voz forte estava fraca, seus cabelos finos e brancos, e sua vista turva. Embora parecesse que ele tinha de percorrer rastejando o meio quilômetro de sua casa até a reunião, sua inteligência estava intacta e sua mente, afiada como sempre. Embora seu corpo estivesse se desgastando, parecia que seu espírito havia sido renovado como o de um jovem, pronto para voar como uma águia.

No fim daquele ano, Fox estabeleceu-se em Londres e estava quase que diariamente com outros quakers. Em 10 de janeiro de 1691, ele escreveu uma carta aos seguidores na Irlanda, e depois em seu diário, para atualizá-lo.

A manhã seguinte estava muito fria, mas Fox insistiu em participar de uma reunião, onde pregou e orou. Ele garantiu à multidão que estava se sentindo bem, melhor do que vinha se sentindo havia algum tempo. Mas assim que a reunião terminou, Fox reclamou de uma dor próxima ao coração. Ele foi para a casa de um quaker, Henry Gouldney, para descansar. Era um dia congelante, e quando o frio bateu em seu peito, ele tremeu. Ainda assim, ele disse rapidamente ao grupo: "Estou feliz por ter vindo aqui; agora estou bem, estou totalmente bem".[81]

Depois de descansar, Fox tentou levantar-se, mas descobriu que precisava voltar ao leito. Tentando se levantar mais uma vez, ele gemeu e caiu de volta na cama. Dentro de algumas horas, suas forças lhe faltaram.

Percebendo que seu tempo era curto, ele pediu para ver alguns de seus associados. William Penn estava entre eles, e Fox solicitou que eles continuassem a espalhar livros e a verdade em todos os lugares. "Está tudo bem", ele lhes garantiu, "a semente de Deus reina sobre tudo e sobre a própria morte".[82]

"Ele Morreu Como Viveu, Um Cordeiro"

Por volta da terça-feira, 13 de janeiro, a doença de Fox havia se estendido por três dias. No início da noite, ele agarrou a mão de um associado, pedindo-lhe que transmitisse o seu amor a todos aqueles que tinha encontrado em suas viagens. Tarde da noite, Fox simplesmente fechou os olhos, cerrou os lábios e deu seu último suspiro. Ele nunca lutou contra isso; na verdade, parecia que ele havia simplesmente adormecido. Um de seus associados escreveu: "Poderíamos pensar que ele estava sorrindo".[83] Ele tinha sessenta e seis anos.

A História nunca relatou a causa da morte de Fox. Ele não sofria de doença alguma. Parecia que seu corpo físico apenas havia se desgastado, e toda a sua força havia se esgotado.

Penn foi quem escreveu a Margaret, contando as notícias. "Ele morreu como viveu, um cordeiro", escreveu Penn, "cuidando das coisas de Deus e de Sua igreja até o fim, com um espírito universal".[84]

Durante os três dias que se seguiram, os quakers tiveram total acesso ao velório para verem o corpo de Fox. Líderes quakers de toda a nação se reuniram para a dolorosa tarefa de preparar seu funeral. O culto era constantemente interrompido por lágrimas e gemidos de homens de estatura, como Penn — homens que geralmente mantinham suas emoções em oculto. Um homem idoso afirmou que ele havia enterrado toda a família sem derramar uma lágrima, mas agora, ele estava vencido e "jamais se esqueceria desse dia".[85]

O funeral durou duas horas, e mais de quatro mil pessoas se aglomeraram para ouvir as vozes dos doze homens que falaram sobre Fox. O grande homem estava confinado a um caixão simples de madeira, e levou mais de duas horas para o grupo caminhar até o cemitério.

Um Fox mais idoso
Friends Historical Library,
Swarthmoore College

Fox foi enterrado em Bonehill (Bunhill) Fields, um cemitério antigo para os quakers. A princípio, nenhuma marcação foi colocada para identificar seu túmulo. Mais tarde, uma simples lápide com suas iniciais foi presa ao túmulo, denotando o lugar onde um dos mais poderosos generais de Deus jazia, na esperança certa e segura da gloriosa ressurreição prometida a ele.

Margaret viveu mais onze anos, durante todo esse tempo exortou os jovens e fortaleceu a obra, até completar sua carreira. Ela foi para casa para estar com o Senhor aos oitenta e oito anos de idade. Antes de morrer, chamou seu neto mais velho, advertindo-o a se posicionar diante de Deus. Ela morreu nos braços de sua filha, sussurrando: "Estou em paz!".[86]

Onde Estão os Quakers Hoje?

Ao terminar de escrever este capítulo, fico quase sem palavras diante do compromisso irredutível e da força espiritual imperecível de um homem tão grandioso.

É claro que meus pensamentos se voltam para os quakers e para o que eles representam hoje. A maior parte do sacrifício foi feito gerações antes deles nascerem, através do sangue daqueles que vieram antes. Agora, a rota dos quakers é permanecer fiel às raízes e ao espírito que pagou esse preço incrível.

Grande parte do direcionamento deste capítulo foi inspirada por um querido irmão no Senhor, Cooper Beaty. Nos trechos em que a história teológica que li oferecia pouca informação, ele ajudou a colocar mais luz no caminho, nos permitindo ter um entendimento mais profundo de George Fox e dos quakers.

O reverendo Beaty é diretor de seu ministério pessoal, *Light for Living Ministries*, localizado em Broken Arrow, Oklahoma. Hoje, com seus oitenta anos, ele passou trinta anos de sua vida como um pastor quaker, sete anos como um ministro quaker itinerante, e os últimos vinte anos como um instrutor em tempo integral em um seminário bíblico não denominacional. Ele ensina diversas matérias no seminário, e a história da Igreja é uma delas. Ele considera alguns de seus livros esgotados sobre George Fox os seus bens mais preciosos.

Hoje, existem diversas pequenas ramificações dos quakers, mas o grupo como um todo foi dividido em três categorias principais: os liberitas (racionalistas), os whiberitas (tradicionalistas) e os gurneyitas (evangélicos). Beaty comentou que os quakers evangélicos hoje são os mais próximos aos metodistas antigos (John Wesley), e ele acredita que eles abriram o caminho cem anos antes do movimento Metodista.

Os evangélicos permaneceram fiéis aos ensinamentos de Fox. Sua honestidade e integridade ainda são imaculadas. Eles ainda acreditam no novo nascimento, na santidade através da santificação do Espírito, e seus cultos são marcados por músicas e louvores cheios de vida. Ao longo dos anos, o único erro dessa seita particular de quakers é que eles se voltaram para dentro, em vez de se voltarem para fora. Eles são evangélicos, porém não evangelísticos, principalmente devido ao estilo de vida de perseguição severa de seu legado. Entretanto, para minha satisfação e esperança, o reverendo Beaty afirmou que hoje os quakers evangélicos estão novamente voltando às suas raízes evangelísticas originais, procurando alcançar a juventude e os perdidos nas principais cidades dos Estados Unidos. Afinal, essa foi uma promessa que os antepassados deles fizeram a George Fox.

Embora esteja agora envolvido com um ministério internacional não denominacional, o reverendo Beaty fala com grande admiração e afeto sobre suas raízes quakers. Elas geraram uma força espiritual e uma estabilidade dentro dele que jamais poderá ser abalada. Ele afirmou que sua mudança de quaker para membro de um grupo não denominacional foi muito fácil, porque as crenças eram muito similares.[87]

O Que Deus Pensa Sobre Nossa Geração?

Há não muito tempo, preguei um sermão intitulado "Deus Tem Vergonha de Ser Seu Deus?". Creio que Deus se entristece e se envergonha quando nossa geração se torna letárgica ou passiva com relação às Suas verdades. Quando alguém ou um grupo de pessoas se posiciona contra a mentalidade geral, ousando falar a verdade apesar do preço a ser pago, creio que quando outros os aconselham a se acalmarem ou a serem normais, isso cheira mal para as narinas de Deus.

Clamamos para que Deus se mova, e então, quando Ele o faz, tentamos apagar esse mover porque ele retira os véus que cercam nosso coração e nos mostra o que realmente está ali. Você sempre consegue perceber quando as pessoas não querem que seus véus sejam removidos: elas ferem e perseguem aqueles que ousam viver ousadamente para Deus. Elas torcem a Bíblia, tentando enfraquecê-la, ou ensinam que ela quer dizer algo diferente do que diz. Elas gritam para que o governo faça as mudanças necessárias na nação, quando, na verdade, estão pedindo algo que o próprio Senhor não faria. Você precisa

> Nossa sociedade está clamando e implorando por uma reforma. Os generais do passado passaram a tocha para nós — é a nossa vez de tomar posição.

olhar para o trono branco, e não para a cadeira de presidente. Você precisa olhar para o Evangelho, e não para o seu governo. Olhe para a Pessoa do Espírito Santo, não para o Congresso Nacional. A mudança que a nossa sociedade precisa desesperadamente é a Reforma, e isso só pode vir das pessoas que conhecem a Deus e estão dispostas a entregar a vida por Ele.

Escrevi este livro não apenas para que você tenha um conhecimento útil dos maiores generais de Deus, mas também para que você olhe profundamente para dentro da sua alma e do seu estilo de vida. Muitos de vocês estão dizendo "está tudo bem" — mas não está tudo bem. Alguns de vocês abriram os olhos, os ouvidos e o coração para outras vozes que os levaram a racionalizar e a se afastar do seu chamado e propósito na vida. Outros ruídos se tornaram tão altos em sua vida que vocês não podem mais ouvir a voz de Deus chamando-os para sair da letargia e das trevas. Vocês ficaram tão entorpecidos pelo som dos tempos que não conseguem ouvir a voz de Deus chamando esta geração. Vocês conseguem ouvir o que Ele está dizendo?

Deixe-me dizer novamente, com muita força, que nossa sociedade e as nossas nações estão clamando e implorando por uma reforma. A posição que foi tomada por tantas gerações passadas não é suficiente para os problemas que estão surgindo nos nossos dias. Eles nos mostraram como viver, mas agora passaram a tocha; é a nossa vez de tomar posição.

Precisamos sacudir a poeira e parar de nos alimentar da fonte errada de alimento espiritual, do tipo errado de falsa esperança e da busca errada por coisas materiais. A estrada que é grande diante de Deus tem mais resistência sobre ela. Você nunca encontrará grandeza nas coisas de Deus sem uma batalha, você nunca encontrará mudança sem confronto, e você nunca encontrará uma nova geração a não ser que aprenda a pregá-la, a gritá-la, e a viver como se ela já estivesse aqui.

Enquanto escrevo este livro, não existe uma única nação que esteja conduzindo o mundo em um mover de Deus rumo à reforma. Todos nós tivemos derramamentos do Espírito. Fomos visitados por Deus, mas ninguém carrega uma habitação do céu. O que as nossas nações necessitam é de reforma. Esse tipo de reforma ocorre quando cada um de nós concorda em viver com Ele aqui nesta terra, continuamente pagando o preço de mantê-lo em primeiro lugar.

Quando vivemos com Deus, existe um confronto contínuo, um exame contínuo em nossa vida. Nosso coração e nossa mente passam continuamente por um raio-X; nossa família, igreja, trabalho, ministério, tudo está constantemente sob o microscópio de Deus enquanto perguntamos se está tudo bem. É bom fazer isso, mas poderíamos fazer melhor. Esse confronto pessoal acontece porque Deus quer ser o Senhor de nossa vida, e não existe paz maior do que isso.

    Quando vivemos com Deus, nossas prioridades terrenas ficam embaçadas; você fica focado nas coisas celestiais, sempre atento à eternidade. Você não quer ser algo que não é. Você não desiste ou se desvia se não for um Benny Hinn ou um Billy Graham — você não fica sentado ouvindo os mestres e meramente comentando: "Boa observação". Para ter a reforma que a nossa era requer, você precisa passar do comentário passivo "boa observação" para uma verdadeira e ativa ação de coração. Deus não lhe dará uma nova unção se não houver um vaso novo onde colocá-la. Além disso, a verdadeira unção é muito mais do que "oh!" e "ah!". Ela é seguida por uma reação — ser rotulado como alguém que anda coberto por um véu, ou o abandono dos amigos e companheiros — e a maioria das pessoas não está disposta a pagar o preço por ela. Você só pode ser o machado de Deus em uma nação com base em quem você é quando ninguém está olhando e no quanto é vulnerável à mão de Deus.

    Estou feliz por você ter lido este capítulo e este livro; creio que você quer reformar a religião que nos detém para que uma genuína e verdadeira fome de Deus possa nos atrair e nos consumir. Creio que você deseja o verdadeiro e não uma imitação barata. A Reforma nunca pode nascer sem esse tipo de fome. Quando você estiver satisfeito será o dia em que sua vida religiosa começará. Quando você estiver satisfeito com sua caminhada cristã será o dia em que sua resistência religiosa começará. Recuso-me a ser chamado meramente de norte-americano — eu vivo para o céu. Anseio pelo espírito da Reforma. Não estou preocupado com um rótulo, com um partido ou com um grupo. Quero ser marcado por Jesus e pelo Espírito Santo e ter a mão do Pai sobre mim, quer as pessoas aplaudam isso ou não.

    Foi exatamente o que George Fox fez. Ele defendeu as verdades da Palavra, e isso gerou uma reação de sua família, de seus ministros, de seus amigos, de seus parentes e de todos os que o conheciam. Ele estava disposto a ficar só se isso significava estar com Deus. Ele suportou voluntariamente as perseguições que muitos de nós jamais conheceremos, tudo porque ele conhecia o toque de Deus e sabia o que significava viver com Ele enquanto estava na terra. Fox estava sempre consciente de um alvo eterno, sabendo que sua vida aqui não passava de um vapor. E a partir de seu relacionamento contínuo face a face com

---

Viva para o céu. Esforce-se para ser marcado por Jesus e pelo Espírito Santo e para ter a mão de Deus sobre você, quer as pessoas o aplaudam ou não.

o Deus vivo, ele se tornou um reformador, tocando todas as áreas de sua geração. Mais de trezentos anos depois sua voz ainda é ouvida.

Assim, encerro este capítulo e este livro com as palavras de Fox, orando para que elas ardam como um fogo contínuo em sua alma, dando à luz uma verdadeira revolução que transformará seu coração e sua nação. Que o espírito da Reforma venha novamente à terra. E que ele venha através de você.

Esta geração que conhecemos e a geração dos fiéis que conhecemos: eis a separação entre o precioso e o vil, entre o santo e o profano; para que todos os povos ponderem e considerem em que geração vocês estão.[88]

Notas

1. George Fox, *The Journal of George Fox* (London, England: Temple Press/J. M. Dent and Sons, Ltd., 1948): 12.
2. Major Douglas, *George Fox — The Red Hot Quaker* (Cincinnati, Ohio: Revivalist Press, n.d.): 39.
3. H. Larry Ingle, *First among Friends, George Fox and the Creation of Quakerism* (New York, N.Y.; Oxford University Press, Inc., 1994): 3. Extratos de *First among Friends, George Fox and the Creation of Quakerism* por H. Larry Ingle, © 1996 de Oxford University Press, Inc. Autorizado pela Oxford University Press, Inc.
4. Ibid., 12, 19.
5. Cecil W. Sharman, *George Fox and the Quakers* (Philadelphia: Conferência Geral dos Amigos; Londres: Quaker Home Service, 1991): 31.
6. Elfrida Vipont, *George Fox and the Valiant Sixty* (Northumberland Press Limited, Gateshead, 1975): 4.
7. Sharman, 34-35.
8. Douglas, 6.
9. Ingle, 24-25.
10. Ibid., 25.
11. Douglas, 8.
12. Sharman, 42. (grifo nosso)
13. Fox, 5.
14. Ingle, 41.
15. Ibid., 42.
16. Cooper Beaty, entrevista telefônica (2 de fevereiro de 2001).
17. Ingle, 43.
18. Douglas, 13.
19. Ibid., 17.
20. Ibid.
21. Ingle., 54.
22. Sharman, 67-70
23. Ingle, 113.
24. Ibid., 61.
25. Beaty. (grifo nosso)
26. Ingle, 59.
27. Ibid., 60.
28. Ibid., 113-114.
29. Douglas, 42.
30. Ibid., 22.
31. Fox, 11-12.
32. Ibid., 13.
33. Ibid.
34. Ibid., 17-18. (grifo nosso)
35. Ibid., 38.
36. Ibid., 17-20.
37. David Hodges, *George Fox and the Healing Ministry* (Surrey, Inglaterra: Friends Fellowship of Healing, 1995): 28-29.
38. Ibid., 26.
39. Ibid., 38.

40. Fox, 92-93.
41. Ibid., 92.
42. Henry J. Cadbury, ed., *George Fox's "Book of Miracles"* (Philadelphia: Conferência Geral dos Amigos; Londres: Quaker Home Service, 2000): 42-43.
43. "Cromwell, Oliver", *The World Book Encyclopedia* 4 (Chicago, Ill: Field Enterprises, Inc., 2003): 1151-1152.
44. Douglas, 38.
45. Ibid., 38-39.
46. Christopher Hill, *God's Englishman: Oliver Cromwell and the English Revolution,* (New York: Weidenfeld and Nicholson, 1970), 155.
47. Ibid., 9.
48. Douglas, 38.
49. Sharman, 75.
50. Ibid., 79-80.
51. Ibid., 92.
52. Vipont, 41.
53. Ibid., 42.
54. Ibid., 43.
55. Ingle, 93.
56. Ibid.
57. Ibid., 103-106.
58. Ibid., 107, 110.
59. Ibid., 114.
60. Beaty.
61. Sharman, 133-138.
62. Ibid., 155.
63. Ibid., 167.
64. "London", *World Book Encyclopedia* 12, 441.
65. Douglas, 59.
66. Ibid., 79.
67. Sharman, 174-175.
68. Douglas, 89-90.
69. Ibid., 91.
70. Ibid., 67.
71. Ibid., 92-93.
72. Fox, 285.
73. Ibid., 291.
74. Ingle, 238.
75. Fox, 290.
76. Ingle, 239.
77. Fox, 293.
78. Douglas, 97.
79. "Penn, William", *World Book Encyclopedia* 15, 241-242.
80. Douglas, 100.
81. Ingle, 283.
82. Ibid., 284.
83. Fox, 347.
84. Ibid.
85. Ingle, 285.
86. Vipont, 126-127.
87. Beaty.
88. Ingle, 78.

Sobre o Autor

ROBERTS LIARDON

Roberts Liardon, escritor, conferencista, líder espiritual, historiador da Igreja e humanitário, nasceu em Tulsa, Oklahoma, o primeiro menino nascido na Universidade Oral Roberts. Por essa distinção, ele recebeu seu nome em honra ao fundador da universidade. Assim, desde o começo de sua vida, Roberts estava destinado a ser um dos escritores e conferencistas cristãos mais conhecidos da virada do milênio. Até hoje, ele vendeu seis milhões de livros em todo o mundo em mais de cinquenta idiomas e é internacionalmente reconhecido.

Autor de mais de quarenta livros cristãos e de autoajuda, a carreira de Roberts no ministério começou quando ele fez seu primeiro discurso público, aos treze anos. Aos dezessete, ele publicou o primeiro livro, *I Saw Heaven* (Eu Vi o Céu), que o tornou conhecido do público. Aos dezoito, ele era um dos principais conferencistas do mundo. Mais tarde, escreveu e produziu um livro e uma série de vídeos intitulados *Os Generais de Deus*. Essa se tornou uma das séries cristãs mais bem-sucedidas e estabeleceu Roberts como um dos principais historiadores cristãos protestantes.

A notoriedade de Roberts aumentou também fora do universo cristão. Por duas vezes foi votado como "Jovem de Destaque" nos Estados Unidos, e sua carreira o levou a mais de cem nações de todo o mundo, tendo sido recebido por presidentes, reis, pelos principais líderes políticos e religiosos e por outros dignitários mundiais. Os livros de Roberts tiveram prefácios escritos pelo ex-presidente Ronald Reagan, Billy Graham e pela ex-primeira ministra Margaret Thatcher. Roberts recebeu uma carta do presidente George Bush honrando-o por seu comprometimento e sua contribuição com a melhoria da qualidade de vida de sua comunidade.

Em 1990, aos vinte e cinco anos, Roberts mudou-se para o sul da Califórnia e fundou a sede mundial do Embassy Christian Center, no Condado de Orange. Ela se tornaria a base de sua obra humanitária que incluiria a assistência aos pobres e necessitados, não apenas no sul da Califórnia, mas em todo o mundo. Ele também construiu uma das maiores igrejas cristãs e seminários bíblicos da região. Ele estabeleceu, financiou e enviou mais de 250 pessoas a diversas nações. Essas equipes missionárias humanitárias levaram alimentos, roupas e medicamentos, juntamente com a mensagem de Jesus a amigos e vizinhos necessitados em todo o mundo.

Como um historiador da Igreja, Roberts também pesquisa ardentemente a herança cristã. Aos doze anos, ele recebeu a instrução de Deus para estudar os heróis da fé do passado e conhecer seus sucessos e fracassos. A busca pela história cristã tornou-se sua paixão e, mesmo ainda jovem, Roberts passava muito de seu tempo livre com cristãos mais velhos que conheciam as características de William Branham, Kathryn Kuhlman e Aimee Semple McPherson — grandes homens e mulheres de fé cujas histórias são contadas no primeiro livro e vídeo *Os Generais de Deus*. Roberts possui uma riqueza de conhecimentos com relação aos grandes líderes de três movimentos cristãos — pentecostal, cura divina e carismático — e estabeleceu uma pesquisa progressiva junto ao Museu Histórico dos Avivalistas e Reformadores, na Califórnia.

De um modo geral, o historiador, pastor, mestre, humanitário e filantropo Roberts Liardon dedicou toda a sua vida e finanças à obra do Reino de Deus e ao bem-estar de seu próximo, mantendo um olhar atento aos menos afortunados e fazendo todo o possível para aliviar a dor deles e a ajudar seus sonhos a se realizarem.

A História da Igreja é Valiosa para Nós

Se você possui algum material relativo à história da Igreja, gostaríamos de conhecê-lo. O Ministério Roberts Liardon é comprometido com a preservação dos arquivos cristãos no Museu Histórico dos Avivalistas e Reformadores. O acervo do nosso passado é muito valioso e vital para o futuro da Igreja.

Estamos à procura de revistas, cartas, livros, manuscritos, fotografias, fitas de áudio e vídeo, filmes, diários, cadernos de recortes e quaisquer outros itens pessoais que retratem a história da nossa Igreja. Obrigado por desejar abençoar o mundo com tesouros históricos. Favor entrar em contato com nosso departamento de pesquisa através do site www.godsgenerals.org.

Ministério
Roberts Liardon

Estados Unidos:
Flórida
Roberts Liardon Ministries, P.O. Box 2989
Sarasota, FL 34230 / Tel: 1 941-373-3883 • Fax: 1 941-373-3884

Europa:
Reino Unido
Roberts Liardon Ministries
P.O. Box 5318, Londres, Inglaterra WC1N 3XX

Na web: www.robertsliardon.org • www.godsgenerals.org